Kanu Kompass

Bayern
Baden-Württemberg

THOMAS KETTLER
VERLAG

Impressum

© 2010 **THOMAS KETTLER VERLAG**
Von-Hutten-Str. 15
D-22761 Hamburg
Tel +49 (40) 39 10 99 10
Fax +49 (40) 390 68 20
mail@thomas-kettler-verlag.de
www.thomas-kettler-verlag.de

1. Auflage Mai 2010
Satz: Thomas Kettler Verlag
Text: Michael Hennemann
Fotos: Michael Hennemann
Karten: Katrin Schneider
Illustrationen: Carola Hillmann
Gestaltung: Melanie Walter

Titelfoto: Burg Homberg bei Neckarzimmern, Neckar

Bibliografische Information Der Deutschen Nationalbibliothek
Die Deutsche Nationalbibliothek verzeichnet diese Publikation in der Deutschen
Nationalbibliografie; detaillierte bibliografische Daten sind im Internet über
http://dnb.d-nb.de abrufbar.

Alle Angaben zu Preisen, Adressen, Telefonnummern und sonstige Angaben
wurden nach bestem Wissen erstellt. Eine Garantie für ihre Richtigkeit kann vom
Verlag / Autor jedoch nicht übernommen werden. Sowohl Verlag als auch Autor
lehnen im Falle eines Unfalles jegliche Haftung ab.
Die vorliegenden Karten sind als Planungskarten gedacht und sollten nicht zur
alleinigen Orientierung genutzt werden. Sollten sich Fehler in dieses Buch eingeschlichen
oder Gegebenheiten im Zusammenhang mit Touren geändert haben, bitten wir, sich mit uns
in Verbindung zu setzen. Ebenso sind wir an Tipps und Hinweisen zu anderen, im ganzen
europäischen Raum liegenden, Outdoor-Touren interessiert.

Dieses Buch ist über den Buchhandel, Outdoor-Läden, das Internet oder
direkt beim Verlag zu beziehen.

ClimatePartner
**klimaneutral
gedruckt**

ISBN-13   978-3-934014-09-1

Kanu Kompass

Das Reisehandbuch zum Kanuwandern

Bayern
Baden-Württemberg

THOMAS KETTLER
VERLAG

Alles rund ums Paddeln

Touren für den Paddler

Stadtrundgänge

„Natur- und Kulturhistorisches"

Weitere Informationen

Vielerorts wachen trutzige Burgen und romantische Schlösser über den Flüssen Süddeutschlands.
Wie hier Schloss Horneck in Gundelsheim am Unteren Neckar.

Vorweg

Süddeutschland bietet Wasser in allen Variationen – von der idyllischen Auenlandschaft entlang des Altrheins am Schwarzwaldrand bis hin zu rasanten Gebirgsbächen am Fuß der Alpen. Das nördliche Bayern lockt mit gemütliche Biergärten, deftiger Hausmannskost und viel Natur. Hier erwarten Sie spritziges, leichtes Wildwasser auf der Wiesent in der Fränkischen Schweiz ebenso wie ruhige Wanderfahrten auf der Fränkischen Saale, dem Oberen Main, der Regnitz oder der romantischen Altmühl. Der Süden Bayerns fordert nicht nur Wildwasserpaddler heraus sondern bietet auf Loisach, Isar und Amper auch tolle Touren für geübte Wanderpaddler vor der beeindruckenden Kulisse der majestätisch aufragenden Alpengipfel.

Baden-Württemberg, das erst 1952 aus den Ländern Baden, Württemberg und dem Hohenzollerischen Land Preußens entstanden ist, hat zwar keine Alpenkulisse zu bieten, dafür haben Hohenzollern und Staufer unzählige romantische Burgen und Schlösser als Zeugen der Geschichte entlang der Ufer zurück gelassen.

Die Auswahl der besten Paddelgewässer die unbedingt in einen Kanuführer über die zwei großen Bundesländer Baden-Württemberg und Bayern gehören, muss zwangsläufig subjektiv ausfallen und sicherlich wird es den ein oder anderen ortskundigen Paddler geben, der seinen „Lieblingsbach" vermisst.

Für die Zusammenstellung der Touren in diesem Reisehandbuch zum Kanuwandern habe ich sowohl die Infrastruktur für Kanusportler als auch den landschaftlichen Reiz und die kulturellen Sehenswürdigkeiten entlang der Flüsse berücksichtigt und daraus die 22, meiner Meinung nach lohnenswertesten, Kanutouren auf den Bächen, Flüssen und Seen in Süddeutschland herausdestilliert.

Dabei habe ich versucht ein breites Spektrum abzudecken, das sowohl Tagestouren für den spontanen Kurztrip als auch Zwei- bis Drei-Tages-Touren für das Wochenende und ausgedehnte Kanuwanderungen für den kompletten Urlaub umfasst.

Ob Sie nun die Gewässer vor Ihrer Haustür mit dem Kanu entdecken wollen oder für einen Paddeurlaub aus den anderen Bundesländern, Österreich oder der Schweiz nach Süddeutschland kommen – die bayerischen und baden-württembergischen Flüsse und Seen sind immer eine Reise wert.

Ich wünsche Ihnen viel Spaß beim Lesen der Gewässerbeschreibungen, eine gute Tourenvorbereitung, eine erlebnisreiche Kanutour sowie immer eine Handbreit Wasser unter dem Kiel!

Michael Hennemann

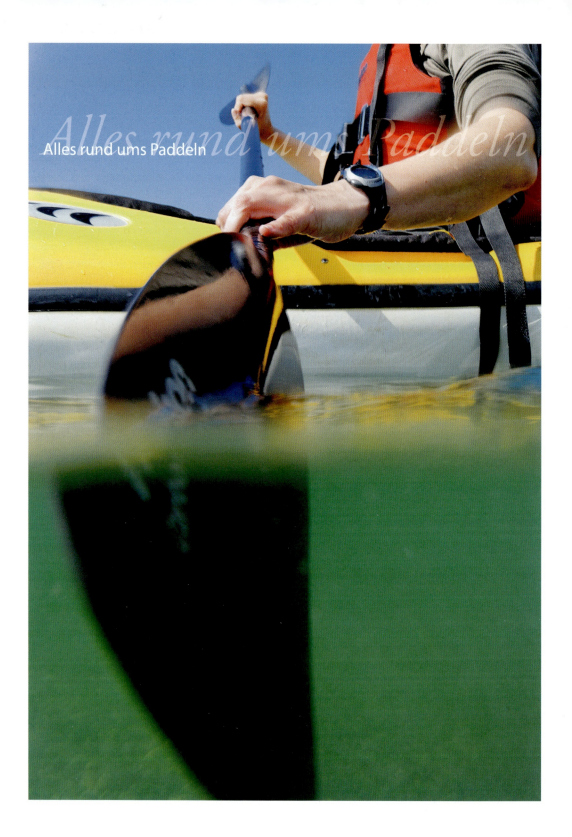

Kanu, Kajak oder Kanadier?

Wenn Sie in diesem Buch das Wort Kanu lesen, so ist das stets der Oberbegriff mit dem die beiden unterschiedlichen Bootstypen Kanadier und Kajak gemeint sind. **Kanadier,** die klassischen „Indianerboote", sind nach oben hin offen und werden mit einem Stechpaddel gefahren. Sie bieten ein riesiges Platzangebot und sind die erste Wahl für den Familienurlaub, weil große Mengen an Ausrüstung transportiert werden und Kinder, die noch nicht selber paddeln können, gut mitgenommen werden können.

Die Nachteile von Kanadiern liegen in der höheren Anfälligkeit gegen Seitenwind und bei längeren Portagen werden die Arme bei einem schweren Kanadier schnell lahm. Kanadier sind gut geeignet für Seen, Wanderflüsse und leichtes Wildwasser.

Eine Sonderform stellen Falt-Kanadier dar. Diese Boote bestehen aus einem zusammensteckbaren (Aluminium-) Gestänge und einer robusten Haut. Mit etwas Übung geht der Auf- und Abbau eines Faltkanadiers schnell von der Hand. Sie können für das gleiche Tourenspektrum eingesetzt werden wie feste Kanadier, lassen sich durch das kompakte Packmaß im unaufgebauten Zustand aber leichter transportieren (z.B. auch mit der Bahn) und nehmen in der Garage oder auf dem Dachboden viel weniger Platz weg. Für mittelschweres Wildwasser konzipiert sind Schlauch-Kanadier. Diese sehr kurzen und wendigen Boote sind relativ langsam und laufen nur mäßig geradeaus, so dass sie für längere Touren auf Wanderflüssen nur bedingt geeignet sind.

Im Gegensatz zu den Kanadiern sind **Kajaks** schmal, meist geschlossen und werden mit einem Doppelpaddel vorwärts bewegt. Sie sind ideal für Einzelpaddler oder Familien mit älteren Kindern. Gefertigt werden die Boote aus den unterschiedlichsten Materialien, besonders robust, unkompliziert und pflegeleicht sind Kunststoffboote aus Polyethylen (PE). Auch Kajaks gibt es als Faltboote, die in Verbindung mit einer Steueranlage gut auf großen Seen, Wanderflüssen und bedingt im leichten Wildwasser gepaddelt werden können.

Paddelequipment

Wichtigstes Accessoire zusätzlich zum Boot ist das **Paddel.** Die optimale Länge für ein Doppelpaddel bei einem Wanderkajak liegt etwa zwischen 220 und 240 cm. Das Stechpaddel für einen Kanadier sollte so lang sein, dass der Knauf des aufgestellten Paddels im Stehen bis unter die Achsel reicht. Kinderpaddel dürfen ruhig etwas länger sein, damit sich die Kleinen nicht zu weit aus dem Boot lehnen müssen, um das Paddelblatt ins Wasser zu tauchen.

Für die Sicherheit unerlässlich sind **Schwimmhilfen.** Während Erwachsene und Jugendliche mit einer auf das Körpergewicht angepassten Schwimmweste gut bedient sind, ist die Rettungsweste für Kinder und Nichtschwimmer unerlässlich. Sie hält den Kopf selbst bei einer Ohnmacht mit einem Kragen über Wasser.

Nicht unbedingt lebenswichtig, bei längeren Umtragen an Wehren oder für den Weg vom Ufer zum Zeltplatz aber äußerst hilfreich, ist ein **Bootswagen.** Ein guter Bootswagen ist der optimale Kompromiss aus kleinem Packmaß, so dass er gut im oder auf dem Boot verstaut werden kann, bei gleichzeitig großer (Luft-)Bereifung. Während ein kleiner Wagen mit fisseligen Kinderwagenrädchen für den asphaltierten Weg vom Bootshaus zum Steg taugt, wird der mit Baumwurzeln gespickte Waldweg damit schnell zur Tortur. Mit einer **Leine** können Sie das Boot bei einer Pause am Steg festbinden und es an flachen Stellen treideln. Besonders praktisch: Sie haben immer eine Wäscheleine dabei, um nasse Paddelklamotten trocknen zu können. Ein **Schwamm** oder eine **Schöpfkelle** helfen das Bootes trockenzulegen, denn ansonsten laufen Sie Gefahr, ständig im Nassen zu sitzen, weil das Wasser auch ohne Kenterung oder starken Regen immer einen Weg ins Bootsinnere findet.

Ein letzter wichtiger Ausrüstungsgegenstand in diesem Zusammenhang sind **wasserdichte Packsäcke** für Kajakfahrer bzw. wasserfeste Tonnen für Kanadierfahrer. Neben einer durchsichtigen Karten-Tasche für die Landkarte, die sicher auf dem Bootsdeck festgebunden wird, benötigen Sie mindestens zwei weitere große Packsäcke für Bekleidung und Schlafsack sowie einen weiteren kleinen für

Geldbeutel, Schlüssel und Fotoapparat.

Was die **Kleiderfrage** angeht, so brauchen Sie sich für Ihre ersten Kanutouren keine spezielle Ausrüstung zuzulegen. Fürs erste reicht bequeme (Sport-) Bekleidung, ergänzt um Badehose, Sonnenhut, -brille und -creme sowie eine funktionelle Regenjacke und in der kühleren Jahreszeit eine warme Mütze.

Wenn Sie Gefallen am Paddeln gefunden haben und öfter unterwegs sind, lohnt es sich, die Regenjacke durch eine spezielle Paddeljacke mit wasserdichten Bündchen zu ersetzen, damit Ihnen nicht bei jedem Paddelschlag Wasser in den Ärmel läuft. Neoprenbündchen sind zwar nicht hundertprozentig wasserdicht, aber viel angenehmer zu tragen als Latexmanschetten. Unter der Jacke können Sie je nach Wetter einen dünnen Fleece oder auch Funktionsunterwäsche tragen,

Wo geht es lang? Eine detaillierte Karte erleichtert die Orientierung auf dem Wasser.

die ebenso wie moderne Trekkinghosen aus Kunstfaser-/Baumwollmischgewebe deutlich schneller trocknen als herkömmliche Bekleidung aus reiner Baumwolle. Ein entscheidender Vorteil, nicht nur in Extremsituationen, wenn es regnet oder Sie kentern, sondern auch wenn Sie beim Paddeln ins Schwitzen kommen.

Für die **Orientierung** auf dem Fluss nicht zwingend erforderlich, aber ein tolles „Spielzeug" für unterwegs, ist ein kleiner **GPS-Empfänger.** Dank Satellitennavigation können Sie am Ende der Tagesetappe nicht nur die zurückgelegte Strecke, Geschwindigkeit und weitere Statistiken ansehen, sondern später zu Hause die Tour auf der Karte am Computer noch einmal metergenau nachverfolgen.

Abgerundet wird die Ausrüstungspalette durch ein **Erste-Hilfe-Set,** das in einem kleinen, separaten Packsack leicht erreichbar (z.B. hinter dem Sitz) untergebracht wird. Zur Minimalausstattung gehören Heftpflaster, Dreiecktuch, Mullbinden, Kompressen und Desinfektionslösung.

Last but not least der ultimative Ausrüstungstipp: Immer mit an Bord auf meinen Touren ist eine Rolle **wasserfestes Klebeband** (Duck Tape) mit der sich so ziemlich jeder Defekt an Boot oder Ausrüstung (zumindest provisorisch) reparieren lässt sowie ein **Mehrzwecktaschenmesser** oder **Multitool** mit Schraubenzieher und Kombizange.

Kanus mieten

Um die Faszination des Kanuwanderns kennen zu lernen brauchen Sie nicht gleich eine teure Ausrüstung kaufen. Entlang der vorgestellten Touren finden Sie in der Regel (mindestens) einen Kanuverleiher.

Neben den Booten erhalten Sie dort die nötige Ausrüstung, die nicht jeder im Keller hat, wie z.B. wasserdichte Gepäcktonnen und Schwimmwesten sowie eine Einweisung in die richtige Paddeltechnik und wichtige Tipps zum jeweiligen Gewässer.

Viele der kommerziellen Verleiher bieten einen Abholservice vom Endpunkt der Tour an, was Sie, vor allem in den weniger besiedelten Regionen, vom oft mühseligen Umsetzen des Autos befreit.

Kanadier bekommen Sie bei fast allen Verleihern. Wollen Sie dagegen ein Kajak mieten, so sollten Sie auf jeden Fall im Vorfeld Rücksprache mit dem Kanuverleiher halten, denn nicht alle Anbieter haben Kajaks im Programm. An beliebten Paddelgewässern werden in der Hauptsaison die Boote knapp, so dass es sich empfiehlt rechtzeitig zu reservieren.

Die Preise variieren je nach Gewässer, Wochentag und Saison. Als Richtwert können Sie sich an folgenden Tagespreisen für die Hauptsaison oder das Wochenende orientieren: Kanadier für zwei Personen gibt es ab 25 €, ein Einer-Wanderkajak kostet etwa zwischen 20 – 30 €. Bei einer längeren Mietdauer gibt es oft deutliche Rabatte.

Verhalten & Sicherheit auf dem Wasser

Kanuwandern ist kein gefährlicher Extremsport. **Wehre,** die in den verschiedensten Bauformen auf praktisch jedem deutschen Fluss anzutreffen sind, stellen mit die größte Gefahr bei einer Kanuwanderung dar. Auf naturnahen, weniger häufig befahrenen Kleinflüssen müssen Sie außerdem stets mit umgestürzten Bäumen rechnen, die eine natürliche Barriere bilden. Ob nun Wehr oder Treibholzverhau: das Hindernis vorher genau (am besten vom Land aus) anschauen und im Zweifel lieber auf dem Landweg umtragen. Kanutouren wie auf Neckar, Donau oder Main verlaufen abschnittsweise oder

i

komplett auf Wasserstraßen auf denen auch Motorboote oder auch große Frachtschiffe unterwegs sind. Als **Grundregel** gilt in diesen Fällen immer: Halten Sie sich möglichst weit rechts und paddeln Sie vorausschauend.

Kanus sind auf Binnenschifffahrtsstraßen zwar von der Führung eines amtlichen Kennzeichens befreit, müssen aber dennoch gekennzeichnet sein. Dazu muss der **Boots-name** von außen deutlich lesbar sein (in ca. zehn Zentimeter großen Buchstaben), zusätzlich sind Name und Anschrift des Eigentümers an einer erkennbaren Stelle im Bootsinneren fest anzubringen (entweder mit einem wasserfesten Stift oder mittels eines angeschraubten Schildes). Weitere Informationen zu den Reglungen auf Schifffahrtsstraßen finden Sie in der Broschüre „Sicherheit auf dem Wasser. Leitfaden für Wassersportler", herausgegeben vom Bundesministerium für Verkehr, Bau und Stadtentwicklung (Download unter www.bmvbs.de).

Beachten Sie beim Paddeln folgende Grundregeln:

• Tragen Sie immer eine auf das Körpergewicht abgestimmte Schwimmweste und achten Sie darauf, dass auch ihre Mitpaddler dies tun.
• Machen Sie einen weiten Bogen um in den Fluss ragende Bäume, um nicht zwischen Boot und Baum eingeklemmt zu werden.
• Weichen Sie Motorbooten aus und behalten Sie im Hinterkopf, dass oft Freizeitskipper unterwegs sind, die ihr Boot nicht immer souverän zu steuern wissen.
• Paddeln Sie nur alleine, wenn Sie ihr Kanu gut beherrschen. Auf der anderen Seite sollten Sie darauf achten, dass Ihre Paddelgruppe nicht zu groß wird.
• Wehre müssen vor der Befahrung besichtigt werden, umtragen ist keine Schande.

• Bei Gewitter gilt: runter vom Wasser.
• Nutzen Sie für den Tourenstart nur offizielle Einstiegstellen. Rutschen Sie nie mit dem Boot vom Ufer ins Wasser. So schonen Sie Pflanzen sowie Nest- und Brutplätze.
• Halten Sie, besonders in der Brut- und Aufzuchtzeit (April - Juli), ausreichend Abstand zu Vögeln.
• Achten Sie auf Angler, Jäger und andere Natursportler. Verhalten Sie sich ruhig und zerstören Sie keine Angelleinen.

Zurück zum Auto

Wenn Sie mit dem eigenen Boot auf Tour gehen und nicht auf den Service eines Kanuvermieters zurückgreifen, ist als erstes die Frage zu klären, wie Sie das Boot mit dem Auto zum Wasser transportieren und wie Sie nach der Tour vom Ziel zurück zum Auto an die Einsetzstelle kommen.

Während ein PE-Kajak nahezu unbeschadet über einen Stein im Fluss schrammt, kann der falsche Transport leicht (bleibende) Schäden verursachen. PE-Boote sind zwar robust, aber nicht unkaputtbar. Wenn Sie Ihr Kanu kielunten auf die ungepolsterten Dachgepäckträger legen, es getreu dem Motto „Viel hilft viel!" ordentlich festzurren und es anschließend an einem sonnigen Tag auf dem Dachgepäckträger umherfahren, sind Beschädigungen die unweigerliche Folge.

Um das zu vermeiden, sollten Sie die **Dachgepäckträger** so weit wie möglich voneinander entfernt anbringen, die Träger mit Schaumstoff polstern und das Boot auf dem Kopf, also mit dem Kiel nach oben, transportieren. Noch besser geeignet sind spezielle Kanutransportbügel, die auf die Dachgepäckträger montiert werden.

Ovalbügel oder senkrechte Stützen sind für den Transport von Einerkajaks, flache, konkave Träger für den von Zweierkajaks oder

Kanadiern gedacht. Mit diesen Trägern sind die Boote schnell und sicher auf dem Dach verstaut. Um Benzin zu sparen sollten Sie die Sitzluken von Kajaks mit einem Lukendeckel verschließen.

Beim **Dachtransport** nicht vergessen: In vielen Fällen ragen Kajaks oder Kanadier nach hinten weiter als einen Meter über die Rückstrahler des Fahrzeugs hinaus und müssen (§22 der Straßenverkehrsordnung) mit einer roten Fahne gekennzeichnet werden (gibt es z.T. kostenlos im Baumarkt).

Das sichere Verladen der Boote auf dem Dachgepäckträger ist aber nur die halbe Miete. Alle in diesem Buch vorgestellten Kanutouren verlaufen auf Flüssen und somit sind naturgemäß Start- und Endpunkt nicht identisch. Jeder Paddler kennt daher die quälende Frage: Wie komme ich zurück zu Einsetzstelle und Auto?

Bei Paddlergruppen sehr beliebt ist das Umsetzen mit mindestens zwei Autos. Dabei werden die Boote an der Einsetzstelle abgeladen und anschließend fahren zwei Autos zum Endpunkt. Dort wird eines der Autos geparkt und man fährt gemeinsam im zweiten Auto zum Einstieg zurück. Diese Variante ist zwar relativ komfortabel, allerdings gibt es einige ökologisch sinnvollere Alternativen.

Allen voran bieten sich natürlich **öffentliche Verkehrsmittel** für das Nachholen des Autos an. Besonders gut und problemlos funktioniert das, wenn sowohl am Start- als auch am Endpunkt ein Bahnhof in der Nähe ist. Schwieriger wird es in abgelegeneren Regionen, in denen man auf die meist nur selten verkehrenden Busse angewiesen ist. Um lange Wartezeiten zu vermeiden, ist vorab eine **gute Planung** erforderlich. Hinweise zu den Fahrplanauskünften finden Sie in den Tourenbeschreibungen. Bei kurzen Tagestouren lässt sich die Rückkehr zum Startpunkt auch gut mit dem Fahrrad (Klapp-Fahrräder passen gut in einen Kanadier) oder Inlineskates realisieren, wenn ein Radweg oder eine Straße den Flusslauf begleitet.

Paddeln & Naturschutz

Um die Flussufer nicht zu beschädigen, sollten Sie am Start- und Endpunkt der Tour sowie beim Rasten nur an befestigten Ufern anlegen. Selbstverständlich sollte es sein, dass Sie Ihren Müll (so er sich denn nicht gänzlich vermeiden lässt) wieder mitnehmen

Eine Kombination, die sich gut ergänzt: Unterwegs per Paddel und Pedal.

i

und nicht lärmend durch den Wald paddeln. Paddeln Sie immer dort, wo der Wasserstand am tiefsten ist und halten Sie immer ausreichenden Abstand von Flachwasserzonen und Schilfröhrichten, die als wichtiger Lebensraum und Brutgebiet für viele Vögel dienen und Laichgebiete für Fische sind.

Ein wichtiger Punkt für den Naturschutz im Kanusport ist der richtige Wasserstand für eine Befahrung. Als **Faustregel** gilt: Sie benötigen eine Mindestwassertiefe von 30 Zentimetern unter dem Kiel. Ist der Wasserstand zu niedrig, so wirbelt jede Grundberührung mit Boot oder Paddel Schlamm auf und begräbt Wasserpflanzen unter sich und erstickt den Fischlaich.

Besonders relevant ist ein ausreichender Wasserstand, vor allem im Oberlauf von Flüssen und bei Kleinflüssen, die oft recht naturnah und daher für Paddler besonders attraktiv sind. Leider sind sie aber auch sehr sensibel und stark gefährdet und erfordern daher besondere Aufmerksamkeit und naturbewusstes Paddeln. Große Gruppen sind hier ebenso fehl am Platz wie der blutige Anfänger. Wenn Sie aber Ihr Boot auf der Stelle wenden können, ohne dabei Grund und Ufer zu berühren, steht einer Befahrung nichts im Wege.

Wenn Sie sich an die oben genannten Punkte halten und beim Paddeln den natürlichen Respekt vor der Natur walten lassen, sind die ersten Schritte für ein naturverträgliches Paddeln getan. Doch leider reicht die Bemühung des Einzelnen für einen weitreichenden und nachhaltigen Schutz der Fließgewässer nicht aus. Wenn Sie schon etwas Kanuerfahrung gesammelt haben und die ein oder andere Tour in Deutschland gepaddelt sind, werden Sie wissen, dass nur noch wenige Flüsse naturbelassen oder naturnah durch die Landschaft fließen dürfen.

Zusammen mit den Naturschutzverbänden versucht der Deutsche Kanuverband (DKV) die wenigen noch verbleibenden naturnahen Flüsse zu erhalten und sie vor einer schädlichen Übernutzung zu bewahren. Um dieses Ziel zu verwirklichen, versucht man eine Vielzahl von Steuerungsinstrumenten einzusetzen. Freiwillige Selbstbeschränkungen und verbindliche Befahrensregelungen werden erlassen, um Vollsperrungen zu verhindern. Dies erfolgt u.a. indem die Befahrung zu sensiblen Zeiten, wie der Brut- und Laichzeit oder von besonders gefährdeten Bereichen, z.B. der Oberläufe von Flüssen, unterlassen wird.

Das Ganze funktioniert natürlich nur, wenn alle Wassersportler mitmachen und sich an die Regeln halten: in Ihrem eigenen Interesse, in dem der Natur und dem der nachfolgenden Paddlergenerationen! In den Tourenbeschreibungen sind die Befahrensregelungen aufgeführt. Aktuelle Änderungen finden sie auf der Homepage des DKV *(Siehe „Wichtige Adressen für Paddler" Seite 254).*

Ausrüstung & Draußen unterwegs

Wo vorhanden, sind bei den Touren Pensionen, Hotels und Landgasthöfe für die Übernachtung in Wassernähe angegeben, so dass Sie bequem und ohne großes Gepäck auf Tour gehen können. Für mich gehört es aber mit zu den schönsten und eindrucksvollsten Erlebnissen, am Ende des Paddeltages das Zelt direkt neben dem Fluss aufzubauen und unter freiem Himmel zu schlafen.

Wenn Sie draußen übernachten wollten, benötigen Sie zusätzlich zu Kanu und Paddel eine komplette Campingausrüstung. Zur **Grundausstattung** gehören Zelt, Isomatte und Schlafsack sowie (nicht zwingend, wenn auf der Strecke ausreichend Gaststätten vorhanden) Kocher, Essbesteck, Töpfe und eine Pfanne. Eine Taschen- oder besser Stirnlampe leistet wertvolle Dienste, wenn eine **Tages-etappe** länger als geplant ausfällt, und Sie im Dunkeln das Zelt aufbauen und kochen müssen.

Als **Zelttyp** kommen grundsätzlich **Kuppel-oder Tunnelzelt** in Frage – beide leisten bei einer Kanutour in Süddeutschland gute Dienste. Der Hauptunterschied: Ein Kuppelzelt ist freistehend, d.h. Sie benötigen zum Aufstellen nicht zwangsläufig Heringe. Da allerdings auf keinem der Zeltplätze entlang der vorgestellten Touren harter Steinboden anzutreffen ist, lassen sich auch Tunnelzelte gut mit Leinen und Heringen abspannen. Der Vorteil eines Tunnelzeltes: Es ist schnell aufgebaut und meistens werden Innen- und Außenzelt zusammen aufgebaut, so dass das Innenzelt selbst beim Aufbau im strömenden Regen trocken bleibt. Eine Zeltübernachtung ist erst komplett, wenn beim Sonnenuntergang vor dem Zelt der Campingkocher surrt. In Internetforen und beim Trapperplausch am Lagerfeuer entsteht schnell ein fast fanatischer Glaubenskrieg, wenn die Frage nach dem richtigen Kochertyp gestellt wird. Zusammengefasst lauten die Vor- und Nachteile der einzelnen Kochermodelle:

Benzinkocher haben einen hohen Heizwert und Benzin ist praktisch überall zu bekommen. Ihr Nachteil: sie sind wartungsintensiv

und nicht immer leicht zu bedienen. Der Brennstoff **Petroleum** hat zwar einen hohen Heizwert, verströmt beim Kochen allerdings einen intensiven und nicht gerade appetitlichen Geruch.

Spirituskocher sind unproblematisch zu handhaben, allerdings ist der Heizwert von Spiritus gering, d.h. Sie müssen bei längeren Touren eine große Menge Spiritus mitführen.

Ein **Multifuel-Kocher** kann mit fast jedem Flüssigbrennstoff betrieben werden, und besitzt dann die jeweiligen Vor- und Nachteile des verwendeten Brennstoffs.

Ich bin seit vielen Jahren ein echter Fan der Trangia-Spiritus-Kocher. Diese Sturmkocher sind einfach, zuverlässig und praktisch. Das System besteht aus einem kompletten, Platz sparenden Set aus Kocher, Windschutz, Töpfen und Pfanne. Seit ein paar Jahren betreibe ich den Kocher nicht mehr mit dem Spiritusbrenner, sondern mit einem Gaseinsatz. In Verbindung mit einem Adapter können sowohl Schraub- als auch Stechkartuschen verwendet werden, die praktisch weltweit zu beschaffen sind. Der große Vorteil im Vergleich zum originalen Spirituseinsatz: die Flammengröße lässt sich stufenlos regulieren und zusammen mit einer beschichteten Non-Stick-Pfanne gelingen auch draußen Pfannkuchen oder Pizza. Ein wahrer Genuss!

Ob Benzin, Gas oder Spiritus: Hauptsache, das Kaffeewasser wird heiß.

i

Checklisten

Lebensmittel

- ☐ Kartoffeln
- ☐ Zwiebeln/Knoblauch
- ☐ Kräuter / Gemüse
- ☐ Obst (vorzugsweise Äpfel)
- ☐ Nudeln
- ☐ Reis
- ☐ Kartoffelpüree
- ☐ Mehl
- ☐ Salz
- ☐ Zucker
- ☐ Backpulver/Trockenhefe
- ☐ Gewürze
- ☐ Eier
- ☐ Speck
- ☐ Ketchup
- ☐ Tomatenkonzentrat
- ☐ Parmesankäse in Beuteln
- ☐ Gemüsebrühe
- ☐ Instantsuppen
- ☐ Olivenöl
- ☐ Essig
- ☐ frisches Brot
- ☐ Knäckebrot
- ☐ Margarine
- ☐ Salami
- ☐ Hartkäse
- ☐ Marmelade
- ☐ Honig
- ☐ Kaffee
- ☐ Tee
- ☐ Milchpulver
- ☐ Puddingpulver
- ☐ Kakao
- ☐ Müsli
- ☐ Nüsse / Trockenfrüchte
- ☐ Kekse
- ☐ Schokolade
- ☐ Müsliriegel
- ☐ Säcke für Wasservorrat

- ☐ _____
- ☐ _____
- ☐ _____

Kleidung & Körperpflege

- ☐ lange Hosen
- ☐ Fleecehose
- ☐ kurze Hose
- ☐ T-Shirts
- ☐ einmal Klamotten stadtfein
- ☐ Pullover aus Fleece 100
- ☐ Pullover aus Fleece 200
- ☐ Unterwäsche
- ☐ lange Sportunterwäsche
- ☐ Socken
- ☐ Fleecesocken
- ☐ Regenjacke
- ☐ Regenhose
- ☐ Regenhut
- ☐ Badezeug
- ☐ Handtuch / Outdoor-Handtuch
- ☐ Waschbeutel (Shampoo, Seife, Fettcreme, Zahnbürste/-pasta, Haarbürste, Sonnenschutz, Insektenabwehr, Spiegel, Rasierzeug)
- ☐ Wanderschuhe
- ☐ leichte Leinenschuhe
- ☐ Neoprenschuhe
- ☐ evtl. Neoprenhandschuhe
- ☐ evtl. Fleecemütze
- ☐ Halstuch
- ☐ Kopfbedeckung
- ☐ Moskitoschutz
- ☐ _____
- ☐ _____
- ☐ _____

Küche

- ☐ Kocher
- ☐ Brennstoff
- ☐ Grillrost
- ☐ Anzünder
- ☐ Streichhölzer / Feuerzeug

i

- ☐ Kochtopfset
- ☐ Espressokanne
- ☐ Thermoskanne
- ☐ Thermobecher / Tassen
- ☐ Teller (tief / flach)
- ☐ Bestecke
- ☐ Kochlöffel
- ☐ Sparschäler
- ☐ große Schere
- ☐ kleines scharfes Messer
- ☐ kleines Holzbrett
- ☐ Faltschüssel
- ☐ Alufolie
- ☐ Geschirrtuch
- ☐ Spülmittel
- ☐ Waschmittel
- ☐ Stahlschwamm
- ☐ Topfreiniger
- ☐ _____
- ☐ _____
- ☐ _____

Werkzeug & Zubehör

- ☐ Reparatur-Set für Kanu
- ☐ Duck Tape-Klebeband
- ☐ Seam-Grip-Kleber
- ☐ Gummihammer (Ally)
- ☐ Draht
- ☐ Brennerersatzteile
- ☐ Ersatz-Blitzverschlüsse
- ☐ Sand- und Stahlheringe
- ☐ Holzleim
- ☐ Tool (mit Schraubenzieher und Kombizange)
- ☐ Taschenmesser
- ☐ Schleifstein
- ☐ Klappsäge
- ☐ Klappspaten
- ☐ Arbeitshandschuhe
- ☐ Schraubhaken
- ☐ Karabinerhaken
- ☐ Spanngurte
- ☐ Spiralschloss
- ☐ Taschenlampe (auch als Stirnlampe)

- ☐ Batterien
- ☐ Kerzen
- ☐ Streichhölzer / Feuerzeuge
- ☐ Plastiktüten
- ☐ Plastiknetz / Kartoffelnetz
- ☐ Toilettenpapier
- ☐ Papiertaschentücher
- ☐ Schnüre / Seile
- ☐ Gummis
- ☐ Wäscheklammern
- ☐ Nähzeug
- ☐ _____
- ☐ _____
- ☐ _____

Erste-Hilfe-Set

- ☐ Wundpflaster
- ☐ Mullbinden
- ☐ sterile Wundauflagen
- ☐ elastische Binden
- ☐ Dreiecktücher
- ☐ Verbandspäckchen
- ☐ kl. Brandwundenverbandtuch
- ☐ Leukoplast
- ☐ Desinfektionsmittel / Antiseptikum
- ☐ Zugsalbe
- ☐ Wundsalbe
- ☐ Kopfschmerztabletten
- ☐ Schmerztabletten
- ☐ Salbe für Sportverletzungen
- ☐ Brandsalbe
- ☐ Erkältungsmittel
- ☐ Antihistamingel
- ☐ Antimhistamintropfen
- ☐ Insektenabwehr
- ☐ Teebaumöl
- ☐ Zeckenzange
- ☐ Eine spitze und eine breitere Pinzette
- ☐ Augensalbe
- ☐ _____
- ☐ _____
- ☐ _____

i

Freizeit

- ☐ Bücher
- ☐ Vorlesebuch
- ☐ Bestimmungsbücher
- ☐ Malzeug, -block
- ☐ Schreibstifte, Anspitzer
- ☐ Edding wasserfest
- ☐ Blumenpresse
- ☐ Lupe / Becherlupe
- ☐ kleines Brett-Steckspiel
- ☐ Fotokamera
- ☐ Filme
- ☐ Schnorchel, Tauchermaske
- ☐ Frisbee, Ball
- ☐ Angelrute
- ☐ Angelköder
- ☐ Klappkescher
- ☐ _____
- ☐ _____
- ☐ _____
- ☐ _____
- ☐ _____

Unterwegs

- ☐ Landkarten
- ☐ wasserdichte Kartentasche
- ☐ Kompass
- ☐ evtl. GPS - Gerät
- ☐ Reiseführer
- ☐ Wörterbuch
- ☐ Handy
- ☐ Auto-/Ladegerät für´s Handy
- ☐ Uhr / Wecker
- ☐ Einhandmesser
- ☐ Sonnenbrille mit Band
- ☐ Fernglas
- ☐ kleiner Rucksack
- ☐ _____
- ☐ _____
- ☐ _____
- ☐ _____

Wichtige Dokumente

- ☐ Krankenkassenkarte
- ☐ Personalausweis
- ☐ Führerschein
- ☐ Fahrzeugschein
- ☐ Schiffsfahrkarte
- ☐ Campingkarte
- ☐ DKV-Ausweis
- ☐ Bahncard
- ☐ Bargeld
- ☐ EC-Karte
- ☐ Kreditkarte
- ☐ Schlüssel
- ☐ Adressbuch
- ☐ _____

Kanu & Ausrüstung

- ☐ Kanu
- ☐ Paddel
- ☐ Reservepaddel
- ☐ Spritzdecke, Persenning
- ☐ Schwimmwesten
- ☐ Kanuwagen
- ☐ Leinen
- ☐ Seitentaschen
- ☐ Sitzunterlagen / Kniepolster
- ☐ Schwamm
- ☐ Hängesitz fürs Kanu (Ersatzsitz)
- ☐ Wasserdichte Säcke fürs Gepäck
- ☐ Wasserdichte Tonne
- ☐ Zelt, Zeltstangen und -heringe
- ☐ Zeltunterlage
- ☐ Zeltlampe
- ☐ Therm-A-Rest-Matten
- ☐ Schlafsäcke
- ☐ Fleece-/Baumwollinletts
- ☐ Kopfkissenbezüge (Fleecehüllen)
- ☐ Hängematten
- ☐ Faltsitz
- ☐ Moskitonetz
- ☐ Tarp (mit Leinen)

„Kleine Kajak- & Kanadier-Fahrschule"

i

Kajak-Fahrschule

Kanadier-Fahrschule

Allgemeines

In der Regel sind die beiden Blätter eines Doppelpaddels gegeneinander verdreht. Bei den üblichen rechtsgedrehten Paddeln umfasst die rechte Hand den Schaft so, dass das rechte Paddelblatt senkrecht ins Wasser eingetaucht werden kann. Die linke Hand umfasst den Paddelschaft nur locker und nach jedem Paddelschlag wird das Paddel mit der rechten Hand so gedreht, dass das aktive Blatt senkrecht ins Wasser gesetzt werden kann (bei linksgedrehten Paddeln gelten die Hinweise entsprechend seitenvertauscht).
Stellen Sie die Fußstützen des Kajaks so ein, dass Sie bequem sitzen und gleichzeitig einen guten Bootskontakt mit den Oberschenkeln haben. Bei Kajaks mit Fußsteuerung den Abstand der Pedale so wählen, dass Sie mit leicht angewickelten Beinen im Boot sitzen und genügend Spielraum nach vorne haben, um das Pedal durchzutreten und das Steuer bewegen zu können.

Auf dem hinteren Sitz nimmt in der Regel der erfahrenere oder kräftigere Paddler Platz. Er gibt im Flachwasser die grobe Richtung vor, der Vordermann versucht ihn zu unterstützen. Der Vordermann gibt die Schlagzahl vor; achten Sie darauf, einen möglichst gleichmäßigen Schlagrhythmus einzuhalten, um ein „Aus-dem-Ruder-laufen" zu vermeiden. Je nach Ausdauer kann ein Wechsel der Paddelseiten stattfinden, der von beiden nach Absprache gleichzeitig durchgeführt wird. Der Vordermann hat weiterhin die Aufgabe auf Hindernisse, die direkt vor dem Kanadier auftauchen, aufmerksam zu machen.

Einsteigen in den Kanadier

Einsteigen

Kanu parallel zum Ufer ausrichten, bei stärker Strömung mit dem Bug (=Bootsspitze) gegen die Strömungsrichtung. Zum Einsteigen das Boot mit der sogenannten „Paddelbrücke" stabilisieren: Paddel im rechten Winkel zum Boot über Süllrand (=Bootsrand) und Ufer oder Steg legen; mit einer Hand Süllrand und Paddel fassen und mit der anderen Hand das Paddel aufs Ufer drücken. Zum Einsteigen das Gewicht über das Paddel verlagern und mit dem bootsseitigen Fuß zuerst einsteigen. Anschließend möglichst rasch hinsetzen (beim Kajak auf den Sitz rutschen, beim Kanadier eventuell hinknien), um einen tiefen Schwerpunkt zu erzielen und die Stabilität des Kanus zu erhöhen.

Einsteigen ins Kajak

Kajak-Fahrschule	*Kanadier-Fahrschule*

Spritzdecke

Spritzdecke zunächst hinter dem Körper um den Süllrand legen und von hinten nach vorne schließen; abschließend nach vorne über den Süllrand ziehen. Dabei unbedingt darauf achten, dass die Lasche vorne herausguckt, um die Spritzdecke im Falle einer Kenterung leichter öffnen zu können.

Paddelhaltung

Das Paddel in beide Hände nehmen und auf den Kopf legen. Die optimale Griffbreite ist erreicht, wenn der Winkel zwischen Ober- und Unterarm ein wenig kleiner als 90 Grad ist.

Eine Hand fasst den Paddelknauf, hierbei wird der Griff von oben wie beim Spaten umfasst. Die andere Hand umgreift den Paddelschaft, so dass Ober- und Unterarm einen Winkel von 90 Grad bilden.

Grund- oder Treibschlag

Mit leicht nach vorne gebeugtem Oberkörper Paddel vorne, dicht neben der Bootswand einsetzen. Die „Zughand" zieht das Paddel parallel am Boot entlang nach hinten, während die „Druckhand" das sich in der Luft befindliche Blatt nach vorne drückt. Die Bewegung nicht allein mit den Unterarmen ausführen, sondern zur Unterstützung bei gestrecktem Arm den Oberkörper mitdrehen. Ist das aktive Paddelplatt knapp hinter der Sitzposition, den Zug stoppen und die Seite wechseln.

Das ganze Paddelblatt wird senkrecht ins Wasser getaucht und parallel zum Boot (in Bootslängsachse) durchs Wasser gezogen. Dabei wird mit dem unteren Arm gezogen, während der obere Arm drückt; gleichzeitig wird der Oberkörper etwas nach vorne geneigt und mitgedreht. Stimmen Vorder- und Hintermann ihren Grundschlag aufeinander ab, bewegt sich der Kanadier kursstabil geradeaus *(siehe Abb. 1)*. Paddelt nur einer, bewegt sich das Kanu der paddelabgewandten Seite zu *(siehe Abb. 2)*.

Kajak-Fahrschule	*Kanadier-Fahrschule*

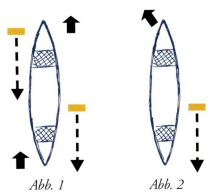

Abb. 1   *Abb. 2*

Grundschlag im Kajak   *Grund- oder Treibschlag im Kanadier*

Steuern

Wird der Paddelschlag auf der linken Seite stärker ausgeführt, dreht der Bug nach rechts - und umgekehrt. So können Sie das Boot - ganz ohne die ebenfalls erhältlichen Fußsteueranlagen - auf Kurs halten. Sind starke Kursänderungen erforderlich, erreichen Sie diese mit dem Bogenschlag.

Beim Ab- und Anlegen mit Kajaks die über eine Steueranlage verfügen unbedingt daran denken, das Steuer rechtzeitig einzuklappen, um es nicht zu verbiegen.

Der Steuer- oder J-Schlag

Dabei wird das Paddel zuerst wie beim Grundschlag geführt, am Körper vorbei in einer Bogenbewegung mit der wasserverdrängenden Paddelseite vom Boot weggedrückt. Dabei zeigt der Daumen der Hand am Paddelknauf nach unten und der Handrücken nach außen. Der Vordermann kann weiterhin den Grundschlag ausführen oder die Drehbewegung mit einem Bogenschlag verstärken.

Der J-Schlag ist besonders vorteilhaft für Solokanadier, da er das „Aus-dem-Ruder-laufen" bei der normalen Geradeausfahrt verhindert.

Steuern im Kajak

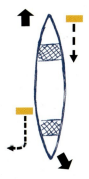

J-Schlag im Kanadier

Bogenschlag

Steuerschlag, um das Boot von der Schlagseite wegzudrehen; dazu das Paddel möglichst weit vorne und dicht am Boot eintauchen und das Paddelblatt flach unter der Wasseroberfläche in einem weiten Halbkreis um das Boot bis nahe ans Heck führen. Je größer der Radius, desto stärker die Steuerwirkung.

Um das Kanu abzubremsen und gleichzeitig eine Kurskorrektur zur Paddelseite hin durchzuführen, können Sie den Bogenschlag rückwärts ausführen.

Um einen Zweierkanadier auf der Stelle zu drehen, führt der Steuermann den Bogenschlag vorwärts und der Vordermann den Bogenschlag rückwärts aus (oder umgekehrt).

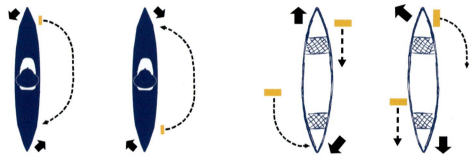

Bogenschlag vorwärts und rückwärts im Kajak   *Bogenschlag im Kanadier*

Ziehschlag

Steuerschlag, um das Boot seitlich zu versetzen; dazu weit zur Paddelseite aus dem Boot lehnen, das Paddelblatt parallel zum Boot ins Wasser tauchen und, nicht zu dicht, an die Bootswand heran ziehen und nach oben aus dem Wasser nehmen. Dabei darauf achten, dass das Paddelblatt nicht unter den Bootskörper gezogen wird, da dies zum Kentern führen kann.

Ziehschlag im Kajak   *Zieh-Schlag im Kanadier*

| *Kajak-Fahrschule* | *Kanadier-Fahrschule* |

Paddelstütze

Stabilisierungsschlag, bei dem das Paddel als Ausleger genutzt wird, um das Kentern zu verhindern; dazu einfach das Paddel auf der Seite, zu der das Boot zu kippen droht, soweit wie möglich nach außen flach auf das Wasser drücken. Dieser Schlag kann sowohl im Kajak wie auch im Kanadier ausgeführt werden.

Aussteigen

Wie Einsteigen in umgekehrter Reihenfolge.

Die beschriebenen Paddelschläge können und sollen miteinander kombiniert werden. Einige Beispiele haben wir gegeben. Zur korrekten Ausführung wird das Paddel im Prinzip nicht durch das Wasser „gezogen", sondern soll annähernd stationär bleiben und das Kanu über das Wasser bewegt werden. Hierbei wird eine optimale Kraftausbeute angestrebt. Bei einem sehr gut ausgeführten Paddelschlag gibt es keine Verwirbelungen und kaum Wellen am Paddelblatt.

Paddelblatt   Schlagrichtung des Paddlers Bewegungsrichtung des Kanus

Literatur-Tipp: siehe Seite 255.

Binnenschifffahrtszeichen

Durchfahrt verboten

Gesperrte Wasserfläche

Begegnungs- und Überholverbot

Überholverbot allgemein

Ankerverbot

Stillliegeverbot

Festmachverbot

Wellenschlag vermeiden

Fahrverbot für Fahrzeuge mit Maschinenantrieb

Fahrverbot für Sportboote

Vorsicht

Geschwindigkeit nicht überschreiten

Begrenzte Fahrwassertiefe

Begrenzte Höhe über Wasserspiegel

Begrenzte Breite

Fahrwassereinengung rechtes Ufer

Gebotene Fahrtrichtung

Durchfahrt unter Brücke verboten

Durchfahrt nur zwischen Schildern

Wehr - Durchfahrt frei

Sportbootschleuse

Wasserskistrecke

Stillliegeerlaubnis auf 1.000 m

Ende von Einschränkungen

Ankererlaubnis

Fahrtrichtungsempfehlung

Hochspannungsleitung kreuzt

Vorsicht Wehr

nicht frei fahrende Fähre

Wichtige Schallsignale in der Binnenschifffahrt

—	Achtung
•	ich richte meinen Kurs nach Steuerbord
• •	ich richte meinen Kurs nach Backbord
• • •	meine Maschine geht rückwärts
• • • •	ich bin manövrierunfähig
• • • • • •	Gefahr eines Zusammenstoßes (mehr als fünf kurze Töne)
— •	ich wende über Steuerbord
— • •	ich wende über Backbord
— — —	ich will überqueren
— — — — —	Notsignal (wiederholt lange Töne)

• *kurzer Signalton*   — *langer Signalton*

Symbole in den Touren-Karten

Einsetzstelle

Aussetzstelle

Tourrichtung

Maßstab

Info

Jugendherberge

Zeltmöglichkeit

Biwakplatz

Hotel

Bahnhof

Restaurant, Café, Imbiss

Kanuverleih

Kanuclub

Umtragen

Sehenswürdigkeit

Kirche

Ruine

Burg, Schloss

Museum

Naturschutz

sehenswerter Ort

fahrbares Hindernis

Wehr

Schleuse

Hindernis

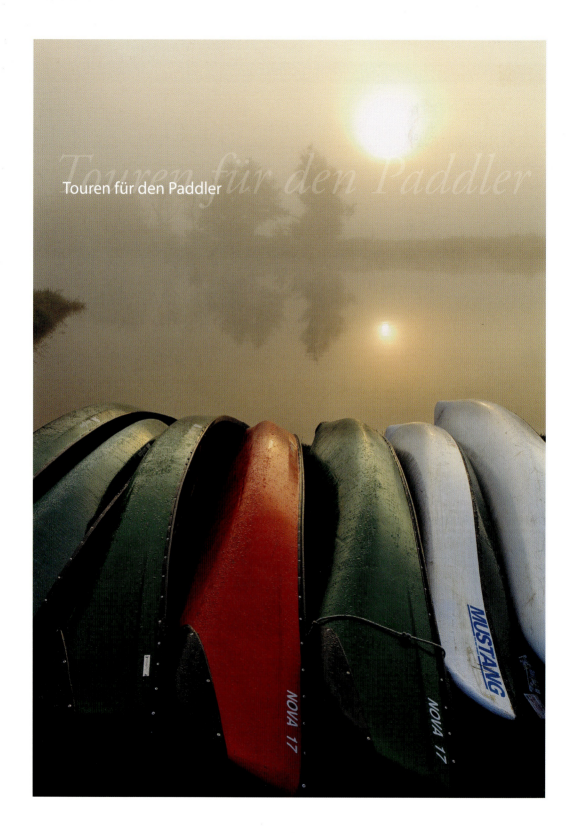

Touren für den Paddler

Tourenübersicht

Touren für Paddler

1 - Die Tauber	12 - Die Wiesent
2 - Der Untere Neckar	13 - Die Pegnitz
3 - Die Jagst	14 - Der Regen
4 - Der Taubergießen	15 - Die Naab
5 - Die Enz	16 - Die Altmühl
6 - Der Obere Neckar	17 - Die Untere Donau
7 - Die Lauchert	18 - Der Inn
8 - Die Schussen	19 - Die Amper
9 - Die Fränkische Saale	20 - Die Alz
10 - Der Obere Main	21 - Die Isar
11 - Die Regnitz	22 - Die Loisach

Zu den Touren

Sie finden in diesem Kanuführer ausführliche Tourenbeschreibungen zu 22 Kanuwanderungen von der sportlichen Tagestour bis hin zum ausgedehnten Kanu-Urlaub. Die Länge der vorgeschlagenen Tagesetappen variiert zum Teil stark. Während Sie auf flott dahinfließenden Flüssen wie Donau, Loisach oder Isar dank Unterstützung der Strömung auch mal ausgedehnte Etappen zwischen 40 und 50 Kilometern bewältigen, sind Sie auf langsamen Flüssen wie der Altmühl mit 15 bis 25 Kilometer am Tag gut bedient.

Die Länge einer Tagesetappe ist aber nicht nur vom jeweiligen Gewässer abhängig sondern auch vom Bootstyp, der persönlichen Fitness und nicht zuletzt vom Reiseanspruch. Wer die Tour als gemütliche Urlaubstour mit viel Zeit für das Sightseeing konzipiert, wird natürlich deutlich kürzere Etappen zurücklegen, als der rein sportliche Paddler. Die Etappenvorschläge sind, wo immer möglich, so gewählt, dass neben dem Paddeln genügend Zeit für die Besichtigung einiger Sehenswürdigkeiten bleibt.

Die Touren beginnen und enden – sofern vorhanden – in Orten mit guter Verkehrsanbindung, so dass Sie nach der Tour schnell und ohne große Probleme zurück zum Startpunkt kommen, um das Auto nachzuholen. Bitte verstehen Sie die Etappen-Empfehlungen nur als Vorschläge. Sie sind keine starren Vorgaben, die sklavisch nachgepaddelt werden müssen. Sie finden im Infoteil mehrere Übernachtungsmöglichkeiten angegeben, damit eine abweichende Etappeneinteilung jederzeit möglich ist. Wenn möglich, ist neben dem Campingplatz auch immer ein Gasthof in Wassernähe genannt, so dass „Campingmuffel" auf ihr Bett nicht verzichten müssen.

Eine Ausnahme stellt der Inn dar. Hier sind die wassernahen Übernachtungsmöglichkeiten auf offiziellen Campingplätzen rar. Wildes Zelten ist durch die hohe Besiedlungsdichte in Deutschland seit jeher problematisch und in vielen Naturschutzgebieten streng verboten. Es gibt zwar auch in Süddeutschland Flüsse an deren Ufer Sie das Zelt für die Nacht aufschlagen können, Empfehlungen zum Wildzelten suchen Sie im Infoteil der Tourenbeschreibungen aber vergeblich. Denken Sie bitte im Zweifelsfall daran, beim Besitzer um Erlaubnis zu fragen, wenn Sie auf Privatgrund campieren wollen.

Die detaillierten Kartenskizzen zu Beginn der Tourenbeschreibungen enthalten Hinweise zu Wehren, Übernachtungs- und Einkehrmöglichkeiten sowie Sehenswürdigkeiten entlang der Strecke. Sie dienen der Tourenplanung, sind aber kein Ersatz für eine gute topographische Karte. Literaturangaben zu den für Wasserwanderer geeigneten Karten finden Sie im jeweiligen Infoteil.

Abschließend ein letzter Tipp für die Kanutour: Denken Sie bei der Planung einer längeren Kanuwanderung unbedingt an Ruhetage, z.B. um ausgiebig Zeit für ein interessantes Museum zu haben oder einfach, um einen Schlechtwettertag im Zelt abwarten zu können.

Ich bin alle beschriebenen Touren in den Jahren 2008 und 2009 gepaddelt. Campingplatzbesitzer wechseln, Telefonnummern sowieso, Brücken werden neu gebaut und die Behörden ändern die Befahrensregelungen der Flüsse - leider sind die Angaben in jedem Reiseführer naturgemäß schnell veraltet. Für einen Kanutourenführer gilt dies im Besonderen, denn jedes Hochwasser verändert den Flusslauf. Außerdem sind Schwierigkeit und Gefahren stark vom aktuellen Wasserstand zur Zeit der Befahrung abhängig. Seien Sie daher unterwegs bitte wachsam und verlassen Sie sich nicht blind auf die Angaben in den Tourenbeschreibungen.

Die Tauber

Durch das liebliche Taubertal zum Main

Tour 1

Infos Tauber

49 km

Aktivitäten	Natur	Kultur	Baden	Hindernisse
★★★☆	★★★☆	★★★☆	★☆☆☆	★★★★

Charakter der Tour:

Die Tauber ist einer der größten Nebenflüsse des Mains und für Kanuten ab Rothenburg auf einer Länge von über 100 km bis zur Mündung in Wertheim befahrbar. Der Oberlauf ist landschaftlich sehr reizvoll und dort ein sportlicher Kleinfluss mit den entsprechenden Anforderungen an Können, Material und Wasserstand. Der beschriebene Abschnitt ab Bad Mergentheim ist meist ganzjährig fahrbar. Zunächst hat die Tauber ein breites Tal in den Mittleren Muschelkalk gefressen. Bei Wehrbach erreicht die Tauber die Ausläufer des Bundsandsteins von Odenwald und Spessart und das Tal wird wieder enger.

Getrübt wird der Kanuspass durch die nicht unerhebliche Zahl an Wehren, viele davon mit einer beträchtlichen Wasserableitung. Am besten geeignet sind daher robuste Kunststoff-Einer. Für alle übrigen Bootstypen sind die Wehre durchweg unfahrbar und müssen, teils recht mühsam, bis zur Einmündung des Mühlgrabens, umtragen werden.

Sehenswürdigkeiten:

Bad Mergentheim: *Deutschordensschloss* mit barocker Kirche und Deutschordensmuseum; *historischer Marktplatz*, umgeben von Fachwerkfassaden und Rathaus (1564) mit Staffelgiebel sowie Münster St. Johannes (13. Jh.); *Schlosspark* im englischen Stil und Kurpark mit Kursaal, Trinkhalle sowie Rosengarten und japanischem Garten. **Lauda:** *Marien- oder Liebfrauenkirche*, 1613 auf alten Fundamenten errichtet; *Pulverturm* als letztes Relikt der mittelalterlichen Stadtbefestigung; *Heimatmuseum* im ehemaligem Weinbauernhaus (1551) mit Weinbauabteilung. **Gerlachsheim:** *Katholische Pfarrkirche Heilig Kreuz* (1723 - 1730); *Rokoko-Freigruppe der Schmerzensmutter* (1751) vor dem ehemaligen Klostergebäude; *Barockbrücke* über den Grünbach; *Winzerhaus* der einstigen Weinhändlerdynastie Buchler in der Ortsmitte. **Tauberbischofsheim:** *Kurmainzisches Schloss* mit Türmersturm, erbaut um 1280, seit 1970 Tauberfränkisches Landschaftsmuseum; *Marktplatz mit Rathaus* (1865 im neugotischen Stil erbaut); *alte Stadtmauer mit Hungerturm* und *Mühlkanal*. **Bronnbach:** ehemaliges, 1151 gegründetes *Zisterzienserkloster*. **Wertheim:** *mittelalterliches Stadtbild* mit schmalen Gassen und Fachwerk; *Stadtpfarrkirche* (1383 - 1419 auf romanischem Fundament erbaut); *Burgruine* (um 1100 gegründet, im 16. Jh. zu Wohnschloss ausgebaut); *Glasmuseum* zur 3500 Jahre langen Tradition der Glasproduktion; *Grafschaftsmuseum* mit kunsthistorischer und volkskundlicher Sammlung zur Region.

Sonstige Aktivitäten:

Radfahren: Radweg „Liebliches Taubertal" in zwei Varianten: „Der Klassiker" von Rothenburg o.d.T. nach Wertheim (100 km) oder „Der Sportive" über die Höhen des Tauberlandes (160 km). Fünf markierte Rundfahrten (insgesamt 250 km). **Mountainbiken:** Zwölf Strecken zwischen 16 und 42 Kilometern.

Wandern: Panoramawanderweg Taubertal von Rothenburg o.d.T. bis Freudenberg am Main. Tilman-Riemenschneider-Weg (Zwei-Tagestour von Creglingen nach Rothenburg o.d.T. und zurück). Wein-Tauber-Wanderweg. 30 Rundwanderwege (13 bis 24 km). **Paddeln:** Kanutouren auf Main, Jagst und Kocher. **Wellness:** *Bade- und Wellnesspark Solymar* in Bad Mergentheim.

49 km

Anreise:
A81 Heilbronn – Würzburg, Ausfahrt 3 Tauberbischofsheim, B 290 Richtung Bad Mergentheim. In Edelfingen nach rechts auf die Theobaldstraße, dort direkt hinter der Brücke über die Tauber rechts abbiegen. Hier liegt hinter dem Sportheim eine gute Einsetzstelle.

Einsetzstelle:
Unter der Brücke am Sportheim des SV Edelfingen (Straße: Im Wasen).

Aussetzstelle:
Parkplatz in Wertheim vor der Mündung der Tauber in den Main (Linke Tauberstraße).

Zurück zum Pkw:
Regelmäßige Zugverbindung von Wertheim nach Bad Mergentheim.

Etappenvorschlag:
1. Tag: Edelfingen – Hochhausen (23 km)
2. Tag: Hochhausen – Wertheim (26 km)

Tipps für Tagestouren:
1. Edelfingen – Tauberbishofsheim (17 km)
2. Hochhausen – Reicholzheim (17 km)

Länge der Tour:
ca. 49 km

Umtragestellen:
15 Wehre, die (meist nur kurz) umtragen werden müssen. Bei gutem Wasserstand sind einige der Wehre von Paddlern mit Erfahrung und robusten Booten fahrbar. Bei Niedrigwasser werden die Portagen länger, da teils bis zur Mündung des Mühlkanals umtragen werden muss.

Kartenmaterial / Literaturhinweis:
Radkarte Tauber-Hohenlohe, 1:100.000, Landesvermessungsamt Baden-Württemberg. Dettelbacher/Fröhling/Reuß: *Kunstreiseführer Franken,* DuMont Verlag. Bernhard H. Lott: *Die Tauber: Von der Quelle bis zur Mündung,* Swiridoff Verlag. Wolfgang Stahnke: *Der schwarze Fluss* und *Rotkäppchenmord,* Silberburg-Verlag. Zwei Krimis die vor der Kulisse des Taubertals spielen.

Übernachten in Wassernähe:
Tauberbischofsheim/Hochhausen: Landhotel Mühlenwörth, Tel. (09341) 955 55; **Werbach:** *Gästehaus Martin,* Tel. (09348) 660; *Reicholzheim: Campingplatz Forelle,* Tel. (09342) 44 35 (Toilettenpapier mitnehmen!); *Wertheim: Hotel Löwensteiner Hof,* Tel. (09342) 12 59; *Zeltmöglichkeit* beim Kanuverein, www.kc-wertheim.de (von der Mündung der Tauber ca. einen Kilometer mainaufwärts).

Wichtige Adressen:
Kanuverleih: *Bad Mergentheim-Igersheim: Kanuverleih Gerd Drescher,* Tel. (0171) 354 79 45 www.kajak-tauber.de; *Wertheim: Kanuvermietung Paddle & Boat,* Tel. (09342) 846 87, www.paddleandboat.de; *Faulbach (am Main): Kanu-Station Main Tauber,* Tel. (09392) 98 49 25, www.kanustation-main-tauber.de; **Fahrradverleih:** *Bad Mergentheim: Fahrrad Fischer,* Tel. (07931) 77 63; **Sonstiges:** *Angelscheine: Stadtverwaltung Wertheim,* Tel. (09342) 30 12 63.

Auskunft:
Touristikgemeinschaft Liebliches Taubertal, Tel. (09341) 82 58 06, www.liebliches-taubertal.de

Die Tauber

49 km

Im Rathaus von Bad Mergentheim herrscht aufgeregtes Durcheinander. Wir schreiben den 13. Oktober 1826, als der Schäfer Franz Gehring eine Stelle nahe der Tauber entdeckt, an der salziges Wasser aus der Erde sprudelt. Sofort begeben sich Amtsarzt und Stadtrat zu einer ersten Besichtigung und schicken eine Wasserprobe an die Universität Tübingen. Das Ergebnis der Analyse bestätigt die gesundheitsfördernde Wirkung der Quelle und begründet den Aufstieg des Tauberstädtchens zum berühmten Heilbad. Zum 100. Geburtstag der Entdeckung der Heilquellen bekommt Mergentheim 1926 das amtliche Prädikat „Bad".

In Bad Mergentheim hat die Tauber schon gut 80 ihrer insgesamt etwa 130 Kilometer langen Reise von der Quelle am Westrand der Frankenhöhe an der Landesgrenze zwischen Baden-Württemberg und Bayern bis zur Mündung in den Main in Wertheim bewältigt.

Bei gutem Wasserstand können erfahrene Kanuten mit robusten Booten schon in Rothenburg ob der Tauber starten und genießen auf dem Oberlauf einen bachartigen, urwüchsigen Flusslauf. Die zahlreichen Wehre verleihen der Tour eine sportliche Note. Im Unterlauf ab Bad Mergentheim sind zwar ebenfalls ein paar Hindernisse zu umtragen, dann ist der Fluss aber fast ganzjährig befahrbar und meist reicht der Wasserstand selbst im Hochsommer aus, wenn auf den benachbarten Flüssen Kocher und Jagst das Paddeln nicht mehr möglich ist.

Bevor ich im Mergentheimer Ortsteil Edelfingen mein Kajak zu Wasser lasse, schlendere ich durch die noch immer mittelalterlich wirkenden Straßen des tauberfränkischen Städtchens, das über Jahrhunderte Sitz des Deutschen Ordens war. Hübsche Fachwerkhäuser umgeben den zentralen Marktplatz, dessen südliches Ende vom Rathaus mit seinem markanten Staffelgiebel dominiert wird. Gegenüber erhebt sich hinter den Zwillingshäusern, zwei Bürgerhäusern im frühklassizistischen Stil, das im 13. Jahrhundert erbaute Münster St. Johannes mit seinem hohen gelben Turm.

Vom Brunnen am Marktplatz sind es nur wenige Schritte durch die kurze Fußgängerzone bis zur Hauptsehenswürdigkeit der Stadt, dem „Deutschordensschloss" mit seiner barocken Kirche. Das Schloss war von 1527 bis 1809 Residenz der Hoch- und Deutschmeister des Deutschen Ordens. Im Jahre 1996 wurde hier das Deutschordensmuseum auf rund 3.000 Quadratkilometer Fläche neu eröffnet und vermittelt dem Besucher heute die Geschichte von Stadt und Deutschem Orden. Durch den Schlosspark im englischen Stil gelange ich zur Tauber. Am gegenüberliegenden Ufer liegen Kurpark, Kursaal und Trinkhalle.

Theoretisch könnte ich schon hier meine Zweitagestour auf der Tauber starten. Da aber gleich auf den ersten Kilometern mehrere Wehre zu bewältigen wären, habe ich mich für den kleinen Vorort Edelfingen als Startpunkt entschieden. Um nach der Tour das Auto leichter nachzuholen, deponiere ich noch mein Fahrrad am Bahnhof von Bad Mergentheim und fahre dann mit dem Auto die knapp vier Kilometer nach Edelfingen, wo ich hinter dem Wehr am Sportheim unter der Brücke eine gute Einsetzstelle finde. Gleich nach dem Ablegen trägt mich die erstaunlich flotte Strömung durch einen schönen Wald bevor nach wenigen Kilometern die beiden Wehre in Königshofen jeweils

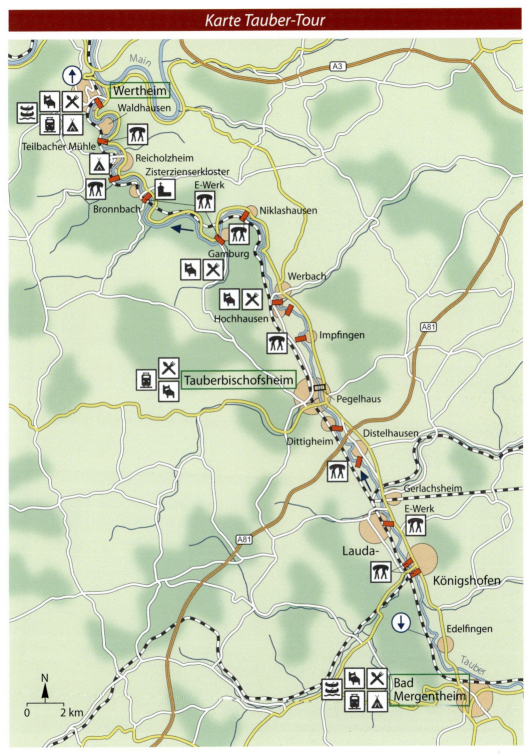

Karte Tauber-Tour

49 km

Das Schloss von Mergentheim war von 1527 bis 1809 Residenz der Hoch- und Deutschmeister des Deutschen Ordens.

am linken Ufer umtragen werden müssen. Die folgenden drei Kilometer habe ich freie Fahrt, bis am linken Ufer Industriegebäude das Örtchen Lauda ankündigen. Nach dem Passieren einer hohen Spundwand erreiche ich das Wehr am kleinen Kraftwerk in Lauda, das ich rechts über die Insel zwischen Wehrarm und Fischumlauf umtrage. An der folgenden Steinbogenbrücke steuere ich mein Kajak durch das linke Joch, dahinter trägt mich die flotte Strömung durch einige reizvolle Mäanderbögen der Tauber. Ich unterfahre die Eisenbahnbrücke der Bahnlinie Lauda – Würzburg bis mich das Wehr in Distelhausen einmal mehr zum Landgang zwingt.

Vorbei an der kleinen „St.-Wolfgang-Kapelle" aus dem Jahre 1472, jeden Pfingstmontag Ziel eines traditionsreichen Reiterzuges, bei dem der Heilige Wolfgang um Fürbitte gegen alle Krankheiten von Mensch und Vieh angerufen wird, erreiche ich die Steinbogenbrücke in Distelhausen.

Knapp zwei Kilometer hinter der Autobahnbrücke der A81 ist es dann wieder soweit – das Wehr in Dittigheim versperrt die Weiterfahrt. Ich lege hinter der Brücke über den Werkkanal an und hebe kurz über die trockengefallene Betonstufe um. Hinter der folgenden Brücke heißt es aufgepasst, denn die Strömung ist beträchtlich und ich muss aufpassen, nicht auf einen der zahlreichen Felsbrocken die mitten im Fluss liegen gespült zu werden.

Im weiteren Verlauf ist die Tauber begradigt und Tauberbischofsheim schnell erreicht. Im Oktober 2009 verbietet mir ein Schild unter der ersten Straßenbrücke wegen Bauarbeiten an der nachfolgenden Tauberbrücke die Weiterfahrt. Ich lege erst einmal am rechten Ufer an und begutachte die Portage auf dem Landweg. Die Portage wäre lang und der Einstieg recht mühsam. Nach einem kurzen

Plausch mit den Bauarbeitern, darf ich dann doch vorsichtig weiter paddeln und ziehe den Kopf ein, um mich unter der flachen Behelfsbrücke hindurch zu quetschen.

Tauberbischofsheim, die Hochburg des Fechtsports glänzt nicht nur mit Olympiasiegern sondern auch mit vielen hübschen, überwiegend aus dem 18. Jahrhundert stammenden Fachwerkhäusern. Die Altstadt liegt allerdings etwas abseits der Tauber, vom Wasser aus zu sehen ist nur das Industriegebiet, und ich verschiebe den Stadtrundgang durch die engen Gassen der historischen Altstadt mit dem Kurmainzischen Schloss und dem Türmersturm, dem Wahrzeichen der Stadt, auf den Abend. Am Ende der Ortsdurchfahrt wartet am Pegelhaus eine flache

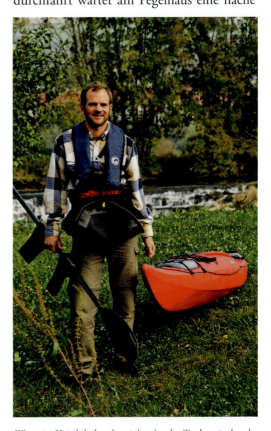

Wer sein Kajak liebt, der zieht: An der Tauber sind mehrere Wehre (meist) kurz auf dem Landweg zu umtragen.

Pegelschwelle, die mit geschlossener Spritzdecke aber kein Problem darstellt. Die Tauber bleibt in diesem Abschnitt kanalartig begradigt und bringt mich rasch an das nächste Wehr an der Mühle in Impfingen. Ich lege direkt vor der Wehrkrone am linken Ufer an und umtrage kurz über die Insel. Von der nächsten Brücke grüßt mich, wie von so vielen alten Brücken, der Schutzpatron St. Nepomuk, der der Legende nach als Märtyrer in die Moldau gestürzt wurde und daher als Brückenheiliger gilt. Das Wehr in Hochhausen läutet den Endspurt der Tagesetappe ein. Ich lasse das Wehr rechts liegen und

fahre ohne zu Umtragen links in den Kanal ein, der mich nach knapp zwei Kilometern zur Mühle in Hochhausen bringt. Am Steg davor setze ich, direkt am kleinen Landhotel Mühlenwörth und dem Biergarten „Groasmückel", aus.

Am nächsten Morgen verschnüre ich das Kajak auf dem Bootswagen und schiebe es direkt auf der Straße vor dem Hotel weiter und finde nach ein paar Schritten den Durchgang zwischen den Häusern zurück zum Tauberufer.

Nach ein paar Paddelschlägen erreiche ich die Straßenbrücke und die Tauber begeis-

Hoch über dem Zusammenfluss von Main und Tauber wacht Burg Wertheim über die Altstadt.

tert mich mit einer landschaftlich reizvollen Strecke. Munter plätschernd schiebt mich die Tauber durch dichten Wald vorbei an schnatternden Enten; ein Eisvogel schießt pfeilgerade vor mir her. Gut zwei Kilometer nach dem Start steuere ich mein Kajak an einer Insel rechts unter einer schmalen Fußgängerbrücke hindurch. In der nachfolgenden Kurve rauscht das Wasser zwar ordentlich, bereitet mir aber sonst keine Schwierigkeiten. Am nächsten Wehr in Niklashausen ist die Umtragemöglichkeit unklar. Aus Mangel an Alternativen ignoriere ich die Schilder und hebe das Kajak über

49 km

die Wehrkrone. Etwa 100 Meter hinter dem Wehr muss ich noch einmal aussteigen und das Boot über einen flachen Felsriegel ziehen. Hinter einer Eisenbahnbrücke passiere ich die Straßenbrücke von Gamburg. Am rechten Ufer liegt das Gästehaus Martin, gegenüber thront in einiger Entfernung die Burg Gamburg.

Nun weitet sich das Taubertal und windet sich in weiten Schleifen durch terrassierte Weinberge und Wiesen dem Main entgegen. Nach den Portagen an der Dorfmühle in Gamburg und dem Elektrizitätswerk in Eulschirben (beide sind am rechten Ufer zu

49 km

umtragen) erreiche ich das Wehr in Bronnbach (links umtragen). Dahinter wartet das altehrwürdige Zisterzienserkloster aus dem 12. Jahrhundert. Hinter der hohen Straßenbrücke ist das rechte Tauberufer von Weinterrassen gesäumt. Dank der geringen Niederschläge im Regenschatten von Spessart und Odenwald, milden Temperaturen und fruchtbaren Böden aus Muschelkalk im Süden bzw. Bundsandstein im Norden, reift im Taubertal vorzüglicher Wein. Vor allen Dingen Weißwein der Sorten Müller-Thurgau, aber auch Silvaner, Kerner und Bacchus wird angebaut. In den zahlreichen Weinstuben entlang der Dörfer und Städte wird er verkostet.

Am Ufer weisen abgenagte Baumstümpfe auf die Arbeit fleißiger Biber hin und von den Bäumen dahinter, hängen Seile wie Lianen von überhängenden Ästen in den Fluss. An ihnen schwingen sich Kinder laut jauchzend ins kühle Nass. Bald erreiche ich das Wehr in Reicholzheim, lege direkt vor der Wehrkrone am linken Ufer an und mühe mich nach der Umtragung auf den folgenden Metern durch sehr flaches Wasser. Direkt vor dem nächsten Wehr an der Teilbacher Mühle liegt am linken Ufer der Campingplatz „Forellenhof". Da es bis zur Aussetzstelle in Wertheim aber nicht mehr weit ist, steuere ich mein Kajak direkt ans rechte Ufer. Über den Fischumlauf und dann an der Wiese entlang, ziehe ich mein Kajak. Eine querliegende Betonschwelle versperrt den weiteren Flusslauf, daher muss ich sogar noch ein Stück umtragen und kann erst am Zusammenfluss mit dem Kanal wieder einsetzen. Unter der Straßenbrücke in Waldenhausen, dem letzten Ort vor Wertheim, erwartet mich ein kleiner Schwall. An der nachfolgenden Insel wähle ich den etwas breiteren, linken Arm. Zwischen den Ästen der Bäume, kann ich schon die Burg in Wertheim erkennen. Nun gilt es,

wie sollte es an der Tauber anders sein, ein letztes Wehr zu überwinden. Das Wehr in Wertheim ist zweigeteilt. An der ersten Stufe finde ich ganz links eine Bootrutsche, an der zweiten Stufe kann ich, ebenfalls links, über eine Betonrampe ins Unterwasser umsetzen. Die letzten Paddelschläge bringen mich, in Begleitung zahlreicher Schwäne, unter mehreren Brücken hindurch, nach Wertheim. Hinter dem Steg des Ausflugsbootes beende ich am linken Ufer meine Paddeltour.

Das Ufer hinauf zum Parkplatz „Links der Tauber" ist zwar steil, dafür sind es von hier nur wenige Schritte zum Bahnhof. Der Parkplatz am gegenüberliegenden Ufer wäre zum Aussteigen zwar besser geeignet, leider aber ist die Zufahrt durch eine niedrige Straßenbrücke auf knapp zwei Meter in der Höhe begrenzt und daher mit Booten auf dem Dach nicht passierbar.

Am Ende meiner abwechslungsreichen Tour erkunde ich die Zwei-Flüsse-Stadt zwischen Main und Tauber. Mit der alten Stadtmauer, den schmucken Fachwerkhäusern und dem Marktplatz bietet sie einen Anblick wie aus dem Bilderbuch. Zu ihren wichtigsten Sehenswürdigkeiten zählen der Spitze Turm, der im 13. Jahrhundert als Teil der Stadtbefestigung zuerst als Wachturm, dann Gefängnis genutzt wurde und die Stiftskirche, eine im gotischen Stil errichtete Pfeilerbasilika aus dem 14. Jahrhundert. Als Zentrum der Glasindustrie verfügt Wertheim außerdem über ein umfangreiches Glasmuseum, das die 3.500 Jahre alte Geschichte der Herstellung und Verwendung von Glas lebendig werden lässt. Hoch über der Altstadt thront die imposante Ruine der Burg, die um 1100 gegründet und im 16. Jahrhundert zu einem Wohnschloss ausgebaut wurde. Von der Aussichtsterrasse der Burgschänke aus bildet der weite Blick über das Tauber- und Maintal den krönenden Abschluss meiner Tour.

Der Untere Neckar

Zeitreise in die Vergangenheit

Tour 2

Infos Unterer Neckar

Aktivitäten	Natur	Kultur	Baden	Hindernisse
★★★☆	★★☆☆	★★★☆	★★★★	★★★☆

59 km

Charakter der Tour:

Der Unterlauf des Neckars bietet eine schöne Kanuwanderung inmitten eines geschichtsträchtigen Tals mit zahlreichen Burgen, Schlössern und kleinen Fachwerkstädtchen. Im gesamten beschriebenen Abschnitt ist der Neckar Bundeswasserstraße mit diversen Schleusen und mäßigem Schiffsverkehr.

Sehenswürdigkeiten:

Bad Wimpfen: *Ortsteil im Tal*: *Ritterstiftskirche* aus dem 10. Jh. (romanisches Westwerk) und dem 13. Jh. (gotisches Langhaus und Chor), hochgotischer Kreuzgang. *Ortsteil am Berg*: *Altstadt* mit vielen Fachwerkbauten; *klassizistisches Rathaus* (1836); *evangelische Stadtkirche* (13. - 16. Jh.); *katholische Pfarrkirche zum Heiligen Kreuz,* ehemalige Dominikanerkirche (um 1300, barocker Umbau 1713); *staufische Kaiserpfalz* (13. Jh.); *Hohenstaufentor oder Schwibbogen-Tor* (ehemaliger südlicher Zugang zur Kaiserpfalz); *Roter Turm* (östlicher Bergfried um 1200), als letzte Zuflucht des Burgherrn (romanischer Kamin und Abortanlage); *Blauer Turm* (westlicher Bergfried, der bis ins 19. Jh. als Hochwachturm diente) mit herrlicher Aussicht über Altstadt und Neckartal. **Gundelsheim:** *Schloss Horneck,* 1533 vom Deutschen Orden auf den Ruinen der alten Burg Horneck errichtet, heute mit Heimatmuseum der Siebenbürger Sachsen. **Mosbach:** *Marktplatz* mit Renaissance-Rathaus und Palm'schen Haus (Fachwerkhaus von 1610). **Neckarmühlbach:** *Burg Guttenberg* (13. Jh.) mit Greifvogel-Flugvorführungen. **Steinbach:** *Burg Hornberg* (12 Jh., Wohnsitz des Götz von Berlichingen). **Neckargerach:** *Burgruine Minneburg* (um 1250). **Zwingenberg:** *Schloss* (mittelalterliche Burg aus dem 13. Jh.); seit 1983 jährlich im August im Schlosshof Freiluftfestspiele mit der Oper „Der Freischütz" und andere romantische Opern. **Eberbach:** *Marktplatz* im Zentrum der Altstadt mit Hotel Karpfen (die 1934 in Sgraffito-Technik gestaltete Fassade zeigt wichtige Personen der Stadtgeschichte) und ehemaligem Rathaus im Weinbrenner-Stil (heute Stadtmuseum); *evangelische Michaeliskirche* (19. Jh.); *Pulverturm* aus dem 13. Jh. an der Nordwestecke der historischen Stadtbefestigung; *Informationszentrum des Naturparks Neckartal-Odenwald* im Thalheim'schen Haus; *Zinnfigurenkabinett* im Haspelturm mit Dioramen zur Geschichte von der Saurier- bis zur Neuzeit; *Burgruine* aus dem 11. Jh. hoch über der Stadt. **Hirschhorn:** *mittelalterliche Altstadt; Marktkirche* (17. Jh.); *Karmeliterkloster* mit Klosterkirche Mariä Verkündigung (geweiht 1406) und St.-Anna-Kapelle (1513); *Burg* aus dem 13. Jh. mit erhaltenem Bergfried, Palas (repräsentativer Saalbau), Marstall sowie mehreren Tor- und Wirtschaftsgebäuden. **Neckarsteinach:** *Vier-Burgen-Blick* auf Vorder-, Mittel-, Hinterburg und Burg Schadeck („Schwalbennest"). **Dilsberg:** *mittelalterliches Burgdorf,* aufgrund der uneinnehmbaren Lage weitgehend unzerstört mit sehenswerten Wehranlagen, 35 m tiefem Burgbrunnen und 80 m langem, unterirdischen Stollengang, schöner Blick über das Neckartal. **Neckargemünd:** *Stadtmauer mit frühklassizistischem Stadttor* zu Ehren des Kurfürsten Karl-Theodor; *Marktplatz* mit ehemaligem Rathaus (von 1707 bis Ende des 19. Jh. katholische Kirche). **Heidelberg:** Schlossruine, bis zur Zerstörung im Pfälzischen Erbfolgekrieg Residenz der pfälzischen Kurfürsten; *historische Innenstadt; Alte Brücke* (1786 - 1788); *Zahnradbahn* auf den Königsstuhl. *Stadtrundgang Seite 48.*

Sonstige Aktivitäten:

Radfahren: Die Ferienregion Odenwald-Neckartal-Bauland bietet ein weit verzweigtes Radwegenetz sowohl für Tourenradler als auch Mountainbiker. Neben Radfernwegen wie dem Main-Neckar-Radweg oder dem Neckartalradweg gibt es auch Themenwege, z.B: „Radeln mit Genuss: Der Grünkern-Radweg" oder „Auf den Spuren Roms: Der Limes-Radweg". Eine Übersicht aller ausgeschilderten Radrouten gibt es unter www.tg-odenwald.de/radfahren.

Wandern: Ein dichtes Netz an Wanderwegen bietet der Naturpark Neckartal-Odenwald (www.natur-park-neckartal-odenwald.de). Weitwanderer kommen auf dem sogenannten Odenwald-Schmetterling auf ihre Kosten. Ausgehend von Michelstadt gibt es vier 100 bis 150 km lange Rundkurse, deren Verlauf zusammen auf der Karte die Form eines Schmetterlings bilden.

Paddeln: Kanutouren auf Jagst, Kocher und Tauber.

Sonstiges: Hochseilgarten in Neckargemünd, Tel. (06223) 80 55 08, www.hochseilgarten-neckarge-muend.de **Schlechtwetteralternativen:** Bad Rappenau: *Sole- und Saunaparadies Rappsodie*, Tel. (07264) 206 93 30, www.rappsodie.info; Sinsheim: *Auto & Technik Museum*, Tel. (07261) 929 90, www.sins-heim.technik-museum.de

69 km

Anreise:
A6, Ausfahrt 35 Bad Rappenau, weiter Richtung Bad Wimpfen.

Einsetzstelle:
Ruderverein Bad Wimpfen (Alte Steige 8). Auf der Hauptstraße kommend hinter der Shell-Tankstelle Richtung Brücke, davor links hinunter zum Bootshaus des Rudervereins am linken Neckarufer.

Aussetzstelle:
Campingplatz Heidelberg (Schlierbacher Landstraße 151).

Befahrensregelung:
Der Neckar ist auf dem beschriebenen Abschnitt Bundeswasserstraße und es gilt die Binnenschiff-fahrtsstraßen-Ordnung (BinSchStrO), z.B. besteht eine Kennzeichnungspflicht für Kleinfahrzeuge. Am Kanu muss ein Name in zehn Zentimeter hohen Buchstaben angebracht sein (zwecks Ansprachemöglichkeit durch die Wasserschutzpolizei). Im Bootsinnern müssen Name und Anschrift des Besitzers angebracht sein. Weitere Informationen finden Sie im Merkblatt „Hinweise für Wassersportler auf dem Neckar" (www.elwis.de).

Zurück zum Pkw:
Gute und regelmäßige Zugverbindung von Heidelberg nach Bad Wimpfen.

Länge der Tour:
ca. 69 km

Umtragestellen:
Insgesamt versperren auf dem beschriebenen Neckarabschnitt sieben Schleusen die freie Fahrt. Die Schleusen dürfen in der Regel nicht durch Kanuten genutzt werden, mitunter haben die Schleusenwärter aber ein Einsehen und schleusen Paddler zusammen mit den Sportbooten. An allen Schleusen gibt es (schwere) Lorenbahnen zum Umsetzen der Boote. Leider reichen die Schienen nicht überall bis ins Wasser und manchmal muss das Boot hinter dem Wehr aufwändig über steile Treppen hinab ins Wasser bugsiert werden.

Etappenvorschlag:
1. Tag: Bad Wimpfen – Neckarzimmern (15 km)
2. Tag: Neckarzimmern – Zwingenberg (19 km)
3. Tag: Zwingenberg -Neckarsteinach (27 km)
4. Tag: Neckarsteinach – Heidelberg (8 km)

Tipps für Tagestouren:
1. Bad Wimpfen – Neckarzimmern (16 km)   2. Eberbach – Neckarsteinach (19 km)

Kartenmaterial / Literaturhinweise:
Wassersport-Wanderkarte Nr. 3. Deutschland – Südwest, 1:450.000 mit Skizzen der Schleusen auf der Rückseite, Jübermann-Verlag. Franz X. Bogner: *Das Land des Neckars,* Thorbecke. Bildband mit vielen Luftaufnahmen entlang des gesamten Neckars und sachkundigen Texten zu Natur und Kultur. *Der Neckar: Das Land und sein Fluss, Messungen u. Naturschutz Baden-Württemberg,* Verlag Regionalkultur.

Übernachtung in Wassernähe:
Gundelsheim: Campingplatz Burgenblick, Tel. (06269) 14 45; *Neckarzimmern: Campingplatz Cimbria,* Tel. (06261) 25 62; *Binau: Campingplatz Fortuna-Trailer-Camping,* Tel. (06263) 669; *Mörtelstein: Waldcampingplatz Germania,* Tel. (06262) 17 95; *Zwingenberg:* Campingmöglichkeit beim *Motoryachtclub Neckar,* Tel. (06263) 15 00, www.myc-zwingenberg.de; *Dilsberg: Campingplatz Unterm Dilsberg,* Tel. (06223) 725 85; *Neckargemünd: Camping Haide,* Tel. (06223) 21 11; *Hotel Zum Schwanen,* Tel. (06223) 924 00; *Heidelberg: Campingplatz,* Tel. (06221) 80 25 06.

Wichtige Adressen:
Kanu/Fahrradverleih: 100% Kanu + Bike, Tel. (07139) 93 49 00, www.kanu-bike.de
Sonstiges: Angelkarten: u.a. bei *Tourist-Information Hirschhorn,* Tel. (06272) 17 42;
Fahrpläne Bus & Bahn: Verkehrsverbund Rhein-Neckar, www.vrn.de

Auskunft:
Touristikgemeinschaft Odenwald e.V., Tel. (06261) 84 13 83, www.tg-odenwald.de;
www.neckar-tourismus.de

Der Untere Neckar

Breit und gemütlich fließt der Neckar dahin, als wir auf der Wiese des Rudervereins Bad Wimpfen die leuchtend rote Haut des Faltkanadiers ausrollen und das Gestänge zusammenstecken. Der „Wilde Fluss", so die Übersetzung des aus dem Keltischen hervorgegangenen Namens, gleicht heutzutage eher einer zahmen Schoßkatze. Die Zeiten als der kraftvolle, ungebändigte Fluss in seinem breitem Tal pendelte und regelmäßig die Talsohle überschwemmte, um ein weit verzweigtes Netz von Altwässern und Seitenarmen zu bilden, sind längst vorbei. Der Neckar ist zwar in seiner gesamten Länge auf über 300 Kilometern befahrbar, aber besonders das mittlere Neckartal bis zum Ballungsraum Stuttgart ist stark industrialisiert und entsprechend verbaut. Daher haben wir uns für die Strecke von Bad Wimpfen nach Heidelberg entschieden.

Hier, in seinem Unterlauf, erreicht der Neckar den Odenwald und schlängelt sich in vielen Kurven durch ein tief eingeschnittenes Tal mit zerklüfteten Steilhängen und sonnendurchfluteten Weinterrassen. Gleichzeitig ist die Tour auch eine Zeitreise in die Vergangenheit – zahllose gut erhaltene mittelalterliche Ritterburgen, Ruinen, Schlösser, Städte und Fachwerkdörfchen säumen die Ufer.

Das erste imposante Bauwerk thront gleich nach dem Ablegen hoch auf einem Bergsporn über uns. Die Kaiserpfalz von Bad Wimpfen imponiert mit einer markanten Silhouette. Sie ist eine von mehreren mächtigen, bewehrten Burganlagen, die die Staufer im

Mittelalter erbauen ließen, um ihr dezentral verwaltetes Reich zu regieren. Die Anlage entstand um 1200 etwa zur Zeit Friedrich Barbarossas und verschmolz ab dem 14. Jahrhundert mit der im Westen angrenzenden Stadt. An der Ostspitze erhebt sich der viereckige, 23 Meter hohe Rote Turm. Die Mauerstärke des massigen Bauwerks beträgt rund drei Meter und vermutlich diente die Burg als Fluchtstätte für die königliche Familie. Mit 55 Metern mehr als doppelt so hoch ist der Blaue Turm, der ursprünglich als westlicher Bergfried erbaut wurde.

Ein Ausflugsboot und einige wenige Lastkähne sind die einzigen Begleiter auf den ersten sieben Kilometern bis zur Schleuse in

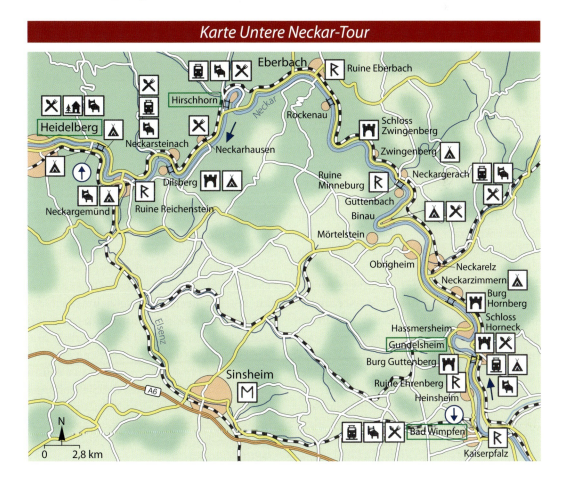

Karte Untere Neckar-Tour

Im Jahre 1517 erwarb Götz von Berlichingen, der legendäre „Ritter mit der eisernen Faust", die stolz über dem Neckar thronende Burg Hornberg.

Gundelsheim. Der Neckar ist ab Plochingen Bundeswasserstraße und jährlich treten um die 10.000 Binnenschiffe die Tal- oder Bergfahrt an und transportieren vor allem Kohle, Steine und Baustoffe aber auch Container. Für die durchgängige Befahrbarkeit ist der Neckar natürlich mit zahlreichen Staustufen und Schleusen ausgebaut. Kanufahrer werden in der Regel nicht geschleust, es sind aber an allen Schleusen Umtragemöglichkeiten vorhanden.

In Gundelsheim finden wir die Lorenbahn, die uns das Umsetzen erleichtern soll, am linken Ufer. Der massige und schwere Metallwagen rollt auf Schienen und ist gut geeignet um einen voll beladenen Kanadier zu transportieren. Wir lassen den Wagen ins Wasser unter den Kanadier rollen und ziehen ihn dann mit vereinten Kräften an Land. Leider enden die Schienen am Einstieg hinter der Schleuse hoch oberhalb des Ufers an einer Treppe. So bleibt uns zu guter Letzt doch nichts anderes übrig, als das Boot komplett leer zuräumen, es über die Treppe hinab ans

Wasser zu tragen und dort das gesamte Gepäck wieder einzuladen.

Direkt hinter der Schleuse, am gegenüberliegenden Ufer, liegt der Zeltplatz von Gundelsheim. An den Treppen rechts von der weißen Mühle legen wir an und bauen unsere Zelte auf. Später erkunden wir bei einem Spaziergang die pittoreske, kleine Altstadt mit dem hübschen Fachwerk und lassen den ersten, zugegebenermaßen kurzen, Paddeltag bei einem Schoppen Wein und hausgemachten Maultaschen im idyllischen Innenhof der Gaststätte „Weinbau Pavillon" ausklingen.

Die Nacht war unruhig, denn direkt hinter dem Zeltplatz verläuft die Bundesstraße 27 und früh werden wir vom regen LKW-Verkehr geweckt. So sagen wir Gundelsheim, mit Blick auf das „Deutschherrenschloss Horneck", Lebewohl. Im 13. Jahrhundert schenkte Freiherr Konrad von Horneck die Burg dem Deutschen Orden. 1525 wurde die Anlage im Bauernkrieg zerstört und der Sitz des Deutschmeisters nach Mergentheim verlegt. In Gundelsheim verblieb die Verwaltung des Ordens und die Burg wurde bis 1533 als Renaissanceschloss wieder aufgebaut. Im 18. Jahrhundert schließlich erhielt das Schloss seine imposante, siebeneckige Form. Nach dem Ende des Deutsch-Ordens wurde das Gebäude mal als Kaserne, dann als Sanatorium und Hospital genutzt bis es 1960 in den Besitz des Hilfsvereins der Siebenbürger Sachsen kam. Dieser richtete hier ein Altenheim und das Siebenbürgische Museum ein, das die traditionelle Kultur der Siebenbürger Sachsen vermittelt.

Schon nach nur zwei Kilometern reiht sich in Neckarmühlbach Burg Guttenberg in den Reigen der Burger und Schlösser entlang des unteren Neckars ein. In der Burg ist neben den Privaträumen des Burgbesitzers ein Burgmuseum untergebracht, das die mittelalterliche Welt der Ritter zum Leben erweckt. Im Zwinger sind die Volieren der Deutschen Greifenwarte untergebracht, die mit Flugvorführungen im ehemaligen Burggarten viele Besucher anlockt. Bei soviel touristischen Attraktionen darf natürlich eine Burgschenke nicht fehlen.

Gut eine Stunde später erreichen wir die Autofähre Hassmersheim. Dahinter erhebt sich hoch über Steinbach am rechten Ufer Burg Hornberg, die als Götzenburg in die Geschichte eingegangen ist. Götz von Berlichingen, Reichsritter aus schwäbischem Adel, hatte die Burg 1517 gekauft. Heute ist die Burg des Ritters „mit der eisernen Hand", dem der junge Goethe ein literarisches Denkmal setzte, ein nobles, von Weinbergen umgebenes Hotel.

An der Schleuse in Neckarzimmern haben wir Glück. Wir richten unsere Bootsspitzen schon in Richtung der Bootsschleppe am linken Ufer, als der Schleusenwärter uns über Lautsprecher mit der Ansage „Die Kanus dürfen mit in die Schleuse einfahren" zusammen mit den gerade wartenden Sportbooten in die Schleusenkammer lotst. Der idyllisch am rechten Neckarufer gelegene Campingplatz in Neckarzimmern kommt für unsere Etappenplanung viel zu früh

und erst etwa eine Stunde später legen wir am Steg des Ruderclubs „RKC Neptun" in Neckarelz eine Pause ein. Zurück auf dem Wasser, zeigt sich der Neckar eine Stunde später von seiner weniger idyllischen Seite. Links liegt das Kernkraftwerk Obrigheim und da hier mitunter größere Mengen Kühlwassers entnommen werden, halten wir uns möglichst weit am rechten Ufer.

Vorbei an den Zeltplätzen Binau und wenig später Mörtelstein, erreichen wir die Schleuse Guttenbach mit der Bootsschleppe am

69 km

Paddelpause am Steg des Ruderclubs in Neckarelz.

69 km

rechten Ufer. Endlich einmal reichen die Schienen auch hinter der Schleuse bis ins Wasser, so dass wir die Boote bequem und ohne auszuladen umsetzen können. Der Campingplatz in Neckargerach, direkt unter der Straßenbrücke, sieht nur wenig einladend aus. Idyllischer dagegen die Lage der sagenumwobenen Burgruine Minneburg hoch über der Stadt, die ihren Namen zu Ehren des Burgfräuleins Minna von Horneck trägt. Der Sage nach, soll sie hierher in eine Höhle geflüchtet sein, um einer angeordneten Zweckehe mit dem Grafen von Schwarzenberg zu entgehen und auf die Rückkehr ihrer großen Liebe, den Ritter Edelmut von Ehrenberg zu warten. Von seinem Kreuzzug zurück in der Heimat, lag die geliebte Minna schon im Sterben und der Ritter gelobte an Ihrem Totenbett als Zeichen der Liebe eine Burg zu errichten.

Vor uns liegen nun drei einsame Paddelkilometer. Nachdem wir die Fähre bei Zwingenberg passiert haben, beenden wir die Tagesetappe am schönen Zeltgelände des Motorsportboot-Clubs mit freiem Blick auf „Schloss Zwingenberg". Seit dem 15. Jahrhundert blickt es nun schon auf das Neckartal und seit 1983 werden Jahr für Jahr im

Schwere Lorenwagen auf Schienen erleichtern die Portagen an den Neckarstaustufen.

August im Schlosshof die Schlossfestspiele veranstaltet. Im Mittelpunkt steht die Oper „Der Freischütz", da die benachbarte Wolfsschlucht Carl Maria von Weber als Vorlage diente.

Gut eine Stunde freie Fahrt haben wir am nächsten Morgen bis zur Bootsschleppe der Schleuse Rockenau und nach einer weiteren Stunde legen wir in Eberbach an. Die Stadt wurde im 13. Jahrhundert gegründet und hat natürlich ebenfalls eine Burg zu bieten, die im 11. Jahrhundert hoch über der Stadt errichtet wurde. Genau genommen handelt es sich sogar gleich um drei einzelne Burgen, die an strategisch günstiger Stelle mit weitem Blick ins Neckartal erbaut wurden. Einige Funde sind im Museum der Stadt ausgestellt. Einen weiteren Blick in die Geschichte bietet das Zinnfigurenkabinett im Haspelturm. Liebevolle, in den Nischen zwischen Fenstern und Mauern untergebrachte, Dioramen erwecken die Geschichte, von der Wiege der Dinosaurier über die Kelten bis in die Neuzeit, zum Leben. Im ältesten Steingebäude der Stadt, auch als Thalheim´sches Haus bekannt, finden wir das Naturpark-Informationszentrum, das über Kultur und Landschaft im Odenwald informiert.

Nächste Station unserer Kanutour ist Hirschhorn, oft und gerne als „Perle des Neckartals" tituliert. Bevor wir die Schönheiten dieser sicher reizvollen, kleinen Stadt entdecken, stellen wir uns aber erst einmal am Parkhaus neben der Schleuse unter, denn urplötzlich lässt ein heftiges Sommergewitter ganze Sturzbäche auf uns niederprasseln. Später schlendern wir durch die regennassen Kopfsteinpflaster-Gassen der gut erhaltenen Altstadt. Etwa auf halbem Weg hinauf zur Burg, halten wir am ehemaligen Karmeliterkloster mit seiner eindrucksvollen, gotischen Kirche. Die Burg selbst beherbergt heute ein Hotel und von der Schlossterrasse genießen wir bald

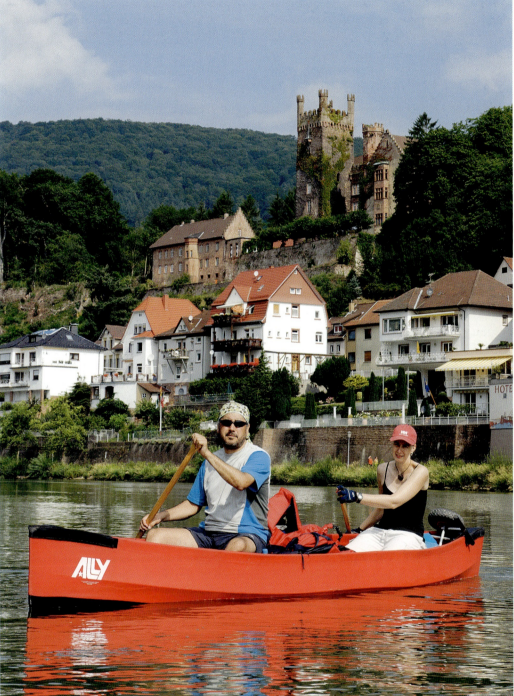

Neckarsteinach, das bereits seit 1377 Stadtrechte besitzt, verdankt seinem Namen der Mündung des Odenwaldbaches Steinach in den Neckar.

69 km

den Blick über Altstadt und Neckarschleife. Abermals treiben uns dunkle Wolken in die Boote und wir hoffen, den nahen Zeltplatz noch rechtzeitig vor dem nächsten Gewitter zu erreichen. Zuerst sind wir froh, als am rechten Ufer die Wohnwagen beim Gasthof „Hessisch Neckartal" auftauchen. Doch die Ernüchterung folgt auf dem Fuß – ich kann mich nicht erinnern jemals auf einem Campingplatz so wenig gastfreundlich empfangen worden zu sein. Unverrichteter Dinge steigen wir wieder in die Boote und paddeln weiter bis Neckarsteinach.

Das Städtchen mit dem Vier-Burgen-Blick ist selbst für den burgenreichen Neckar etwas Besonderes. Zu der ursprünglichen Stammburg, der Hinterburg, gesellten sich nach Erbteilungen noch Vorderburg und Mittelburg. Am spektakulärsten aber ist Burg Schadeck, treffenderweise auch Schwalbennest genannt. In der Tat krallt sie sich wie ein überdimensionales Schwalbennest in eine steil zum Neckar hin abfallende Felswand und scheint förmlich aus dem Berg heraus zu wachsen. Wir haben Glück und dem Zufall sei Dank am Tage des Gastes in Neckarsteinach Halt gemacht. Dieser findet immer am letzten Samstag im Juli statt und so haben wir vom Campingplatz nicht nur die vier Burgen im Blick sondern bekommen sie nach Einbruch der Dunkelheit noch spektakulär beleuchtet. Weil die letzte Paddeletappe nur kurz ist, mache ich mich am nächsten Morgen zunächst auf den Wanderweg zum 330 Meter hohen Dilsberg mit seiner mittelalterlichen Burgfeste, die aufgrund ihrer mächtigen Wehranlage im Laufe ihrer Geschichte zwar heftig umkämpft, aber nie zerstört wurde. Zu Beginn des 20. Jahrhunderts erkannte man die touristische Bedeutung der Burg und sie wurde aufwändig rekonstruiert.

Nach diesem vorerst letzten Ausflug ins Mittelalter ist es mit den Booten nur noch ein kurzer Weg bis zur Schleuse in Neckargemünd. Direkt dahinter liegt am linken Ufer der Campingplatz der Stadt Heidelberg. Knapp sechs Kilometer östlich der Altstadt, bietet er durch die gute Bahnanbindung ideale Bedingungen, um erst mit dem Zug die Autos aus Bad Wimpfen nachzuholen und dann mit der S-Bahn in die Innenstadt zu fahren, wo die majestätische Ruine des Schlosses über der Altstadt wacht.

Stadtrundgang Heidelberg

Dort, wo der Neckar dem Odenwald den Rücken kehrt und die Rheinebene erreicht, zwängt sich die alte kurpfälzische Hauptstadt Heidelberg zwischen Neckarufer und den 568 m hohen Hausberg Königstuhl. Für unseren Stadtrundgang nehmen wir vom Campingplatz den Zug und steigen am Altstadtbahnhof am Karlstor aus. Das *Karlstor (1)* am östlichen Rand der Altstadt ist ein Triumphbogen, der von 1775 bis 1781 zu Ehren des Kurfürsten Karl Theodor errichtet wurde. Wir folgen der Hauptstraße vorbei am *Völkerkundemuseum (2)* im ehemaligen Palais Weimar und erreichen am historischen Studentenlokal „Zum Sepp`l" den *Kornmarkt (3)*, der einen schönen Blick auf das Heidelberger Schloss bietet. Entlang des Rathauses (1701 - 1703) mit der Touristeninformation erreichen wir den *Marktplatz (4)* im Zentrum der Altstadt, der einer der ältesten Plätze der Stadt ist und von der Heiliggeistkirche (1400 - 1441) beherrscht wird. Einst wurden hier die pfälzischen Kurfürsten beigesetzt, heute ist das Bauwerk die evangelische Hauptkirche der Stadt. Gegenüber der Südseite der Kirche steht das Hotel „Ritter". Der Renaissancebau aus dem Jahre 1592 ist eines der wenigen Bürgerhäuser, das den Pfälzischen Erbfolgekrieg unbeschadet überstand. Kurze Zeit danach diente es als Rathaus, heute ist es Hotel und Restaurant. Seinen Namen erhielt das Haus durch die

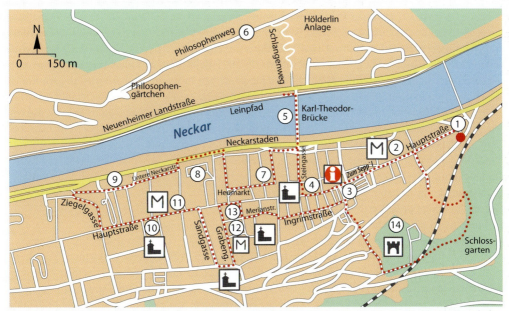

69 km

Ritterfigur des Sankt Georg auf dem Giebel. Vom Marktplatz laufen wir zwischen Heiliggeistkirche und Herkulesbrunnen (1706 - 1709) schräg nach rechts und erreichen über die Steingasse die Karl-Theodor-Brücke, besser bekannt als *Alte Brücke (5)*. Durch das zweitürmige Brückentor betreten wir die Brücke und schlendern über das Kopfsteinpflaster ans gegenüberliegende Neckarufer mit einem schönen Blick auf Altstadt und Schloss. Wer viel Zeit und gute Kondition hat, kann jetzt noch über den Schlangenweg zum *Philosophenweg (6)* am Hang des Heiligenbergs hinaufgehen. Am Ende des bebauten Teil des Weges, im Philosophengärtchen, steht auf einer Plattform eine Büste Eichendorffs, in deren Sockel ein Gedicht des berühmten Romantikers eingraviert ist; Eichendorff studierte einige Monate in Heidelberg. Von hier hat man einen herrlichen Blick auf Neckar, Altstadt, Schloss und Königstuhl. Am östlichen Ende des Weges befindet sich die Hölderlin-Anlage mit dem Hölderlinstein, der an die Heidelberg-Ode des Dichters erinnert. Seinen Namen verdankt der Philosophenweg vermutlich den Heidelberger Studenten, die den Weg wohl schon früh als idealen Ort für romantische Spaziergänge für sich entdeckten. Zurück über die Alte Brücke wenden wir uns wieder in Richtung Altstadt und laufen auf den Neckarstaden am Ufer entlang. Nach wenigen Schritten wenden wir uns auf der schmalen Pfaffengasse nach links und stehen bald vor der Hausnummer 18, dem *Geburtshaus des Reichspräsidenten Friedrich Ebert (7)*. Die Ausstellung im Inneren widmet sich Leben und Wirken des ersten Präsidenten der Weimarer Republik und dokumentiert die Geschichte von der Jahrhundertwende bis zum Beginn der Weimarer Republik. Am Ende der Pfaffengasse biegen wir rechts ab und laufen vorbei an diversen Kneipen und Bars bis zum Heumarkt mit seinem modernen Springbrunnen. Dahinter geht es nach rechts auf der Großen Mantelgasse wieder Richtung Neckar. Hinter der Heuscheuer, in der einst das für den benachbarten Marstall benötige Heu untergebracht war und die heute einen Hörsaal der Mensa beherbergt, laufen wir nach links am Neckarufer weiter und erreichen den *Marstall (8)*. Hier waren ursprünglich Pferde, Wagen und Geschirr des Schlosses untergebracht, später wurde das Gebäude auch als Kaserne und Krankenhaus genutzt. Seit 1971 gehört es zur Uni und dient als Mensa. Auf dem Krahnenplatz passieren wir das Denkmal für den Dichter Karl Gottfried Nadler und erreichen über die Untere Neckarstraße die *Stadthalle (9)*. Das monumentale

Gebäude im neoklassizistischen Stil aus rotem Sandstein zeigt an der Südseite die Porträts Heidelberger Professoren und berühmter Künstler. Wir laufen noch ein kleines Stückchen geradeaus bis zum Ende des unscheinbaren Jubiläumsplatzes. Hier führt uns eine scharfe Linkskehre auf der Ziegelgasse bis zur bereits bekannten Hauptstraße, auf der wir uns nach links wenden. Durch die Fußgängerzone erreichen wir die *Providenzkirche (10)*. Die Kirche wurde bereits kurz nach Fertigstellung am Ende des 17. Jahrhunderts im Pfälzischen Erbfolgekrieg zerstört und erhielt erst beim Wiederaufbau einen Turm, der ursprünglich nicht vorhanden war. Ein paar Gehminuten weiter warten auf der linken Seite das Kurpfälzische Museum und der *Heidelberger Kunstverein (11)*. Gegenüber vom Gasthof „Zum Güldenen Schaf„ biegen wir nach rechts in die Sandgasse, an deren Ende das reich verzierte Portal der Universitätsbibliothek aus rotem Sandstein zu bewundern ist. Noch vor der Peterskirche, die auf Grund ihrer guten Akustik für Konzerte genutzt wird, laufen wir wieder nach links zurück in Richtung Fußgängerzone und stehen bald auf dem *Universitätsplatz (12)*, der von der Alten und Neuen Universität dominiert wird. Das hiesige Museum widmet sich der Universitätsgeschichte und im Innenhof ist der Hexenturm zu sehen, der einst zur Stadtmauer gehörte.

Wir folgen nun der Fußgängerzone für wenige Schritte und biegen gleich auf der Augustinergasse nach rechts. Im *Studentenkarzer (13)* wurden von 1778 - 1914 Studenten für kleinere Vergehen wie z.B. übermäßigen Alkoholgenuss bestraft. Die Inhaftierten durften zwar weiter Kurse an der Universität besuchen, hatten aber in der verbleibenden Zeit genügend Muße, um sich mit Sprüchen und Zeichnungen an den Gefängnismauern zu verewigen. Viele dieser Graffitis sind bis heute erhalten und können besichtigt werden. Zurück auf dem Universitätsplatz wenden wir uns nach links, passieren die Jesuitenkirche und laufen geradeaus weiter in die Merianstraße. Am Ende geht es für wenige Schritte nach rechts und anschließend gleich wieder nach links in die Ingrimstraße mit vielen Antiquariaten, Antiquitätenhändlern und Galerien. Etwas abseits des Trubels auf dem Marktplatz kommen wir so zurück auf den *Kornmarkt (3)*. Hier halten wir uns rechts und folgen dem ausgeschilderten Burgweg knapp zehn Minuten hinauf zum *Schloss (14)* mit einem famosen Ausblick über Altstadt, Steinbrücke und Neckar. Die ältesten Teile des Schlosses stammen aus dem 12. Jahrhundert und für ein halbes Jahrtausend entwickelte sich die Schlossanlage zur kurfürstlichen Residenz bis sie gegen Ende des 17. Jahrhundert im Pfälzischen Erbfolgekrieg zerstört wurde. Seither prägt die Ruine das Stadtbild Heidelbergs. Im Schlosshof, der mit Friedrichsbau und Ottheinrichsbau ein beeindruckendes Zeugnis von der Kunstfertigkeit der Renaissance-Architektur liefert, zeigt das Deutsche Apotheken- Museum eine Apothekeneinrichtung, ein Labor und Arzneimittel aus der Zeit vom 17. bis zum 19. Jahrhundert.

Vorbei an den dicken Gemäuern der Ruinen schlendern wir die Terrasse am Hang entlang und steigen dann über einen kurvenreichen, kurzen Wanderweg hinab in Richtung Altstadt. Über den Friesenberg gelangen wir zurück auf die Hauptstraße. Nach links sind es wenige Schritte zurück zum *Marktplatz (4)* um den Stadtrundgang in einem der zahlreichen Cafés ausklingen zu lassen; nach rechts geht es zurück zum Ausgangspunkt am *Karlstor (1)*.

Die Jagst

Im Land des Götz von Berlichingen

Tour 3

Infos Jagst

Aktivitäten	Natur	Kultur	Baden	Hindernisse
★★★☆	★★★★	★★★☆	★☆☆☆	★★★☆

Charakter der Tour:

Die Jagst ist der größte Nebenfluss des Neckars. Die flotte Strömung verleiht dem idyllischen Wanderfluss eine sportliche Note. Das breite, bewaldete Tal mit den schönen Wiesen am Ufer, begeistert den Paddler und hin und wieder lädt ein kleines Dorf zum Landgang ein. Einer der kulturellen Höhepunkte ist das imposante Kloster in Schöntal.

Sehenswürdigkeiten:

Dörzbach: *Kapelle St. Wendel zum Stein* zwischen Dörzbach und Hohebach, 1511 - 1515 von einem Eremiten errichtete Wallfahrtskapelle; *historische Ölmühle,* 1798 als Loh-, Walk-, Öl- und Reibmühle anstelle eines zerstörten Vorgängerbaus errichtet, heutige Form nach Umbau und Erweiterung 1864. **Krautheim:** *Stauferburg* (1200) mit frühgotischer Burgkapelle (1240), Palais, Portal und Bergfried, im Bauernkrieg zerstört, im 17. Jh. schlossartig erweitert; *Burg- und Johannitermuseum; historisches Rathaus* (1569); *Stadttor und Teile der Stadtmauer.* **Schöntal:** *Kloster mit Barockkirche,* prunkvollem Konventsgebäude, diversen Wirtschaftsgebäuden, Torhäusern, Mohrenbrunnen und großem Klostergarten. **Jagsthausen:** *Götzenburg* mit der eisernen Hand des Götz von Berlichingen im Schlossmuseum und Festspielen im Sommer; *Altes Rathaus* (Fachwerkgebäude von 1513); *Freilichtmuseum Römerbad* im Ortskern zwischen Rathaus und Grundschule (Grundriss eines römischen Militärbades um 200 n. Chr.). **Möckmühl:** durchgehend erhaltene *Stadtmauer* aus dem 15. Jh. mit Wehrgang, durchlaufendem Bogenfries und mehreren Türmen; *Burg* aus dem 13. Jh.

Sonstige Aktivitäten:

Radfahren: Rund um die Jagst eine Vielzahl von markierten Radwegen mit einer Länge zwischen 20 und 40 km. Tourenradlern bietet der 330 km lange Kocher-Jagst-Radweg die Möglichkeit zum Entdecken der beiden Zwillingsflüsse. **Wandern:** Die Landschaft zwischen Kocher und Jagst lockt nicht nur mit guten Radwegen, Burgen und Schlössern sondern bietet auch eine Vielzahl von Wanderwegen. Auf dem 105 km langen Kulturwanderweg Jagst gibt es so manch Unbekanntes zu entdecken. **Paddeln:** Kanutouren auf Kocher, Neckar oder Tauber. **Klettern:** Waldkletterpark und Hochseilgarten in Hohenlohe. **Schlechtwetteralternativen:** Das *Herrenhaus Buchenbach* präsentiert unter dem Motto „Erlebnis Mittleres Jagsttal" eine sehenswerte Ausstellung zu Natur und Kultur des Jagsttals und der Menschen die hier leben (Langenburger Straße 10, 74673 Mulfingen-Buchenbach, Tel. (07938) 99 20 35).

Anreise:

A6 Heilbronn – Nürnberg, Ausfahrt 42 Kupferzell, weiter auf B 19 bis Dörzbach oder A81 Heilbronn – Würzburg, Ausfahrt 3 Tauberbischofsheim, anschließend über B 290 und B 19 nach Dörzbach.

Einsetzstelle:

Neben dem Bauhof in Dörzbach (Klepsauer Straße 69).

Aussetzstelle:
Vor der Straßenbrücke in Möckmühl (Züttlinger Straße 1).

Befahrensregelung:
Eine Reihe von Befahrungsregelungen trübt das Jagst-Paddelvergnügen und da jeder Landkreis seine eigene Verordnung erlassen hat, ist es nicht ganz einfach den Überblick zu behalten. Für den beschriebenen Abschnitt gelten die folgenden Sperrungen:

1. Für die Befahrung der Jagst im Hohenlohekreis von Dörzbach bis Berlichingen ist ein Mindestwasserstand von 40 cm am Jagstpegel Dörzbach (Tel. (07937) 203) vorgeschrieben. Die Flachwasserstrecken hinter den Wehren dürfen nur bei einem Pegel von 60 cm oder mehr befahren werden, ansonsten muss bis zum Ende des Kraftwerkskanals umtragen werden.

2. Im Landkreis Heilbronn (von Berlichingen bis zur Mündung) ist ein Mindestpegel von 100 cm am Pegel Untergriesheim (Tel. (07136) 45 60) erforderlich.

3. Vom Fußgängersteg in Widdern bis Möckmühl besteht (unabhängig vom Wasserstand!) ein Befahrungsverbot vom 15.02. - 15.09.

Die Befahrungsregelung für die komplette Jagst finden Sie im Flyer „Kanu- und Bootfahren auf Jagst und Kocher", erhältlich u.a. bei der Touristikgemeinschaft Hohenlohe (s.u.).

45 km

Zurück zum Pkw:
Mit dem Regiobus 11 des Nahverkehrs Hohenlohekreis von Möckmühl nach Widdern oder per Rad auf dem gut ausgebauten Kocher-Jagst-Radweg.

Etappenvorschlag:
1. Tag: Dörzbach – Schöntal (22 km)
2. Tag: Schöntal – Möckmühl (23 km)

Tipps für Tagestouren:
Westernhausen – Widdern (20 km)

Länge der Tour:
ca. 45 km

Umtragestellen:
Auf der vorgestellten Strecke sind insgesamt acht Wehre, z.T. aufwändig zu umtragen.

Kartenmaterial / Literaturhinweise:
Radkarte Tauber-Hohenlohe, 1:100.000, Landesvermessungsamt Baden-Württemberg. Johann Wolfgang v. Goethe: *Götz von Berlichingen mit der eisernen Hand,* Historiendrama, mit dem Goethe dem Reichsritters Gottfried von Berlichingen (1480 - 1562) ein literarisches Denkmal setzt. Bernhard H. Lott und Hugo Böhm: *Die Jagst,* Swiridoff Verlag. Umfassende Text- und Bildreise entlang der Jagst mit Geschichten, Anekdoten und Gedichten.

Übernachten in Wassernähe:
Dörzbach: Heuhotel Hirsch, Tel. (07937) 57 22; *Winzenhofen: Gasthaus Lamm,* Tel. (06294) 205; *Schöntal: Landhotel Gästehaus Zeller,* Tel. (07943) 600; *Möckmühl: Die kleine Radlerherberge,* Tel. (06298) 92 76 33.

Wichtige Adressen:
Kanuverleih: *Krautheim: Landgasthof Krone,* Tel. (06294) 362; *Niedernhall: Heffner Outdoor Events,* Tel. (07940) 54 85 14; *Hardthausen: 100% Kanu + Bike,* Tel. (07139) 93 49 00; **Fahrradverleih:** *Dörzbach: Klaus Ankenbrand,* Tel. (07937) 12 90; **Sonstiges:** *Fahrplanauskunft: Nahverkehr Hohenlohekreis,* Tel. (07940) 914 40, www.nvh.de

Auskunft:
Touristikgemeinschaft Hohenlohe e.V. in Künzelsau, Tel. (07940) 182 06, www.hohenlohe.de

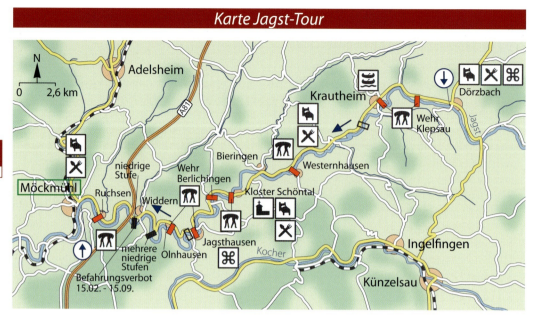

Karte Jagst-Tour

Die Jagst

Ein wenig verdattert schaut Frau Zeller, die Wirtin des gleichnamigen Gästehauses unweit des Klosters in Schöntal, als ich an einem lauen Abend Ende Oktober mit dem Kajak auf dem Autodach vorfahre. Paddlergäste ist man hier zwar gewohnt, aber offensichtlich nicht zu solch fortgeschrittener Jahreszeit. Da auf der Jagst strenge Befahrungsregeln gelten und der Abschnitt zwischen Widdern und Möckmühl bis Mitte September gesperrt ist, bleibt mir zu einer Herbsttour gar keine Alternative. Mit einem Anruf bei der telefonischen Pegelansage vergewissere ich mich noch davon, dass der Wasserstand hoch genug ist und dann kann es losgehen.

Am nächsten Morgen fahre ich nach Dörzbach, wo ich am Bauhof, direkt hinter dem Ortseingang, eine gute Einsetzstelle

finde. Dichter Nebel hängt über dem Jagsttal und ich habe es nicht eilig los zukommen. Erst einmal statte ich daher der Ölmühle in Dörzbach einen Besuch ab. Das ursprüngliche Mühlengebäude wurde Ende des 18. Jahrhundert errichtet und Mitte des 19. Jahrhundert erweitert. Zwischen 1982 und 1989 wurden Gebäude und Inneneinrichtung aufwändig instand gesetzt. Auf den Geräten und Werkzeugen, die zum Teil über 200 Jahre alt sind, werden heute die Techniken des Ölschlagens vorgeführt.

Der Nebel hat sich nur unmerklich gelichtet als ich mein Kajak am späten Vormittag in die muntere Strömung der Jagst schiebe. Kalt wird mir aber trotzdem nicht, denn auf den ersten sieben Kilometern bis zur Straßenbrücke in Krautheim sind gleich zwei Wehre zu umtragen. Die Jagst fließt mal ruhig, dann wieder flott und vereinzelt grüßt ein Angler vom Ufer. Immer wieder rauscht das Wasser über etwas größere, aber harmlose Schwälle und frisch gefällte, quer im Fluss liegende Bäume, erfordern meine volle Aufmerksamkeit. Der Biergarten am Gasthaus „Lamm" in Winzenhofen hat sogar einen eigenen Kanuanlegesteg und wäre im Sommer sicherlich eine Pause wert. Der Stau kündigt das nächste Wehr in Westernhausen an. Ich lege rechts oberhalb der Wehrkrone an und hebe das Kajak kurz ins Unterwasser über. Hinter dem Wehr wird an einer Baustelle im Fluss gerade eine Kiesinsel aufgeschüttet, aber ich habe im rechten Drittel eine ausreichend tiefe Fahrrinne. Hinter der Straßenbrücke in Bieringen wartet noch ein Baumverhau, dann geht es ohne weitere Hindernisse bis zum Endpunkt dieser Tagesetappe. Als erstes taucht über dem linken Ufer die Kreuzbergkapelle auf und nach der nächsten Kurve überspannt die Steinbogenbrücke die Jagst. Dahinter erheben sich die mächtigen Doppeltürme des Klosters Schöntal.

Die Kanuanlegestelle liegt am linken Ufer zwischen der Steinbogenbrücke und dem kurz darauf folgenden Wehr. Nachdem ich mein Kajak an einem Baum fest angeschlossen und meine Sachen in der Pension untergestellt habe, mache ich mich mit dem Fahrrad auf dem schönen Kocher-Jagst-Radweg auf, um das Auto aus Dörzbach nachzuholen.

Am Abend steht dann noch die Besichtigung des Klosters an, das Mitte des 12. Jahrhunderts von Mönchen der Zisterzienserabtei Maulbronn gegründet wurde. Seine Blütezeit erfuhr es im 15. Jahrhundert, nachdem es 1418 im Konstanzer Konzil die Reichsunmittelbarkeit verliehen bekommen hatte. Dieses Privileg sicherte dem Kloster zu, dass es in weltlichen Angelegenheiten nur dem Kaiser unterstand. In den folgenden Jahrhunderten erlebte es düstere Zeiten und wurde während des großen Bauernkrieges (1525) und im Dreißigjährigen Krieg (1618 - 1648) mehrmals geplündert und stark zerstört. Viele der heute so eindrucksvollen Barockbauten stammen aus der Zeit des Abts Benedikt Knittel (1638 - 1732), der Kloster Schöntal zu seiner zweiten Blüte führte. Am eindrucksvollsten ist die dreischiffige Klosterkirche mit ihrer Doppelturmfassade, die ab 1708 nach Plänen von Johann Leonhard Dientzenhofer gebaut wurde. Im Inneren bieten unzählige Stuckaturen, Fresken und Plastiken anschaulichen Bibelunterricht. Ein wahres Kleinod ist die schlossähnliche Neue Abtei, mit dem die Äbte ihr Repräsentationsbedürfnis stillten und noch heute zieht man beim Anblick des prächtigen

45 km

Direkt hinter der Anlegestelle vor dem Wehr in Schöntal erhebt sich die prächtige Barockkirche der ehemaligen Zisterzienserabtei.

Blick über die Steinbogenbrücke in Schöntal auf die Kreuzbergkapelle.

Treppenhauses mit seinen geschwungenen Treppen, dem überall aufblitzenden Gold und dem bunten Deckengemälde unweigerlich vor Ehrfurcht die Luft ein.

Am zweiten Tag auf der Jagst lasse ich mein Kajak etwa 200 Meter hinter dem Wehr am linken Ufer zu Wasser. Zunächst ist die Strömung recht flott, bis ich etwa eine halbe Stunde später hinter der Straßenbrücke in Berlichingen das nächste Wehr erreiche. Direkt neben dem Fischumlauf lege ich an, um das Boot über das trockengefallene Wehr umzuheben. Entsprechend flach ist das Wasser auf den ersten Metern hinter dem Wehr.

Vorbei an einer modernen, an Stahlseilen hängenden Fußgängerbrücke und einer Steinbogenbrücke, erreiche ich das Wehr am Elektrizitätswerk in Jagsthausen. Hier kommt der Bootswagen das erste Mal zum Einsatz. Die Portage führt am Kraftwerk vorbei und ich setze erst hinter der kleinen Fußgängerbrücke auf die Jagstinsel in den Kraftwerkskanal wieder ein.

Vor der Weiterfahrt statte ich aber erst einmal der Götzenburg einen Besuch ab. Jagsthausen ging aus einem römischen Kastell am Limes hervor, wie das Freilichtmuseum Römerbad in der Ortsmitte dokumentiert.

45 km

gen hier: Ich fahre rechts über den Balken in den Kanal und lege an der Treppe des nicht öffentlichen Campingplatzes an, um kurz überzuheben. Wie bei so vielen Wehren ist auch hier der Wasserstand anschließend sehr niedrig, was sich vor allem unter der folgenden Brücke störend bemerkbar macht. Im nächsten Abschnitt fordern noch zwei größere Stufen meine Aufmerksamkeit, dann sind etwa 15 Kilometer nach dem Start in Schöntal die Fachwerkhäuser in Widdern am rechten Jagstufer erreicht. Der Bootsausstieg findet sich links vor der Brücke, hier beginnt auch die Sperrstrecke von Mitte Februar bis Mitte September. Gut einen Kilometer weiter, nachdem die hohe Autobahnbrücke der A81 von Würzburg nach Heilbronn das Jagsttal überspannt, schüttelt mich in einer Rechtskurve die höchste Stufe auf dieser Tour durch. Das letzte Umtragemanöver wartet

Bekannt aber wurde die kleine Stadt vor allem als Heimat des Götz von Berlichingen; im Museum des Schlosses, das ansonsten ein Hotel und beachtenswertes Restaurant beherbergt, ist seine berühmte eiserne Hand zu sehen.

Nach der Vereinigung des Kraftwerkskanals mit dem Wehrarm wartet eine kleine Stufe, deutlich größer ist die Welle hinter der bald folgenden kanufreundlichen Furt, an der vor allem Trecker von einem Jagstufer ans andere fahren können.

Nächstes Hindernis ist das Wehr in Olnhausen. Der einfachste Weg zum Umtra-

am Wehr in Ruchsen auf mich. Weil man zwar eine schöne Ausstiegsstelle angelegt hat, ich aber keine geeignete Möglichkeit finde, hinter dem Wehr wieder gut ins Wasser zu kommen, fahre ich in der Flussmitte bis ans Wehr, steige aus und lasse das Boot über die stellenweise trockengefallene Betonschräge ins Unterwasser rutschen.

Wieder im Boot, thront nach ein paar Paddelschlägen hoch über dem rechten Ufer die Burg in Möckmühl. Meine Tour beende ich am Parkplatz am linken Ufer vor der Straßenbrücke. Burg Möckmuhl wurde vermutlich im 13. Jahrhundert angelegt und diente Götz von Berlichingen zwischen 1517 und

1519 als Amtssitz. Obwohl die Burg mit dem 28 Meter hohen Bergfried in Privatbesitz und nicht zu besichtigen ist, wage ich den Aufstieg auf den Burghügel, um das Tourenende mit einem Panoramablick über die kleine, aber feine Altstadt von Möckmühl mit seiner gut erhaltenen Stadtmauer und den zahlreichen wehrhaften Türmen zu krönen.

Götz von Berlichingen

Götz von Berlichingen, der „Ritter mit der eisernen Hand", war eher Abenteurer und Söldner als Edelmann. Sein aufregendes Leben, das von mehreren Gefängnisaufenthalten unterbrochen wurde, beginnt um 1480 als jüngstes von zehn Kindern des Ritters Kilian von Berlichingen aus Jagsthausen und seiner Frau Margaretha, geborene von Thüngen.

Mit 17 Jahren nimmt der junge Götz an seinem ersten Feldzug teil, doch scheint er bald die Nase voll zu haben vom regulären Kriegsdienst. Im Jahre 1500 schließt er sich gemeinsam mit seinem Bruder dem Raubritter Thalacker von Massenbach an, der seinen Lebensunterhalt überwiegend durch Wegelagerei, Plünderungen und Geiselnahmen bestreitet. Durch die schlechte Gesellschaft wird Götz der Boden in Schwaben bald zu heiß und er tritt 1502 in den Dienst des Markgrafen von Brandenburg. Unter dem Banner des Herzogs Albrecht von Bayern dient er 1504 und nimmt an der Belagerung Landshuts teil, bei dem eine Kanonenkugel seine rechte Hand zerschmettert. Aus dem Lazarett zurück in Jagsthausen, lässt er einen eisernen Handschuh fertigen, der am Unterarmstumpf festgeschnallt wird und den er über Federn und Zahnräder mit der linken Hand bedienen kann. Das trägt ihm nicht nur den Beinamen „mit der eisernen Hand" ein, sondern versetzt ihn, während die üblichen Prothesen zu seiner Zeit aus einem simplen Metallhaken bestanden, zudem in die Lage weiterhin das Schwert zu führen. Wovon er auch reichlich Gebrauch macht. In den folgenden Jahren ist er an diversen Fehden und Geiselnahmen beteiligt, bis er 1519 von einer Truppe der Stadt Heilbronn überwältigt wird. Drei Jahre verbringt er daraufhin im Kerker, bis ihn sein Ritterkumpan Franz von Sickingen auslöst. Im Bauernkrieg 1525 wird er Anführer des Odenwälder Haufens, einem der bedeutendsten Bauernheere und liefert dem Schwäbischen Bund einige kleinere Scharmützel. Bei einer weiteren kriegerischen Auseinandersetzung gerät er 1528 bei Augsburg in Gefangenschaft. Zwei weitere Jahre im Kerker sind die Folge. Freigelassen wird er nur gegen das Versprechen, sich ausschließlich auf seiner Burg Hornberg, die er 1517 gekauft hatte, aufzuhalten.

Offensichtlich im Alter ruhiger geworden, hält sich Götz von Berlichingen an die Abmachung, bis ihn der Kaiser um 1540 aus seiner „Verbannung" entlässt, weil er die Kriegslist des inzwischen 60-Jährigen im Kampf gegen die Türken benötigt. Nach dem Frieden von Crespy kehrt Götz von Berlichingen nach Hornberg zurück, wo er am 23. Juli 1562 stirbt.

Der Taubergießen

Auenwald am Altrhein

Tour 4

Infos Taubergießen				
Aktivitäten	Natur	Kultur	Baden	Hindernisse
★★★☆	★★★★	★☆☆☆	★☆☆☆	★★☆☆

16 km

Charakter der Tour:

Bis zu seiner Begradigung im 19. Jahrhundert änderte der Rhein nach jedem Hochwasser seinen Lauf und überschwemmte weite Bereiche sowohl auf der französischen, als auch auf der deutschen Seite. Zwischen Oberhausen und Wittenweier erstreckt sich der Taubergießen, der von diesen Eingriffen weitgehend verschont geblieben ist und zu den größten Naturschutzgebieten in Baden-Württemberg zählt. Die Relikte der letzten, ungebändigten Seitenarme des Rheins bilden ein weit verzweigtes Gewässernetz inmitten einer weitläufigen Auenwald- und Wiesenlandschaft mit vielen selten Tier- und Pflanzenarten.

Sehenswürdigkeiten:

Kulturelle Sehenswürdigkeiten sind im Gebiet des Taubergießen Mangelware. *Sehenswerte Städte* in der näheren Umgebung sind *Straßburg* auf französischer Seite mit seiner mittelalterlichen Altstadt und dem beeindruckenden Münster sowie in Deutschland die quirlige Universitätsstadt *Freiburg* und *Baden-Baden* mit seinen Thermen.

Sonstige Aktivitäten:

Wandern: Im und um das Naturschutzgebiet Taubergießens gibt es fünf Rundwanderwege durch die Rheinauen zwischen drei und 13 km Länge. **Paddeln:** Eine weitere landschaftlich reizvolle Route auf dem Altrhein ist die Paddeltour auf dem Ottenheimer Mühlbach von Ottenheim nach Goldscheuer. **Sonstiges:** Der Europapark Rust ist ein riesiger Freizeitpark mit einer abwechslungsreichen Mischung aus Fahrgeschäften und Parkanlagen. Der nahe Kaiserstuhl ist für Weinliebhaber und Gourmets ein „Muss". Aber auch Wanderungen und Radtouren sind in Deutschlands sonnenreichstem Rebengebirge ein Erlebnis.

Anreise:
Autobahn A5 Karlsruhe – Basel, Ausfahrt 58-Herbolzheim und weiter Richtung Weisweil/Kenzingen/Rheinhausen. In Rheinhausen auf der Rheingasse Richtung Rhein.

Einsetzstelle:

Parkplatz Weier am südlichen Rand des Naturschutzgebiets (Zufahrt über Rheingasse in Rheinhausen-Oberhausen). Zum Abladen der Boote darf die Einstiegsstelle auf dem nichtöffentlichen Weg angefahren werden. Bitte halten Sie die Einsetzstelle frei und parken Sie nach dem Abladen ausschließlich außerhalb des Schutzgebietes.

Aussetzstelle:

Parkplatz in Wittenweier, ca. 200 m vom Ufer entfernt, zum Beladen kann man bis an den Deich heranfahren.

Befahrensregelung:

Es besteht ein ganzjähriges Befahrungsverbot außerhalb der durchgehenden Fahrrinne. Die ausgeschilderte Route ist von 9 - 20 Uhr freigegeben.

16 km

Zurück zum Pkw:

Der Weg zurück zur Einsetzstelle ist praktisch nur mit dem Fahrrad oder einem zweitem PKW möglich.

Kartenmaterial / Literaturhinweise:

Sehr zu empfehlen ist die Infobroschüre *Naturschutzgebiet Taubergießen* (Bezirksstelle für Naturschutz und Landschaftspflege Freiburg, 1998) mit vielen Informationen zur Biologie und einer herausnehmbaren Karte im Maßstab 1:25.000, in der sowohl die Kanuroute, als auch die Wanderwege und Zufahrtsmöglichkeiten verzeichnet sind. Thomas Kaiser: *Naturerlebnis Rheinauen: Von Basel zum Taubergießen bis Straßburg,* Schillinger Verlag. Stimmungsvoller Bildband mit Aufnahmen von Landschaft, Tieren und Pflanzen.

Übernachten in Wassernähe:

In allen Gemeinden rund um den Europapark Rust gibt es eine Vielzahl von Übernachtungsmöglichkeiten sowohl in Pensionen als auch auf Zeltplätzen. In der Hochsaison werden aufgrund des Besucheransturms trotzdem die Betten knapp. Hilfreich für die Suche nach einer Schlafgelegenheit ist die Webseite www.europa-park-rust.info

Wichtige Adressen:

Kanuverleih: *Freiburg: Wildsport-Tours Freiburg,* Tel. (0761) 384 54 45, www.wildsport-tours.de; *Baden-Baden: Kanux-Kanuverleih,* Tel. (07223) 281 77 77, www.canucks-kanu.de; *Schwanau-Wittenweier: Elzplorers,* Tel. (07824) 40 12, www.elzplorers.de; **Fahrradverleih:** *Rust: Autohaus Armin Obert,* Tel. (07822) 86 51 54; *Peter Schönstein,* Tel. (07822) 44 02 07; **Sonstiges:** *Europa-Park Rust,* Tel. (01805) 77 66 88, www.europapark.de

Auskunft:

Naturzentrum Rheinauen, Fischerstraße 51, 77977 Rust, Tel. (07822) 789 55 20, www.naturzentrum-rheinauen.de; *Rund um den Kaiserstuhl:* www.kaiserstuhl.eu, www.kaiserstuhl.cc, www.kaiserstuhl-info.de

Länge der Tour:
ca. 16 km

Umtragestellen:
Drei kurze Portagen an Wehren sowie ein etwas längerer Transport (ca. 500 m) an der Rosskopfbrücke.

Der Taubergießen

16 km

Der „Silverstar" ist, im wahrsten Sinne des Wortes, die alles überragende Attraktion in Rust. Es scheint fast so, als schaffe der Zug die erste Auffahrt hinauf auf über 70 Meter nur mit größter Anstrengung. Im Schuss geht es dann die erste Sturzfahrt hinunter und weiter über Berg und Tal. Gegen Ende der Strecke, im sogenannten Horse Shoe, steigert sich das Gekreische der Fahrgäste zum fulminanten Höhepunkt. Eine Höchstgeschwindigkeit von 130 km/h, Formel-1 taugliche Beschleunigungen und eine Gesamtlänge von über eineinhalb Kilometer

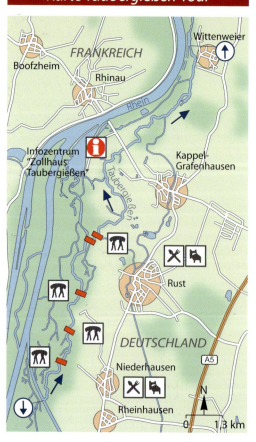

machen die Anlage zu einer der spektakulärsten Achterbahnen in Europa. Nicht weniger spektakulär, allerdings deutlich ruhiger, ist das Naturschutzgebiet Taubergießen, das mich an den westlichen Rand des Schwarzwaldes geführt hat. Als „Gießen" bezeichnet man hier Fließgewässer, die vom Grundwasser gespeist werden und typisch für die Region des Naturschutzgebietes sind. Der Quellaustritt von hochstehendem Grundwasser hat einige grundlegende Besonderheiten, die die Gießen von den Altrheinen unterscheiden. So ist das Wasser arm an Nährstoffen und Sauerstoff und hat eine relativ konstante Temperatur um die acht Grad. Der Fischbestand in den Gießen ist entsprechend mager und sorgt so für den zweiten Namensbestandteil, für Fischer sind die Gewässer „taub".

Die Anfahrt zum Einstieg gestaltet sich etwas schwierig, denn einen Wegweiser gibt es nicht. Nachdem ich im ersten Versuch den Abzweig zum Rhein in Rheinhausen–Oberhausen verpasst habe, biege ich im zweiten Anlauf gegenüber vom Gasthaus „Schiff" in die Rheingasse. Am Ende geht die Straße über in eine Schotterpiste, auf der ich bis zu einer kleinen seeartigen Erweiterung komme, an der unzählige Touristenkähne vor Anker liegen. In den typischen Kähnen, Fischernachen genannt, haben acht bis zehn Personen Platz. In den flacheren Abschnitten stößt sich der Bootsführer ähnlich wie die Gondoliere in Venedig mit einer etwa zwei Meter langen Stange vom Boden ab, bei höherem Wasserstand können die Boote auch gerudert werden.

Nach dem Abladen des Kajaks parke ich das Auto einige hundert Meter weiter auf dem Parkplatz (war 2009 Baustelle) vor dem Damm. An der Einsetzstelle wird der

Hinter der Rosskopfbrücke wechseln sich flussähnliche Abschnitte und seenartige Erweiterungen ab.

16 km

Besonders schön gibt sich der Taubergießen im Herbst, wenn der Auenwald in voller Farbenpracht erstrahlt.

Altrhein unter dem Damm durch geleitet und vermischt sich mit dem hier austretenden Gießenwasser. Die Zahl der festgeketteten Kähne lässt vermuten, dass im Sommer einiges los ist. Jetzt, im Herbst, ist aber alles ruhig. Ich bin allein auf weiter Flur und genieße die gelb-rot-bunte Herbstpracht. Dazwischen leuchten die Birkenstämme weiß in der Sonne.

Etwa 500 Meter nach dem Start führt mich ein kleiner Pfeil nach rechts unter einer schmalen Brücke hindurch. Die Beschilderung der Strecke ist nicht immer gut, z.T. sind die Schilder überwuchert, z.T. ganz neu

aufgehängt. Mit etwas Spürsinn finden aber auch Ortsunkundige den richtigen Weg und zumindest die „Einfahrt verboten"-Schilder für gesperrte Seitenarme sind nicht zu übersehen.

Das heutige Wasserlabyrinth des Taubergießen ist der verbliebene Rest der ursprünglichen Auenlandschaft entlang des Rheins. Das Ausmaß der einstigen Überschwemmungsgebiete lässt sich auch an dem Abstand zum Rhein ablesen, in dem die Ortschaften Oberhausen, Niederhausen, Rust und Kappel wie an einer Schnur aufgereiht liegen. Durch die Randlage konnten die Dorfbe-

Durch die Baumaßnahmen erhöhte sich die Fließgeschwindigkeit und das Flussbett grub sich tiefer ein. In der Folge sank der Wasserspiegel und damit die Überschwemmungsgefahr.

Hinter der Brücke schiebt mich die flotte Strömung durch den dichter werdenden Wald. Ich unterquere eine zweite Brücke bis mir an der dritten, knapp zwei Kilometer nach dem Start, ein Schild die Durchfahrt aufgrund der starken Strömung verbietet und ich umtrage kurz am linken Ufer.

Danach verzaubert mich der Taubergießen mit seinem fast mystischen Mangrovensumpf. Wie umgedrehte Wurzeln ragen die Bäume mit ihren vielen Ästen aus der Wasseroberfläche. Ökologische Folgen spielten bei den tullaschen Hochwasserschutzmaßnahmen keine Rolle. Als Folge sank der Grundwasserspiegel und die Flussaue trocknete aus. Zum Glück für den Taubergießen ist das Gefälle hier nicht mehr so stark wie an den weiter südlich gelegenen Rheinabschnitten. Mit abnehmender Fließgeschwindigkeit werden so die flussaufwärts abgetragenen Sedimente wieder abgelagert. Die Absenkung des Rheinwasserspiegels fiel daher geringer aus als andernorts.

Zwischen 1963 und 1969 versuchte man durch Staustufen im Rhein und Wehre in den Altrheinarmen den Grundwasserspiegel weiter anzuheben. Der Wasserstand stieg, allerdings mit einer unerwarteten Folge. Denn während Bäume wie Weiden, Erlen oder Pappeln perfekt mit der natürlichen, zeitlich begrenzten Überschwemmung der Auen klar kommen, sterben sie bei dauerhafter Überflutung ab.

Der Flusslauf wird wieder etwas breiter und ich erreiche das nächste Wehr, das ich rechts umtrage. Es ist so still und friedlich, dass ich unweigerlich ein wenig zusammenzucke, als neben mir ein Reh durchs Unterholz kracht.

wohner den Rhein für Transporte und zum Fischen nutzen, waren aber einigermaßen vor den Hochwassern geschützt.

Trotzdem blieb der Rhein unberechenbar und besonders die starken Frühjahrs-Überschwemmungen nach der Schneeschmelze in den Alpen hatten oft verheerende Folgen, so dass im 19. Jahrhundert der badische Wasserbauingenieur Tulla beauftragt wurde, einen umfangreichen Hochwasserschutz entlang des gesamten Oberrheins anzulegen. Von 1850 bis 1872 wurde der Rhein im Bereich des Taubergießens begradigt und in einen etwa 200 Meter breiten Kanal gezwängt.

Die Oberrheinebene, bekannt für ihr warmes und mildes Klima, weist die wenigsten Frosttage in Baden-Württemberg auf. Daher gibt es hier viele Tiere und Pflanzen, die sonst nur im Mittelmeerraum vorkommen.

Das nächste Wehr ist schnell erreicht. Es gibt insgesamt drei Schütze. Da die Tour anschließend im linken Flussarm fortgesetzt wird, gehe ich ganz links an Land und ziehe das Kajak kurz über die Straße. Hinter der nächsten Holzbrücke steuere ich die Bootsspitze in den rechten Arm. Aus der Ferne dringt gedämpft das Kreischen und Johlen der Menschen des Freizeitparks Rust an mein Ohr.

16 km

Nach der nächsten Gabelung ist bald die Rosskopfbrücke erreicht, wo die freigegebene Bootsfahrstrecke nach Norden endet und die Boote für ein paar hundert Meter in ein benachbartes Gewässer umgesetzt werden müssen.

Leider wurde versäumt, die Portage zu markieren. Nach einigem Hin und Her finde ich aber den richtigen Weg und laufe auf dem Forstweg an der Aussetzstelle nach rechts und setzte das Kajak an der nächsten Brücke wieder ein. Paddeln kann ich allerdings nur etwa 100 Meter weit, da dann das Wasser in einem unterirdischen Rohr im Damm verschwindet. Ich steige am rechten Ufer aus und zerre das Kajak kurz über den hohen Damm. Am Einstieg dahinter trägt mich die kräftige Strömung durch den Wald.

Besonders idyllisch wird der Wald nach der nächsten Brücke. Die Sonne tupft Lichtkleckse in das Unterholz und bringt Farne und Moose zum Leuchten. Das im Zusammenhang mit dem Taubergießen gerne verwendete Klischee vom „Urwald" oder „unberührter Wildnis" ist übrigens falsch. In vielen Teilen des Naturschutzgebietes findet bis heute eine rege Brennholznutzung statt. Da dabei das gesamte Unterholz entfernt

wird, treiben die Gehölze bereits nach wenigen Jahren wieder aus und bilden einen dichten Unterwuchs. Durch den starken Lichteinfall wachsen viele Kletterpflanzen wie Efeu und Wilder Hopfen, so dass der zitierte Urwald-Eindruck entsteht.

Im weiteren Verlauf ist die Bootsstrecke durch den Taubergießen hindernisfrei. Vorbei an mehreren Brücken und mit ständigem Wechsel zwischen flussähnlichen Abschnitten und breiteren seenartigen Erweiterungen nähere ich mich Wittenweier.

Kurz hinter der Mündung der Elz und nach Unterfahrung einer Fußgängerbrücke lege ich am rechten Ufer an, um meine kurzweilige Tagestour durch den Taubergießen zu beenden.

Mit dem vor Tourenstart hier abgestellten Rad trete ich die Rückreise zur Einsetzstelle in Rheinhausen an und mache dabei noch einen Abstecher zum ehemaligen Zollgebäude an der Rheinfähre Kappel. Das Zollhaus Taubergießen beherbergt heute eine Informationsstelle für Besucher des Naturschutzgebietes und eine kleine Ausstellung informiert über Flora und Fauna.

Am Informationsgebäude beginnen auch die drei markierten Wanderwege. Der sechs Kilometer lange Kormoranweg führt entlang des seenartig aufgestauten Inneren Rheins, der durch den Rückstau der 1967 angelegten Staustufe in Gerstheim entstanden ist. Die ausgedehnte Flachwasserzone wurde in kurzer Zeit von der Vogelwelt als Rastplatz und als Überwinterungsgebiet entdeckt. Zu beobachten sind neben den allgegenwärtigen Stockenten auch Tafelenten und Reiherenten. Zu den Wintergästen zählen unter anderem Krick-, Schell- und Knäkenten sowie Gänsesäger.

Die Enz

Ein romantischer Kleinfluss

Tour 5

Infos Enz				
Aktivitäten	Natur	Kultur	Baden	Hindernisse
★★☆☆	★★★☆	★★☆☆	★☆☆☆	★★★☆

Charakter der Tour:

In Calmbach vereinigen sich die aus dem Nordschwarzwald kommende Kleine und Große Enz zur Enz. Diese erreicht bei Pforzheim die Ausläufer des Schwarzwalds und fließt dann vorbei an den Städten Vaihingen und Bietigheim-Bissingen, um bei Besigheim in den Neckar zu münden. Die vorgestellte Tour auf der Enz ist ohne größere Schwierigkeiten zu paddeln und landschaftlich recht reizvoll. Ein Höhepunkt ist die Mühlhäuser Schleife mit imposanten Felsenhängen und idyllischen Weinbergen.

38 km

Sehenswürdigkeiten:

Mühlacker: *Burgruine Löffelstelz,* imposante Schildmauerburg ohne Bergfried aus der Zeit um 1180, um 1220 erweitert; *Heimatmuseum* in der historischen Kelter von 1596 mit 2.500 Exponaten. **Mühlhausen:** *dreigeschossiges Schloss* mit polygonalen Ecktürmen, 1566 als Wasserschloss erbaut; *mittelalterliche Wehrkirche Albani* mit dicken Mauern und Wassergraben. **Vaihingen:** *mittelalterlicher Stadtkern; Schloss Kaltenstein,* 1096 erstmalig urkundlich unter dem Namen Castrum Vaihingen erwähnt; *massiger Pulverturm* als Eckturm der ehemaligen Stadtbefestigung ursprünglich als Pulvermagazin errichtet; *Haspelturm* in der Turmstraße mit romanischen Rundbogenfries aus dem 13. Jh. **Enzweihingen:** *historischer Ortskern* mit den drei Fachwerkbauten Großes Haus, Martinskirche und altes Rathaus. **Bietigheim-Bissingen:** *Rathaus,* 1507 als Fachwerkbau errichtet, im 18. Jahrhundert zusätzlich Kunstuhr, Freitreppe und Kanzel; *Marktbrunnen* von 1549; *Hornmoldhaus* mit vollständig erhaltener Innenausmalung aus der Renaissancezeit; *Fräuleinsbrunnen* (1557); *Pulverturm* (15. Jh., nördlicher Eckturm der Stadtbefestigung); *Bietigheimer Schloss* (1546) mit Vogtei, Amtshaus und Oberamtei; *Unteres Tor* (einziges erhaltenes Stadttor aus dem Ende des 14. Jh.); *Enzviadukt* mit 21 Bögen, angelegt im Zuge des Baus der Eisenbahnverbindung nach Bruchsal und 1853 eröffnet.

Sonstige Aktivitäten:

Radfahren: Der Enztalradweg begleitet die Enz auf einer Länge von 120 km von der Quelle im Nördlichen Schwarzwald bis zur Mündung in den Neckar. **Wandern:** In Vaihingen führt ein Weinlehrpfad durch die Weinberge hinauf bis zum Klosterberg. Tafeln informieren über den Weinbau und entlang des Panoramaweges am Klosterberg sind rund 40 der in Deutschland vorkommenden Rebsorten angepflanzt. Ausgangspunkt für die Wanderung ist der Parkplatz bei der neuen Kelter (Weinsteige 33, 71665 Vaihingen-Horrheim). **Paddeln:** Lohnenswerte Paddelziele in der Umgebung sind Nagold, Neckar, Kocher und Jagst. **Sonstiges:** Zu ausgewählten Terminen bietet das Vaihinger Stadtarchiv Ausflüge in die Unterwelt an. Ausgerüstet mit Taschenlampen geht es dann auf Erkundungstour durch die historischen

Keller unter der Innenstadt. Infos unter Tel. (07042) 981 00. **Schlechtwetteralternativen:** Nicht nur bei Regen einen Besuch wert, ist das zum UNESCO Weltkulturerbe zählende *Kloster Maulbronn*, ca. 20 km nordöstlich von Pforzheim. Die mittelalterliche Klosteranlage wartet mit Stilrichtungen von der Romantik bis zur Spätgotik und mehreren Museen auf. Informationen erteilt die Stadtverwaltung Maulbronn, Tel. (07043) 10 30. Zeitgenössische Kunst auf 1.000 Quadratmetern präsentiert das private Museum *KUNSTWERK* in Eberdingen-Nussdorf (Tel. (07042) 376 95 66). Schwerpunkte der Sammlung sind Fotografie, Malerei und die Kunst der Aborigines.

Anreise:
Autobahn A8, Ausfahrt 45 Pforzheim-Ost, weiter auf der B 10 in Richtung Vaihingen bis nach Mühlacker.

Einsetzstelle:
Parkplatz P 31 Wertle (Enzstraße) in Mühlacker. Bei der Anfahrt beachten: Das Zentrum von Mühlacker und der Bereich entlang der B 10 ist als Umweltzone ausgewiesen. Im Herbst 2009 war die Einfahrt für Autos ohne Umweltplakette verboten und es ist eine stufenweise Ausweitung des Fahrverbots geplant, zunächst auf Fahrzeuge mit roter und in der letzten Stufe auf Fahrzeuge mit gelber Plakette.

38 km

Aussetzstelle:
Hinter dem Viadukt in Bietigheim-Bissingen am linken Enzufer, Parkplatz beim Bad am Viadukt (Holzgartenstr. 26).

Befahrensregelung:
1. Von Roßwag bis Vaihingen-Seemühle ist die Befahrung der Enz vom 01.05. - 30.09. verboten.
2. Am Wehr in Mühlhausen regelt eine Ampel die Weiterfahrt. Bei rotem Lichtzeichen ist das Befahren der Mühlhäuser Schleife nicht gestattet.
3. Für die Strecke Vaihingen/Freibad - Bissingen/Wehr Sägemühle ist ein Mindestpegel von 45 cm erforderlich (Pegel Vaihingen, Tel. (07042) 171 11).
4. In der Zeit vom 01.05. - 30.09. ist auf der Strecke Vaihingen-Bissingen die Befahrung nur im Rahmen von geführten Touren sowie für DKV-Mitglieder erlaubt, wenn der Pegel zwischen 45 und 64 cm liegt.

Zurück zum Pkw:
Problemlos mit der Bahn von Bietigheim-Bissingen nach Mühlacker.

Etappenvorschlag:
1. Tag: Mühlacker – Vaihingen (17 km)   *2. Tag:* Vaihingen – Bietigheim-Bissingen (21 km)

Kartenmaterial / Literatur:
Radkarte Mittleres Neckartal (R754), 1:75.000, Landesvermessungsamt Baden-Württemberg.

Länge der Tour:
ca. 38 km

Umtragestellen:
Insgesamt sind auf dem beschriebenen Enzabschnitt acht Wehre kurz zu umtragen. Sollte der Wasserstand für eine Befahrung der Mühlhäuser Schleife nicht ausreichen (s.o.) wird hier eine etwa 500 m lange Portage erforderlich.

Übernachten in Wassernähe:

Vaihingen: *Ratsstuben am Markt,* Tel. (07042) 982 22 (ca. 10 Minuten Fußweg von der Aussetzstelle an der Enz); **Oberriexingen:** *Gasthaus Linde,* Tel. (07042) 173 40.

Wichtige Adressen:

Kanuverleih: *Bietigheim-Bissingen: Die Zugvögel Kanu-Tours & mehr,* Tel. (07142) 92 01 28, www.diezugvoegel.de

Auskunft:

Stadtverwaltung Vaihingen, Tel. (07042) 182 35, www.vaihingen.de; **Stadtinformation Bietigheim-Bissingen,** Tel. (07142) 742 27, www.bietigheim-bissingen.de; http://enz.info/

38 km

Die Enz

„Wasserstand in Zentimetern achtundsechzig" verkündet die Bandansage des Pegels für die Nagold. Das sind sieben Zentimeter zu wenig und so scheitert auch der zweite Versuch, die Nagold zu paddeln. Schon im Sommer war der Wasserstand für eine Befahrung unter den erforderlichen 75 Zentimetern geblieben. Jetzt hatte ich gehofft, die intensiven Herbstregenfälle der letzten Tage hätten ausgereicht, um den Wasserstand auf eine ausreichende Höhe anschwellen zu lassen. Kurzerhand ändere ich daher meinen

Plan und steuere Mühlacker an, um für eine Zweitagestour auf die Enz auszuweichen. Eine gute Einsetzstelle finde ich am Parkplatz P31 Wertle, kurz hinter dem Wehr in Mühlacker am südlichen Ende der Innenstadt. Zwei Schwäne kämpfen um die Hoheit im Revier, imponieren sich gegenseitig mit mächtigem Flügelschlag, als ich unter der Aufsicht von Burg Löffelstelz, die hoch über dem linken Ufer thront, meine ersten Paddelschläge auf der weiten Rechtskurve in Richtung Südosten unternehme.

Karte Enz-Tour

Pause am Wehr an der Sägemühle in Bissingen.

Landschaftlicher Höhepunkt der Enz ist die Mühlhäuser Schleife mit imposanten Felsenhängen und idyllischen Weinbergen.

38 km

Dank der guten Strömung ist man auf der Enz flott unterwegs.

Im Oberlauf beschleunigt die Enz bei gutem Wasserstand den Herzschlag der ambitionierten Schwarzwald-Wildwasserpaddler. Westlich von Pforzheim ist die Enz ein schöner Wanderfluss und lediglich die komplizierten Befahrensregelungen trüben den Paddelspaß.

Nachdem ich die kämpfenden Schwäne ihrem Revierkampf überlassen habe, trägt mich die munter plätschernde Enz vorbei an Weiden und Pappeln bis zum ersten Wehr in Lomersheim, das ich nach etwa vier Kilometern kurz am rechten Ufer umtrage. Durch idyllischen Wald erreiche ich eine Stunde später das Wehr in Mühlhausen. Hier wird für das Kraftwerk viel Wasser abgeleitet und bei zu geringem Wasserstand ist die Mühlhäuser Schleife nicht befahrbar. Ich habe aber Glück und die Ampel gibt mir „grünes Licht" für die Weiterfahrt, bzw. genauer gesagt bleibt sie dunkel. Für den Fall, dass der Wasserstand zu gering wäre, zeigt die Ampel die Sperrung durch ein rotes Lichtzeichen an.

38 km

Vorbei am Ausstieg an der Turnhalle in Mühlhausen schwingt sich die Enz in einer engen 180 Grad Kehre am Fuße eines Weinhangs entlang. Obwohl das Ampelzeichen dunkel blieb, gibt es immer wieder flache Stellen, so dass ich sehr aufmerksam vorausschauen muss, um nicht aufzusetzen.

Erst nachdem ich eine schmale Fußgängerbrücke passiert und den Kraftwerksauslauf erreicht habe, ist das Wasser wieder tief genug um problemlos weiter zu paddeln. Der Kirchturm der Martinskirche kündigt das nahe Rosswag an und hinter der Straßenbrücke (2009 Baustelle) beginnt das langgezogene, schräg über den Flusslauf reichende Wehr. Da ich keine gute Ausstiegsstelle erkennen kann, fahre ich kurzerhand oberhalb des Wehres bis ans Ende vor den vergitterten Auslauf und hebe über die recht hohe, aber trockene Wehrkrone um.

Nun ist es bis zum Ende der Tagesetappe nicht mehr weit und schon bald thront hoch über dem linken Ufer „Schloss Kaltenstein" über Vaihingen. Ein paar Paddelschläge hinter der Fußgängerbrücke lege ich vor dem Wehr am rechten Ufer an, um kurz zu umtragen.

Nach dem Wiedereinstieg halte ich mich an der folgenden Enzgabelung rechts und erreiche gegenüber der Mühle den Ausstieg am rechten Ufer vor dem zweiten Vaihinger Wehr. Von hier ist es nur ein kurzer, fünf- bis zehnminütiger Fußweg bis zum Marktplatz in der Innenstadt. Zuvor habe ich das Kajak am Wehr am Ausstieg festgeschlossen. Das Hotel „Ratsstuben am Markt" liegt am Marktplatz und hat nur einen kleinen Innenhof, so dass es dort leider nicht möglich ist, sein Kanu über Nacht zu lagern.

Am nächsten Morgen starte ich am Freibad in Vaihingen und es geht unter der Straßenbrücke der B 10 hindurch und vorbei an der Gaststätte des Sportheims VfB Vaihingen/

In diesem Fall bliebe als einzige Möglichkeit, am Ausstieg vor dem Wehr am rechten Ufer anzulegen und den Umlaufberg auf einer etwa 500 Meter langen Portage bis zur Vereinigung von Kraftwerkskanal und Enzschleife zu umkarren.

An der markierten Einstiegsstelle hinter dem Wehr lasse ich das Kajak über eine steile Betonrampe ins Wasser rutschen und erreiche bald eine flache Stufe, an der ich aussteigen muss, um das Boot über das Hindernis zu bugsieren.

Enz. In einem einsamen, tief eingeschnittenen Waldtal taucht die Enz in das dichte Grün des Waldes ein und die Baumkronen dämpfen den Verkehrslärm, der ohnehin bald vom Zwitschern der Vögel übertönt wird.

Vorbei an zwei Straßenbrücken und dem Sportplatz in Enzweihingen vernehme ich von der nächsten Fußgängerbrücke ein leichtes Rauschen – eine Mini-Stromschnelle, die ich mittig durchpaddle. Anschließend quert in luftiger Höhe die Eisenbahntrasse der Strecke Stuttgart - Karlsruhe das Enztal und ich erreiche acht Kilometer nach dem Ablegen in Vaihingen das Wehr in Oberriexingen.

Ich lege am rechten Ufer an und muss etwa 250 Meter am Ufer umtragen. Die ehemalige Einsetzstelle direkt hinter dem Wehr darf nicht mehr genutzt werden, um den besonders artenreichen und empfindlichen Flachwasserbereich zu schützen. Wem nach der Portage nach einer Vesper gelüstet, der findet an der Brücke das Gasthaus „Zur Linde". Hier könnte man auch getrost sein Kanu am Ufer liegen lassen, um im 30 Meter entfernten Gasthaus in einem der Fremdenzimmer zu nächtigen.

Bei Unterriexingen mündet von rechts die Glems in die Enz und durch eine parkähnliche Landschaft erreiche ich das Wehr an der Sägemühle in Bissingen. Am linken Ufer, gegenüber liegt ein Kanuverleih, umtrage ich dieses und nach kurzer Paddelstrecke tauchen am rechten Ufer die ersten Häuser von Bissingen auf. Weinhänge ziehen sich das Ufer hinauf.

Das letzte Hindernis des Tages ist das Wehr an der Rommelmühle. Ich setze etwa 50 Meter vor dem Wehr am linken Ufer aus und schiebe mein Kajak mit Hilfe des Bootswagens auf dem Radweg die Straße entlang, bis mich eine steile Treppe hinab zum Fluss führt.

Doch nicht nur die Treppe erfordert einige Vorsicht, auch die Mauerreste, die hinter der Einsetzstelle vom linken Ufer ins Wasser ragen, wollen sicher umschifft werden.

Die um 1904 erbaute, denkmalgeschützte Mühle wurde 1998 als ökologisches Dienstleistungszentrum restauriert, in dem Wohnen und Arbeiten verknüpft wurden. Im laut Eigenwerbung „größten Öko-Kaufhaus Europas" sind auf fünf Geschossen Büros, Gastronomie, Läden und Wohnungen untergebracht.

Mein Ziel, der südliche Teil der Doppelstadt Bietigheim-Bissingen, kündigt sich durch eine Straßenbrücke und die im Wasser verteilten Slalomstangen des Kanuclubs Bietigheim an. Sein Vereinsgelände liegt am linken Ufer.

Unter dem eindrucksvollen Eisenbahnviadukt hindurch, das mit seinen 21 Bögen die Enz überspannt, gelange ich zu dem vor einer Fußgängerbrücke liegenden Hallenbad von Bietigheim, wo ich am linken Ufer aussetze. In die vorbildlich restaurierte Altstadt aus dem 16. bis 18. Jahrhundert sind es nur wenige Schritte. Die Stadt entstand an einer Furt über die Enz. Kelten, Römer und Alemannen – alle erkannten die strategisch günstige Lage. Mehr über die Geschichte der Stadt erzählt das Stadtmuseum im Hornmoldhaus.

Im Mittelalter wird Bietigheim zur Stadt und bekommt das Marktrecht. Zusammen mit den zahlreich durchreisenden Kaufleuten beschert dies der Stadt einen veritablen Wohlstand, was an den prächtigen Bauten, wie dem dreistöckiges Rathaus, dem spätmittelalterlichen Fachwerkbau der Lateinschule, dem Amtsschloss, dem Stadttor, dem Pulverturm mit Wehrgang und den vielen schönen Gassen und Plätzen sichtbar wird.

Der Obere Neckar

Römer, Flößer, Muschelkalk

Tour

6

Infos Obere Neckar

Aktivitäten	Natur	Kultur	Baden	Hindernisse
★★★☆	★★★☆	★★★☆	★☆☆☆	★★★☆

Charakter der Tour:

In seinem Oberlauf windet sich der noch schmale Neckar durch ein landschaftlich reizvolles, mitunter steiles, Muschelkalktal zwischen Schwarzwald im Westen und Schwäbischer Alb im Osten. Die Zwei-Tagesfahrt von Sulz über Horb nach Rottenburg ist eine einfache Wanderfahrt ohne fahrtechnische Schwierigkeiten. Probleme bereiten nur die Wehre, die praktisch alle umtragen werden müssen.

Sehenswürdigkeiten:

38 km

Sulz a. Neckar: *Gustav-Bauernfeind-Museum* (Untere Hauptstraße 5) mit Werken des 1848 in Sulz geborenen Orientmalers Gustav Bauernfeind; *Ruine Albeck* (13. Jh.); Überreste des *römischen Grenzkastells* an der Neckarlinie des Neckar-Odenwald-Limes. **Glatt:** *Kultur- und Museumszentrum Schloss Glatt* mit Adels-, Schloss-, Kunst- und Bauernmuseum. **Horb:** *Rathaus* mit Horber Bilderbuch, einem Fassadengemälde (1925 - 1927) des heimischen Künstlers Wilhelm Klink; *Stiftskirche Heilig Kreuz* ältester Kirchenbau am höchsten Punkt der Altstadt aus der Mitte des 13. Jh., im 14. und 15. Jahrhundert erweitert, nach Stadtbrand 1728 - 1755 im Stile des Barock neu aufgebaut; *Schurkenturm* mit Burggarten; um 1400 erbautes *Schloss Hohenberge*, das im 18. Jh. als Gefängnis genutzt wurde; *Steinhaus* mit gotischem Staffelgiebel, 1507 als Speicher des Spitals zum Heiligen Geist errichtet; *Liebfrauenkapelle* (um 1280) mit kostbaren Fresken und gotischem Flügelaltar; *Unterer Markt* mit Brunnen und Kornhaus; *Ringmauerweg* mit Ringmauertürmen (Überreste der im 15. Jh. angelegten Stadtbefestigung). **Rottenburg:** nach dem zweiten großen Stadtbrand 1735 errichtetes, *barockes Rathaus*; schöner *gotischer Marktbrunnen* (Original von 1483); *Dom St. Martin* (im 12. Jh. Liebfrauenkapelle, ab Ende 15. Jh. Pfarrkirche, seit 1828 Bischofskirche) mit spätgotischem Kirchturm (1486 - 1491); *Römisches Stadtmuseum Sumelocenna* mit Funden der antiken Vorgängerstadt (ca. 80 - 260 n. Chr.); *Stiftskirche St. Moriz* (um 1300, Turm 1433 vollendet); *Fachwerkbau Nonnenhaus* in alemannischer Konstruktionsweise von 1440; *Priesterseminar* und *Diözesanmuseum* im ehemaligen Karmeliterkloster (1806 aufgehoben) mit umfangreicher Sammlung religiöser Kunst aus dem süddeutschen Raum.

Sonstige Aktivitäten:

Radfahren: Der Neckartal-Radweg begleitet den Neckar auf einer Länge von 350 km von Villingen-Schwenningen bis Heidelberg. **Wandern:** Rund um die Städte Sulz, Horb und Rottenburg gibt es eine Vielzahl markierter Wanderwege. **Paddeln:** Lohnenswerte Flüsse für Kanuten in der näheren Umgebung sind Nagold, Enz und Lauchert. **Klettern:** Outdoor-Kletterwand: Die Sektion Rottenburg des Alpenvereins hat an der Außenwand eines ehemaligen Betriebsgebäudes des stillgelegten Steinbruchs eine 18 m lange und 8,5 m hohe Kletterwand mit rund 45 Touren eingerichtet. Infos unter Tel. (07472) 31 73, www.alpenverein-rottenburg.de; **Schlechtwetteralternativen:** *Glatt:* In einem Seitental des jungen Neckars liegt das *Wasserschloss Glatt* mit gleich *vier Museen:* Adelsmuseum (mit Rüstkammer), Schlossmuseum, Kunstmuseum und Bauernmuseum. Touristinfo Glatt, Tel. (07482) 235, www.schloss-glatt. de; *Rottenburg:* Das *Kino im Waldhorn* bietet ein buntes Programm aus Filmkunst und Kabarett- sowie

Comedy-Kleinkunst. Rottenburger Kino im Waldhorn, Königstraße 12, 72108 Rottenburg am Neckar, Tel. (07472) 228 88, www.kinowaldhorn.de

Anreise:
A81 Stuttgart – Singen, Ausfahrt Sulz (32) oder Horb (30)

Einsetzstelle:
Tag 1: am Einkaufszentrum hinter dem Wehr in Sulz (Bahnhofstraße 60)
Tag 2: an der Schwimmhalle in Horb (Mühlener Straße 86)

Aussetzstelle:
Tag 1: vor dem 1. Wehr in Horb, z.B. am Steg des Kanupoloteams des ASV Horb (Fürstabt-Gerbert-Straße) *Tag 2:* am Freibad vor dem Wehr in Rottenburg (Niedernauer Str.)

Befahrensregelung:
Von Fischingen bis Horb verzichten Vereine und Verbände ganzjährig auf Veranstaltungen. Eine Befahrung sollte nur bei ausreichendem Wasserstand unternommen werden.
Pegelinfo unter Tel. (07451) 197 00.

38 km

Zurück zum Pkw:
Gute und regelmäßige Bahnverbindung sowohl von Horb nach Sulz als auch von Rottenburg nach Horb.

Etappenvorschlag:
1. Tagesetappe: Sulz – Horb (16 km) *2. Tagesetappe:* Horb – Rottenburg (22 km)

Kartenmaterial / Literatur:
Freizeitkarte F504 Freudenstadt/Oberer Neckar, 1:50.000, Landesvermessungsamt Baden-Württemberg. Franz X. Bogner: *Das Land des Neckars,* Thorbecke. Bildband mit vielen Luftaufnahmen entlang des gesamten Neckars und sachkundigen Texten.

Übernachten in Wassernähe:
Übernachtungsmöglichkeiten direkt am Wasser sind am Oberen Neckar Mangelware. Ein gutes Basislager für die beiden vorgestellten Tagestouren sind der *Campingplatz in Horb, Camping Schüttehof,* Schütteberg 7-9, 72160 Horb am Neckar, Tel. (07451) 39 51 oder der *Gasthof Schiff,* Tel. (07451) 21 63 bzw. *Gasthof Germania,* Tel. (07451) 25 57.

Wichtige Adressen:
Kanuverleih: *Fischingen: Kanusport Neptun,* Tel. (0170) 584 00 05, www.kanusport-neptun.com; *Rottenburg: Tom's Adventure Tours,* Tel. (07472) 427 56, www.tomsadventuretours.de

Auskunft:
Städtisches Verkehrsamt Sulz, Tel. (07454) 965 00; *Stadtinfo Horb,* Tel. (07451) 36 11; *WTG Rottenburg,* Tel. (07472) 91 62 36; Im Internet: www.neckar-erlebnis-tal.de

Länge der Tour:
Zwei Tagestouren à 16 km und 22 km.

Umtragestellen:
Zwischen Sulz und Rottenburg versperren insgesamt acht Wehre und zwei Sohlschwellen den freien Lauf des Neckars. Durch die vorgeschlagenen Etappeneinteilungen „erspart" man sich zwei Wehre im Stadtgebiet von Horb.

38 km

Karte Obere Neckar-Tour

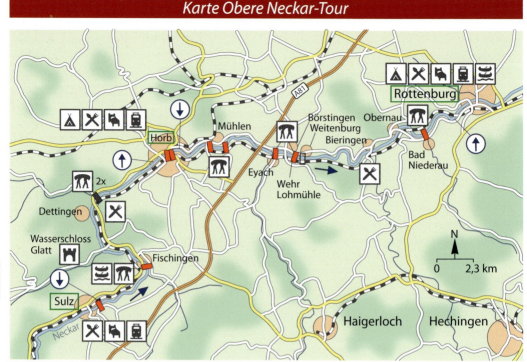

Der Obere Neckar

Als ich vor dem Start meiner Kanutour auf dem Oberen Neckar durch die geschäftigen Gassen des kleinen Städtchens Sulz schlendere, bin ich überrascht ob der Fülle an Spuren aus der Vergangenheit. Die meisten der sehenswerten Bauten wie Rathaus, Stadtapotheke oder Marktplatzbrunnen stammen aus der Zeit nach dem verheerenden Stadtbrand von 1794. Noch älter sind die Stadtkirche aus dem 16. Jahrhundert, das alte Amtshaus mit seiner über 700 Jahre währenden Vergangenheit und Teile der Stadtbefestigung. Die Geschichte der Stadt beginnt aber bereits in vorchristlicher Zeit.

Um 75 n. Chr. hinterließen die Römer erste deutliche Spuren, als sie auf einem Bergrücken in 100 Meter Höhe über dem heutigen Stadtkern ein Grenzkastell gründeten, das den Neckar-Odenwald-Limes überwachen sollte. Schon vor 800 Jahren diente der Neckar als Transportweg für Brenn- und Nutzholz. Das Holz aus dem Schwarzwald wurde über den Neckar und weiter über den Rhein bis nach Holland gebracht, denn die dort aufblühende Seefahrt verbrauchte viel Holz im Schiffsbau.

Einen guten Startpunkt für die erste Tagesetappe auf dem jungen Neckar finde ich direkt hinter dem Wehr am nordöstlichen Stadtrand von Sulz am linken Neckarufer. Der Neckar ist hier nicht einmal zehn Meter breit und treibt mich mit erstaunlich flotter

78

Strömung vorbei an den letzten Häusern und Gebäuden des Städtchens.

Am linken Ufer begleiten Straße und Bahnlinie den Neckar, vom rechten Ufer grüßen die Radler auf dem Neckartalradweg, der nach einiger Zeit über eine Holzbrücke die Uferseite wechselt. Ans rechte Ufer tritt nun ein recht hoher Hang und etwa fünf Kilometer nach dem Start in Sulz ist das gut zwei Meter hohe Schrägwehr in Fischingen erreicht. Ich lege kurz davor am linken Ufer an und ziehe mein Kajak über die Wiese.

Die Strömung gewinnt an Fahrt und kurz hinter dem Wehr geht es unter der blumengeschmückten Brücke von Fischingen hindurch. Am rechten Ufer zieht der Kirchturm des kleinen Dorfes vorüber. Eine flache, natürliche Stufe und ein paar harmlose Schwälle sorgen für Abwechslung auf dem nächsten Abschnitt und schon mündet, kurze Zeit nachdem die Eisenbahnbrücke den Neckar überquert hat, von links das Flüsschen Glatt. Zweieinhalb Kilometer flussauf liegt das gleichnamige Dorf mit dem Wasserschloss Glatt. Es ist eines der wenigen erhaltenen Wasserschlösser des Landes und eines der ältesten Renaissance-Schlösser Süddeutschlands.

Einen Kilometer weiter erreiche ich die Straßenbrücke von Dettingen. Hier lädt, vom Wasser aus nicht zu sehen, der Neckartalimbiss zu einer Rast ein. Für den Besuch legt man am besten am rechten Ufer vor der Brücke an. Zurück im Boot heißt es aufgepasst.

38 km

Wasserschloss Glatt

Die dreiflügelige Anlage mit ihren Ecktürmen wurde im 15. Jahrhundert errichtet. Hervorgegangen ist das Schloss im Renaissance-Stil aus einer Burg aus dem 13. Jahrhundert. Ein Überbleibsel, das an die mittelalterliche Burg erinnert, ist das gotische Tor im Innenhof. An der Nordseite liegt der Hof, der an drei Seiten von Wirtschaftsgebäuden flankiert wird. Das heutige Erscheinungsbild des Wasserschlosses, eine der besterhaltenen Schlossanlagen Baden-Württembergs, ist wesentlich von Umbaumaßnahmen im 16. Jahrhundert geprägt. Von 1533 - 1547 ließ der damalige Besitzer, Reinhard von Neuneck, Mitglied eines alten schwäbischen Adelsgeschlechts, das spätmittelalterliche Wasserschloss zu einem der frühesten Renaissanceschlösser Deutschlands umgestalten. Nach verschiedenen Besitzerwechseln – 1803 war die Herrschaft Glatt von der Fürstabtei Muri (im Aargau) an die Fürsten von Hohenzollern-Sigmaringen gefallen – ging die Schlossanlage 1970/71 in das Eigentum der Gemeinde Glatt über. Seit der Eingemeindung Glatts 1975 befindet sich das Wasserschloss im Eigentum der Stadt Sulz am Neckar. In den Jahren 1998 - 2001 wurde das Wasserschloss für Museumszwecke ausgebaut und beherbergt heute vier museale Einrichtungen: das Adelsmuseum (mit Rüstkammer), das Schlossmuseum, das Kunstmuseum Galerie Schloss Glatt und das seit 1996 bestehende Bauernmuseum.

Ich durchpaddle das kleine Industriegebiet von Dettingen und 300 bzw. 500 Meter hinter der nächsten Straßenbrücke versperren hintereinander zwei jeweils etwa 50 Zentimeter hohe Stufen den Neckar.

Bei niedrigem Wasserstand sehen die Stufen harmlos aus, bei hohem Wasserstand bildet sich allerdings ein gefährlicher Rücklauf, weshalb auch Warnschildern aufgestellt sind. Beide Stufen lassen sich ohne großen Aufwand am linken oder rechten Ufer umtragen.

Hinter der nächsten holzüberdachten Fußgängerbrücke ist Horb erreicht. Die Altstadt liegt auf einem Bergrücken hoch über dem linken Neckarufer. Die Silhouette wird gekrönt von der Stiftskirche und dem Schurkenturm, als Überbleibsel der ehemaligen Burg. Voraus rauscht schon das erste Wehr und ich lege links davor am Steg der Kanupolospieler des ASV Horbs an.

Weil es weder in Horb noch anderswo entlang der Strecke am oberen Neckar gute Zeltmöglichkeiten direkt am Wasser gibt, habe ich den Campingplatz „Schüttehof" als Basislager gewählt. Er liegt auf der anderen, neckarabgewandten Flanke des Bergrückens auf dem sich die Horber Altstadt verteilt und ist vom Wasser aus nicht zu erreichen. Ich verschnüre daher das Boot auf dem Autodach und erkunde die Horber Altstadt.

Der Habsburger Löwe am Marktbrunnen und das rot-weiße Stadtwappen erzählen davon, dass Horb über Jahrhunderte zu Österreich gehörte. Hoch auf dem Berg liegt der Marktplatz, wo das berühmte „Horber Bilderbuch" des Künstlers Wilhelm Klink die Rathausfassade ziert und farbenprächtig wichtige Stationen der Stadtgeschichte illustriert.

Am zweiten Tag lasse ich mein Boot hinter dem Hallenbad am nordöstlichen Stadtrand

38 km

Das Wehr in Mühlen ist eines der zahlreichen Hindernisse, die kurz umtragen werden müssen.

38 km

Am Marktplatz ziert das farbenprächtige „Horber Bilderbuch" die Rathausfassade.

von Horb zu Wasser. Der Vorteil gegenüber der durchgehenden Befahrung: Ich spare mir die zwei aufwändigen Portagen an den beiden Wehren im Stadtgebiet von Horb. Der Weg vom Parkplatz zur Einsetzstelle am Neckar ist ein paar hundert Meter lang und ich bin froh, dass ich einen Bootswagen dabei habe.

Etwa eineinhalb Kilometer nach dem Ablegen in Horb, noch bevor die Hochspannungsleitung den Flusslauf kreuzt, rauscht der Neckar über eine kleine, steinige Sohlschwelle, etwa 500 Meter weiter lege ich am rechten Ufer unter der Straßenbrücke in Mühlen an, um das Wehr dahinter zu umtragen.

Das nächste Hindernis lässt nicht lange auf sich warten, denn schon am Sägewerk in Mühlen versperrt das nächste Wehr die Weiterfahrt. Bei besserem Wasserstand wäre der Fischumlauf ganz rechts wahrscheinlich fahrbar, jetzt aber ist er zu steinig und ich trage mein Kajak kurz am rechten Ufer um.

Im Anschluss an das Wehr ist der Wasserstand erst einmal sehr flach. Nach der Vereinigung mit dem Kanal wird der Neckar wieder breiter und voraus überspannt in luftiger Höhe die Autobahnbrücke das Neckartal. Bis ich sie erreiche, passiere ich aber zunächst eine Straßenbrücke und muss das Kajak durch einige flachere Schnellen manövrieren. Bald darauf stellt sich das Wehr in Eyach in den Weg. Hier lege ich rechts vom abzweigenden Kanal auf der linken Flussseite zwischen Fischumlauf und Wehrkrone an und hebe das Boot ins Unterwasser über.

Nicht einmal zwei Kilometer weiter wartet mit dem Wehr Lohmühle das nächste Hindernis. Der Ausstieg am linken Ufer ist nicht ganz einfach, da es steil zum Wasser hin abfällt. Wie gehabt ist der Wasserstand auf den nächsten paar hundert Metern sehr

Malerisch verteilt sich die Horber Altstadt über das hohe Neckarufer.

flach. Erst bei der Straßenbrücke habe ich freie Fahrt, nachdem beide Neckararme sich wieder vereinigt haben.

Nun ist der Neckar breit und gut zu paddeln und hoch über dem linken Ufer grüßt Schloss Weitenburg, das von dieser Stelle seit 1062 auf den noch jungen Neckar blickt. Die ursprüngliche Wehrburg wurde im Laufe der Jahrhunderte zu einem dreiflügeligen Wohnschloss umgebaut und beherbergt heute eine Hotel-Restaurant.

In einer größeren Rechtskurve unterhalb des Schlosses fordert mich ein verfallenes Wehr zum Schließen der Spritzdecke auf. Das Wasser brodelt zwar bedrohlich, in der Mitte ist das Hindernis aber gut zu befahren.

Doch die nächste Gefahr lässt nicht lange auf sich warten. An der folgenden Fußgängerbrücke warnt ein Schild vor dem Golfbetrieb und ich behalte das rechte Ufer im Blick um nicht unbeabsichtigt Zielscheibe eines Golfballs zu werden. Auch über die nächste Brücke rattern noch Golf Trolleys und diesmal warnt ein Schild vor tieffliegenden Golfbällen von links.

Ich steuere die Bootsspitze durch mehrere leichte Schwälle und erreiche die nächste Straßenbrücke an der rechts das „Ristorante La Pineta" wartet und darunter ein etwas größerer Schwall. Mit weiterhin munterer Strömung erreiche ich über Bieringen und unter diversen Brücken hindurch das Wehr in Bad Niedernau. Ich lege am linken Ufer an und nutze die schöne Uferwiese neben dem Wehr vor der Weiterfahrt erst einmal für ein kleines Mittagschläfchen, denn das Tagesziel Rottenburg ist nun nur noch zwei Kilometer entfernt. An der folgenden Flussteilung ist die Einfahrt nach rechts in den Altarm durch Baumstämme versperrt und bald darauf erhebt sich vor mir die steile Felswand des ehemaligen Steinbruchs in Rottenburg.

Nachdem sich von rechts der gesperrte Altarm dazu gesellt hat, vernehme ich vom linken Ufer das freudige Gekreische der Badegäste und erreiche die überdachte Fußgängerbrücke zum Freibad. Ein Schild warnt vor dem gefährlichen nächsten Wehr, ich aber beende die Tour direkt vor der Fußgängerbrücke am rechten Ufer, da ich hier den großen Parkplatz zum Verladen des Bootes nutzen kann. Von hier ist es nur ein knapp zwei Kilometer langer Spaziergang bis zum Bahnhof, um das Auto aus Horb nachzuholen.

Wie Sulz am Startpunkt der Tour, so blickt auch Rottenburg in der Stadtgeschichte bis in die Römerzeit zurück. Sumelocenna, so der römische Name der hiesigen Siedlung, war die größte Römerstadt zur Zeit der alemannischen Landnahme. Das Alltagsleben aus dieser Zeit dokumentiert das Römische Stadtmuseum von Rottenburg. Bauwerke aus acht Jahrhunderten prägen das Stadtbild. Ob enge Gassen und weite Plätze, mittelalterliche Türme und Tore, ob gotische Kirchen oder barocke Kapellen – die Römer- und Bischofsstadt ist reich an Besonderheiten, die einen Aufenthalt lohnenswert machen. Vor allem das Mittelalter ist bei einem Bummel durch die Altstadt präsent.

Die Lauchert

In engen Kurven durch die Schwäbische Alb

Tour 7

Infos Lauchert

Aktivitäten	Natur	Kultur	Baden	Hindernisse
★★☆☆	★★★☆	★★☆☆	★☆☆☆	★★★☆

Charakter der Tour:

Die Lauchert ist ein reizvoller Kleinfluss der Schwäbischen Alb. Der schmale, offene Wiesenfluss schlängelt sich in engen Kehren dahin, in einigen Abschnitten ist mit Baumhindernissen zu rechnen. Mehrere Stufen und kleine Schwälle verleihen der Tour eine sportliche Note und die oft weit in den Fluss hineinragenden Äste erfordern einen sicheren Steuerschlag und gute Bootsbeherrschung.

Sehenswürdigkeiten:

Hettingen: *Katholische Pfarrkirche St. Martin* im spätgotischen Stil; auf eine Burganlage aus dem 11. Jahrhundert zurückgehendes *Schloss; Fastnachtsmuseum Narrenburg* mit Ausstellungen zu europäischen Fastnachts-, Faschings- und Karnevalsbräuchen; *Puppenmuseum* mit Exponaten von 1840 bis heute. **Veringenstadt:** *ältestes Rathaus Hohenzollerns* (seit 1415), in alemannischer Fachwerkbauweise errichtet; *Heimatmuseum* im historischen Bürgersaal und der Amtsstube des Rathauses; *St. Nikolauskirche* mit Turmsockel mit Rundbogenportal aus der Zeit um 1200; sechs Meter lange, zweistöckige *Karsthöhle Göpfelsteinhöhle,* die schon von den Neandertalern bewohnt wurde. **Veringendorf:** *St. Michaels-Kirche,* älteste Kirche Hohenzollerns mit Fresken um 1330; *Nepomukturm* (13./14. Jh.). **Jungnau:** *Burgruine* (erbaut zu Beginn des 14. Jh., später zum Schloss ausgebaut) mit 18 m hohem Bergfried und Barockkirche St. Anna. **Bingen:** *Ruine Hornstein,* ehemaliges Schloss aus dem 13. Jh. hoch über der Lauchert.

23 km

Sonstige Aktivitäten:

Radfahren/Wandern: Der Lauchert-Radweg ist durchgehend ausgeschildert und begleitet den Fluss auf seinen 55 km von der Quelle im Burladinger Stadtteil Melchingen bis zur Mündung in die Donau in Sigmaringendorf. Die Rad- und Wanderkarte „Im Tal der Lauchert" präsentiert 22 Wanderrouten zwischen sieben und 19 km, sowie zehn Radtouren zwischen 18 und 57 km Länge. Die Karte ist u.a. erhältlich im Tourismusbüro in Gammertingen (s.u.). **Paddeln:** Ein weiteres Kleinod für Paddler ist die Obere Donau von Beuron bis Sigmaringen. **Schlechtwetteralternativen:** Kulturelle Höhepunkte der Region sind die *Burg Hohenzollern* bei Hechingen (Tel. (07471) 92 07 87, www.burg-hohenzollern.de) und das *Schloss der Fürsten von Sigmaringen-Hohenzollern* in Sigmaringen (Tel. (07571) 72 92 30, www.hohenzollern.com).

Anreise:
Autobahn A81, Ausfahrt 31 Empfingen weiter Richtung Haigerloch/Balingen/Albstadt. Über B 463 und L 410 zur B 32 und auf dieser bis Hettingen.

Einsetzstelle:
Hinter dem Sportplatz in Hettingen.

Aussetzstelle:

Wanderparkplatz unterhalb der Ruine Hornstein an der Straße von Bingen Richtung Hornstein.

Befahrensregelung:

Um die drohende Sperrung der Lauchert für Paddler abzuwenden, ist es unbedingt notwendig, die bereits geltenden Einschränkungen strikt zu befolgen. Auf dem vorgestellten Lauchertabschnitt von Hettingen nach Bingen gilt ein Befahrungsverbot vom 15.03. - 15.07. In der übrigen Zeit ist das Paddeln erlaubt.

Zurück zum Pkw:

Regelmäßiger Busverkehr von Bingen nach Sigmaringen (dort umsteigen in die Bahn) nach Hettingen (Gesamtdauer etwa 1 Std. 10 Min.). Sonst mit dem Rad oder einem zweiten Pkw.

Kartenmaterial / Literaturhinweise:

Freizeitkarte Obere Donau Blatt 2 (F526, Sigmaringen), 1:50.000, Landesvermessungsamt Baden-Württemberg.
Ernst Waldemar Bauer (Hrsg.) & Helmut Schönnamsgruber (Hrsg.): *Das große Buch der Schwäbischen Alb,* Theiss. Umfassender Bildband zu allen Themen der Schwäbische Alb von der Landschaftsentstehung bis zur kulturellen und politischen Entwicklung der Gegenwart. Günter Künkele: *Naturerbe Biosphärengebiet Schwäbische Alb:* Streifzüge durch eine außergewöhnliche Landschaft, Silberburg-Verlag.

Karte Lauchert-Tour

Übernachtung in Wassernähe:

Hettingen: Landgasthof Schwanen, Tel. (07574) 24 08; *Veringenstadt: Lauchertstüble,* Tel. (07577) 93 34 93. Im Tal der Lauchert gibt es entlang der vorgestellten Route keine Zeltplätze. Den nächstgelegenen *Zeltplatz* finden Sie in *Sigmaringen,* Georg-Zimmerer-Str. 6, Tel. (07571) 504 11.

Wichtige Adressen:

Kanuverleih: Es gibt keinen Kanuverleih vor Ort. **Fahrradverleih:** *Sigmaringen: Sattelfest,* Tel. (07571) 68 22 55, www.sattelfest-sigmaringen.de;
Sonstiges: An ausgewählten Terminen fährt ein *historischer Dampfzug durch das Laucherttal,* www.eisenbahnfreunde-zollernbahn.de

Auskunft:

Fremdenverkehrsbüro der Ferienregion Laucherttal, Hohenzollernstraße 5, Tel. (07574) 40 61 00, www.laucherttal.de; *Schwäbische Alb Tourismusverband,* Marktplatz 1, 72574 Bad Urach, Tel. (07125) 94 81 06, www.schwaebischealb.de

Länge der Tour:
Ca. 23 km

Umtragestellen:
Für die lange Portage am Wehr in Veringendorf ist ein Bootswagen nötig.

Die Lauchert

23 km

Am Steg hinter dem Fußballplatz in Hettingen ist das Wasser glasklar und die leuchtend grüne Unterwasservegetation tanzt in der leichten Strömung hin und her. Schnell habe ich das kleine Reisegepäck - Regenkleidung, Fotoapparat, Bootswagen und Proviant- für die Tagestour auf der Lauchert im Kajak verstaut und bin startklar.

Nach wenigen Paddelschlägen geht es unter einer Brücke hindurch und rasch lasse ich

Start am kleinen Steg hinter dem Sportplatz in Hettingen.

die letzten Häuser des kleinen Dorfes hinter mir zurück. Die Lauchert ist nur wenige Meter breit und schlängelt sich in engen Schleifen durch die offenen Wiesen und Weiden zwischen Eisenbahntrasse und Straße durch ein breites Tal. Mitunter sind die Mäander so stark gekrümmt, dass ich das Gefühl habe das Tal wieder hinauf zu paddeln.

Etwa fünf Kilometer nach dem Ablegen in Hettingen zieht am rechten Ufer ein schöner Aussichtsturm vorbei. Er ist aber wohl eher für Radfahrer auf dem Lauchert-Radweg gedacht, denn eine vernünftige Ausstiegsstelle an dem schilfigen Ufer gibt es nicht und ich verschiebe den Ausblick von oben auf später, wenn ich nach der Paddeltour das Auto mit dem Rad nachhole.

Noch einmal queren die Eisenbahnschienen den Flusslauf, dann ist zunächst das Industriegebiet von Veringenstadt erreicht und hinter der kombinierten Straßen- und Fußgängerbrücke in der nächsten Rechtskurve, erhebt sich die Burgruine am rechten Ufer. Vermutlich ließ Graf Marquard von Veringen die Burg zu Beginn des 12. Jahrhunderts errichten. Anschließend diente sie den Grafen von Veringen als Wohnsitz, bis die Schweden 1633 die Burg zerstörten. Die Burgruine ist frei zugänglich und nebenan lohnt die Peterskapelle mit sehenswerten Fresken aus dem Jahre 1515 einen Besuch.

Hinter der nächsten Straßenbrücke bieten die Treppen am rechten Ufer eine gute Anlegestelle. Es sind nur ein paar Schritte bis zur kleinen Hauptstraße mit dem historischen Rathaus, Café und Restaurant. Eine weitere Attraktion in Veringen sind die zahlreichen Höhlen wie z.B. „Nikolaushöhle", „Göpfelsteinhöhle", „Mühlberg-Höhle" oder „Anna-Kapellen-Höhle" die rund um Veringenstadt zu finden und besichtigen sind. Sie boten schon den Neandertalern Schutz und eine Auswahl der eindrucksvollsten Funde ist im Heimatmuseum zu besichtigen.

Zurück im Boot rauscht die Lauchert hinter der nächsten Kurve über eine niedrige, fahrbare Stufe. Es folgen noch zwei Straßenbrücken und ein kurzes Stück Betonufer, dann liegt Veringenstadt hinter mir und die Ufer werden wieder grün. Links begleitet nun der Uferpfad Lebendige Lauchert meinen Weg. Mit gezielten Informationen will dieser Lehrpfad über eine ökologische Betrachtung der Gewässer als Lebensraum für Flora und Fauna die Lauchert, ihre Landschaft und Geschichte dem Besucher näher bringen. An sieben Stellen werden die landschaftsökologischen Zielsetzungen für eine Flusslandschaft auf Schautafeln aufgezeigt. Hinter der hohen Straßenbrücke entfernt sich die Lauchert zwischenzeitlich etwas von der Straße, dann ist das Wehr in Veringendorf erreicht. Am Abzweig des Kanals steige ich links vom Wehr am hohen Ufer aus. Veringendorf ist eine alemannische Siedlung, die schon bei der Christianisierung eine Holzkirche um 800 n. Chr. bekam und ein zentraler Pfarrort für zahlreiche Dörfer wurde. Schon um 1000 wurde eine kleine romanische Basilika erstellt. Mit der Kirche St. Michael (Fresken um 1330 und dem charakteristischen Doppelturm), besitzt das Dörfchen die älteste Kirche Hohenzollerns.

23 km

Das Rathaus von Veringenstadt

Die Portage bleibt zwar die einzige der Tour, ist dafür aber lang und der richtige Weg nicht sofort ersichtlich. Ich bin froh den Bootswagen eingepackt zu haben und schiebe das Kajak zunächst nach schräg rechts über die Wiese, an deren Ende ich auf einen geteerten Weg treffe, der mich parallel zum trocken gefallenen Flusslauf weiter führt und in einen Feldweg übergeht. Dieser führt zwischen Kanal und altem Flusslauf der Lauchert bis zur Straße, auf der ich mich nach rechts wende und durch Veringendorf laufe. In der Kurve hinter dem Pestturm biege ich nach rechts ab und laufe hinunter zur Kirche, wo ich an dem kleinen Parkplatz die Einstiegsstelle finde. Ein Blick auf den GPS-Empfänger bestätigt die Vermutung: Die Portage ist etwa 1.000 Meter lang. Die Lauchert kehrt Veringendorf den Rücken und macht sich flott und kurvenreich zwischen den Wiesen davon. Auf einer Kiesbank am Ufer sucht ein Flussregenpfeifer nach Würmern und Spinnen. Einige Brücken weiter erreiche ich den Ort Jungnau. Der noch in bedeutenden Teilen erhaltene Bergfried, der 1333 zum ersten Mal erwähnten Burg prägt, zusammen mit dem Kirchturm der Barockkirche „St. Anna", das Ortsbild von Jungnau. Im Jahre 1742 wurde die St. Anna Kirche fertig gestellt und ist mit ihrem achteckigen Dachreiter und der Zwiebelhaube ein typisches Beispiel für die Barocklandschaft in Oberschwaben.

Vorbei an einem in der Sonne leuchtenden Kalksteinhang paddle ich bald durch dichten Wald. Immer wieder liegen umgestürzte Baumstämme quer über dem Fluss und versperren meinen Weg. Meistens finde ich aber eine Möglichkeit, um mich unter den Baumstämmen hindurch zu quetschen oder, mit etwas Anlauf, darüber hinweg zu rutschen. Nur einmal muss ich aussteigen, auf einem Stamm balancierend das Kajak darüber hinweg hieven.

Zahlreiche Burgen krönten einst die Talhän-

Im ökologischen Renaturierungsprojekt hinter Jungnau ist vermehrt mit Baumhindernissen zu rechnen.

ge des unteren Lauchertales. Eine der ältesten Burgen ist Isikofen. Die Burgstelle liegt etwa zwei Kilometer außerhalb von Jungnau an der linken Talseite. Um 1100 gegründet, wird sie 1385 nur noch als Burgstall erwähnt. Reste der Umfassungsmauer als Mauerschutt und Reste eines Gebäudes sind heute noch erkennbar. Wenig später liegen in einer Flussschleife auf einer Felsnadel 50 Meter über dem rechten Lauchert-Ufer die Überreste der frei zugänglichen Ruine Hertenstein. Erstmals 1250 n. Chr. erwähnt, war

die Burg Stammsitz der Herren von Hertenstein, Dienstmannen des Grafen von Veringen. Um 1400 wurde die Burg aufgegeben. Von der ehemaligen Burg ist noch der Graben mit einer Breite von 19 und einer Tiefe von neun Metern erkennbar. Über ihn führt ein Steg zur ehemaligen Kernburg.

Bald sind alle Baumhindernisse bewältigt und ich erreiche eine weitere Eisenbahnbrücke. Wenige hundert Meter südlich liegt schon der Ortsrand von Sigmaringen. Nun schließen sich die Weiden zu einem dichten, grünen Tunnel und die Lauchert trägt mich durch eine herrliche Waldschlucht. Die Schlucht, mit der sehenswerten Bittelschießer Höhle, bildet den Höhepunkt der Befahrung. Die typische Karsthöhle hat eine Länge von 25 Metern und ist 14 Meter hoch. Oberhalb von ihr liegt die vollkommen bewachsene, mittelalterliche Burgruine Bittelschieß. Von der Burganlage ragt nur noch der Rundbau der Burgkapelle über der Lauchertschlucht hervor. Ich erreiche das Wehr Bittelschießer Täle. Das Wehr zweigt im 90 Grad Winkel nach rechts ab und kann am rechten Ufer umtragen werden. Nach vorheriger Besichtigung vom Wanderweg am rechten Ufer aus - ein querliegender Baumstamm hätte verheerende Folgen!- lässt sich aber auch der linke Arm zwischen Mauern mit recht starkem Gefälle befahren. Wenige Augenblicke später erreiche ich vor der nächsten Stufe die Aussetzstelle in Bingen. Von hier ist es nur ein kurzer Spaziergang hinauf zur Ruine Hornstein, die 1274 erstmals erwähnt und 1873 abgerissen wurde. Im Ort steht die um 1500 im Stil der Spätgotik errichtete Kirche Mariä Himmelfahrt. Sie ist ausgestattet mit einem Chorbogen-Kruzifix (um 1600) und zeigt Meisterwerke der spätgotischen Malerei und Schnitzkunst von Bartholomäus Zeitblom und Niklaus Weckmann.

23 km

Die Hohenzollern & Schloss Sigmaringen

Eine Kanu-Tour auf der Lauchert oder der Oberen Donau kann hervorragend mit dem Besuch von Schloss Sigmaringen, dem größten aller Donautalschlösser, verbunden werden. Das Hohenzollernschloss, ehemaliges fürstliches Residenzschloss und Verwaltungssitz der Fürsten zu Hohenzollern-Sigmaringen, thront auf einem freistehenden Felsen hoch über der Donau am südlichen Rand der Schwäbischen Alb. Die Vorgängerburg, erste urkundliche Erwähnungen datieren auf das Ende des 11. Jahrhunderts, war im Mittelalter eine starke Festung, die zu Beginn des 17. Jahrhunderts zu einem Renaissanceschloss umgebaut wurde. Als das Schloss Ende des 19. Jahrhunderts durch einen verheerenden Brand fast vollständig zerstört wird, nutzt Fürst Leopold die Chance und lässt das Schloss in seiner heutigen Pracht errichten.

Das Haus Hohenzollern mit seiner 1.000 Jahre alten Tradition, zählt zu den ältesten und bedeutendsten schwäbischen Hochadelsgeschlechtern. Der Kern des Herrschaftsbereiches der damaligen Grafen von Zollern, bildete die namensgebende, imposante Burg im nahen Hechingen. Nach der Belehnung mit der Burgherrschaft Nürnberg entstand um 1214 eine fränkische Linie, aus der 1415 die Markgrafen von Brandenburg, 1701 das preußische und 1871 schließlich das deutsche Kaiserhaus der Hohenzollern hervorgingen. Fürst Karl von Hohenzollern-Sigmaringen herrschte von 1831 - 1848 und sorgte für eine Aufhebung der Leibeigenschaft. Im Zuge der Deutschen Revolution von 1848 dankte er zu Gunsten seines liberaler eingestellten Sohnes Karl Anton ab, dem es gelang, seine Kinder in die europäische Politik zu verflechten. Sein ältester Sohn Leopold von Hohenzollern-Sigmaringen, dessen Thronkandidatur für Spanien den Deutsch-Französischen Krieg auslöste, regierte von 1885 - 1905 als Fürst des Hauses Hohenzollern-Sigmaringen und Hohenzollern. Seine Schwiegertochter, Adelgunde Prinzessin von Bayern, lebte nach dem Tod ihres Mannes, dem Fürsten Wilhelm von Hohenzollern-Sigmaringen zurückgezogen im Prinzenbau. Die an Botanik, Literatur und Musik interessierte Fürstin, ritt bis 1958 mit ihrer Kutsche aus, woran sich ältere Sigmaringer noch erinnern. Heute liegen die Aufgaben und Verpflichtungen des Fürstenhauses Hohenzollern u.a. im sozialen und kulturellen Engagement und in ihrem Einsatz für Wirtschaft und Fremdenverkehr.

Bei einem Schlossrundgang führen die mächtigen Säle und Salons mit ihren kostbaren Möbeln und Gemälden dem Besucher den höfischen Prunk des Mittelalters eindrucksvoll vor Augen. Die fürstliche Sammlung zeigt Kunstwerke schwäbischer Maler, Bildhauer sowie Kunstschmiede. Die Waffenhalle zeigt mit über 3.000 Exponaten eine der größten privaten Waffensammlungen Europas mit Kriegsgerät vom 15. - 19. Jahrhundert und das Marstallmuseum präsentiert den fürstlichen Fuhrpark. Eine weitere Besonderheit ist sicherlich die Fürstliche Hohenzollernsche Hofbibliothek Sigmaringen, mit rund 200.000 Bänden eine der größten Privatbibliotheken Baden-Württembergs. Neben wertvollen alten Handschriften, so zum Beispiel einer Sammlung von Heiligenlegenden aus dem 12. Jahrhundert, liegt der Schwerpunkt vor allem in der Regionalgeschichte und einem größeren Bestand an Romanen und gehobener Unterhaltungsliteratur, der zu den Öffnungszeiten sogar zur Ausleihe zur Verfügung steht.

Text: Thomas Kettler

Die Schussen

Von Ravensburg zum Bodensee

Tour

8

Infos Schussen

Aktivitäten	Natur	Kultur	Baden	Hindernisse
★★★☆	★★★☆	★★☆☆	★★★☆	★★☆☆

Charakter der Tour:

Die Schussen ist ein munterer, nur wenig befahrener Kleinfluss in Oberschwaben. Sie windet sich in vielen Kurven vorbei an einsamen Ufern durch scheinbar unberührten Wald und gepflegten Wiesen in Richtung Bodensee mit seiner majestätischen Alpenkulisse am Horizont. Abgesehen von einigen kleinen Sohlschwellen bietet die Schussen keine paddeltechnischen Schwierigkeiten. Lediglich die beiden Grobsteinwürfe bei Meckenbeuren sollten von Anfängern besser umtragen werden.

Sehenswürdigkeiten:

29 km

Ravensburg: *mittelalterlicher Stadtkern* mit vielen Türmen und schön renovierter Fachwerkarchitektur rund um den Marienplatz; *Blaserturm mit Waaghaus* (bis zur Stadterweiterung im 14. Jh. Teil der Stadtbefestigung, danach bis 1911 zentraler städtischer Wachturm); *Rathaus* (1386) mit Gerichtserker auf der Nordseite; *katholische Pfarrkirche Unserer Lieben Frau,* Baubeginn um 1360, Erweiterung der ursprünglich dreischiffigen Basilika um ein weiteres Seitenschiff im 15./16. Jh.; das in Richtung Ulm führende *Frauentor,* 1318 erstmals als „Niederes Tor" erwähnt; *Barockschlösschen Veitsburg* (heute Restaurant) mit gutem Ausblick auf die Stadt; *barocke Klosterkirche St. Peter und Paul* mit Heilig-Blut-Reliquie, kunstvollem Hochaltar (1631) und Chorgestühl (1635). **Eriskirch:** *gotische Marien-Wallfahrtskirche;* überdachte *Holzbrücke.* **Friedrichshafen:** *Zeppelin Museum* mit umfangreicher Sammlung zu Geschichte und Technik der Zeppelin-Luftschifffahrt sowie Kunstsammlung mit Werken aus dem Bodenseeraum (u.a. Otto Dix und Max Ackermann).

Sonstige Aktivitäten:

Rund um den Bodensee gibt es vielfältige Radtouren von der Tagestour bis zur Urlaubsfahrt. Ein besonderes Erlebnis ist sicher die komplette Umrundung auf dem Bodensee-Radweg, der auf über 270 km, und fast immer in Ufernähe, einmal um den gesamten See herumführt. Ein weiter Fernradweg ist der Donau-Bodensee-Radweg, der seit 1977 durch Oberschwaben bis ans „Schwäbische Meer" führt. **Wandern:** Auf dem Bodenseerundwanderweg lässt sich der Bodensee auch auf Schusters Rappen umrunden. Wem das zu lang ist, der findet natürlich auch jede Menge Tagestouren. Eine schöne Wanderung in der Nähe zur beschriebenen Paddeltour ist die Wanderung durch das Naturschutzgebiet Eriskircher Ried. Sie ist besonders schön von Mai bis Juni, wenn die Schwertlilien blühen. **Paddeln:** Rund um den Bodensee haben sich insgesamt 19 Kanustationen zum sogenannte Bodensee-Kanuweg zusammengeschlossen und ermöglichen so komfortable Kanuferien. **Schlechtwetteralternativen:** Friedrichshafen: *Zeppelin Museum* mit einer umfangreiche Sammlung zur Geschichte und Technik der Zeppelin-Luft-schifffahrt, Seestraße 22, 88045 Friedrichshafen, Tel. (07541) 380 10. Meersburg: *Meersburg-Therme*, Uferpromenade 10-12, 88709 Meersburg, Tel. (07532) 440 28 50, www.meersburg-therme.de.

Anreise:
A7 bis Wangen-West, weiter auf der B 32 nach Ravensburg oder A81 Stuttgart – Singen bis Kreuz Hegau und auf der A98 und B 31 nach Friedrichshafen, weiter auf der B 30 nach Ravensburg.

Einsetzstelle:
Einstieg hinter der Straßenbrücke Weißenau – Rahlen unterhalb der Brücke der B 33 in Ravensburg.

Aussetzstelle:
Am Campingplatz in Kressbronn oder am DLRG-Haus in Langenargen (einige 100 m östlich von der Schussenmündung, Untere Seestraße 135).

Befahrensregelung:
Auf der beschriebenen Tour sind keine Einschränkungen bekannt. Das Naturschutzgebiet „Eris-kircher Ried" ist auf die Uferzone des Bodensees zwischen Rotach- und Schussenmündung aus-gedehnt (wenn man von der Schussen auf den Bodensee kommt rechter Hand). Hier gilt in einer Zone bis zu 750 m Entfernung vom Ufer ganzjährig ein Befahrungsverbot.

Zurück zum Pkw:
Gute und regelmäßige Zugverbindung von Langenargen nach Ravensburg, Fahrtzeit ca. 30 Minuten.

Kartenmaterial / Literatur:
Freizeitkarte *Östlicher Bodensee (F529)*, 1:50.000, Landesvermessungsamt Baden-Württemberg.

Übernachtung in Wassernähe:
Kressbronn: *Campingplatz Gohren,* zum Seglerhafen, 88079 Kressbronn, Tel. (07543) 605 90, www.campingplatz-gohren.de

Wichtige Adressen:
Kanuverleih: *Stafflangen: Kanusport Oberschwaben,* Tel. (07357) 911 22, www.kso-outdoor.de; *Friedrichshafen: Sport Schmidt GmbH,* Tel. (07541) 235 31, www.sport-schmidt-gmbh.de; **Fahrradverleih:** *Langenargen: Zweirad Filo,* Tel. (07543) 91 29 10, www.zweirad-filo.de; *Zweirad Zwisler,* Tel. (07543) 24 59, www.zweirad-zwisler.de

Auskunft:
Langenargen: *Tourist-Info Langenargen,* Tel. (07543) 46 96, www.langenargen.de; **Konstanz:** *Internationale Bodensee Tourismus GmbH,* Tel. (07531) 90 94 90, www.bodensee.eu

29 km

Länge der Tour:
Ca. 29 km

Umtragestellen:
Die einzigen Hindernisse sind zwei steinige Sohlschwellen bei Meckenbeuren. Diese können bei gutem Wasser-stand von geübten Paddlern befahren werden, sind aber auch leicht zu umtragen.

Die Schussen

Karte Schussen-Tour

29 km

Die Tour auf der Schussen beginnt in Ravensburger Stadtteil Weißenau hinter der Straßenbrücke nach Rahlen. Die Schussen ist hier etwa 15 - 20 Meter breit und fließt mit munterer Strömung durch den Wald. Stellenweise ist sie recht flach, so dass ich immer aufmerksam vorausschauen muss, um nicht aufzulaufen und mit dem Kajak festzusitzen. Knapp einen Kilometer hinter der Straßen- und Eisenbahnbrücke, fügt eine steinige

Sohlschwelle dem Bootsrumpf ein paar weitere Kratzer zu, dann fließt die Schussen gemächlich durch eine offene Landschaft.

Die Weiden rücken nun näher ans Ufer und das vielstimmige Vogelgezwitscher übertönt den Verkehrslärm. Graureiher rasten auf umgefallenen Stämmen entlang der Ufer; sogar ein Eisvogel flattert vor mir her. Es folgen eine Eisenbahnbrücke und mehrere harmlose Schwälle. Die Ufer sind recht hoch und hinter der nächsten Straßenbrücke beginnt eine schöne Waldstrecke. In engen Kurven schiebt mich die Schussen rasch an weit überhängenden Ästen und ausladenden Kiesbänken vorbei.

Hinter einem Sportplatz warnt ein Schild vor dem nächsten Wehr. Es ist zwar durch einen Steinwurf entschärft und in der Mitte gut zu fahren, trotzdem sollte man das Hindernis vorher genau anschauen und im Zweifel lieber umtragen. Auch wenn sowohl das rechte, als auch das linke Ufer sehr unwegsam sind. Kurze Zeit später reichen die Gärten der angrenzenden Häuser bis ans Ufer und ich erreiche die Brücke der Straße von Meckenbeuren nach Bruckzell. Das Kanu steuere ich in die Mitte des Flusslaufes, um die nächste kleine Schwelle zu überwinden. Ein paar Meter weiter warnt erneut ein Schild vor der Gefahr am folgenden Wehr. Auch hier gilt: Erst schauen, dann fahren – im Zweifel lieber umtragen! Hindurch unter mehreren Fußgänger- und Straßenbrücken paddle ich weiter in südliche Richtung und nähere mich dem Bodensee. Hinter der Straßenbrücke der stark befahrenen B 30 fordert noch einmal eine Stufe meine Aufmerksamkeit, dann geht es allmählich ruhiger und in vielen ausladenden Kurven durch den Wald. In den Ortsteilen Baumgarten und Eriskirch unterfahre ich die zwei historischen Holz-brücken aus den Jahren 1824 und 1828 mit der seltenen Springwerkkonstruktion. Nun wird die Schussen zusehends langsamer und in Eriskirch mit der gotischen Liebfrauenkirche, deren weithin sichtbar spitzer Turm das Wahrzeichen der Gemeinde ist, sollte man sich die Freskenzyklen anschauen, die bis in das frühe 15. Jahrhundert zurückreichen.

Hinter der Eisenbahnbrücke beginnt das Naturschutzgebiet Eriskircher Ried, ab hier ist das Anlanden untersagt. Neben der Nutzung wird die Verteilung verschiedener Pflanzengesellschaften im Eriskircher Ried vor allem von der Höhenlage über dem Mittelwasser des Bodensees und der Schussen geprägt. Auf den ersten Blick erscheint das Ried fast eben, aber eine Höhendifferenz von wenigen Dezimetern bewirkt bereits eine unterschiedlich lange Überflutung bei Hochwasser des Bodensees. Ausgedehnte Streuwiesen, die Schussen mit ihren Auenwäldern und Altwasser prägen das Bild des Eriskircher Rieds. Mit den Streuwiesen, den zahlreichen seltenen Pflanzen, der Massenblüte der Sibirischen Schwertlilie und der Flachwasserzone des Bodensees ist das Ried ökologisch besonders wertvoll.

Die Schussen ist nun breit und Strömung praktisch nicht mehr vorhanden. Hinter der nächsten Fußgängerbrücke passiere ich einen Seglerhafen am linken Ufer und dann entlässt mich die Schussen in den Bodensee. Der Kontrast zu dem bisherigen schmalen Flussverlauf im Wald könnte nicht größer sein. Vor mir reicht die unendliche Wasserfläche bis zum Horizont und dahinter ragen im Dunst die Gipfel der Alpen auf.

29 km

Der Steinwurf vor Meckenbeuren.

Ich wende mich nach links und paddle entlang des Ufers in Richtung Langenargen. Eine erste gute Aussetzstelle befindet sich am weißen DLRG-Häuschen am Strand von Langenargen. Ich fahre aber noch ein Stückchen weiter, vorbei am Bootsanleger der Ausflugsschiffe und einem ersten größeren Seglerhafen. Hinter der Argen-Mündung liegt in einer Bucht ein zweiter Hafen, in dem zahllose Segelboote vor sich hin dümpeln. Am Ende der Bucht lege ich am Strand des Campingplatzes von Kressbronn an.

Der Bodensee

Genau betrachtet umfasst der Bodensee die zwei eigenständigen Seen Ober- und Untersee, die durch den Seerhein verbunden sind. Im Laufe von über 600.000 Jahren hobelten die Gletscher der verschiedenen Eiszeiten das Bodenseebecken im Alpenvorland aus.

Die riesige Wasserfläche des Bodensees ist rund 100 Quadratkilometer größer als die gesamte Stadt Wien, wirkt im Winter als Heizung und sorgt im Sommer für Abkühlung. Durch das milde Klima ist die Region um den Bodensee perfekt geeignet für Obst-, Gemüse- und Weinanbau und wurde schon seit der jüngeren Steinzeit besiedelt. Es folgten römische Eroberer, gallische Missionare und Bischöfe, so dass rund um den Bodensee Klöster, Kirchen und alte Dörfer zu entdecken sind. Die bekannteste vorgeschichtliche Siedlungsform am Bodensee sind die Pfahlbausiedlungen. Im Freilichtmuseum Unteruhldingen findet man mit der Rekonstruktion von 23 Pfahlbauhäusern ein anschauliches Beispiel des Alltags der Jungsteinzeit und Bronzezeit. Die Besucher können dort erleben, wie es damals bei den ersten Bauern, Händlern und Fischern am Bodensee ausgesehen hat.

29 km

Der Bodensee ist außerdem ein wichtiges Überwinterungsgebiet für Vögel wie Alpenstrandläufer, Großer Brachvogel und Kiebitz und eine wichtige Raststation beim Vogelzug im Spätherbst, z.B. für Pracht-, Stern- und einzelne Eistaucher. Über 400 Vogelarten sind bislang nachgewiesen. Rund 45 Fischarten existieren im Bodensee mit seiner sehr guten Wasserqualität. Dabei sind das Vorkommen von Saibling und Felchen als eine Besonderheit zu nennen. Als Bodenseefelchen kommen Letztere in den Lokalen rund um den See in verschiedenen Variationen frisch auf den Tisch. Obwohl insgesamt mehr Wasser natürlich verdunstet, als für die Trinkwassergewinnung entnommen wird, ist der See Trinkwasserreservoir für insgesamt viereinhalb Millionen Menschen. Im Bodensee liegen elf Inseln unterschiedlicher Größe. Die größte Insel ist die Reichenau (ehemaliges Kloster Reichenau – Welterbe der UNESCO). Die größten im Obersee sind die Mainau (botanische Anlagen und Tiergehege) und die Insel Lindau (Altstadt der Stadt Lindau).

Natur und Kultur machen den Bodensee, bei Beachtung der Anzeichen von plötzlichen Wetterwechseln, zu einem Kanurevier par excellence mit vielfältigen Routen- und Übernachtungsmöglichkeiten. Eine schöne Tagestour ist die Umrundung der Weltkulturerbeinsel Reichenau mit vielen Sehenswürdigkeiten wie Museum und drei bedeutenden romanischen Kirchen. Die Reichenau-Umrundung ist nur eine von vielen Etappen des sogenannten Bodensee-Kanuwegs, der unzählige landschaftliche und kulturelle Höhepunkte des Bodensees miteinander verbindet. An zahlreichen Stationen können Sie Boote ausleihen und zurückgeben, und so äußerst komfortable Kanuferien verbringen. Dabei ist von der Tagestour bis zur mehrtägigen Urlaubsfahrt alles möglich.

Infos und Kanuverleih: *www.lacanoa.com*

Die Fränkische Saale

Kulinarische Paddeltour in Unterfranken

Tour 9

Infos Fränkische Saale

Aktivitäten	Natur	Kultur	Baden	Hindernisse
★★★☆	★★★★	★★★☆	★★☆☆	★★★★

Charakter der Tour:

Die Fränkische Saale ist ein ruhiger Wanderfluss im nördlichen Bayern. Die Infrastruktur für Paddler ist vorbildlich. Alle Ein-, Ausstiegs- und Umtragestellen sind weithin sichtbar markiert und es gibt vielfältige Übernachtungs- und Einkehrmöglichkeiten. Die schöne Mittelgebirgslandschaft und zahlreiche sehenswerte Ortschaften, Burgen und Klöster entlang der Ufer machen die Fränkische Saale so zum perfekten Ziel für den Kanuurlaub.

Zwar können die zahlreichen Umtragungen den Paddel-Genuß etwas schmälern, wer sich aber entschließt, den Paddeltag in einem der Gasthöfe (siehe Übernachtung in Wassernähe. Vorab reservieren!) zu beenden, kann auf Zelt & Co. verzichten und spart somit jede Menge Gepäck.

Sehenswürdigkeiten:

Bad Neustadt: *intakte Stadtmauer* (13. - 16. Jh.) mit Türmen rund um die Altstadt; *Pfarrkirche Mariä Himmelfahrt* (1794 - 1836) im klassizistischen Stil; *ehemaliges Karmeliterkloster St. Petrus und Paulus* mit Barock- und Rokokoausstattung; *Kurbezirk* mit Kurpark, Wandelhalle und Rokokoschloss Neuhaus östlich der Saale; *große Burgruine Salzburg* aus dem 12. Jh. mit 450 m Mauern. **Ober-/Unterebersbach:** *gotische Pfarrkirche St. Peter und Paul* (Engel von Tilman Riemenschneider). **Steinach:** *Alte Flutbrücke* aus Sandstein; *Kirche St. Nikolaus* mit Kruzifix von Tilman Riemenschneider. **Bad Bocklet:** *Biedermeierhäuser; Kuranlagen* aus dem 18. Jh. von Balthasar Neumann angelegt. **Bad Aschbach:** *Schloss* mit Graf-Luxburg-Museum und Volkskunde-/Schulmuseum. **Bad Kissingen:** *Kurpark* östlich der Saale mit Regentenbau (1911 - 1913), Wandelhalle (1910/11) und Kurgarten; *Luitpoldpark* mit Bayerischer Spielbank Bad Kissingen; *Kurtheater* mit Jugendstil-Ausstattung; *Altes Rathaus* (1709) mit prunkvoller Stuckdecke; *Burgruine* Bodenlauben in 334 m Höhe mit schönem Rundblick. **Euerdorf:** *alte Brücke* mit Brückenheiligem Nepomuk; *Marktbefestigung; Ruine Trimburg* mit Ursprung im 12. Jahrhundert. **Aura:** *ehemaliges Benediktinerkloster* (1108 anstelle einer vorherigen Burg gegründet, Aufhebung 1564.); *alte Steinbrücke.* **Trimberg:** *Barockkirche St. Elisabeth, Ruine Trimburg;* **Hammelburg:** *Marktplatz* mit Brunnen (1541); im Stil der Frührenaissance erbautes *Rathaus* (1524 - 1529), nach Stadtbrand 1854 im Stil des Historismus erneuert; *barockes Kellereischloss; barocke Herrenmühle* mit *Stadtmuseum; Schloss Saaleck* (11./12. Jh.). **Diebach:** *Kirche St. Georg* (9. Jh.), schöne Fachwerkhäuser und Bildstöcke. **Morlesau, Michelau:** *St. Martin-Kirche* mit spätgotischem Flügelaltar von 1500; *Ruine Arnstein.* **Wolfsmünster:** *Schloss der Herren von Thüngen* (16. Jh.); *Kloster Schönau:* Frauenzisterzienser-Kloster von 1189. **Gemünden:** *Stadtpfarrkirche St. Peter und Paul* mit neugotischer Innenausstattung; *Burgruine Scherenburg* (13./14. Jh.) mit Theateraufführungen im Sommer; *Huttenschloss* (1711) mit Verkehrsmuseum.

Sonstige Aktivitäten:

Radfahren: Die liebliche Mittelgebirgslandschaft der Rhön hält vielfältige Radwandermöglichkeiten von der Tagestour über den Radurlaub bis hin zum Mountainbike-Trip bereit. Eine abwechslungsreiche, mehrtägige Radwanderung bietet z.B. der Rhön-Radweg, der auf 180 km von Bad Salzungen entlang der Werra über das Ulstertal und die Hochrhönstraße nach Bad Neustadt/Saale führt, um dann dem Flusslauf über Bad Bocklet und Bad Kissingen bis zum Endpunkt nach Hammelburg zu folgen.

Wandern: In der Rhön gibt es rund 6.000 km markierte Wanderwege der Naturparke und des Rhönklubs. Ein Weitwanderweg, der das Prädikat „Premiumwanderweg" trägt, ist der 180 km lange „Hochrhöner" von Bad Kissingen nach Bad Salzungen. **Schlechtwetteralternative:** Bad Kissingen: *KissSalis Therme*, Tel. (0971) 82 66 00, www.kisssalis.de

---

Anreise:

A7, Ausfahrt 96 Bad Kissingen/Oberthulba, weiter über B 286, B 287 und B 19 nach Bad Neustadt oder A71, Ausfahrt 26-Münnerstadt und weiter über B 19 Richtung Bad Neustadt.

Einsetzstelle:

An der Straßenbrücke der B 19 über die Fränkische Saale (Frankenstraße) vor Bad Neustadt.

Aussetzstelle:

Am Campingplatz oder Kanuverein in Gemünden.

Befahrensregelung:

Die Regierung Unterfranken hat folgende Regeln zur Befahrung der Fränkischen Saale zwischen der Straßenbrücke der B 19 bei Bad Neustadt und Gemünden erlassen:

1. Eine Befahrung ist von 7 - 18 Uhr erlaubt, dabei darf nur in der Flussmitte und in Fließrichtung gefahren werden.

2. Erlaubt sind Boote bis maximal 6 m Länge und höchsten vier Personen pro Boot.

3. Rafting u. Floßfahrten sowie organisierte Veranstaltungen mit mehr als zwölf Booten sind verboten.

4. Die Befahrung der Wehre in Aschach, Aura, Elfershausen, Westheim, Diebach, Neumühle, Roßmühle und Schönau sowie aller Nebengewässer ist untersagt.

Zurück zum Pkw:

Es besteht eine regelmäßige Bahnverbindung von Gemünden über Würzburg und Schweinfurt nach Bad Neustadt. Die Fahrzeit beträgt je nach Verbindung zwischen 1:30 Stunden und 2:15 Stunden.

Etappenvorschlag:

Sportliche Drei-Tagestour: *1. Tag:* Bad Neustadt – Bad Kissingen (36 km)   *2. Tag:* Bad Kissingen – Hammelburg (29 km)   *3. Tag:* Hammelburg – Gemünden (29 km)

94 km

Länge der Tour:

Ca. 94 km

Umtragestellen:

Der vorgestellte Saaleabschnitt ist mit etwa 20 Wehren und Stufen verbaut. An den meisten Wehren ist die Befahrung verboten, die übrigen können je nach Bootstyp umtragen, getreidelt oder gepaddelt werden. Bootswagen erforderlich.

Tipps für Tagestouren:
1. Bad Neustadt – Steinach/Roth (13 km)   *2.* Steinach/Roth - Bad Kissingen (22 km)
3. Bad Kissingen - Elfershausen/Trimberg (17 km)   *4.* Elfershausen/Trimberg - Roßmühle (25 km)
5. Roßmühle - Gemünden a. Main (17 km)

Kartenmaterial / Literaturhinweise:
Informationsbroschüre *Bootswandern an der Fränkischen Saale im Naturpark Rhön* mit Übersichtskarte, erhältlich unter www2.naturpark-rhoen.de; *Naturpark Bayerische Rhön* (Umgebungskarte UK50-1), 1:50.000, Bayerische Vermessungsverwaltung. Dettelbacher/Fröhling/Reuß: *Kunstreiseführer Franken,* DuMont Verlag; Tilman Röhrig: *Riemenschneider,* Piper Verlag (historischer Roman um Tilman Riemenschneider, Reformation und Bauernkriege).

Übernachtung in Wassernähe:
Steinach/Roth: Gasthaus Schneider, Tel. (09708) 379; *Euerdorf: Gasthof Wolz* (Zimmer & Zeltwiese), Tel. (09704) 208 (günstige, gute Hausmannskost, eigene Brennerei); *Bad Kissingen: Campingplatz,* Tel. (0971) 52 11, www.campingpark-badkissingen.de; *Elfershausen/Trimberg: Landgasthof Zum Stern,* Tel. (09704) 57 33; *Hotel Ullrich,* Tel. (09704) 913 00; *Langendorf: Gasthaus Zum Adler,* Tel. (09732) 25 63; *Hammelburg: Zeltwiese; Gasthaus-Hotel Zum Engel,* Tel. (09732) 787 70 (5 Minuten Fußweg vom Fluss); *Morlesau: Gasthof Nöth,* Tel. (09357) 479 (tolle Küche!); *Roßmühle: Campingplatz,* Tel. (09357) 12 10, www.camping-rossmuehle.de; *Gemünden: Campingplatz,* Tel.: (09351) 85 74; *Kanuverein Gemünden,* www.ksc-gemuenden.de; *Gasthof Zur Linde,* Tel. (09351) 33 57.

Wichtige Adressen:
Kanuverleih: *Bad Kissingen: Saale - Kanu,* Tel. (0971) 650 33, www.saale-kanu-waldherr.de; *Euerdorf: Saale - Kanu-Events,* Tel. (09734) 93 44 45, www.saale-kanu-events.de; *Elfershausen/Trimberg: Saale - Kanu-Tour,* Tel. (09704) 60 16 02, www.saale-kanu-tour.de; *Hammelburg: Happy-Tours,* Tel. (09732) 792 59, www.happy-tours.net

04 km

Auskunft:
Rhön-Info-Zentrum, Wasserkuppe 1, 36129 Gersfeld, Tel. (06654) 91 83 40, www.rhoen.de; *Naturpark und Biosphärenreservat Bayerische Rhön e.V.,* Tel. (09774) 91 02 50, www.naturpark-rhoen.de

Die Fränkische Saale

Auch wenn Karl der Große sicher nicht selbst gepaddelt ist, so schipperte der karolingische Kaiser einst doch vom Rhein saaleaufwärts zu seiner Pfalz „Salce", die er, der Anekdote nach, seiner Gemahlin Fastrada mit den Worten „Als Zeichen unserer Liebe will ich dort drunten eine Stadt in Herzform erbauen" versprochen haben soll. Und tatsächlich ergeben die Mauern um die Altstadt von Bad Neustadt sehr zur Freude der Tourismusstrategen eine Herzform. So konnten sie daraus gleich ein werbewirksames Logo kreieren.

Während Karl der Große die Fränkische Saale in beide Richtungen fahren durfte, gibt es für mich nur eine Richtung, als ich an der Straßenbrücke der B 19 am südlichen Stadtrand von Bad Neustadt meine Siebensachen für die Fahrt auf der Fränkischen Saale packe.

Karte Fränkische Saale-Tour

94 km

Die Befahrung ist nur in Fließrichtung erlaubt und das Naturschutzgebiet Saale-Auen oberhalb der Einsetzstelle ist sowieso tabu. Sofort nach dem Ablegen umgeben mich dichte Weiden und auf den ersten fünf Kilometern bis Oberebersbach würzen mehrere spritzige Einlagen an kleinen Schwällen und niedrigen Stufen meine Fahrt. Hindernisfrei geht es dann weiter, vorbei an Salz, der ehemaligen Kaiserpfalz, bis sich Kirche und die weißen Häuserfassaden von Unterebersbach im Wasser spiegeln. Das Wehr des Sägewerks muss am linken Ufer umtragen werden. Kurz hinter der Einstiegsstelle schießt von

rechts das Wasser aus dem Sägewerkskanal hinzu und nachdem das Wasser sich wieder beruhigt hat, tanzen und schwirren Libellen munter über die Wasseroberfläche. Ein gutes Zeichen, denn Prachtlibellen sind ein sicheres Indiz für gute Wasserqualität. Es folgt noch eine ordentliche, etwa 50 Zentimeter hohe Sohlgleite, dann erreiche ich etwa zehn Kilometer nach dem Start in Bad Neustadt die Kapelle und Brücke in Nickersfelden. Nächste Station ist Roth, wo die markante, aus rotem Backstein gemauerte Ruppelmühle am Saaleufer steht. Das dazugehörige Wehr umtrage ich am rechten Ufer kurz über die Wiese.

Zahlreiche Wehre unterbrechen die freie Fahrt auf der Fränkischen Saale.

94 km

Auf den nächsten 150 Metern erwartet mich eine kabbelige Schwallstrecke, anschließend fließt die Fränkische Saale, vorbei an Steinach, ruhig, breit und gerade dahin. Eine weitere Schwallstrecke wartet an der Insel hinter der Straßenbrücke in Hohn.

Bevor sich die Fränkische Saale in einer weiten Linkskurve nach Bad Bocklet aufmacht, fällt die Fränkische Saale am Hohner Wehr über eine etwa 75 Zentimeter hohe Stufe, die von geübten Paddlern gut zu bewältigen ist, ansonsten aber auch leicht am linken Ufer umtragen werden kann. Bis zum Biedermaierbad Bad Bocklet folgen nun zwei Schwälle mit recht hohem Wellengang und eine kleinere Sohlgleite.

Knapp 20 Kilometer nach dem Start in Bad Neustadt ist dann der Anleger von Bad Bocklet erreicht und ich vertrete mir die Beine in dem schönen Kurpark, der mir in seiner Stille und Bescheidenheit sehr sympathisch ist. Der Aschbacher Pfarrer Schöppner entdeckte hier 1724 die erste eisenhaltige Quelle, die ein Jahr später von Balthasar Neumann eingefasst wurde. Heute besitzt Bad Bocklet die kräftigste „Stahlquelle" Deutschlands.

Zurück im Boot rausche ich unter der Brücke noch einmal durch eine kleine Stromschnelle, bevor ich dann wieder ruhig dahingleite. Entlang der Ufer schaukeln Teichrosen sanft in den Wellen, Libellen tanzen über den grünen Schwimmblättern und die gelben Blüten verströmen einen süßlichen Duft.

Drei Kilometer hinter Bad Bocklet wendet sich der Flusslauf in einer weit geschwungenen Linkskurve gen Aschach. Erstes markantes Zeichen ist die Kirche am rechten Ufer, dann passiere ich erst eine schmale Fußgängerbrücke und kurze Zeit später die Straßenbrücke. Der Ausstieg vor dem Wehr befindet sich vor der Mühle des Schlosses am linken Ufer. Der Umtrageweg führt über den Fischumlauf und anschließend unter der Straßenbrücke durch bis zum Einstieg etwa 100 Meter hinter dem Wehr. Im nahen Schloss befindet sich das Graf-Luxburg-Museum. Es zeigt den Lebensstil einer Adelsfamilie des 19. Jahrhunderts; das angegliederte Volkskunde- und Schulmuseum widmet sich der Wohn- und Lebenswelt des Bürgertums. Wer die Etappe als Tagestour fährt und bei gutem Wetter an einem Samstag unterwegs ist, kann außerdem in der gemütlichen Heckenwirtschaft bei der Holzofenbäckerei einkehren.

Wenige hundert Meter hinter dem Aschacher Wehr hat das Wasserwirtschaftsamt einen alten Saale-Mäander renaturiert. Die über 400 Meter lange Flussschleife die schon auf alten Landkarten verzeichnet ist, war zwischenzeitlich der Flussbegradigung zum Opfer gefallen. Heute ist der Altarm wieder ein wichtiges Refugium für Eisvogel, Fisch und Co. Für Paddler gilt daher ein absolutes Befahrungsverbot!

Das nächste Hindernis wartet am historischen Pumpwerk Luitpoldsprudel mit seinem Brunnenturm. Der eisenhaltige Sulfatsäuerling hat eine Bohrtiefe von beachtlichen 913 Metern. Zum Umtragen des Wehrs lege ich am linken Ufer an. Erfahrene Kanuten können das Walzenwehr auch befahren und steuern am besten die Boote bei der Anfahrt ganz rechts am Balken vorbei.

Am Bad Kissinger Ortsteil Hausen weicht der Wald einer offenen Wiesenlandschaft und ich komme nun zur Staustufe am Gradierbau,

Kurpark in Bad Kissingen.

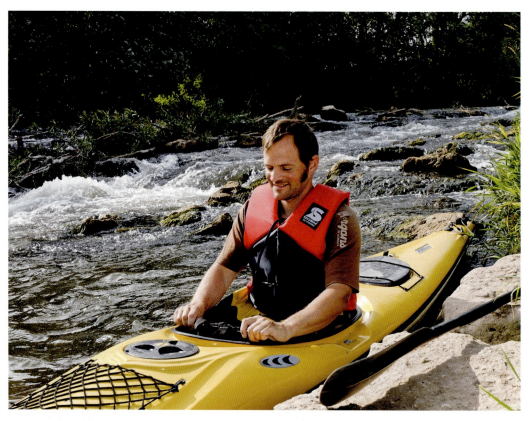

94 km

Das Wehr an der Herrenmühle in Hammelburg.

der unteren Saline in Bad Kissingen. Seit Mitte des 19. Jahrhunderts war Kissingen Weltbad. Die kohlensäurereichen und eisenhaltigen Kochsalzquellen begründeten den Ruf von Bad Kissingen und lockten schon Kaiserin Elisabeth I. von Österreich, Otto von Bismarck und die Zarenfamilie zur Kur in die Stadt.

Das Wehr hinter der Saline umtrage ich am rechten Ufer. Auf der folgenden Strecke bis zum Rosengarten heißt es aufgepasst, denn im Sommer verkehren hier die Ausflugsschiffe des Kissinger „Dampferle". Durch das Stadtgebiet paddle ich vorbei am Regentenbau, der Wandelhalle und dem blumengeschmückten Luitpoldpark zum Campingplatz von Bad Kissingen.

Am nächsten Morgen schiebe ich das Boot durch die rückwärtige Pforte des Campingplatzes direkt zum Einstieg hinter dem Wehr und es dauert nach dem Ablegen nicht lange, bis ich über eine erste, harmlose Sohlschwelle gleite. Einige Felsbrocken schauen aus dem Wasser, sie sind aber leicht zu umschiffen. Bei Euerdorf überspannt eine Steinbrücke mit vier Bögen den Fluss, dahinter bietet das Gasthaus Wolz am linken Ufer einen Biergarten und eine Zeltwiese.

Die Strömung wird zusehends behäbiger und bald ist das erste Wehr des Tages erreicht. Danach werden die Ufer flacher. Erlen, Weiden und Eschen säumen den Flusslauf und die Saale mäandert in weiten Schleifen durch das Tal. Hinter der Klosterruine von

106

Aura, stellt sich mir das nächste Wehr in den Weg. Ich umtrage am rechten Ufer und steige hinter der Brücke, unterhalb der Wirtschaft Zur alten Brauerei mit seiner schönen Biergartenterrasse, wieder ins Kanu.

Im Gras liegend genieße ich den Blick hinauf zu der das Saaletal beherrschenden Ruine Trimburg, mit ihren unterhalb gelegenen Weinbergen der Weinlage Trimberger Schlossberg, bevor ich das dortige Wehr umtrage. Hinter der Brücke hat ein Kanuverleiher für seine Kunden Tipizelte aufgebaut und schon steht die nächste Portage in Elfershausen an.

Nun habe ich für vier Kilometer freie Fahrt, denn das nächste Wehr wartet erst in Langendorf. Wenige Paddelschläge weiter wiederholt sich in Westheim das Trag-Dein-Boot-Spiel. Dieses Mal lege ich links vor der Wehrkrone an. Da der Flachwasserbereich hinter dem Wehr als Fischlaichzone dient, muss ich entlang des Mühlengrabens umtragen und darf erst auf der rechten Seite hinter der Straßenbrücke wieder ins Wasser.

Für heute bleiben mir weitere Portagen erspart und vor mir liegen nun neun hindernisfreie Kilometer bis Hammelburg. Mit Blick auf den Ofenthaler Berg und seine dahinter liegenden Weinhänge paddle ich durch eine beschauliche Wiesen- und Auenlandschaft, in der sich außer mir auch Kormorane, Eisvögel und Schwäne wohlfühlen. Von den vor mir liegenden Muschelkalkhängen gleiten still zwei Drachenflieger zu mir herab.

94 km

Das Kellereischloss der Hammelburger Winzergenossenschaft wird im Volksmund „Rotes Schloss" genannt.

Direkt neben dem Wohnmobil-Stellplatz am Ufer der Fränkischen Saale hat die Stadt Hammelburg einen kostenlosen Zeltplatz für Kanufahrer angelegt. Nachdem mein Zelt steht, ist es nur ein kurzer Spaziergang vorbei am Kellereischloss, im Volksmund „Rotes Schloss" genannt, dem Sitz der Hammelburger Winzergenossenschaft, in die schöne Innenstadt. Eine der interessantesten Sehenswürdigkeiten der deutschen Frührenaissance ist auf dem sehenswerten Marktplatz der Stadtbrunnen aus dem Jahre 1541. Über ihn spannt sich ein prachtvolles Pfeilergehäuse mit barockem Baldachin.

Hammelburg rühmt sich, die älteste „Weinstadt" Frankens zu sein. Der Weinanbau in Franken reicht bis in das 7. Jahrhundert zurück, als zunächst nur Nonnen und Mönche Reben für den Messwein anpflanzten. Heute reicht das fränkische Weinbaugebiet von Aschaffenburg bis Bamberg. Markenzeichen des fränkischen Weins ist die charakteristische Flaschenform, der sogenannte Bocksbeutel. Der Ursprung des Namens ist nicht endgültig geklärt, oftmals hört man aber die Begründung die flachen, bauchigen Flaschen mit dem kurzem Hals hätten ihren Namen auf Grund der Ähnlichkeit mit dem Hodensack eines Ziegenbocks erhalten.

94 km

Nach dem Start am nächsten Morgen lässt das nächste Wehr an der Herrenmühle nicht lange auf sich warten. Geübte Kanuten dürfen aber im Boot bleiben, denn die Befahrung ist erlaubt. Wer lieber umtragen will, kann dies am linken Ufer problemlos tun. Kurz darauf liegt am rechten Ufer der Anleger für das Stadtmuseum Herrenmühle. Es widmet sich dem Themenkreis Brot und Wein. Im Erdgeschoss wird die jahrhundertelange Weinbautradition dargestellt, die Ausstellungen in den beiden Obergeschossen erläutern den Weg vom Korn zum Brot.

Vorbei an Burg Saaleck, die im 11. und 12. Jahrhundert hoch über der Fränkischen Saale erbaut und von den Fürstäbten als Residenz während der Weinlese genutzt wurde, erreiche ich, nach zwei weiteren Portagen, das Örtchen Morlesau. Der große Biergarten des Gasthofs „Nöth" lädt zu einer Pause ein, und wer sich entscheidet hier seine Tagesetappe zu beenden, um in einem der Zimmer zu übernachten oder auf der Wiese sein Zelt aufzustellen, dürfte das nicht bereuen – die Küche ist vorzüglich!

Am Campingplatz „Roßmühle" machen eine niedrige Pontonbrücke und das Wehr die Weiterfahrt unmöglich. Nach dieser neuerlichen Portage wird die Saale breiter, schlägt weniger Haken und mittlerweile sind die kurzen, unproblematischen Portagen an den Wehren zur Routine geworden. Schnell ist das nächste Wehr in Gräfendorf umtragen. An der Straßenbrücke in Wolfsmünster gabelt sich der Fluss. Nach rechts führt der Kanal zur Mühle, links rauscht das Wasser über eine recht beachtliche Stufe. Hier heißt es: Spritzdecke schließen - sonst ist der Wassereinbruch ins Bootsinnere vorprogrammiert.

Etwa vier Kilometer vor Gemünden will die letzte Portage der Tour bewältigt werden. Ich lege rechts vor dem Wehr an und ziehe das Boot kurz über die Wiese. Die Ufer werden zusehends bebauter und bald ist Gemünden erreicht. An der Gabelung hinter der Bogenbrücke halte ich mich rechts, rausche über eine letzte Stufe und finde dann einen Ausstieg beim Bootsverleih des städtischen Campingplatzes. Alternativ lässt sich die Tour auch etwas weiter am Steg des KSC Gemünden beenden.

Der Obere Main

Flussparadies ohne Hindernisse

Tour 10

Infos Oberer Main				

Aktivitäten	Natur	Kultur	Baden	Hindernisse
★★☆☆	★★★☆	★★☆☆	★★★☆	★★★★

Charakter der Tour:

In einem weiten Bogen schwingt sich das Obermaintal von Kulmbach nach Bamberg durch das Coburger Land. Hier ist der junge Main noch nicht schiffbar und Kanuten haben die Idylle ganz für sich allein. In Bad Staffelstein beginnt der Flusswanderweg Obermain, der sich für eine unbeschwerte, da umtragefreie Wochenendtour anbietet und die flotte Strömung, garniert mit ein paar harmlosen Schwällen, sorgt immer wieder für spritzige Abwechslung.

Sehenswürdigkeiten:

Bad Staffelstein: *Historisches Rathaus* (Ende 17. Jh.) und Fachwerkhäuser am Marktplatz; *Heimatmuseum* im ehemaligen Schulhaus; *zweitürmige Wallfahrtsbasilika Vierzehnheiligen*, 1743 - 1772 von Balthasar Neumann errichtet; 1071 gegründetes *Benediktinerkloster Banz*. **Wiesen:** *Kirche* mit Wehrturm aus dem 15. Jh. und Chor mit Netzgewölbe. **Ebensfeld:** *historischer Marktort* mit spätgotischer *Hallenkirche St. Kilian*. **Unterleiterbach:** schöner *Ortskern*; *Valentinskapelle*; *Schloss*. **Baunach:** *Schloss Schadeck* (ehemaliges Rathaus) mit Heimatmuseum; *historischer Marktplatz*. **Kemmern:** *Pfarrkirche St. Peter und Paul*; *Pfarrhaus* von 1851. **Hallstadt:** spätgotische *Hallenkirche St. Kilian*; *Marktplatz*; *Rathaus*. **Bamberg:** *Bamberger Dom* mit Bamberger Reiter als einer der eindrucksvollsten Bauten des deutschen Mittelalters; *Altes Rathaus* (1463 erbaut, 1744 - 1756 barock umgestaltet); *Neue Residenz* mit Staatsgalerie; *ehemalige Benediktinerabtei Michaelsberg*; einstige *Fischer-Fachwerkhäuser* in „Klein-Venedig"; großes *Volksfest Sandkerwa* im August mit dem traditionellen Fischerstechen. ***Stadtrundgang Seite 118***.

42 km

Sonstige Aktivitäten:

Radfahren: Der Main-Radweg folgt dem Flusslauf von den Quellen bei Kulmbach bis zur Mündung in den Rhein bei Mainz auf einer Länge von fast 600 km. Mit 220 km kürzer, aber nicht weniger reizvoll ist die Main-Coburg-Tour, die als Rundweg von Bamberg aus in fünf Etappen durch das Obere Maintal führt. Ein weiterer Rundkurs für eine 4-5 tägige Radtour ist die Obermain-Frankenwald-Tour. Sie beginnt und endet in Bayreuth. **Wandern:** Ein dichtes Netz von Wanderwegen durchziehen Oberes Maintal und Coburger Land. **Paddeln:** Weitere empfehlenswerte Paddelflüsse in der näheren Umgebung sind Wiesent, Regnitz und Pegnitz. **Sonstiges:** Waldklettergarten in Banz; Freizeit- und Erlebnisbad Aqua Riese in Bad Staffelstein. **Schlechtwetteralternativen:** Staffelstein: *Obermain-Therme*, Am Kurpark 1, 96231 Bad Staffelstein, Tel. (09573) 961 90, www.obermaintherme.de (Bayerns stärkste und wärmste Thermalsole).

Anreise:
A73, Ausfahrt 13 Lichtenfels-Süd.

Einsetzstelle:
Hinter dem Wehr im Staffelsteiner Ortsteil Hausen (Hausener Straße).

Aussetzstelle:
Bootshaus des Bamberger Faltbootclubs am Main-Donau-Kanal (Weidendamm 150).

Befahrungsregelung:
Von Hausen bis Hallstadt ist der Obere Main als Kanuwanderweg Flussparadies Franken ausgewiesen und es gelten folgende Regeln:
1. Nutzen Sie nur die gekennzeichneten Ein-/Ausstiege.
2. Die Befahrung ist nur in Fließrichtung und in Kleingruppen bis maximal 10 Personen in der Zeit von 9 - 18 Uhr gestattet.
3. Starten Sie die Tour nur bei ausreichendem Wasserstand (Pegel Kemmern mindestens 2,20 m, www.hnd.bayern.de, Tel. (089) 15 70 24 43.
4. Meiden Sie sensible Bereiche wie Altwasser und Kiesbänke.

Zurück zum Pkw:
Mit dem Zug nach Bad Staffelstein, von da sind es knapp 4 km Fußweg nach Hausen.

Etappenvorschlag:
1. Tag: Lichtenfels – Ebing (22 km)   *2. Tag:* Ebing – Bamberg (20 km)

Kartenmaterial / Literaturhinweise:
Oberes Maintal - Coburger Land - Coburg - Lichtenfels, (Umgebungskarte UK50-3), 1:50.000, Bayerische Vermessungsverwaltung. Dettelbacher/Fröhling/Reuß: *Kunstreiseführer Franken,* DuMont Verlag. Eine spannende Lektüre für die Kanutour ist der Krimi *Das Alabastergrab*, Helmut Vorndran, Emons 2009. Im Main nördlich von Bamberg wird ein Fischer gefesselt an einen Betonpfeiler tot im Fluss aufgefunden. Auch Paddler spielen eine Rolle und die Handlung ist mit jeder Menge Lokalkolorit gewürzt.

Übernachtung in Wassernähe:
Bad Staffelstein: DKV Kanustation beim SV Coburg (oberhalb der Einsetzstelle), www.sv-coburg.de; *Ebensfeld:* Camping Altmainsee, Tel. (0171) 264 83 56; *Zapfendorf:* Brauerei-Gasthof „Drei Kronen" (Kanus der Übernachtungsgäste werden abgeholt und untergestellt), Tel. (09547) 62 39; *Ebing:* Campingplatz, Tel. (09547) 72 86, www.markt-rattelsdorf.de; *Bamberg:* DKV-Kanustation beim Bamberger Faltbootclub, www.faltbootclub.de

42 km

Wichtige Adrssen:
Kanuverleih: Lichtenfels: Beluga GdbR, Tel. (09571) 94 88 89, www.kanuvermietung.com; *Albatros Kanuverleih,* Tel. (09571) 53 71, www.albatros-kanuverleih.de; *Bad Staffelstein:* AquaRiese, Tel. (09573) 22 29 96, www.aquariese.de; *Merkendorf:* Freizeitschuppen, Tel. (09542) 772 00 44, www.freizeitschuppen.de; *Bamberg:* (nur Bürositz) Kanu & Camping Obermain, Tel. (0171) 117 15 47, www.kanu-camping-obermain.de; *Rattelsdorf:* Mühlenboote Rattelsdorf, Tel. (09547) 17 83, www.muehlenboote.de

Länge der Tour:
ca. 42 km

Umtragestellen:
Auf der vorgestellten Tour von Lichtenfels nach Bamberg trübt keine Portage das Paddelvergnügen.

Auskunft:
Tourismusverband Franken e.V., Wilhelminenstraße 6, 90461 Nürnberg, Tel. (0911) 94 15 10, www.frankentourismus.de

Der Obere Main

Karte Obere Main-Tour

Kloster Banz
Unnersdorf
Nedensdorf
Wiesen
Bad Staffelstein
Ebensfeld
Rattelsdorf
Unterleiterbach
Zapfendorf
Ebing
Unteroberndorf
Breitengüßbach
Kemmern
Hallstadt
Main
Bamberg
Regnitz
N
0   3,3 km

42 km

Mein Reiseführer schwärmt von der anmutigen Landschaft Frankens und den gemütlichen Biergärten. Der Blick aus 541 Metern Höhe über das junge Maintal ist wirklich hübsch und reicht vom Kloster Banz im Nordwesten bis zur Wallfahrtskirche Vierzehnheiligen im Nordosten. Den Biergartentest bleibt mir das „Adam-Riese-Städtchen" aber vorerst schuldig, denn die Ausflugsgaststätte nebenan ist so früh am Tag noch verwaist. So mache ich mich auf den Weg zurück zum Auto und fahre zur Einsetzstelle hinter dem Kraftwerk in Hausen, einem Ortsteil von Bad Staffelstein.

Hier beginnt der Kanuwanderweg Obermain. Unter Federführung der Landratsämter Lich-

tenfels und Bamberg wurde eine einzigartige Kanuwanderstrecke mit guter Infrastruktur geschaffen. Der Main zieht sich durch den nördlichen Teil Frankens und besonders der Oberlauf ist für Kanuwanderungen ideal. Da der Main erst ab Bamberg schiffbar ist, haben Paddler den Oberlauf und die einzigartige Natur auf dem renaturierten Fluss ganz für sich allein. Ein weiteres Plus: Keine einzige Umtragung trübt das Paddelvergnügen.

Nach dem Start am Kraftwerk thront hoch über dem rechten Ufer das ehemalige Benediktinerkloster Banz. Gegenüber des Anlegers in Unnersdorf liegt das Café „Zollhaus", eine ehemalige Fährstation, die in ihrer Geschichte bis ins Jahr 1824 zurückblicken kann. Noch älter ist der sagenumwobene Lias-Prallhang, der bei Nedensdorf steil zum Main hin abfällt. Von oben hat man eine grandiose Aussicht auf „Vierzehnheiligen", „Schloss Banz", den Staffelberg und das nahe Bad Staffelstein. Ich genieße das idyllische Pausenplätzchen am Anleger mit seinen schattigen Sitzbänken. In einem der Vorgärten hinter der Straße ist die Frankenfahne gehisst, wie der Fränkische Rechen auch oft genannt wird. Die drei Silberspitzen auf rotem Grund symbolisieren die drei fränkischen Regierungsbezirke Unter- Mittel- und Oberfranken. Zurück im Boot lässt mich ein Rauschen aufhorchen. Ohne Probleme manövriere ich das Boot durch eine spritzige, aber völlig harmlose Sohlschwelle, der auf der weiteren Strecke noch einige folgen sollen.

Das am rechten Ufer auftauchende Örtchen Wiesen am Fuße des Wandergebietes Eierberge gelegen, war ursprünglich ein Fischerdorf. Seine Kirche aus dem 15. Jahrhundert besticht vor allen Dingen durch seinen massiven Wehrturm.

Grün und idyllisch gibt sich der Obere Main nach dem Start in Hausen.

Blick ins Obere Maintal bei Bad Staffelstein.

Auf dem Oberen Main bleiben Paddler unter sich.

In einer scharfen Rechtskehre liegt links der historische Marktort Ebensfeld mit seinem sehenswerten Marktplatz und der spätgotischen Hallenkirche. Die nahen Badeseen locken bei sonnigem Wetter wie so viele andere Seen entlang dieser Strecke. Zwischen den großen Seen Dornmiesen See und Großer Angersee schlängelt sich der Main der Brücke nach Unterleiterbach entgegen. Von hier aus ist es nur ein kurzer Fußweg nach links in den schönen Ortskern. In dem dortigen Rokokoschloss aus dem Jahre 1739 mit seinem wildromantischen Park kann man heute stilvoll übernachten. Ein barockes Kleinod ist die Valentins-Kapelle nach Plänen des Bamberger Architekten Johann Jakob Michael Küchel gebaut. Zwei Schleifen weiter habe ich das Ende meiner Tagesetappe in Zapfendorf erreicht. Der nahe Brauerei-Gasthof „Drei Kronen" holt Übernachtungs-Gäste samt Kanu gerne ab. Durch die Lage an einem Transportweg entlang des Mains, von Sachsen und Thüringen nach Bayern, war der Ort im Oberen Maintal stets Durchgangsstation und beliebter Rastplatz auf den damals noch zeitraubenden Reisen, was man versteht, wenn man zwischen den denkmalgeschützten Fachwerkhäusern hindurchschlendert.

42 km

Vorbei am Campingplatz in Ebing der am nahen Badesee liegt und an der links von mir dicht am Fluss verlaufenden Autobahn, komme ich am nächsten Morgen nach etwa fünf Kilometern zur Straßenbrücke der Bundesstraße 4. Linker Hand liegen die beiden Orte Unteroberndorf und Breitengüßbach dicht beieinander. Kurze Zeit später öffnet sich der Main rechter Hand zum Großen See, der künftig als Freizeitsee entwickelt werden soll. Das Wasser gurgelt nun über einige schöne Kiesbänke und Blutweiderich färbt die Ufer lila. Jeweils vor und nach der Eisenbahnbrücke beschleunigt eine kräftige Sohlschwelle meine Fahrt, dann folgt

Idyllische Flusslandschaft an der Einsetzstelle in Hausen.

ein idyllisches, recht gerades Stück. Aus den hohen Bäumen entlang der Ufer erklingt vielstimmiges Vogelgezwitscher. An der Straßenbrücke der Drei-Flüsse-Stadt Baunach lädt der Anleger am rechten Ufer zu einem Besuch des kleinen fränkischen Städtchens ein, das mit Heimatmuseum, historischem Marktplatz, ehemaligem fürstbischöflichen Jagdschloss und historischem Rathaus lockt. Der Name der an Baunach, Lauter und Main liegenden Stadt stammt von dem indogermanischen Wort für Fluss und kann übersetzt werden mit „schwellendes Wasser".

Auf dem Main folgt eine weitere kurze Schwallstrecke, dann erreiche ich den Anleger in Kemmern. Hier hole ich den schon überfälligen Biergartenbesuch nach. Das ehemalige Fischerdorf mit der Pfarrkirche „St. Peter und Paul" und einem Pfarrhaus von 1854 ist besonders für die Kemmerner Keller bekannt. Die beiden typisch fränkischen Bierkeller liegen nur wenige Schritte vom Ufer entfernt den Berg hinauf und sind beliebte Ausflugslokale, an denen nicht nur der goldgelbe Gerstensaft fließt, sondern ich mich auch mit einer deftigen Brotzeit auf den Schlussspurt nach Bamberg einstimme.

Etwa drei Kilometer hinter Kemmern endet in Hallstadt der „offizielle" Kanuwanderweg Obermain. Wer Zeit hat, sollte noch einen Rundgang durch den historischen Marktort und Königshof unternehmen. In den Winkeln und Gassen Hallstadts gibt es einiges zu entdecken.

Auf meinem weiteren Weg nach Bamberg unterfahre ich die Autobahnbrücke, halte mich wenig später bei Flusskilometer 385 rechts und fahre ein paar hundert Meter weiter links in den Main-Donau-Kanal ein, der hier dem alten Flussbett der Regnitz folgt. Nach zwei Kilometern kündigen Schiffskräne mit leuchtend gelbem Führerhaus den Bamberger Hafen an. Dahinter ignoriere ich weitere abzweigende Hafenbecken und steuere geradeaus auf Kirch- und Wasserturm zu.

Noch vor der nächsten Brücke finde ich am rechten Ufer die Kanustation des Bamberger Faltbootclubs mit einer großen Zeltwiese und werde freundlich empfangen. Am Abend schlendere ich durch die hübschen Gassen der Bamberger Altstadt. Die sehenswerte Altstadt besitzt den größten erhaltenen historischen Stadtkern Deutschlands und ist seit 1993 als Weltkulturerbe in die Liste der UNESCO eingetragen.

Stadtrundgang Bamberg

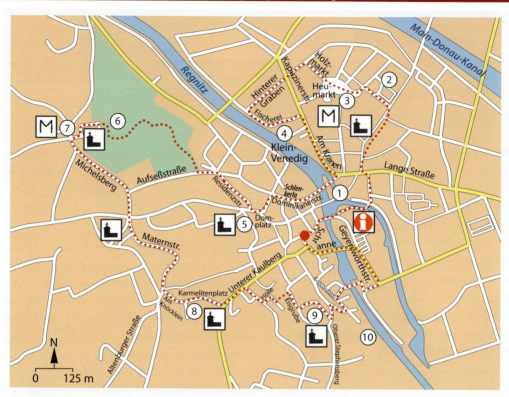

Die Altstadt von Bamberg in der Talaue von Regnitz und Main-Donau-Kanal blieb weitgehend vom Zweiten Weltkrieg verschont und lockt den Besucher heute mit zahlreichen historischen Bauwerken, die vom Bamberger Dom überragt werden.

Wir starten unseren Rundgang durch das UNESCO Weltkulturerbe Bamberg an der Polizeiwache Schranne am linken Ufer des linken Regnitzarms. Geleitet vom Rauschen des nahen Regnitzwehrs laufen wir über die kleine Brücke mit gutem Blick auf das Brückenrathaus *Altes Rathaus (1)*. Mitten in der Regnitz gelegen, markiert es die Grenze zwischen der Bamberger Bürger- und Bischofsstadt. Im Kern handelt es sich um ein gotisches Gebäude von 1463, das außen von 1744 bis 1756 barock umgestaltet wurde. Der Fachwerkbau Rottmeisterhaus wurde 1688 vor das Gebäude gesetzt. Im Inneren zeigt eine Ausstellung Fayencen und Porzellan aus dem 18. Jahrhundert.

Auf dem gegenüberliegenden Regnitzufer empfängt uns das Wasserschloss Geyerswörth, das 1585 als fürstbischöfliches Stadtschloss errichtet wurde und heute die Touristeninformation beherbergt. Wir laufen links an Schloss Geyerswörth vorbei und auf der Rückseite bringt uns eine schmale Fußgängerbrücke über den alten Kanal in die Habergasse.

Wir überqueren die Lange Straße und gelangen auf den langgestreckten Grünen Markt. Er ist Fußgängerzone und bildet den vom Barock geprägten Mittelpunkt der zwischen Regnitz und Main-Donau-Kanal gelegenen Bürgerstadt von Bamberg. Vorbei an der eindrucksvollen Pfarrkirche „St. Martin" mit einem Hochalter von Giovanni Batista Brenno, kommen wir auf den Maximiliansplatz, wo im einstigen Priesterseminar das *Rathaus (2)* untergebracht ist.

Auf der südwestlichen Seite des großen Platzes, gegenüber vom Rathaus, geht es nach links und am Ende erst ein paar Schritte nach links und gleich wieder rechts, vorbei am *Naturkundemuseum (3)*, das im ehemaligen Jesuitenkolleg untergebracht ist.

Auf dem Heumarkt finden wir die Bronzeskulptur „Liegende mit Frucht" des kolumbianischen Künstler Fernando Botero, die 1998 von der Stadt Bamberg als erste Plastik des Skulpturenweges angekauft wurde. Entlang dem Holzmarkt halten wir uns am Ende links und gelangen über den Hinteren Graben zurück in Richtung Regnitz. An der Rückseite der Häuser von *„Klein-Venedig"* *(4)* laufen wir auf der Straße Fischerei nach links. Den besten Ausblick auf die hübsch anzusehenden ehemaligen Fischerhäuschen, die zur Sandkerwa im August die passende Kulisse für das berühmte Fischerstechen bieten, hat man aber vom gegenüberliegenden Regnitzufer.

Am Kranen, dem alten Hafen von Bamberg, zeigen die zwei historischen Verladekräne und das Ausflugsschiff „Stadt Bamberg" die wirtschaftliche Bedeutung der Regnitz für die Stadt. Auf der Brücke wechseln wir, vorbei am Denkmal der Kaiserin Kunigunde, auf die andere Seite der Regnitz in die Bischofsstadt. Über tausend Jahre ist es her, dass Herzog Heinrich II. von Bayern sich mit der Luxemburger Gräfin Kunigunde vermählte und den deutschen Kaiserthron bestieg. Sie gründeten in Bamberg ein neues Bistum und legten damit den Grundstein des Bamberger Doms.

Wir folgen der Dominikanerstraße vorbei am *Schlenkerla*, dem historischen Brauereiausschank, der 1405 erstmals urkundlich erwähnt wurde und für sein Rauchbier bekannt ist und erklimmen die Treppenstufen am Katzenberg hinauf zum *Domplatz (5)*. Hoch über dem Westufer des linken Regnitzarms erhebt sich der Bamberger Dom mit seinen vier, jeweils 81 Meter hohen Türmen. Die Westtürme hatten die frühgotischen Kirchen der französischen Champagne zum Vorbild. Die ursprünglich niedrigeren Osttürme wurden im 18. Jahrhundert durch Rautenhelme auf die Höhe der Westtürme aufgestockt.

„Klein-Venedig": Die malerischen einstigen Fischerhäuser bilden zur Sandkerwa die Kulisse für das traditionelle Fischerstechen.

Die beiden Vorgängerbauten brannten nieder und wurden ab 1211 durch den heutigen Dom ersetzt, der zu den prächtigsten Bauten des Mittelalters zählt und die Baukunst am Übergang von der späten Romanik in die frühe Gotik widerspiegelt. Bekannt ist der Dom für die im Jahre 1235 geschaffene Skulptur des Bamberger Reiters, die am linken Chorpfeiler des Ostchores zu finden ist.

Mit dem Dom im Rücken laufen wir auf dem Domplatz halb rechts weiter unterhalb der Neuen Residenz, die als Sitz der Bamberger Fürstbischöfe errichtet und ab 1803 als königliche Residenz genutzt wurde. Am 6. Oktober 1806 unterzeichnete Napoleon hier seine Kriegserklärung an Preußen. Neben dem Gesellschaftszimmer in dem Napoleon unterschrieb, sind über 40 weitere Prunkräume zu besichtigen sowie die Staatsgalerie mit altdeutschen, flämischen und fränkischen Gemälden.

Wir laufen auf der Residenzstraße zunächst leicht bergab bis zum Ottoplatz. Hier folgen wir dem Schild „Zum Michelsberg" unterhalb der Mauer links bergan. Nach wenigen Schritten auf der Aufseßstraße biegen wir rechts durch die Pforte und schlendern auf dem schönen Spazierweg bergan auf den Michelsberg.

Oben erwartet uns *Kloster Michelsberg (6)* mit der vom 12. - 15. Jahrhundert erbauten St. Michaelskirche. Wir genießen den tollen Blick über Altstadt und Dom und laufen rechts um das Kloster herum, vorbei am schönen Terrassencafé. Im Innenhof finden wir das *Fränkische Brauereimuseum (7)*.

Wir nehmen die gleichnamige Straße Michelsberg nach links bergab, bis von links die Aufseßstraße mündet. Weiter geradeaus führt uns die Michelsberger Straße leicht hinauf zum Jakobsplatz mit der einzigen, fast vollständig romanischen Kirche Bambergs, der Jakobskirche. Die Barockfassade wurde der Säulenbasilika (11./12. Jahrhundert) 1771 vorgeblendet.

Wir folgen dem Wegweiser „Jakobusweg Forchheim – Nürnberg" schräg nach links auf die Maternstraße. Nachdem diese einen nahezu rechten Winkel beschrieben hat, versteckt sich zwischen den Wohnhäusern die kleine Maternkapelle.

Anschließend laufen wir halblinks bergan bis zum schlichten gotischen Turm des *Karmelitenklosters (8)* und links daran vorbei. Die Anlage wurde im 12. Jahrhundert gegründet und hinter der Eingangsfassade 13. Jahrhundert neben dem Klosterladen verströmt der spätromanische Kreuzgang aus dem mittelalterliche Frömmigkeit.

Vor dem Kloster wenden wir uns auf der Straße Unterer Kaulberg nach links und laufen nach rechts in die Straße Schulplatz. Vorbei an der Kaulbergschule gelangen wir in das Sträßchen Hölle, biegen dort nach rechts in die Eisgrube und gelangen zur *Kirche „St. Stephan" (9)*. Von Papst Benedikt VIII wurde sie im Jahre 1020 geweiht und ist seit 1807 evangelische Hauptkirche. Über die Straßen Stephansplatz, Oberer und Unterer Stephansberg gelangen wir zur Concordiastraße, in die wir links einschwenken. Rechts in die Molitorgasse gelangen wir zur Brücke und überschreiten die Regnitz.

Rechts von uns, am gegenüberliegenden Ufer, haben wir einen schönen Blick auf die Regnitz und das *Wasserschloss Concordia (10)*, heute Sitz des Internationalen Künstlerhauses. Wir biegen an der Kreuzung aber nach links und laufen gleich darauf wieder links auf die Geyerswörthstraße. Vor der Touristeninformation biegen wir auf die Bischofsmühlbrücke und kommen zurück zum Ausgangspunkt an der Schranne.

Das Alte Rathaus

Die Regnitz

Wasserschöpfräder, Jeans und Nostalgie

Tour 11

Infos Regnitz

Aktivitäten	Natur	Kultur	Baden	Hindernisse
★★☆☆☆	★★☆☆☆	★★★★☆	★★★★☆	★★★★☆

Charakter der Tour:

Die Regnitz ist ein schöner Wanderfluss, der ohne Schwierigkeiten in einem weiten Tal inmitten fruchtbarer Wiesen, vorbei an den Ausläufern der Fränkischen Schweiz und des Steigerwaldes fließt. Im Unterlauf ist die Regnitz abschnittsweise Teil des Europa-Kanals (Rhein-Main-Donau-Wasserstraße). Teils nutzt hier der Kanal das Flussbett der Regnitz, dann wieder darf der Fluss auch im eigenen Bett, parallel zum Kanal, weiter fließen. Entlang der Regnitz finden sich natürliche Auwälder, äußerst seltene Sandgebiete und stille Altarme mit einer einmaligen Tier- und Pflanzenwelt.

Sehenswürdigkeiten:

Fürth: Gut erhaltene *Altstadt* mit fränkischen Sandstein- und Fachwerkhäusern; schlichte *Michaeliskirche* (16. Jh.); *Rathaus* von 1850 in Anlehnung an das Rathaus von Florenz, dem Palazzo Vecchio; *barockes Stadttheater*; *Centaurenbrunnen* (1890) auf dem Bahnhofsplatz; *Jüdisches Museum Franken* (Königsstraße 89). **Erlangen:** *Marktplatz* mit Paulibrunnen (1886); *Palais Stutterheim* auf dem angrenzenden Schlossplatz; *barockes Schloss* mit Orangerie, Markgrafentheater und Botanischer Garten im Schlosspark; *Hugenottenkirche* (1686 - 1693) mit 52 m hohem Turm; *Altstädter Rathaus* mit Stadtmuseum. **Möhrendorf:** *Wasserschöpfräder.* **Forchheim:** *Marktplatz* mit Fachwerkhäusern; *Rathaus* mit stattlichem Rathaussaal (1865 - 1867 neugotisch umgestaltete Halle); überwiegend gotische *Pfarrkirche St. Martin* (1720 mit barocken Stuckaturen ausgestattet); *Kaiserpfalz* (ehemaliges Schloss der Bamberger Fürstbischöfe), im 14. Jh. errichtet, im 16./17. Jh. erweitert mit Pfalzmuseum (Funde zur Vor- und Frühgeschichte der Region) und Archäologie-Museum Oberfranken. **Seußling:** *Slawenkirche.* **Sassanfahrt:** *Tropfhaus.* **Buttenheim:** *Levi Strauss Museum.* **Bamberg:** *Bamberger Dom* mit Bamberger Reiter als einer der eindrucksvollsten Bauten des deutschen Mittelalters; *Altes Rathaus* (1463 erbaut, 1744 - 1756 barock umgestaltet); *Neue Residenz* mit Staatsgalerie, ehemalige *Benediktinerabtei Michaelsberg;* einstige *Fischer-Fachwerkhäuser* in „Klein-Venedig"; *großes Volksfest Sandkerwa* im August mit dem traditionellen Fischerstechen. *Stadtrundgang Seite 118.* **Nürnberg:** siehe *Stadtrundgang Seite 133.*

64 km

Sonstige Aktivitäten:

Radfahren: Regnitz Radweg in zwei Varianten: Die Talroute (84 km) folgt auf Nebenstraßen und Wirtschaftswegen den Windungen der Regnitz. Parallel dazu führt die Kanalroute (72 km) entlang des Main-Donau-Kanals. Beide Routen lassen sich zu einer Rundtour kombinieren. **Wandern:** Vielfältige Wandermöglichkeiten in der Fränkischen Schweiz. Seit 100 Jahren kümmert sich der Fränkische Schweiz-Verein mit seinen 44 Ortsgruppen um den Unterhalt des über 4.000 Kilometer langen Wegenetzes. **Paddeln:** Schöne Paddelreviere in der näheren Umgebung sind Pegnitz, Wiesent und Oberer Main. **Schlechtwetteralternativen:** Bamberg: Im *Fränkischen Brauereimuseum* (Tel. (0951) 530 16, www.brauereimuseum.de) in den historischen Gemäuern der ehemaligen Benediktiner-Braustätte auf dem Michelsberg dreht sich alles ums Bier. Über 1.300 Ausstellungs-Stücke zeigen den Weg der Gerste vom Feld in den Bierkrug.

Anreise:

A73, Ausfahrt Fürth-Poppenreuth, weiter Richtung Fürth-Stadtmitte. Vor der Brücke über die Pegnitz rechts ab zum Parkplatz.

Einsetzstelle:

Einstieg in Fürth an der Pegnitz unter der Brücke am Parkplatz in der Ulmen-Straße ca. 500 m vor der Vereinigung von Rednitz und Pegnitz zur Regnitz.

Aussetzstelle:

Bootshaus des Bamberger Faltbootclubs am Main-Donau-Kanal (Weidendamm 150).

Befahrensregelung:

Im Unterlauf folgt die Tour zum Teil dem Main-Donau-Kanal. Es gilt die Binnenschifffahrtsordnung.

Zurück zum Pkw:

Zwischen Bamberg und Fürth besteht eine gute Bahnverbindung.

Etappenvorschlag:

1. Tag   Fürth – Erlangen (19 km)
2. Tag   Erlangen – Forchheim (20 km)
3. Tag   Forchheim – Bamberg (25 km)

Tipps für Tagestouren:

1. Fürth – Erlangen (19 km)   *2.* Altendorf – Bamberg (18 km)

| **Länge der Tour:** |
| Ca. 64 km |
| **Umtragestellen:** |
| Auf der vorgestellten Strecke müssen insgesamt elf Wehre umtragen werden. |

Kartenmaterial / Literaturhinweis:

ADFC-Regionalkarte Nürnberg Mittelfranken, 1:75.000, BVA Bielefelder Verlag. Regina Hanemann (Hrsg.): *Im Fluss der Geschichte: Bambergs Lebensader Regnitz,* Spurbuch-Verlag. Das Buch widmet sich dem Wechselspiel zwischen Fluss und Stadt und zeigt in fachkundigen Texten wie die Regnitz Stadt und Region geprägt hat. Dettelbacher/Fröhling/Reuß: *Kunstreiseführer Franken,* DuMont Verlag.

Übernachtung in Wassernähe:

Erlangen: Campingplatz der Natur Freunde Ortsgruppe Erlangen e.V, Tel. (09131) 284 99, www.campingplatz-erlangen.de; *Gasthof Ritter St. Georg,* Tel. +49 (0) 9131 / 7665-0, www.gasthof-ritter-st-georg.de; *Forchheim: Gasthaus Roter Ochs,* Tel. (09191) 45 11; *Jugendzeltplatz* (auf der Schleuseninsel zwischen Regnitzarm und Rhein-Main-Donau-Kanal), Tel. (09191) 73 58 62, www.forchheim.de; *Bamberg: Jugendherberge Wolfsschlucht,* Tel. (0951) 560 02; *Campinginsel Bug,* (0951) 563 20, www.campinginsel.de; *DKV-Kanustation beim Bamberger Faltbootclub,* www.faltbootclub.de

64 km

Wichtige Adressen:

Kanuverleih: Es gibt keinen Kanuverleih direkt an der Regnitz. Geführte Kanufahrten auf der Regnitz (v.a. Bamberg): *Kanutouren Service Bamberg,* Raimund Frank, Stegaurach, Tel. (0174) 72 73 653, www.kanutouren-bamberg.de; **Fahrradverleih:** *Bamberg: Fahrrad Dratz,* Pödeldorfer Straße 190, Tel. (0951) 124 28; *Rent a Bike-Team,* Elisabethenstraße 3, Tel. (0951) 50 99 89 71.

Auskunft:

Tourismusverband Franken e.V., Wilhelminenstraße 6, 90461 Nürnberg, Tel. (0911) 94 15 10, www.frankentourismus.de; *Stadtinformation Bamberg,* Geyerswörthstraße 3, 96047 Bamberg, Tel. (0951) 297 62 00, www.bamberg.info

Die Regnitz

Karte Regnitz-Tour

64 km

Gemessen an der Einwohnerzahl besitzt die mehr als 1.000 Jahre alte Stadt Fürth die vierthöchste Dichte an Baudenkmälern unter den deutschen Großstädten. Im Zweiten Weltkrieg wurde die „Wissenschaftsstadt" durch Bombenangriffe „nur" zu etwa zwölf Prozent zerstört. Dadurch ist das historische Stadtbild weitgehend erhalten geblieben.

Einen guten Startpunkt für meine Drei-Tagestour auf der Regnitz finde ich unter der Brücke über die Pegnitz am Parkplatz in der Ulmen-Straße. Nach dem Ablegen passiere ich einen Fußgängersteg, kurz darauf vereinigen sich Pegnitz und die von links kommende Rednitz.

Zügig fließt der breite Fluss, der nun auf den Namen Regnitz hört, über mehrere spritzige, aber völlig harmlose Sohlgleiten. Gut einen Kilometer nachdem ich die erste Eisenbahnbrücke hinter mir gelassen habe, dreht sich am Ufer das erste Wasserschöpfrad, dem im weiteren Verlauf noch mehrere folgen werden. Die sandigen Böden in Kombination mit den heißen, trockenen Sommern machen eine regelmäßige Bewässerung der Felder rund um die Regnitz notwendig. Ab Mitte des 13. Jahrhunderts begann man daher mit dem Bau der hölzernen Wasserschöpfräder, die an Mühlräder erinnern. Zu Beginn des 19. Jahrhunderts waren auf dem etwa 25 Kilometer langen Regnitzabschnitt zwischen Fürth und Forchheim etwa 190 solcher Wasserräder in Betrieb.

Kurz darauf zieht ein Hügel bestückt mit Solarzellen den Blick auf sich. Hier wurde aus der Deponie Atzenhof, auf der bis 1999 Haus-, Gewerbemüll und Klärschlamm abgelagert wurden, ein „Energieberg" mit einer großflächigen Photovoltaikanlage aus 5.760 Solarmodulen. Die Regnitz bringt mich in einem weiten Bogen auf die Rückseite des „Solarzellenmüllbergs" und nachdem von links das Flüsschen Zenn der Regnitz sein Wasser gespendet hat, lege ich am rechten Ufer vor dem Wehr in Vach an.

Ich zurre das Kajak auf dem Bootswagen fest und schiebe es am Fischumlauf, der sich aufgrund mehrerer enger Rohrdurchlässe leider nicht befahren lässt, entlang über die Wiese. Anschließend geht es hinter der Straßenbrücke gleich auf dem ersten Trampelpfad (noch vor dem kleinen Steinhäuschen) zurück zur Regnitz.

Hinter dem Wehr unterstützt mich die gute Strömung beim Paddeln. Hinter der Straßenbrücke umfließt die Regnitz eine Insel, die sowohl links, als auch rechts umfahren werden kann. Bald werden die Ufer städtischer und die Angler zahlreicher. Nach Unterfahrung der Autobahn- und einer Eisenbahnbrücke warnt ein Schild vor dem nächsten Wehr in 600 Metern Entfernung.

Vorbei an einem Wasserschöpfrad, fahre ich nun auf das Wehr in Erlangen-Bruck zu, das ich am linken Ufer umtrage. Dort haben die örtlichen Kanuten ein paar Slalomstangen zum Üben in den Fluss gehängt. Kurz vor der Straßenbrücke auf der rechten Seite bietet der Gasthof „Ritter" direkt am Wasser eine gute Übernachtungsmöglichkeit. Für die Übernachtung legt man am besten beim ATSV Kanuverein an (liegt auf dem Grundstück des Gasthofes). Das Abstellen des Kanus über Nacht ist möglich. Auch hinter der nächsten Straßenbrücke rauscht es wieder. Ich steige direkt vor dem Wehr Neumühle am linken Ufer aus, zerre das Boot über die Wiese und hole mir nasse Beine, da der Einstieg direkt hinter dem Wehr unwegsam und rutschig ist.

Fränkische Brotzeit und Freiluftkunst auf der Campinginsel in Bamberg Bug.

64 km

Vom nahen Freibad klingt fröhliches Lachen zu mir herüber. Hinter der Doppelbrücke fahre ich an der nächsten Insel, gegenüber vom grauen Turm, im linken Arm weiter und erreiche bald das Wehr an der Wöhrmühle. Ich hebe das Boot aus dem Wasser und ziehe es am Fischumlauf entlang, um die Tour hinter dem Wehr gegenüber vom Mühlengebäude fortzusetzen. Direkt hinter der Fußgängerbrücke lege ich beim Campingplatz der Naturfreunde Erlangen an.

Beim Stadtrundgang am Abend überrascht mich Erlangen. Statt des sonst in Franken so typischen Fachwerks, strahlt der Stadtkern die planmäßige Geradlinigkeit einer barocken Residenz- und Universitätsstadt aus. Die Stadt gibt sich jugendlich und das Fahrrad ist das am häufigsten verwendete Verkehrsmittel. Das Zentrum der Innenstadt bilden Markt- und Schlossplatz. Das auffälligste Gebäude auf der Südseite des Marktplatzes ist das ehemalige Palais Stutterheim, das heute Stadtbücherei und Städtische Galerie beherbergt. Hinter dem Paulibrunnen erhebt sich auf dem Schlossplatz die nüchterne Fassade des markgräflichen Schlosses. Östlich dahinter liegt der Schlossgarten mit Orangerie und Botanischem Garten.

Nach dem Start am nächsten Morgen umfließt die Regnitz hintereinander zwei Inseln und schon ist das nächste Wehr in Erlangen-Werker erreicht. Ich lege links davor am verfallenen Holzsteg an, um das Boots kurz über die Wiese am Hindernis vorbei zu ziehen. An der nächsten Straßenbrücke geht es links nach Möhrendorf. Wäre es nicht noch

so früh am Tag, lohnte sich ein Abstecher zur „Fischküche Reck", wo traditionelle fränkische Fischgerichte serviert werden. Gegner der grätenreichen Küche finden dort solch Köstlichkeiten wie „Altmünchner Zwiebelrostbraten" oder „Fränkisches Schweineschäufele". Wer sich, von der Brücke aus kommend, immer nur links hält, findet sicherlich den Weg.

Im folgenden Flussabschnitt sind die historischen Wasserschöpfräder besonders zahlreich. Um die schweren Holzbauwerke zu betreiben, wurde die Regnitz vor dem jeweiligen Schöpfrad durch quer über den Fluss verlaufende Pfahlreihen aufgestaut. Diese Stauwehre führten immer wieder zu Streit zwischen Bauern und Fischern, beispielsweise dann, wenn ein Fischer zwecks besserer Durchfahrt kurzerhand einige Pfähle abmontierte. Heute übernehmen elektrische Pumpen die Bewässerung und es sind nur noch Reste der Stauwehre vorhanden, die für

Am Wehr in Erlangen-Bruck.

Selbst die Tourenabschnitte auf dem Main-Donau-Kanal geben sich erstaunlich grün.

die Befahrung mit dem Kanu kein Problem darstellen – mittig sind die Pfahlreihen problemlos zu befahren.

Etwa einen Kilometer weiter stellt sich mir das Wehr der Baiersdorfer Mühle in den Weg. Ich steige links vor den Häusern an der Wiese aus, schnalle das Kajak auf den Bootswagen und rolle mein Kanu weiträumig um die Gebäude, um den Haus-Besitzer nicht zu belästigen.

Hinter einer weiteren Insel kündigen die Häuser von Wellerstadt am rechten Ufer den nächsten Stopp an. Etwa 200 Meter hinter der Straßenbrücke steuere ich vor dem Wehr in Baiersdorf-Wellerstadt direkt auf die Steintreppe hinter dem weißen Häuschen zu.

An der nächsten Insel fahre ich nach rechts unter der Brücke durch und paddle an einem motorbetriebenen Schauschöpfrad vorbei. Das Wehr am nahen Ort Hausen, direkt unter der Straßenbrücke, umtrage ich

links über die Straße. Die steilen Treppen am Einstieg hinter dem Wehr sind allerdings nicht nach meinem Geschmack. Von links fließt gleich danach der Main-Donau-Kanal hinzu, der auf dem folgenden Abschnitt das ursprüngliche Flussbett der Regnitz nutzt. Gut einen Kilometer weiter überquert eine Eisenbahnbrücke den Main-Donau-Kanal. Jetzt ist der Lärm der immer näher an den Fluss heranrückenden Autobahn A73, im Volksmund auch „Frankenschnellweg" genannt, zu hören. Unmittelbar bevor von rechts die Wiesent mündet, kann man am linken Ufer aussetzen. Oberhalb des Ufers führt eine kleine Straße schnurgerade in den Forchheimer Ortsteil Burk. Mit dem Kanuwagen ist der etwa 300 Meter lange Weg, immer die Kirchturmspitze im Blick, schnell zurückgelegt. Wer im Gasthaus „Roter Ochs" vorgebucht hat, wird mit einem Begrüßungs-

64 km

Im Mittelalter wurden die Felder entlang der Regnitz mit solchen hölzernen Wasserrädern bewässert.

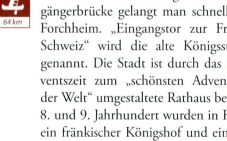
64 km

Bier empfangen und bettet sich in einem der günstigen Zimmer. Über die, kurz hinter der Wiesenteinmündung verlaufende, Fußgängerbrücke gelangt man schnell ins nahe Forchheim. „Eingangstor zur Fränkischen Schweiz" wird die alte Königsstadt auch genannt. Die Stadt ist durch das in der Adventszeit zum „schönsten Adventskalender der Welt" umgestaltete Rathaus bekannt. Im 8. und 9. Jahrhundert wurden in Forchheim ein fränkischer Königshof und eine Pfalz errichtet. Entsprechend sehenswert ist die rund 1.200 Jahre alte Stadt, die aufgrund ihrer Festungsmauer, im Dreißigjährigen Krieg nie eingenommen wurde. Niedergeschrieben in einer mittelalterlichen Handschrift aus dem 12. Jahrhundert ist eine Geschichte, die heute in der Bayerischen Staatsbibliothek München aufbewahrt wird. Einer Legende nach soll die Stadt Geburtsort des Pontius Pilatus gewesen sein, wovon der lateinische Spruch zeugt, der auf einem Stein der Stadtmauer gestanden haben soll: „Forchhemii natus est Pontius ille Pilatus,/Teutonicae gentis, crucifixor omnipotentis" (Zu Forchheim geboren ist jener Pontius Pilatus, der – von deutscher Herkunft – den Allmächtigen gekreuzigt hat).

Morgens könnte man entweder vom Gasthaus auf dem Kirchplatz wie den Tag zuvor zurück ans Ufer der Regnitz, oder, ein kürzerer Fußweg, links hinunter zum Wasserarm hinter der Sportinsel. Etwa 600 Meter geht es auf ihm, vorbei am Yachtclub Forchheim, zurück auf die Regnitz.

Etwa eine Viertelstunde später gabelt sich der Flusslauf und rechts voraus ist die Schleuse von Forchheim zu sehen. Ich halte mich links auf dem alten Regnitzarm und stehe bald vor dem Forchhcimer Wehr. Nach dem Umtragen der Wehranlage am linken Ufer gelange ich nach 700 Metern, vorbei am Jugendzeltplatz Forchheim, wieder auf den Main-Donau-Kanal.

Auf den folgenden drei Kilometern zieht sich der Main-Donau-Kanal fast schurgerade durch eine erstaunlich grüne Landschaft. Es ist sehr still und zu meiner Überraschung begegne ich keinem einzigen Dampfer oder Frachter. Etwa 400 Meter hinter der Straßenbrücke teilen sich Regnitz und Kanal erneut. Ich halte mich links, um auf der Regnitz wei-

ter zu paddeln und lege an der Betontreppe am linken Ufer vor dem Wehr in Neuses an. Die frühere Bezeichnung des im breiten Regnitztal gelegenen Ortes lautete „Neuses am Fahr" – der neue Sitz an der Fähre; mit dem Bau des Main-Donau-Kanals in den sechziger Jahren gewann der Ort an Bedeutung, wenngleich schon der ehemalige König-Ludwig-Kanal direkt an Neuses vorbei führte. Reste davon sind noch heute erhalten.

Die Treppenstufen hinter dem Wehr führen ins Nichts und so schleife ich das Boot über die Wiese zurück zur Regnitz. Anfangs ist der Fluss stellenweise sehr flach und an zwei Sohlschwellen schrammt mein Kajak gerade so eben über die Steine. Durch eine ausladende S-Kurve treibe ich auf die Brücke zwischen Altendorf und Seußling zu. Rechts des Ufers liegen große Baggerseen. Sowohl das linksufrige Seußling als auch Altendorf können auf eine keltische Besiedlung zurückblicken. Es gibt sogar Vermutungen, dass Altendorf ein Außenposten des keltischen Oppidums (Stadt) Manching bei Ingolstadt gewesen sein könnte. Für die Bedeutung des Ortes spricht auf jeden Fall, dass keltische Münzen, aber auch Eisenwerkzeuge gefunden wurden; ein Präge-Stempel deutet darauf hin, dass hier auch Münzen geprägt wurden. Eine Münze aus der Zeit 80 v. Chr., ein sogenannter Büschelquinar mit der Abbildung eines Pferdes, lieferte das Vorbild für das Altendorfer Gemeindewappen. In den siebziger Jahren wurde in der Gemarkung Neuses ein Münzschatz aus prägefrischen Münzen gefunden, bei dem es sich möglicherweise um die Gemeindekasse der keltischen Ortschaft gehandelt haben könnte, die in unsicheren Zeiten vergraben worden ist. Die Kelten wurden allmählich von den nach Süden vordringenden Germanen verdrängt. Wo heute der Neubert-Baggersee liegt, grub man einen germanischer Friedhof aus, der rund 450 Jahre belegt wurde.

64 km

Soviel Geschichte! Von einem Ortsansässigen wurde ich nun noch darauf aufmerksam gemacht, dass meine gute alte Jeans in Buttenheim, einem Ortsteil von Altendorf, ihren Ursprung hat. Ehrlich – ich hab's erst nicht glauben wollen, aber der Erfinder der Jeans, Levi Strauss, wurde hier geboren! Im Levi Straus Museum kann man sich auf 136 qm Ausstellungsfläche wunderbar über Levi informieren. Im angeschlossenen Museumsshop kann der Jeansfan mit den ausgefallenen Vintage Jeans sein eigenes Stück Geschichte erwerben oder seltene Sammlerartikel finden.

Hinter der Brücke wartet eine weitere Steinschüttung die, zumindest bei niedrigem Wasserstand, sehr flach ist. Rechts fließt etwas mehr Wasser, doch heißt es aufgepasst, denn dort drückt die Strömung direkt auf einige weit überhängende Weideäste am Prallhang. Gemütlich ziehen die Ortschaften Sassanfahrt und Hirschaid am Ufer vorüber und immer mal wieder rauscht das Wasser über eine Steinschüttung oder Sohlschwelle. Mit

Levi Strauss

Das Leben von Levi Strauss, dem „Vater" der Blue Jeans, verkörpert, wie kaum ein anderes, den amerikanischen Traum. Löb Strauss, so lautete sein Name ursprünglich, wurde am 26.02.1829 als jüngster Sohn von Hirsch Strauss und seiner Ehefrau Rebecca in Buttenheim geboren. Sein Vater betrieb, wie viele fränkische Landjuden, einen Hausierhandel mit Tuch und Kurzwaren, der für die insgesamt neunköpfige Familie gerade das Nötigste zum Leben abwarf. Im Jahre 1846 starb Hirsch Strauss nach längerer Krankheit an Tuberkulose. Sein Tod brachte die Familie in wirtschaftliche Schwierigkeiten. Deshalb entschied sich die Mutter Rebecca 1847 mit den drei jüngsten Kindern nach Amerika auszuwandern. Dort hatten sich bereits einige Jahre früher die beiden ältesten Söhne niedergelassen und einen Textilgroßhandel gegründet. Die Familie fasste zunächst in New York Fuß. Wenig später erreichten Nachrichten von den ersten Goldfunden in Kalifornien die Ostküste. Im Jahre 1853 entschloss sich daraufhin der junge Levi, sein Glück an der Amerikanischen Westküste zu suchen.

Er gründete in San Francisco einen Großhandel für Stoffe und Kurzwaren. Im Sortiment war alles, was die Goldgräber, Minenarbeiter und Pioniere des damals noch Wilden Westens benötigten. Es reichte von der Zahnbürste über Hosenträger und Knöpfe bis hin zur Ausgehkleidung. Zusammen mit einem Kunden, dem Schneider Jacob Davis aus Reno, der ein Verfahren für die Verstärkung der strapazierten Stellen von Hosen mit Nieten erfunden hatte, meldete Levi Strauss 1873 schließlich ein Patent für vernietete Arbeitshosen an. Die Jeans war geboren!
Der Unternehmer Levi kam durch die Produktion der blauen Baumwollhosen zu Wohlstand, sein Name wurde durch sein Produkt unsterblich. Die ersten Kunden schätzten die Jeans hauptsächlich wegen ihrer Robustheit als Arbeitskleidung. Bald wurde das blaue Beinkleid jedoch weltweit salonfähig und entwickelte sich zur meistgetragenen Hose überhaupt. Der Name „Levi's" ist heute, fast hundert Jahre nach dem Tod von Levi Strauss, der Inbegriff für die Jeans schlechthin – keine Marke ist bekannter.
(Quelle: www.levi-strauss-museum.de)

Text: Thomas Kettler

64 km

Seilfähre von Pettstadt.

robusten PE-Booten sind diese flachen Stellen problemlos zu meistern. In einer starken Linkskurve liegt, wie so häufig auf dieser Tour, hinter der Baumreihe ein schöner Baggersee. Ein ganzes Stück weiter lasse ich in einer weiteren Linkskurve die von rechts kommende Verbindung zwischen der Regnitz und dem Main-Donau-Kanal liegen, unterfahre die Brücke der Bundesstraße 505 und erreiche unmittelbar hinter der Eisenbahnbrücke die Seilfähre von Pettstadt. Direkt dahinter rauscht die Regnitz in einer recht eindrucksvollen, kräftigen Welle, die quer über dem gesamten Fluss steht und ich bin froh, die Spritzdecke rechtzeitig geschlossen zu haben. Umtragen wäre aber ebenso möglich gewesen.

Entlang einem ausgedehnten Waldgebiet, das mich linkerhand begleitet, erreiche ich etwa 13 Kilometer hinter Altendorf am linken Ufer das „Camping Zentrum Bamberg" mit einem schönen Biergarten. Direkt dahinter beginnt das Stadtgebiet von Bamberg. An der Gewässergabelung halte ich mich rechts und paddle vorsichtig am rechten Ufer bis kurz vor das Wehr. An den Steinstufen setze ich aus und umtrage das eindrucksvolle, acht Meter hohe Wehr. Direkt vor dem Vereinsgelände des TV Jahn lasse ich das Kajak über die steilen Treppenstufen hinab und paddle noch ein kleines Stück, bevor ich in den Main-Donau-Kanal einfahre. Hier halte ich mich links und finde bei Kanalkilometer 3,7 die DKV-Kanustation des Bamberger Faltbootclubs am linken Ufer.

64 km

Von Bamberg nach Fürth besteht eine sehr gute Bahnverbindung. Wir nutzen die Gelegenheit um Nürnberg, das zusammen mit den direkt benachbarten Städten Fürth, Erlangen und Schwabach das wirtschaftliche und kulturelle Zentrum Frankens bildet, einen Besuch abzustatten.

Albrecht-Dürer Haus in Nürnberg. In diesem Haus wohnte und arbeitete Albrecht Dürer von 1471 bis 1528.

Stadtrundgang Nürnberg

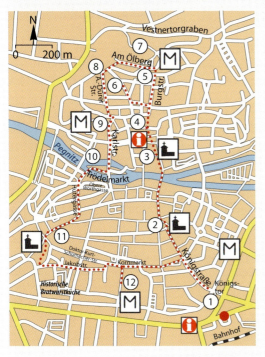

Ein guter Ausgangspunkt für den Stadtrundgang ist der Bahnhof am südöstlichen Rand der Altstadt. Durch die Unterführung erreichen wir das Königstor. Neben dem wuchtigen Turm ist im ehemaligen Waffenhof der *Handwerkerhof (1)* untergebracht. In den neu erbauten Fachwerkhäusern haben sich viele Kunsthandwerker niedergelassen und bieten ihre Ware feil (So. geschlossen).

Auf der Königsstraße laufen wir vorbei an Klarakirche und Mauthalle, 1502 als Korn- und Salzspeicher erbaut und später Waag- und Zollamt, bis zum eindrucksvollen *Lorenzer Platz (2)*. Er wird dominiert von Nürnbergs größter Kirche, der doppeltürmigen St. Lorenz Kirche aus dem 13. bis 15. Jahrhundert. Von außen beeindruckt das reichhaltig verzierte Westportal. Die riesige, neun Meter Durchmesser große Fensterrose wirkt von innen besonders schön. Weitere sehenswerte Bauwerke am Lorenzer Platz sind das Nassauer Haus, ein gut erhaltenes mittelalterliches Turmhaus und der Tugendbrunnen, der die Grundlagen der Nürnberger Stadtverfassung illustriert.

Wir laufen weiter geradeaus leicht bergab und überqueren die Pegnitz auf der Museumsbrücke. Vorbei an der Skulptur »Das Narrenschiff« von Jürgen Weber und über die Plobenhofstraße kommen wir zum *Hauptmarkt (3)*, auf dem in der Vorweihnachtszeit die Buden des berühmten Christkindlmarkt aufgebaut werden.

Rechts steht die gotische Frauenkirche aus dem 14. Jahrhundert, am nördlichen Ende ist im Erdgeschoss des Neuen Rathauses die Touristeninformation untergebracht. Schräg davor erhebt sich der Schöne Brunnen. Das Original des Bauwerks, das der Spitze eines Kathedralenturms nachempfunden ist, entstand um 1385.

In nördliche Richtung schließt sich der Rathausplatz an. Gegenüber der prunkvollen Fassade des historischen Rathauses ragen die Doppeltürme von *St. Sebald (4)* auf, die ab 1225 als doppelchörige spätromanische Pfeilerbasilika mit Langhaus, Querhaus und Zweiturmfassade errichtet wurde. Im Inneren präsentiert St. Sebald eine Reihe originaler Kunstwerke wie das Sebaldusgrab, das als bedeutendster Erzguss der deutschen Renaissance gilt, das Glasgemälde des Ostchors und die Madonna im Strahlenkranz (um 1430) sowie die Kreuzigungsgruppe (1520) von Veit Stoß.

In den Kellergewölben unter dem Rathaus können die Lochgefängnisse als Zeugen der mittelalterlichen Rechtsprechung besichtigt werden. Sie dienten ab dem14. Jahrhundert als eine Art Untersuchungsgefängnis, in das die Häftlinge bis zur Urteilsvollstreckung untergebracht wurden.

Die Burgstraße führt uns nach ein paar Schritten zum *Fembohaus (5)* aus dem späten 16. Jahrhundert. In dem gut erhaltenem Patrizierhaus mit Volutengiebel, der von einer Fortuna-Figur gekrönt wird, ist das Stadtmuseum untergebracht, das eine multimediale Zeitreise ins alte Nürnberg möglich macht.

64 km

Zwischen St. Sebald-Kirche und Fembohaus führt ein Abstecher vorbei am Albrecht-Dürer-Denkmal zu den *Historischen Felsengängen (6)*. Tickets zu den geführten Touren gibt es ca. 100 Meter bergauf in der Hausbrauerei Altstadthof. Die Gewölbe dienten ursprünglich der Lagerung von Bier, im Zweiten Weltkriege wurden Sie auch als Schutz bei Luftangriffen genutzt.

Zurück auf der Burgstraße geht es hinauf zur *Burg (7)*, die sich majestätisch über die Altstadt erhebt. Sie war im Mittelalter eine der bedeutendsten Kaiserpfalzen und zwischen 1050 und 1571 residierte jeder deutschen König und Kaiser mindestens einmal hier. Zu besichtigen sind Palas, Doppelkapelle, Tiefer Brunnen und Sinwellturm.

Westlich der Burg am Tiergärtnertor liegt das *Albrecht-Dürer-Haus (8)*. Der Meister wohnte hier von 1509 bis zu seinem Tode 1528. Zu sehen gibt es zwei Wohnräume und eine Küche, die im Stil der Zeit eingerichtet sind und Kopien von Gemälden. Eine Multivisionsschau informiert über Leben und Werk Dürers.

Auf der Albrecht-Dürer-Straße laufen wir nun wieder bergab in Richtung Pegnitz und steigen über ein paar Treppenstufen zum Weinmarkt hinab. In der Karlstraße zeigt rechter Hand das *Spielzeugmuseum (9)* Zinnfiguren, Dampfmaschinen, Puppen, Blechspielzeug und Modelleisenbahnen aus verschieden Epochen und Kulturkreisen.

Wir laufen weiter geradeaus, überqueren einen ersten Pegnitzarm und wenden uns auf dem Trödelmarkt auf der Pegnitzinsel nach rechts. Auf der westlichen Spitze der Insel steht das Henkershaus und auf dem überdachten Henkersteg überqueren wir den zweiten Pegnitzarm.

Ein paar Schritte nach rechts öffnen den Blick zurück auf den *Weinstadl (10)* am gegenüberliegenden Ufer. Dieses hübsch anzusehende Fachwerkhaus wurde Mitte des 15. Jahrhunderts als Siechenhaus für Leprakranke gebaut.

Wir laufen über den Unschlittplatz, überqueren die Obere Wörthgasse und laufen auf der engen Hutergasse leicht bergauf. In der Fußgängerzone wenden wir uns nach rechts, wo wir vor dem Weißen Turm (um 1250) das *Ehekarussell (11)* finden. Der 1984 von Bildhauer Jürgen Weber geschaffene Brunnen ist die plastische Umsetzung des Gedichts »Das bittersüße eheliche Leben« in dem Meistersinger Hans Sachs über Freud und Leid der Ehe philosophiert.

Dahinter erstreckt sich der Jakobsplatz mit der monumentalen St. Elisabethkirche aus dem 18. Jahrhundert auf der rechten Seite und der schlichteren St. Jakobkirche aus dem 14. Jahrhundert. Wir laufen zwischen den beiden Kirchen über den Platz in Richtung des wehrhaften Turms der Stadtmauer.

Am Ende des Jakobsplatzes biegen wir vor der Feuerwache 3 nach links in die Jakobstraße. In einer Stichstraße liegt rechter Hand die *Historische Bratwurstküche*. Wir erreichen den Kornmarkt mit zahlreichen modernen Funktionsbauten. Hinter dem Gewerkschaftshaus liegt das *Germanische Museum (12)*, seines Zeichens die größte kunst- und kulturgeschichtliche Sammlung der deutschsprachigen Länder, das vor- und frühgeschichtliche Zeugnisse sowie Kunst- und Gebrauchsgegenstände vom Mittelalter bis zur Neuzeit zeigt.

Durch die Fußgängerzone gelangen wir an der Mauthalle wieder auf die Königstraße und wenden uns nach rechts, um zurück zum Ausgangspunkt am Bahnhof zu gelangen.

64 km

ALBRECHT
DÜRER

Die Wiesent

Wildwasser auf fränkische Art

Tour 12

Infos Wiesent

Aktivitäten	Natur	Kultur	Baden	Hindernisse
★★★★	★★★★	★★★☆	★★☆☆	★★☆☆

Charakter der Tour:

Die Wiesent ist ein sportlicher Kleinfluss mit flotter Strömung inmitten eines der schönsten Täler der Fränkischen Schweiz. Wer bereits erste Erfahrung mit Boot und Paddel gesammelt hat, wird die gern gewählte Umschreibung „Fränkisches Wildwasser" zwar für übertrieben halten, für absolute Kanu-Neulinge aber gilt: Bitte die Jungfernfahrt nicht unbedingt auf der Wiesent unternehmen, bzw. nur in Begleitung von erfahrenen Kanuten.

Sehenswürdigkeiten:

Püttlachtal: *Pottenstein* mit hübschen Fachwerkhäusern und Burg aus dem 10. Jh. (im 16. Jh. umgestaltet); *Tüchersfeld* mit zwei charakteristischen Dolomitfelsen und dem Fränkische-Schweiz-Museum (Geologie, Vor- und Frühgeschichte sowie Archäologie); *Teufelshöhle* (große Tropfsteinhöhle mit mehreren Hallen und Höhlenbärenskelett). **Gößweinstein:** *Wallfahrtskirche Zur Heiligen Dreifaltigkeit,* von 1730 - 1736 nach Plänen von Balthasar Neumann errichtet; *Burg Gößweinstein,* um das Jahr 1000 erbaut; *Fränkisches Spielzeugmuseum* (Balthasar-Neumann-Str. 15) mit umfassendem Einblick in die lange Tradition der Spielzeugherstellung in Franken auf drei Etagen; *schöne Aussichtspunkte* ins Tal der Wiesent; *Museumsbahn* nach Ebermannstadt. **Muggendorf:** *Tropfsteinhöhle Binghöhle* in Streitberg. **Ebermannstadt:** *Marienkapelle* und neoromanische Nikolauskirche; *Marktplatz* mit Marienbrunnen (Osterbrunnen) und altfränkischen Fachwerkhäusern; *Heimatmuseum; Museumsbahn* nach Gößweinstein.

Sonstige Aktivitäten:

15 km

Radfahren: Das Wiesenttal und die Fränkische Schweiz bieten zahllose Radwege. Wie es sich für ein Mittelgebirge gehört, geht es beständig bergauf und bergab und Höhenunterschiede bis zu 200 Metern sind keine Seltenheit. Ein Radweg der besonderen Art ist die über 200 km lange Brauereien- und Bierkellertour, die von Bamberg aus durch die Fränkische Schweiz, den Steigerwald und das Regnitztal bis nach Forchheim führt. **Wandern:** Eine schöne, etwa 16 km lange Rundwanderung im Wiesenttal startet an der Schule in Muggendorf. Von hier führt die Markierung roter, senkrechter Strich hinauf zur und durch die Oswaldhöhle. Anschließend leitet der gelbe Ring nach Engelhardsberg und hinab ins Wiesenttal. Von Doos laufen Sie entlang der Aufseß bis zur Kuchenmühle und von dort zurück nach Muggendorf. Eine mit fünf Kilometern kürzere, aber vor allem für Familien mit Kindern geeignete, da spannende Tour, ist die Höhlenwanderung rund um Muggendorf (Oswaldhöhle – Wundershöhle – Witzenhöhle - Oswaldhöhle). Feste Schuhe, robuste Kleidung und eine Taschenlampe sind Pflicht. **Paddeln:** Die Wiesent lässt sich gut in einen Paddelurlaub rund um Bamberg und Erlangen mit den Flüssen Oberer Main, Regnitz und Pegnitz integrieren. **Sonstiges:** Täglich von März bis November bietet die Fliegenfischerschule Fränkische Schweiz Kurse auf dem Fischwasser des Hotels „Goldner Stern" in Muggendorf an, Tel. (0173) 891 44 87. **Schlechtwetteralternativen:** An ausgewählten Terminen verkehrt die *Museumsbahn* zwischen Ebermannstadt und Behringersmühle. Den aktuellen Fahrplan gibt es unter www.dfs.ebermannstadt.de. Als typisches Karstgebiet mit leicht löslichen Gesteinen wie Kalk und Dolomit ist die *Fränkische Schweiz* von Höhlen durchzogen. Öffentlich zugänglich sind die drei großen Schauhöhlen: *Binghöhle* bei Streitberg, die *Sophienhöhle* (eine der schönsten Tropfsteinhöhlen Deutschlands) bei Burg Rabenstein sowie die *Teufelshöhle* bei Pottenstein.

Anreise:

A73 Bamberg – Erlangen, Ausfahrt Forchheim-Süd oder A9 Berlin – München, Ausfahrt 44 Pegnitz; anschließend über B 470 bis Beringersmühle und dort bergauf nach Doos.

Einsetzstelle:

In Doos am Parkplatz hinter der Mündung der Aufseß.

Aussetzstelle:

Am Parkplatz in Muggendorf.

Befahrensregelung:

Laut „Verordnung der Regierung von Oberfranken zur Regelung des Gemeingebrauchs an der Wiesent":

1. Vom 01.10. - 30.04. ist das Paddeln auf der Wiesent verboten.

2. In der übrigen Zeit ist das Paddeln zwischen 9 - 17 Uhr (bis Sachsenmühle) bzw. 9 - 18 Uhr (ab Sachsenmühle) gestattet.

3. Ein- und Ausstieg nur an den ausgewiesenen Stellen.

4. Erlaubt sind Kajaks, Kanadier, Schlauchkanadier und Ruderboote bis maximal sechs Meter Länge und höchstens vier Plätzen. Organisierte Touren mit mehr als zehn Booten sind untersagt.

5. Nur in Fließrichtung und dort, wo das Wasser am tiefsten ist, fahren.

Zurück zum Pkw:

Während es entlang der Straße im Wiesent-Tal etwa 15 km von der Aussetzstelle bis zum Einstieg in Doos sind, ist die Querverbindung über den Bergrücken zwischen Muggendorf und Doos nur etwa 4 km kurz. Daher am besten schon bei der Anreise das Rad in Muggendorf deponieren und dann mit einigen Schweißtropfen extra (die Steigung ist zu Beginn beträchtlich) das Auto per Rad oder zu Fuß nachholen.

Kartenmaterial / Literaturhinweis:

Umgebungskarte Naturpark Fränkische Schweiz - Veldensteiner Forst (UKL 29), 1:50.000, Bayerische Landesvermessung. Stephan Lang: *Höhlen in Franken (Band 1): Ein Wanderführer in die Unterwelt der Fränkischen Schweiz,* Fachverlag Hans Carl. Einführung in die Höhlen- und Karstkunde und 16 Wandertouren zu Höhlen zwischen Krögelstein im Norden und Betzenstein im Süden sowie Ebermannstadt im Westen und Pegnitz im Osten. Nicole Luzar: *Fränkische Schweiz: Natur, Kultur, Geschichte erleben mit 30 Tourentipps für die ganze Familie,* Sportwelt Verlag. Gelungene Symbiose aus klassischem Reise-, Wander- und Radführer mit 30 Touren auf denen Natur- und Kulturfreunde die Fränkische Schweiz aktiv kennen lernen können.

Länge der Tour:
ca. 15 km

Umtragestellen:
Zwischen Doos und Muggendorf gibt es sechs Umtragestellen. Einige Wehre sind für geübte Paddler befahrbar.

Übernachtung in Wassernähe:

Doos: *Pension Zur gemütlichen Eule,* Tel. (09196) 13 83; **Wiesenttal:** *Gasthof Schottersmühle,* Tel. (09196) 272; **Behringersmühle:** *Café Gruber,* Tel. (09242) 285, Gasthof Stempfermühle, Tel. (09242) 1658; **Muggendorf:** *Hotel Goldner Stern,* Tel. (09196) 929 80. Direkt entlang der vorgestellten Route gibt es keine Zeltmöglichkeiten. Der nächste Campingplatz in Wiesentnähe findet sich an der Püttlach oberhalb von **Tüchersfeld:** *Campingplatz Fränkische Schweiz,* Tüchersfeld 13, 91278 Pottenstein, Tel. (09242) 17 88, www.campingplatz-fraenkische-schweiz.info

Wichtige Adressen:

Kanuverleih: Doos: *Kajak-Mietservice,* Tel. (0170) 540 81 65, www.kajak-mietservice.de; **Stempfermühle:** *Boots- und Kajakverleih,* Tel. (0170) 755 19 43, www.leinen-los.de; **Muggendorf:** *Aktiv Reisen,* Tel. (09196) 99 85 66, www.aktiv-reisen.com; **Fahrradverleih:** *Muggendorf: Aktiv-Reisen,* auch geführte MTB-Touren, siehe Kanuverleih. **Sonstiges:** Wer Näheres über die Geologie der Fränkischen Schweiz erfahren will, findet gleich zwei interessante Museen in der Nähe der Wiesent, und zwar: *Heimatmuseum Ebermannstadt,* Bahnhofstraße 5, Tel. (09194) 506 40, geöffnet Samstag, Sonn- und Feiertage von 14 - 17 Uhr von März bis Ende Oktober und das *Fränkische Schweiz-Museum* in Tüchersfeld, Tel. (09242) 16 40, www.fsmt.de

Auskunft:

Rathaus Muggendorf, Forchheimer Straße 8, 91346 Wiesenttal, Tel. (09196) 929 90, www.wiesenttal.de; **Tourismuszentrale Fränkische Schweiz,** Oberes Tor 1, 91320 Ebermannstadt, Tel. (9194) 79 77 79, ab 01.01.2011 (09191) 86 10 55, www.fraenkische-schweiz.com und www.waischenfeld.de

Karte Wiesent-Tour

Die Wiesent

Am Parkplatz in Doos herrscht reges Treiben. Bunte Wildwasserboote werden von den Autodächern geladen, Kajakguides geben ihren Kunden Kurzeinweisung in die Paddeltechnik und Handys werden wasserdicht verpackt.

Die Fränkische Schweiz im Dreieck Bayreuth, Bamberg und Nürnberg ist ein beliebtes Urlaubsziel in Bayern. Das Karstgebirge bietet dem Urlauber eine beeindruckende Naturlandschaft mit tief eingeschnittenen Tälern, eindrucksvollen Dolomitfelsen, geheimnisvollen Tropfsteinhöhlen und verträumten Ortschaften. Eines der schönsten Täler und ein tolles Ziel für Kanuten ist die Wiesent.

Gleich nach dem Ablegen heißt es aufgepasst und ich halte mich an das linke Ufer, denn auf der rechten Uferseite ragt eine Pfahlreihe bis kurz unter die Wasseroberfläche. Die Wellen schaukeln mich ordentlich durch und schon bald zieht rechts der Anleger Riesenburg vorbei. Ein paar Meter weiter stellt sich das erstes Hindernis, das Wehr an der Schottersmühle, in den Weg und will am linken Ufer umtragen werden. Am gegenüberliegenden Ufer lädt der historische Gasthof „Schottersmühle" zu einer ersten Rast ein. Er ist ein Paradies für Paddler, Wanderer und Biker und seine gemütlichen und günstigen Zimmer machen Lust auf einen längeren Aufenthalt. Den Einstieg hinter dem Wehr finde ich etwa 20 Meter hinter der Holzbrücke, 200 Meter weiter schlägt ein ordentlicher Schwall noch einmal höhere Wellen. Hinter dem Eisensteg trägt mich die

Wiesent mit flotter Strömung talwärts und ich muss das Boot vorbei an weit überhängenden Ästen manövrieren.

Die nächste Portage steht am Wölmer Steg an, denn diese flache Holzbrücke lässt sich nicht einmal mit dem Kajak unterfahren. Ich lege daher links vor dem Hindernis an, ziehe das Boot über die Brücke ans rechte Wiesentufer und lasse es hinter der Brücke wieder zu Wasser.

Ein kräftiger Schwall, dann ist das Altenheim an der Behringersmühle erreicht. Hier

Die Wiesent bei Gößweinstein.

15 km

139

15 km

Felsendorf Tüchersfeld: spektakuläre Dolomitfelsen und schönes Fachwerk.

Frühstück auf dem Campingplatz in Tüchersfeld.

15 km

Der Wiesent mangelt es nicht an zünftigen Wirtshäusern und gemütlichen Biergärten.

lege ich rechts an und umtrage über den extra für Kanuten angelegten Holzbohlenweg. Der Weg führt über das Altenheimgelände und sollte wirklich nur zum Umtragen der Boote genutzt werden. Ein besserer Pausenplatz liegt keine 100 Meter weiter am Anleger Behringersmühle unter der Brücke. Wer keinen eigenen Proviant dabei hat, findet gegenüber am Ufer das Café Gruber sowie weitere Gasthäuser im Ort. Unweit von Behringersmühle liegt das spektakuläre Felsendorf Tüchersfeld. Man erreicht es, indem man im Ort auf der B 470 bleibt und dem Püttlach-Tal aufwärts folgt. Nach gut zwei Kilometern schmiegen sich die Häuser des Dorfes zwischen die drei steil aufragenden Dolomitfelsen. Im oberen Ortsteil liegt der sogenannte Judenhof, eine große Gebäudegruppe aus dem 18. Jahrhundert, die heute das Fränkische-Schweiz-Museum beherbergt und in über 40 Räumen alles Wissenswerte zu Geologie und Archäologie der Fränkischen Schweiz präsentiert.

Hinter der nächsten Straßenbrücke zieht der Bahnhof am rechten Ufer vorbei und bald mündet die Püttlach in die Wiesent. Die Strömung trägt mich schnell zu den nächsten kleineren Stromschnellen. Bei der Stempfermühle steht eine alte Holzbrücke im Fluss, an der ich links vorbeifahre.

Nächstes Hindernis ist das Wehr an der Sachsenmühle. Der Anleger zum Biergarten des Restaurants Sachsenmühle liegt links oberhalb vom Wehr. Das Wehr selbst muss am rechten Ufer über die Wiese ca. 100 Meter umtragen werden. Einige Kanuten missachten hier die Verordnung der Regierung Oberfranken, die das Umtragen der Wehre vorschreibt, prüfen den festen Sitz ihrer Spritzdecke und stürzen sich bei gutem Wasserstand mit großer Freude das steile Betonwehr hinab.

In einer der nächsten Kurven ragt vor der Bootsspitze eine blanke Felswand auf und die Wiesent schlängelt sich zwischen Wiesen und Bäumen dahin. Den flachen Eisensteg kann ich ganz links umfahren, ohne den Kopf einziehen zu müssen, dann „bezwinge" ich ein paar weitere Stromschnellen und komme in einer Rechtskurve an das Naturwehr Baumfurt, an dem schon so manch übermütiger Paddler gekentert ist. Ich paddle mittig (tendenziell rechts) und komme, ohne unfreiwillig baden zu gehen, gut durch die enge S-Kurve. Wer sich die Befahrung nicht zutraut, kann das Wehr auch ohne großen Aufwand am rechten Ufer umtragen.

Das Ziel meiner Tagestour ist nun nicht mehr weit und hinter der nächsten Fußgängerbrücke öffnet sich das Tal. Die Straßenbrücke der B 470 kreuzt die Wiesent und bald darauf tauchen hinter dem rechten Ufer die Kirche und der Gasthof in Muggendorf auf. Hinter der Fußgängerbrücke liegt am linken Ufer die Ausstiegsstelle für die Portage am Wehr in Muggendorf. Am rechten Ufer liegt das gemütliche Gasthaus „Brückla". Ich ziehe mein Kajak über die extra dafür angelegte Holzbahn und steige an den Treppen wieder ein, um die verbleibenden Meter zu paddeln. Auf den letzten Metern unterfahre ich zwei hintereinanderliegende Straßenbrücken. Kurz dahinter liegt am linken Ufer die Betontreppe am Parkplatz des Beru-Werks, an dem die zahlreichen Bootsanhänger der örtlichen Vermieter schon auf ihre Kunden warten. Wer will, kann in einer weiteren Tagestour noch bis nach Forchheim an der Regnitz paddeln.

Die Pegnitz

Durch die Hersbrucker Schweiz

Tour 13

Infos Pegnitz

Aktivitäten	Natur	Kultur	Baden	Hindernisse
★★★☆	★★★☆	★★☆☆	★★☆☆	★★☆☆

Charakter der Tour:

Die Pegnitz ist ein abwechslungsreicher, flott dahin strömender Wiesenfluss in einem Tal ähnlich schön der Wiesent, aber deutlich ruhiger und weniger besucht. Eindrucksvolle, hoch aufragende Felsen begleiten den Fluss und kleine Orte säumen die Ufer. Einige harmlose Schwälle verleihen der Tour einen sportlichen Charakter und ab Vorra ist eine gute Bootsbeherrschung gefragt, da sich die Pegnitz mit flotter Strömung zwischen den weit in den Fluss hineinragenden Bäumen und Büschen hindurchwindet.

Sehenswürdigkeiten:

Neuhaus: große, gut erhaltene mittelalterliche *Wehranlage Burg Veldenstein;* über ein Kilometer lange *Tropfsteinhöhle Maximiliansgrotte; Rokokokirche St. Peter und Paul.* **Velden:** ehemaliges *Pflegschloss* an der Südwestecke der Stadtbefestigung, zwölf Meter hoher *Stadtturm* aus der ersten Hälfte des 15. Jh. mit mächtigem Krüppelwalmdach; *Scheunenviertel* mit schönen Fachwerkfassaden. **Artelshofen:** Ende des 13. Jahrhunderts erbautes *Wasserschloss.* **Vorra:** um 1200 errichtete *Marienkirche* mit romanischer Säulengruppe hinter dem Barockaltar. **Eschenbach:** Pauluskirche (1059) mit frühgotischem Chorturm; Wasserschloss (1554); Wengleinpark. **Hohenstadt:** *St. Wenzeslaus-Kirche* von 1723. **Hersbruck:** dreiflügeliges *Renaissance-Schloss* (heute Amtsgericht); *Marktplatz* mit alten Bürgerhäusern, Hirtenmuseum; zweistöckiges *Bürgerspital St. Elisabeth* (Mitte 15. Jh.) mit *Spitalkirche* (spätgotischer Kreuzigungsaltar).

Sonstige Aktivitäten:

Radfahren: Die Touristinformation Frankenalb hat 20 Tourenvorschläge für Radtouren durch die Hersbrucker Schweiz mit verschiedenen Schwierigkeitsgraden in einem Radwandermagazin zusammengestellt. **Wandern:** Im Pegnitztal locken über 200 km gut markierte Wanderwege. Besonders idyllisch ist die bizarre Landschaft im engen Hirschbachtal. Eine anspruchsvolle Wandertour ist der ca. 20 km lange Höhlenrundwanderweg. Weitwanderer kommen auf dem über 500 km langen Frankenweg der vom Frankenwald über das Obere Maintal, die Fränkische Schweiz, die Frankenalb und das Fränkische Seenland bis in den Naturpark Altmühltal führt. **Paddeln:** Paddelflüsse in der näheren Umgebung sind Wiesent, Regnitz, Vils und Naab. **Klettern:** In der Frankenalb zahlreiche Kletterrouten in verschiedenen Schwierigkeitsgraden für Anfänger als auch Könner. Das Hirschbachtal lockt Sportkletterer mit zahlreichen Kletterrouten wie Höhenglücksteig oder Norissteig. **Angeln / Fliegenfischen** in der sehr sauberen Pegnitz. Anglerisch ist die Pegnitz fest in Vereins- und Privathänden und nur wenige Stellen geben Gastkarten aus. Infos bei den Touristinformationen. **Schlechtwetteralternativen:** Neuhaus: Die 1833 entdeckte *Maximiliansgrotte* ist eine der eindrucksvollsten Tropfsteinhöhlen in Franken mit einem 1.200 m langen und bis zu 70 m tiefen Gangsystem. Hersbruck: *Das Deutsches Hirtenmuseum* (Eisenhüttlein 7, 91217 Hersbruck, Tel. (09151) 21 61) gewährt Einblick in die Lebens- und Arbeitswelt der Hirten weltweit.

25 km

Anreise:
A9 Nürnberg – Bayreuth, Ausfahrt 46 Plech, weiter in Richtung Betzenstein/Neuhaus a.d.Pegnitz.

Einsetzstelle:
An der Sparkasse in Neuhaus in der Auwaldstraße (begrenzte Parkmöglichkeiten).

Aussetzstelle:
Campingplatz in Hohenstadt, 91224 Pommelsbrunn.

Befahrensregelung:
Laut einer Verordnung des Landratsamts Nürnberger Land:
1. Erlaubt sind Kanus und Schlauchboote bis sechs Meter Länge und maximal vier Plätzen.
2. Vom 01.11. - 31.05. ist das Befahren der Pegnitz von Neuhaus bis Güntersthal verboten.
3. Vom 01.05. - 31.10. ist das Befahren der Pegnitz in der Zeit von 19 - 8 Uhr verboten.
4. Das Befahren der Pegnitz gegen die Fließrichtung ist verboten.
5. Das Befahren der Pegnitz ist nur in der Flussmitte bzw. an der tiefsten Flussstelle erlaubt.
6. Organisierte Bootsveranstaltungen mit mehr als zehn Booten sind verboten.
7. Die obere Pegnitz von der Quelle bis Ranna befindet sich innerhalb eines Naturschutzgebietes in dem das Kanufahren ganzjährig untersagt ist.

Zurück zum Pkw:
Problemlos mit der Bahn von Hohenstadt nach Neuhaus im Stundentakt.

Kartenmaterial / Literaturhinweise:
Fritsch Karten Nr. 72: *Hersbrucker Schweiz in der Frankenalb, Pegnitz- und Hirschbachtal,* 1:35.000, Fritsch Landkarten-Verlag. Stephan Lang: *Höhlen in Franken* (Band 2): Ein Wanderführer in die Unterwelt der Hersbrucker Schweiz und des Oberpfälzer Jura, Fachverlag Hans Carl. Höhlentouren im südöstlichsten Teil der nördlichen Frankenalb vor den Toren Nürnbergs. Dettelbacher/Fröhling/Reuß: *Kunstreiseführer Franken,* DuMont Verlag.

Übernachtung in Wassernähe:
Vorra: Heuhotel Fischbeck, Hauptstraße 27, 91247 Vorra an der Pegnitz, Tel. (09152) 83 02; *Eschenbach:* Gasthof Grüner Schwan, Eschenbach 12, 91224 Pommelsbrunn, Tel. (09154) 91 69 50; *Hohenstadt:* Campingplatz Pegnitz-Camping, Eschenbacher Weg 4, 91224 Pommelsbrunn, Tel. (09154) 912 00.

Wichtige Adressen:
Kanuverleih: *Lungsdorf:* Kanuverleih Richter, Tel. (0170) 261 03 60; *Hohenstadt: Campingplatz Pegnitz-Camping,* siehe Übernachtung; *Königstein: Toms Kanuverleih,* Tel. (0172) 841 78 20; *Röthenbach: Kanuschule Noris,* Tel. (0911) 57 86 55; **Fahrradverleih:** *Hersbruck: Fahrrad-Teuchert,* Tel. (09151) 82 48 70; *Velden: Verkehrsverein,* Tel. (09152) 71 95; *Vorra: Verkehrsverein,* Tel. (09152) 98 69 20; **Sonstiges:** *Klettersteige im Hirschbachtal: Sektion Noris des Deutschen Alpenvereins e.V.,* Tel. (0911) 200 47 51, www.dav-noris.de; *Fliegenfischen: Wochenendkurse,* Tel. (09126) 28 86 40; *Wanderreiten:* Tel. (09665) 83 85.

Auskunft:
Tourist-Information Frankenalb, Waldluststraße 1, 91207 Lauf a.d. Pegnitz, (09123) 95 02 54, www.frankenalb.de; *Markt Neuhaus a.d. Pegnitz,* Unterer Markt 9, 91284 Neuhaus a.d. Pegnitz, Tel. (09156) 929 10, www.neuhaus-pegnitz.de; *Tourist-Information Stadt Hersbruck,* Unterer Markt 1, 91217 Hersbruck, Tel. (09151) 73 51 50, www.hersbruck.de

Länge der Tour:
ca. 25 km

Umtragestellen:
Auf dem vorgestellten Abschnitt versperren insgesamt zehn Wehre die Pegnitz. Bei gutem Wasserstand ist ein Teil davon für Geübte fahrbar. Die Mehrzahl der Wehre ist leicht zu umtragen, eine Ausnahme stellt das Wehr an der Fabrik in Günthersthal dar: Die Portage ist zwar nicht übermäßig lang, führt dafür aber unwegsam durch den Wald.

25 km

Die Pegnitz

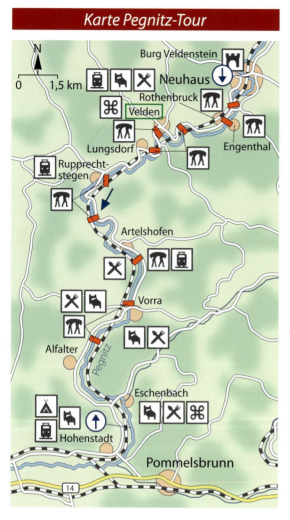

Karte Pegnitz-Tour

Burg Veldenstein

N

0   1,5 km   Neuhaus

Rothenbruck

Velden

Lungsdorf

Engenthal

Rupprecht-
stegen

Artelshofen

Vorra

Alfalter

Pegnitz

Eschenbach

Hohenstadt

Pommelsbrunn

14

25 km

Die gut erhaltene mittelalterliche Wehranlage hoch oberhalb der Pegnitz war für Jahrhunderte als Amtsburg der Verwaltungssitz der Bamberger Bischöfe. Im Jahre 1939 kaufte Hermann Göring, den es regelmäßig zur Jagd in den Veldensteiner Forst zog, die Ruine und ließ einen bombensicheren Bunker mit eigener Strom-, Luft- und Wasserversorgung unter das Herrenhaus bauen. Nach einem kurzen Gefecht gegen Kriegsende

wurden Neuhaus und die Burg von den Amerikanern erobert. 1950 kam die Burg in den Besitz des Freistaats Bayern und wurde unter Denkmalschutz gestellt. Ab 1968 wurde die Anlage zuerst von einer Falknerei genutzt und dann das einstige Herrenhaus zum Hotel-Restaurant umgebaut. Seit 1974 ist die Burg der Öffentlichkeit zugänglich, seit 2002 findet jährlich Ende Juli das Veldensteiner Festival mit Rockkonzerten und Mittelaltermarkt statt. Unter der Aufsicht des massigen Turms von Burg Veldenstein hieve ich am Parkplatz vor der Sparkasse in Neuhaus mein Kajak vom Autodach.

Direkt nach dem Start passiere ich eine Eisenbahnbrücke. Es riecht stark nach Hopfen, denn am Ufer liegt die Brauerei „Kaiser Bräu". Ein letztes Mal bietet sich ein freier Blick auf Burg Veldenstein, dann wird es grün und die Pegnitz verschwindet in dichtem Grün.

Hinter zwei weiteren Eisenbahnbrücken lande ich bei Rothenbruck am linken Ufer an, um das erste von insgesamt zehn Wehren auf dieser Tour zu umtragen. In der Mitte kann das Wehr auch über eine kurze, steile Bootsrutsche befahren werden, aber diesen Spaß überlasse ich lieber den Paddlern in den kurzen Wildwasserbooten.

Das nächste Wehr folgt schon gut einen Kilometer weiter an der Mühle Engenthal. Dieses Mal steuere ich vor dem flachen Holzsteg das rechte Ufer an, umtrage das Boot über eine zweite Brücke und setze hinter dem Kleingarten wieder ein.

Im folgenden Teilstück begleiten Straße und Eisenbahnschienen die Pegnitz am rechten Ufer und schon ist das Wehr Neuensorg erreicht. Weil ich nicht schon wieder das Boot verlassen will, steuere ich das Kajak ganz nach rechts, nehme ordentlich Anlauf und schramme über die flachen Steine.

Es folgen in kurzem Abstand mehrere Brücken und dann grüßt am Ufer das Ortsschild von Velden. Die Ortsdurchfahrt ist mit vielen Stegen und Brücken garniert und am Ortsende versperrt das nächste Wehr die Weiterfahrt. Zum Umtragen könnte man an der letzten Brücke rechts aussetzen, ich fahre aber bis zum Wehr vor und hebe das Kajak kurz über die Wehrkrone.

Eine steile Felswand ragt am rechten Ufer auf. Die Bänke unter dem Felsüberhang bilden einen szenischen Pausenplatz und der Weg in die Stadt ist nicht weit. Der Ort wurde für seinen malerischen Stadtkern wiederholt mit ersten Preisen des Landkreises Nürnberger Land ausgezeichnet. Velden gehört zu den ältesten Städten im östlichen Umland von Nürnberg und blickt auf eine über 1.100 Jahre alte Geschichte zurück. Sehenswert in der kleinen Stadt sind die Marienkirche, eine Ende des 14. Jahrhunderts erbaute Saalkirche, das ehemaliges Pflegschloss, ein dreistöckiges Gebäude mit hohem Halbwalmdach, das Mühltor und Reste der Stadtmauer, mit deren Bau Ende des 14. Jahrhunderts begonnen wurde. Besonders schön anzusehen sind die Fachwerkfassaden des Scheunenviertels in der Friedhofstraße. Auf Anordnung von Kaiser Karl IV. mussten die Scheunen aufgrund der Feuergefahr außerhalb der Stadtmauer errichtet werden. Wer etwas Zeit mitbringt, dem sei ein einstündiger Spaziergang auf dem Panoramaweg empfohlen. Dieser abwechslungsreiche, gelb markierte Weg verläuft teils auf der Anhöhe, teils durch die romantische Altstadt mit herrlichen Ausblicken auf den alten Ortskern Veldens.

25 km

Kleine Ortschaften und hochaufragende Felsen prägen die Ufer der Pegnitz.

Die Portage in Güntersthal führt durchs Unterholz.

Nach der Pause ist es nicht weit bis zum nächsten Hindernis und die Portage am Wehr an der Fabrik in Güntersthal ist die unwegsamste der gesamten Tour. Zum Glück ist das Kajak dank des kleinen Gepäcks sehr leicht und ich brauche nicht übermäßig viel Kraft, um es am rechten Ufer durch das Unterholz zu wuchten. Das ist auch gut so, denn gleichzeitig muss ich darauf achten, auf dem glitschigen Waldboden am steilen Ufer nicht auszurutschen.

Hinter dem Anleger in Lungsdorf beginnt der schönste Abschnitt der Tour. Die Strömung ist angenehm zügig, aber nicht zu schnell. Idyllisches Fachwerk duckt sich ans Ufer, dahinter ragen senkrechte Felswände auf und zwischen dem grünen Blätterdach des Waldes lugt grauer, nackter Fels hervor. Für einige Zeit genieße ich Landschaft und die freie Fahrt bis zum Wehr an der Mühle in Rupprechtstegen, das

ich am linken Ufer umtrage. Kurz darauf lege ich am Spielplatz auf der linken Uferseite an. Wenige Schritte entfernt lädt der Rast-Waggon zu einer deftigen fränkischen Brotzeit ein. Der umgebaute Eisenbahnwagen von 1930 hat 40 Sitzplätze, noch schöner aber ist der angrenzende Biergarten. Mitten im Ortskern steht der alte Schlauchturm, der früher zur Trocknung von Feuerwehrschläuchen benutzt wurde. Die Turmuhr mit dem Uhrwerk von 1876 ist eine Sehenswürdigkeit und stammt von einer Nürnberger Firma. Am oberen Ortsende von Rupprechtstegen mündet das Ankatal, ein felsenreiches Trockental. Auf einer 40 Meter über dem wildromantischen Tal liegenden Felskuppe thront das zwischen 1862 bis 1864 von Ludwig Jegel erbaute ehemalige Kurhotel. Viele hochgestellte und namhafte Gäste, wie Prinzessin Gisela von Bayern und auch Richard

Wagner hielten sich hier auf und Rupprecht-stegen wurde zum Luftkurort. Zu jener Zeit war die Erreichbarkeit des Ortes und damit auch des Hotels sehr schlecht und der Betrieb ging Konkurs. Längere Zeit stand es leer, bis es 2008 verkauft wurde und künftig als Pension genutzt werden soll.

Kurz hintereinander folgen mehrere Brücken und dann auch schon bald der Anlegesteg am linken Ufer für die Portage am nächsten Wehr. Gut zwei Kilometer weiter ist Artelshofen erreicht. Das Ende des 13. Jahrhunderts erbaute Wasserschloss des Herren von Ortolzhofen ist im Kern noch erhalten und gilt als typisches Beispiel eines Nürnberger Patriziersitzes.

Hinter der Eisenbahnbrücke liegt linksufrig der Anleger des griechischen Restaurants "Juraschanze". Zügig ziehen die Häuser am Ufer vorbei und am Ende der Ortsdurchfahrt zwingt das nächste Wehr zu einem Landgang.

Am Ausstieg rechts bildet die Sitzgruppe ein ideales Pausenplätzchen. Wer keine eigene Brotzeit dabei hat, kann beim Pechwirt einkehren. Das Vereinslokal der Schützengesellschaft „Beim Pechwirt" bietet einen Biergarten und deftige fränkische Küche. Für Vegetarier ist das Angebot allerdings nur bedingt geeignet: Spezialität ist die üppige Schlachtschüssel, die allerdings nur donnerstags serviert wird, wenn frisch geschlachtet wurde.

Nach Portage und Rast ist es nur ein Katzensprung bis zum Wehr in Vorra. Der Ausstieg liegt am linken Ufer direkt vor der Wehrkrone. Hinter dem Wehr lockt am gegenüberliegenden Ufer schon der nächste Biergarten.

Die meisten Pegnitzwehre sind schnell umtragen.

Kurz danach taucht am linken Ufer der Anleger vom Heuhotel Fischbeck auf. Es bietet urige Übernachtungsmöglichkeiten wahlweise mit Schlafsack im Heu oder Übernachtung in einem ausgebauten Bauwagen. Der Aufenthalt ist ein Erlebnis für die ganze Familie. Auf dem mehr als 300 Jahre alten Anwesen gibt es für die Kinder einen Streichelzoo, und Fahrräder sowie Kanus können gemietet werden („Bring- und Holservice"). Nun ändert die Pegnitz ihren Charakter. Die Strömung gewinnt an Geschwindigkeit und das Flussbett wird enger und kurvenreicher. Zahlreiche, weit überhängende Äste greifen nach mir und ich habe alle Hände voll zu tun, das Kajak auf Kurs zu halten. Vor der nächsten Fußgängerbrücke lädt ein weiterer Rastplatz zum Verweilen ein und ein Hinweisschild offeriert Biergarten und Übernachtungsmöglichkeit beim Gasthaus „Wörner". Wer alle authentischen Biergärten und Lokale entlang der Pegnitz entdecken will, kann sich für die 25 Kilometer lange Tour von Neuhaus nach Hohenstadt wohl auch zwei oder gar drei Tage Zeit nehmen.

Die Strömung bleibt flott und trägt mich schnell zum letzten Wehr der Tour in Alfalter, das ich kurz am linken Ufer umtrage. Etwa zwei Kilometer weiter böte der Parkplatz in Eschenbach mit dem hübsch anzuschauenden Wasserschloss und der 1059 erbauten Paulus-Kirche eine erste gute Aussetzstelle für das Tourenende. Ein weiteres Highlight des Ortes ist der Wengleinpark, ein 1930 von Carl Wenglein gegründeter Naturschutzpark. In dem sechs Hektar großen Park befinden sich ein fast zwei Kilometer langer Naturlehrpfad, ein Informationshaus sowie ein Kräutergarten. Der Park ist Bayerns ältestes, noch aktiv für die Umweltbildung genutztes Naturschutzgelände. Die Wege, Informationsgebäude und sonstigen Einrichtungen stehen seit 2003 unter Denkmalschutz.

Bald mündet von links der Hirschbach in die Pegnitz. Das Hirschbachtal ist ein landschaftlich besonders reizvolles Seitental der Pegnitz und vor allem bei Wanderern, Kletterern und Naturfreunden beliebt. Der Norissteig ist ein leichter Klettersteig, der 1929 von der Sektion Noris des Deutschen Alpenvereins eingerichtet wurde. Er ist mit roten Punkten markiert und führt in luftiger Höhe vorbei an eindrucksvollen Felsformationen und zu grandiosen Aussichtspunkten. Da der Steig parallel zum Fels von einem Wanderweg begleitet wird, ist die Tour für die gesamte Familie geeignet. Schwieriger als der Norissteig ist der von der Alpinen Gesellschaft Höhenglück von 1932 bis 1937 angelegte Höhenglücksteig. Besonders im dritten Abschnitt ist mehr Kraft gefordert und eine Sicherung nötig.

Ich paddle noch wenige Kilometer weiter durch einen herrlichen, fast urwüchsig anmutenden Wald bis am rechten Ufer der Campingplatz von Hohenstadt auftaucht, der ideale Endpunkt um mit einer Übernachtung in Nachbarschaft anderer Paddler die Tour zu beenden.

Für all jene, die noch weiter fahren wollen: nach zwei Straßenbrücken folgt die Aussetzstelle in Hohenstadt. Ohne Hindernisse kann auch noch bis Hersbruck gefahren werden. Viele Paddler verlassen dort die Pegnitz am Freibad, doch spätestens bei der niedrigen Fußgängerbrücke müssen alle aussteigen.

25 km

150

Der Regen

Kanuurlaub im Bayerischen Wald

Tour

14

Infos Regen

Aktivitäten	Natur	Kultur	Baden	Hindernisse
★★★☆	★★★☆	★★☆☆	★★★☆	★★★☆

Charakter der Tour:

Der Regen windet sich ruhig und einsam durch die stillen Wälder des Naturparks Oberer Bayerischer Wald und ist einer der schönsten Kanuwander-Flüsse Bayerns. Er ist als Bootswanderweg „ausgebaut": Idyllische Biergärten und rustikale Gasthäuser sorgen für das leibliche Wohl, Zeltwiesen und Pensionen direkt am Ufer bieten gute Übernachtungsmöglichkeiten und Hinweistafeln auf Gefahrenstellen garantieren unbeschwertes Paddelvergnügen. Die Ein- und Ausstiegstellen sind markiert und Rampen oder Treppen erleichtern die Portagen.

An einigen Stellen ragen Felsen und Findlinge aus dem Fluss. Hier ist, besonders von Faltbootfahrern, erhöhte Aufmerksamkeit gefordert. Die Tour ist aber auch für absolute Anfänger problemlos zu meistern. Die guten Bedingungen für Kanuwanderer haben einen entscheidenden Nachteil: Im Sommer und an beliebten Feiertagen wie Vatertag oder Pfingsten steigt nicht nur die Anzahl der Boote sondern auch der Alkoholpegel rapide an. In diesen Tagen sollte man dann den Regen meiden.

Sehenswürdigkeiten:

Cham: *Marktplatz* mit Pranger, Brunnen und Rathaus, Jakobskirche mit Mauerresten und gotischem Chor aus der Entstehungszeit im 13. Jh., die meisten Bauelemente stammen aus dem 18. Jh.; *Biertor* als einziges erhaltenes der ehemals vier Stadttore, in dem 1642 das kurfürstliche Brauhaus für Weißbier eingerichtet wurde. **Roding:** *Stadtpfarrkirche St. Pankratius* 1959 über achteckigem Grundriss erbaut, der freistehende barocke Turm stammt vom Vorgängerbau; *St.-Anna-Kapelle* (16. Jh.); Reste der spätmittelalterlichen *Stadtmauer*; *Renaissance-Rathaus* aus dem 17. Jh. mit Pranger. **Walderbach:** ehemaliges *Zisterzienserkloster*. **Reichenbach:** ehemaliges *Kloster der Barmherzigen Brüder*. **Nittenau:** barocke *Stadtpfarrkirche*, Storchenturm, Spatzenturm und Schwalbenturm mit Teilen der alten Stadtbefestigung. **Stefling:** *Burgruine Schloss Stefling*. **Stockenfels:** *Burgruine* aus der Mitte des 14. Jahrhunderts auf einer 120 Meter hohen Kuppe über dem Regen. **Ramspau:** *Rokokoschloss* (18. Jh.). **Regenstauf:** *Schlossberg* mit Aussichtsturm. **Regensburg:** *mittelalterlicher Stadtkern*, Domplatz mit Dom St. Peter (13. - 16. Jh.), 310 m lange Steinerne Brücke (12. Jh.), historisches Rathaus (13. - 18. Jh.), Porta Praetoria (Überrest des römischen Legionslagers aus dem 2. Jh.); *Schloss St. Emmeran* (Fürstliches Schloss der Familie Thurn und Taxis, hervorgegangen aus einem Kloster aus dem 8. Jh.). *Stadtrundgang Seite 161.*

Sonstige Aktivitäten:

`86 km`

Radfahren: In Ostbayern und dem Bayerischen Wald kommen Radfahrer voll auf Ihre Kosten. Es gibt gemütliche Fluss-Radtouren, Fernradwege nach Tschechien und Österreich. Bergtouren bieten die richtige Herausforderung für sportliche Fahrer. Quer durch den Bayerischen Wald führt der 171 km lange Regental-Radweg. Lediglich das etwa 30 km lange Teilstück zwischen Viechtach und Regen weist stärkere Steigungen auf, da die Route dort das flache Regental verlässt und über die Höhen des Bayerischen Waldes führt. **Wandern:** Der Obere Bayerische Wald bietet als Mittelgebirge tolle Wandermöglichkeiten. Ein besonders schöner Fernwanderweg ist der 2006 eröffnete Goldsteig, der sich auf rund 600 km quer durch Bayerischen Wald und Oberpfälzer Wald zieht. **Paddeln:** Ein weiterer schöner Kanuwanderfluss in der näheren Umgebung ist die Naab im Oberpfälzer Wald. **Angeln:** Eines der fischreichsten Gewässer Bayerns (Aal, Aitel, Hecht, Weißfischarten, Rotauge, Schleie, Karpfen und Waller). **Schlechtwetteralternativen:** Bad Kötzing: *AQACUR Badewelt* Bad Kötzting mit Solebecken und großem Saunabereich, Tel. (09941) 947 50, www.aqacur.de

Anreise:
Autobahn A93, Ausfahrt 33 Schwandorf-Mitte, weiter auf B 85 nach Cham oder A3 Regensburg-Passau, Ausfahrt 106 Straubing und auf B 20 nach Cham. In Cham hinter der Brücke über den Regen nach rechts und am Ufer entlang bis zum Kreisverkehr. Dort die zweite Ausfahrt nehmen und gleich hinter dem Parkhaus rechts ab auf die Badstraße.

Einsetzstelle:
Kanu Club Graf Luckner in Cham (Badstraße 31).

Aussetzstelle:
Parkplatz auf der Donauinsel hinter der Nibelungenbrücke in Regensburg (Wöhrdstraße).

Befahrensregelung:
Im Schutzgebiet „Regentalaue" zu Beginn der Tour zwischen Cham und der Straßenbrücke in Pösing besteht vom 20.03. - 20.06. Anlandeverbot. Bitte beachten Sie hierzu auch die Hinweise auf den Schildern an den beiden Einstiegsstellen Cham-Biertor und Untertraubenbach.

Zurück zum Pkw:
Mehrmals täglich gute Bahnverbindung von Regensburg nach Cham.

Etappenvorschlag:
1. Tag: Cham - Roding (22 km)   *2. Tag:* Roding - Nittenau (24 km)
3. Tag: Nittenau - Ramspau (20 km)   *4. Tag:* Ramspau - Regensburg (20 km)

Tipps für Tagestouren:
1. Von Cham nach Roding (22 km)   *2.* Von Roding nach Nittenau (24 km)
3. Von Nittenau nach Ramspau (20 km)

Kartenmaterial / Literaturhinweis:
Wassersport-Wanderkarte Nr. 4 Deutschland Südost, 1:450.000 (auf der Rückseite Altmühl, Naab und Regen 1:100.000), Jübermann-Kartographie und Verlag.
Franz X. Bogner: *Der Regen: Ein Luftbildporträt vom Arber bis Regensburg,* Pustet-Verlag. Text- und Bildband mit eindrucksvollen Luftaufnahmen des längsten Flusses des Bayerischen Waldes. Alfons Zaunhuber: *Der Regen: Rad- und Kajakführer,* Pollner-Verlag. Broschüre *Bootswandern vom Blaibacher See bis Regensburg,* kostenlos erhältlich u.a. bei der Tourist-Info im Landratsamt Cham (Tel. (09971) 784 30, www.landkreis-cham.de). Schetar / Köthe: *Reise-Taschenbuch Ostbayern, Regensburg, Bayerischer Wald,* DuMont Verlag.

86 km

Länge der Tour:
86 km

Umtragestellen:
Auf der Strecke zwischen Cham und Regensburg müssen insgesamt zehn Wehre umtragen werden. Die Ein- und Ausstiegsstellen sind beschildert. Aufgrund der Länge einzelner Portagen ist ein Bootswagen sehr zu empfehlen.

Übernachtung in Wassernähe:

Cham: *Zeltwiese beim Kanu Club Graf Luckner,* Tel. (09971) 91 47, www.kc-cham.de; **Roding:** *Gasthof-Pension Hecht,* Tel. (09461) 943 60, www.gasthof-hecht.de; *Zeltwiese.* **Imhof:** *Zeltwiese* (Einkehr im Gasthaus). **Walderbach:** *Gasthof-Hotel Rückerl,* Tel. (09464) 95 00; **Reichenbach:** *Jugendzeltplatz,* Tel. (09464) 1349; **Nittenau:** *Brauereigasthof Jakob,* Tel. (09436) 82 24; *Hotel Gaststätte L. Pirzer,* Tel. (09436) 82 26, www.hotel-pirzer.de; *Campingplatz,* Tel. (0172) 786 07 29; **Obermainsbach:** *Pension Eger,* Tel. (09436) 13 00; **Marienthal:** *Gasthof Marienthal* (Zimmer & Zeltwiese) Tel. (09436) 900 47; **Ramspau:** *Zeltwiese.*

Wichtige Adressen:

Kanuverleih: **Blaibach:** *aqua hema,* Tel. (09941) 41 28, www.aquahema.de; **Niedertraubling:** *Kanuverleih Nautilus,* Tel. (09401) 512 95, www.kanu-outdoor.de; **Nittenau:** *Regental-Kanu,* Tel. (09436) 27, www.bootwandern.de; **Miltach:** *Zankl's Kanu- und Kanadier-Verleih,* Tel. (09944) 28 23; **Fahrradverleih:** **Roding:** *Kellner Zweirad Center,* Tel. (09461) 23 47.

Auskunft:

Tourismusverband Ostbayern e.V., Luitpoldstr. 20, 93047 Regensburg, Tel. (0941) 58 53 90, www. ostbayern-tourismus.de; **Landratsamt Cham,** Rachelstr. 6, 93413 Cham, Tel. (09971) 780, www. bayerischer-wald.org

Karte Regen-Tour

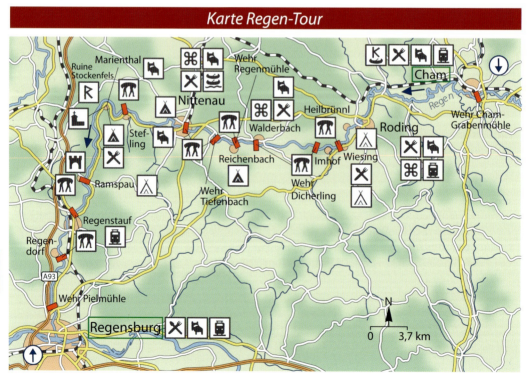

86 km

Der Regen

Erst am frühen Nachmittag treffen wir am Kanuclub Graf-Luckner ein. Nachdem wir hinter der Mündung des Regens in die Donau, am geplanten Endpunkt unserer Kanutour, eines der Autos zurückgelassen haben, machen wir uns auf den Weg nach Cham, einer kleinen Kreisstadt des gleichnamigen Landkreises im Osten Bayerns, kurz vor der Grenze zu Tschechien. Kein Lüftchen geht, die Sonne steht hoch am Himmel und ein paar Enten schmoren auf der weiten Zeltwiese des gastfreundlichen Kanuvereins, als wir den feuerroten Faltkanadier zusammenbauen und das Gepäck darin verstauen.

Auch wenn es bei den hochsommerlichen Temperaturen schwer fällt – den ersten Biergarten „D'Wasserwirtschaft" kurz nach dem Ablegen lassen wir links liegen, weil wir spät dran sind und am Abend noch die erste Etappe bis Roding paddeln wollen. Zum Glück hält der Regen an den nächsten Tagen noch viele zünftige Lokale und Biergärten bereit. Kurz darauf wartet vor der Biertorbrücke das erste Wehr der Tour auf uns. Es kann über einen Borstenpass problemlos befahren werden, sofern der Wasserstand am Pegel im „grünen Bereich" liegt. Die Einfahrt ist gut zu erkennen, da durch zwei blaue Stangen markiert. Anschließend schlängelt sich der Regen bis Pösing durch das Naturschutzprojekt Regentalaue. Sie stellt hier eine weitgehend grünlandgenutzte Auenlandschaft mit ausgeprägten Flussschlingen einschließlich mehrerer Teichgebiete, Altwässer und Röhrichte dar. Zu den im Gebiet vorkommenden bedeutsamen Arten zählen u.a. Biber, Schwarzhalstaucher, Wachtelkönig, Uferschnepfe, Bekassine, Rotschenkel, Großer Brachvogel, Blaukehlchen, Moorfrosch und Gelbbauchunke. Am Rastplatz in Untertraubenbach

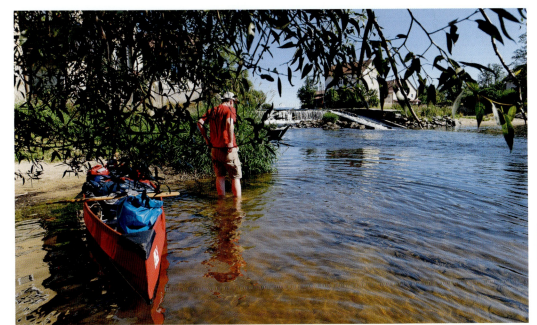

86 km

Das Wehr in Cham lässt sich dank Borstenpass leicht überwinden.

legen wir an, um eine Pause einzulegen und den Aussichtsturm nebenan zu erklimmen. Unter der Brücke in Pösing, steuern wir unseren Kanadier durch das zweite Joch von rechts und eine beachtliche Welle schaukelt uns durch. Es sind nun noch etwa zehn Kilometer bis zum Zeltplatz in Roding. Das Ende der Tagesetappe kündigt der alles überragende Kirchturm an. Wir legen vor dem Stadtpanorama am linken Ufer an, um unser Zelt auf der großen Wiese aufzuschlagen.

Am nächsten Morgen bleiben wir auf der linken Flussseite und finden hinter der Brücke die Holzbohlenrutsche am Wehr Petermühle. Im folgenden Abschnitt ragen immer wieder große Felsbrocken aus dem Wasser. Die Hindernisse stehen aber soweit auseinander, dass sie auch von Paddelnovizen gut zu umschiffen sind.

Hinter einer weiten Linkskurve grüßt hoch vom rechten Ufer die Wallfahrtskirche Heilbrünnl. Sie wurde 1730 im Stil des Rokoko errichtet und mitten in der Kirche sprudelt in einem Marmorbecken das Wasser der Heilbrünnlquelle, das vor allem gegen Augenleiden helfen soll.

Hinter einer langgezogenen Rechtskurve wird der Blick auf die Burg Regenpeilstein frei. Sie war Zwischenstation für die Pilgernden, die nach Rom oder Santiago de Compostela gingen. Die barocke Schlosskapelle zeigt den Pilgerheiligen Jakobus selber als Pilger mit Pilgerhut, Pilgerstab und Flasche. Im Mittelalter nahmen die Ritter Safran als Wegezoll und der wurde gar mit Gold aufgewogen. Unbehelligt treiben wir jedoch am Fuße der Burg vorbei.

Im „Regenknie" bei Marienthal.

Bald darauf müssen wir das Wehr Wiesing-Regenmühle am rechten Ufer umtragen. Vorher werfen wir aber noch einen Blick auf das malerische Wasserrad. Einige Paddelschläge später, bietet das traumhaft gelegene Gasthaus Imhof am linken Ufer die Möglichkeit zur Einkehr und zum Zeltaufbau. Die Insel gegenüber ist Vogelrückzugsgebiet und darf nicht betreten werden.

An der Wehranlage Dicherling umtragen wir am linken Ufer, da die rechte Seite über Privatgelände führt. Der Einstieg gestaltet sich wider Erwarten schwierig, da die Steine sehr rutschig sind. Hinter der Brücke in Walderbach ist der nächste Rastplatz erreicht, gut 100 Meter weiter will das Wehr bezwungen werden. Es ist mit einer unkonventionellen, aber recht praktischen Umtrageeinrichtung

ausgestattet. Wir legen am linken Ufer oberhalb der Wehrkrone an und ziehen das Boot zwischen den Treppenstufen über die Bootsrutsche. In der Klosteranlage Walderbach ist das volkskundliche Museum des Landkreises Cham untergebracht. Die Geschichte des ehemaligen Zisterzienserklosters reicht zurück bis in das 12. Jahrhundert. Als das Kloster nach der Reformationszeit wiedererrichtet wurde, entstand das Gebäude im Barockstil. Die ehemalige Kapelle des Prälaten schmückt ein Deckengemälde, das die Hl. Maria Magdalena als Büßerin darstellt. Sehenswert ist auch der stimmungsvolle zweigeschossige Festsaal des Klosters mit einem Deckengemälde um 1770, das das Festmahl des ägyptischen Joseph darstellt. Neben dem Museum und dem Kloster lädt die Pfarrkirche Walderbach zum Besuch ein. Die ehemalige Abtei-Kirche ist eine dreischiffige romanische Hallenkirche aus dem letzten Drittel des 12. Jahrhunderts mit Rokoko-Chor von 1748. Das romanische Raumbild mit originalen Gewölbemalereien ist hervorragend bewahrt. Wer jetzt Hunger hat, kann sich im Gasthaus-Hotel Rückerl stärken. Von der Terrasse hat man einen herrlichen Blick über das Regental.

Etwas mehr als eine halbe Stunde paddeln wir durch eine herrliche Ruhe. Dann tauchen die Doppeltürme der Kirche des Klosters Reichenbach vor uns auf. Das Maria Himmelfahrt geweihte Kloster der Benediktiner wurde 1118 durch Markgraf Diepold III. von Vohburg gegründet. Die Barmherzigen Brüder haben Ende des 19. Jahrhunderts eine Heil- und Pflegeanstalt für geistig und körperlich Behinderte in den Gebäuden eingerichtet. Vor der Brücke liegt links der Jugendzeltplatz Reichenbach.

Die Ortschaft Reichenbach und die Portagen an den Wehranlagen Regenmühle (links in den Kanal einfahren und rechts über die Insel umtragen) und das wenig später folgende

86 km

Das Barockschlösschen in Ramspau.

ein zum Sonnenbaden, Grillen, Angeln oder Spielen. Kinder lernen auf dem Bauernhof nebenan, dass Kühe nicht lila sind und die Milch ursprünglich nicht aus dem Tetrapack kommt. Still mäandert der Fluss dahin. Eineinhalb Kilometer weiter passieren wir die auf einem Plateau des Regentals erbaute Burg Hof. Dort und in den beiden Nachbarburgen Burg Stefling und Burgruine Stockenfels, wird alljährlich die sogenannte Geisterwanderung abgehalten. Das Freilichtspiel ist eine Aufführung aus Ritterballaden und Minneliedern sowie mittelalterlichen Tänzen und Musik. Die Burganlage besteht aus einer südlich gelegenen Vorburg und der Hauptburg im Norden, die im Wesentlichen aus einer romanischen Landkirche des 12. Jahrhunderts gebildet wurde. In der Apsis der inzwischen restaurierten Kapelle finden sich Fresken aus der zweiten Hälfte des 15. Jahrhunderts. Die Mauerstärke von bis zu 2,50 Metern und mehrere Schießscharten zeugen von der Wehrhaftigkeit der Gesamtanlage.

Das Wehr in Stefling, das wir am rechten Ufer auf etwa 300 Meter umtragen, bleibt das einzige Hindernis an diesem Tag. Wer lieber treideln statt tragen möchte, kann dieses im Fischaufstieg tun. Erfahrene Kanuten mit robusten Booten können den Fischumlauf wohl auch befahren. Ein Aufstieg zum Schloss Stefling lohnt auf jeden Fall. Erbaut ist die Anlage auf einer Granitkuppe über

Wehr in Tiefenbach (rechts umtragen) sind die weiteren Stationen bis Nittenau, wo uns dann das letzte Wehr des Tages empfängt. Wir paddeln vor der Straßenbrücke nach links in den Kanal und legen vor dem Kraftwerk beim Imbisspavillon am linken Ufer an. Nach einer kurzen Portage setzen wir den Kanadier wieder ins Wasser und vorbei am Gasthof Pirzer und dem Brauereihaus Jakob (den Besuch der lockenden Biergärten verschieben wir auf den Abend) erreichen wir bald nach der Fußgängerbrücke den Anleger des Campingplatzes am rechten Ufer. Etwas am Stadtrand gelegen, bietet der Zeltplatz Nittenau als Besonderheit die Zeltmöglichkeit im Freibad. Den Schlüssel für die Pforte bekommen wir an der Schwimmbadkasse.

Am nächsten Morgen erwartet uns der Regen mit sieben einsamen Kilometern bis zur Wehranlage Stefling. Auf dem Weg dorthin liegt schon hinter der nächsten Straßenbrücke linkerhand in Obermainsbach die Pension Eger-Hof. Das schöne Wiesengrundstück lädt

86 km

dem Regen. Der Zugang erfolgte über die ehemalige Vorburg vorbei am Zwinger und der Schlosskapelle mit dem sehenswerten romanischen Kruzifix. Der Hauptbau des Schlosses birgt wohl noch romanisches Mauerwerk, wurde jedoch 1748 vollständig umgebaut. Im Kellergeschoss befand sich der Kerker. An der Südseite erhebt sich, zweistöckig, der mit Granitquadern verblendete, ehemalige Bergfried aus der Romanik.

Nach der Umtragung paddeln wir noch aufmerksamer, denn immer wieder ragen Findlinge aus dem Wasser. Noch tückischer sind die etwas kleineren Felsen, die nur bis knapp unter die Wasseroberfläche reichen und erst im letzten Moment zu sehen sind.

Bei Marienthal bildet der Regen, der bislang nach Westen floss, eine weit ausholende Schleife und zielt hinter dem berühmten „Regenknie" nach Süden Richtung Regensburg. Seichte Badestellen und Steine im Fluss, dessen Strömung hinter Stefling merklich angezogen hat, sorgen für Abwechslung. Ausgedehnte Waldgebiete des Naturparks Oberer Bayerischer Wald säumen nun unseren Weg.

Auf dem Regen ist die nächste zünftige Brotzeitmöglichkeit nie fern.

Über dem rechten Ufer dieser Schleife thront die Geisterburg Ruine Stockenfels. Ihr gegenüber in der Innenkurve liegt das Gasthaus „Marienthal". Der urgemütliche Gasthof der seit 1856 in Familienbesitz ist, lädt mit seinem schönen Biergarten unter riesigen Kastanien und einer herrlichen Zeltwiese direkt am Ufer zum Verweilen ein. Angler können in fünf Kilometer hauseigenem Fischwasser auf etwa 30 Fischarten angeln.

Vom Gasthof her ist die Burg-Ruine über eine Seilfähre erreichbar. Nach einer 20 minütigen Wanderung durch dichten Wald und über einsame Wiesen trifft man auf die wildromantisch gelegene Ruine hoch über dem Regental. Die unbewohnte Kernburg ist in Privatbesitz und wird für Führungen regelmäßig geöffnet. Ein Kastelan führt im historischen Gewand durch die Burg. Wahrscheinlich wurde Stockenfels um 1300 erbaut und 1351 von den Wittelsbachern an die Regensburger Patrizierfamilie Auer verpfändet, die sie als Ausgangspunkt für Überfälle gegen die Reichsstadt nutzte. Seit 1430 ist eine Kette von verschiedenen Besitzern bekannt, die teilweise berüchtigte Raubritter waren. Der letzte Bewohner der Burg soll ein Geisteskranker gewesen sein, der vorbeikommende Wanderer mit Steinen bewarf.

Zurück in den Booten erwartet uns eine etwa 200 Meter lange, aber harmlose Schwallstrecke. Mit flotter Strömung trägt uns der Regen, vorbei an Hirschling zum Rastplatz und Landgasthof in Heilinghausen mit seinem schattigen Kastaniengarten und der sehr ambitionierten Küche. Bald kündigt das Barockschloss aus dem frühen 18. Jahrhundert mit den Zwiebeltürmchen das heutige Etappenziel in Ramspau an. Den Zeltplatz finden wir noch vor dem Flussfreibad. Der letzte Tag beginnt mit einer Portage. Nur wenige Meter hinter der Fußgängerbrücke legen wir am rechten Ufer an, um das Wehr zu umtragen. Nach etwa drei Kilometern wiederholt sich das Spiel am Wehr in

86 km

Morgenstimmung in Ramspau.

86 km

Regenstauf, dieses Mal allerdings am linken Ufer. Bei dieser Portage sind wir froh, einen Bootswagen im Gepäck zu haben und schieben den schwer beladenen Kanadier über die Wiese bis zum Einstieg am Restaurant hinter der Straße. Regenstauf besitzt einige reizvolle Bauten, Brücken, Brunnen und Denkmäler, so zum Beispiel den berühmten Aussichtsturm auf der Spitze des 436 Meter hohen Regenstaufer Schlossberges, der den alten Markt um gut 90 Meter überragt.

Etwa 500 Meter hinter dem Rastplatz, am Flussbad Laub, ist noch einmal ein Wehr am rechten Ufer zu umtragen, dann liegen fünf hindernisfreie Kilometer vor uns. Das letzte Wehr der Tour bei Pielmühle ist über eine Bootsrutsche befahrbar. Dennoch heißt es aufgepasst: Die Fahrt über die Rutsche ist rasant und am Ende müssen wir scharf

nach links steuern, um nicht mit der querstehenden Mauer zu kollidieren. Erschwert wird die Durchfahrt außerdem durch die Badegäste des Flussfreibades. Viele Kinder und Jugendliche mißachten das Schwimmverbot in der Bootsrutsche und setzen alles daran, ein Kanu kentern zu sehen.

Nach dem maßvollen Adrenalinkick sind die letzen Kilometer bis Regensburg nicht mehr sonderlich spektakulär. Hier verläuft der Regen parallel zur Autobahn und mündet direkt neben der Schleuse unter der Nibelungenbrücke in die Donau. Nach wenigen Paddelschlägen auf der Donau erreichen wir am rechten Ufer den kleinen Strand am Parkplatz auf der Donauinsel beim DLRG-Häuschen. Dank der guten Bahnverbindung kann man ohne ein zweites Auto problemlos zur Einsetzstelle in Cham zurückkehren.

Stadtrundgang Regensburg

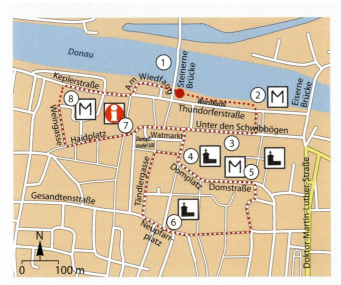

Wir beginnen unseren Stadtrundgang an der alten *Steinernen Brücke (1)* die zusammen mit dem Dom das Wahrzeichen der Stadt bildet. Von 1135 - 1146 errichtet, ist sie die älteste ausschließlich aus Stein erbaute Brücke Deutschlands und ein wahres Meisterwerk mittelalterlicher Baukunst. In ursprünglich 16 Bögen, von denen heute noch 15 zu sehen sind, überspannt sie mit einer Länge von 330 Metern die Donau.

Mit Blick in Richtung Altstadt und Dom wenden wir uns am Brückenkopf nach links und laufen am Donauufer an der Historischen Wurstküche „*Wurstkuchl*" vorbei, die als ältestes Lokal Regensburgs gilt. Es fällt nicht schwer sich vorzustellen, dass sich hier schon die Arbeiter während des Brückenbaus verpflegten und noch heute werden Bratwurst und traditionelle Gerichte serviert. Wir folgen dem Donauufer, wo die „Freudenau" vor Anker liegt, die das *Donau-Schifffahrtsmuseum (2)* beherbergt. Schräg gegenüber laufen wir vor dem Haus Thundorfer Straße Nummer 7 nach rechts ins Hackengäßchen. Am Ende wenden wir uns nach rechts. Die Straße Unter den Schwibbögen bringt uns zur römischen *Porta Praetoria (3)*, die 1884 entdeckt wurde. Sie wurde 179 n. Chr. als Nordtor des 40 Jahre zuvor angelegten römischen Militärlagers gebaut und ist neben der Porta Nigra in Trier der einzige römische Hochbau und das älteste Stadttor in Deutschland.

Die Steinerne Brücke aus dem Mittelalter ist das Wahrzeichen von Regensburg.

86 km

Vor der grünen Fassade der Adler-Apotheke biegen wir nach links und erreichen den *Domplatz (4)*, mit dem beeindruckenden gotischen Dom St. Peter. Als Vorbild für die dreischiffige Basilika mit den 105 Meter hohen Türmen dienten die französischen Kathedralen. Der Bau des monumentalen Werks aus Kalk- und Sandstein begann im 13. Jahrhundert und zog sich über mehrere Jahrhunderte hin. Nach der Barockisierung im 17. und 18. Jahrhundert folgte Mitte des 19. Jahrhunderts die erneute Umgestaltung im gotischen Stil. Glanzpunkt im Inneren sind die farbenprächtigen Glasgemälde aus dem 14. und 15. Jahrhundert, der silberner Hochaltar und die fünf Seitenaltäre mit reichem Figurenschmuck.

Gleich um die Ecke lädt ein Regensburger Original zu Schmankerln ein. Am Watmarkt 4 finden wir den *„Dampfnudel Uli"*, der die Kunst des Dampfnudelbackens beherrscht wie kein anderer. Geöffnet Di-Fr von 10.01 - 18.01 Uhr, Sa 10.01 - 15.01 Uhr, So und Mo Ruhetag.

Nun laufen wir rechts am Dom vorbei bis zum *Diözesanmuseum St. Ulrich (5)*, in der christliche Kunst vom 11. bis zum 21. Jahrhundert den Kontrast in der Interpretation von religiösen Motiven zwischen mittelalterlichen und zeitgenössischen Künstlern aufzeigt. Rechts daran vorbei bringt uns der Torbogen des Alten Römerturms auf den Kornmarkt.

Wir wenden uns nach rechts und finden rechts von der Alten Kapelle die Kapellengasse. Diese bringt uns durch einen schmalen Durchgang auf die Schwarze-Bären-Straße. Wir schlendern nach rechts vorbei an exquisiten Boutiquen und Juwelieren in der Fußgängerzone zum Neupfarrplatz mit der *Neupfarrkirche (6)*. Diese Kirche mit mintgrünem Turm wurde an Stelle der einstigen Synagoge errichtet, die 1519 zerstört wurde.

Hinter der Kirche, die eindrucksvoll den Übergang von der Gotik zur Renaissance darstellt, biegen wir nach rechts in die Tändlergasse, eine enge Gasse mit vielen kleinen Läden. Am Ende geht es

Dom St. Peter

rechts auf die Kramgasse und wir kommen gegenüber vom Domportal zurück auf den Kräutermarkt. Wir wenden uns nach links und laufen an der zweiten Möglichkeit (hinter der bereits bekannten Adler-Apotheke) nach links auf die Goliathstraße. Sie ist benannt nach dem Goliathhaus, das eines der ältesten Patrizierhäuser in Regensburg ist. Die vollständig erhaltene Fassadenmalerei zeigt den Riesen Goliath im Kampf mit David und stammt aus dem Jahre 1530.

Nächster architektonischer Glanzpunkt ist das *Alte Rathaus (7)*. Am ältesten ist der mittlere Teil mit dem Rathausturm aus dem 13. Jahrhundert. Mitte des 14. Jahrhunderts erfolgte der westliche Anbau, 1408 wurde die Vorhalle mit dem gotischem Portal davor gesetzt.

Vorbei an der Touristeninformation kommen wir zum Haidplatz, wo wir hinter dem Thon-Dittmer-Palais, ursprünglich zwei Patrizierhäuser aus dem 14. Jahrhundert, nach rechts auf der Weingasse in Richtung Donau laufen.

Auf der Keplerstraße wenden wir uns nach rechts und stehen nach wenigen Schritten vor dem sandfarbenen *Kepler-Gedächtnishaus mit Museum (8)*. Das Sterbehaus des Astronomen (1571 - 1630) zeigt Originalinstrumente und eine zeitgenössische Einrichtung. Vor der Bushaltestelle Fischmarkt biegen wir links hinunter zum Donauufer und gelangen zurück zum Ausgangspunkt des Stadtrundgangs an der Steinernen Brücke.

Die Naab

Wanderfahrt in der Oberpfalz

Tour 15

Infos Naab

Aktivitäten	Natur	Kultur	Baden	Hindernisse
★★☆☆	★★☆☆	★★☆☆	★★★☆	★★☆☆

Charakter der Tour:

Die Naab entspringt als Waldnaab im Oberpfälzer Wald und fließt zunächst nach Tschechien, bevor sie bei Bärnau nach Bayern zurückkehrt. Ab der Einmündung der Haidenaab bei Oberwildenau südlich von Weiden i.d. Oberpfalz, heißt der Fluss dann nur noch Naab und bietet eine ruhige, problemlose Strecke zum Kanuwandern. Die Naab schlängelt sich in gemütlichen Schleifen durch die landschaftlich reizvolle Oberpfalz mit ausgedehnten Waldgebieten und sanft geschwungenen Hügelketten. Sie ist auch gut für Anfänger, Familien mit Kindern und große Gruppen geeignet. Unterwegs locken schöne Badeplätze, zünftige Gasthäuser und idyllische Zeltmöglichkeiten direkt am Ufer.

Sehenswürdigkeiten:

Nabburg: Schön restaurierte *Altstadt;* gut erhaltene Stadtmauer mit zwei befahrbaren Stadttoren; gotische *Stadtpfarrkirche; Stadtmuseum* im Zehentstadl mit Ausstellung zur heimischen Tierwelt. **Fronberg:** *Schloss Fronberg* (16. Jh.) mit Kapelle. **Schwandorf:** Historischer *Marktplatz* mit Glockenspiel und Mönchsbrunnen; *Blasturm* (1494 vollendet) am höchsten Punkt der ehemals eineinhalb Kilometer langen Stadtmauer; *Stadtmuseum* mit volkskundlicher Ausstellung zu Geschichte und Kultur der Stadt und Umgebung; katholische *Pfarr- und Klosterkirche Zu Unserer Lieben Frau vom Kreuzberg* (1678 bis 1680), von 1949 - 1952 modern wieder aufgebaut; *Felsenkeller* mit mehr als 130 Kellerräumen im Eisensandstein des Schwandorfer Bergs. **Ettmannsdorf:** *romanische Kirche* (13. Jh.), *Hammerschloss* (1600), *Neues Schloss* (1700). **Münchshofen:** *Schloss* (deutsche Renaissance um 1597). **Premberg:** *Filialkirche* (12. Jh.) mit spätgotischer hölzerner Westempore und Ölgemälde von Lucas Cranach. **Burglengenfeld:** gut erhaltenes *mittelalterliches Stadtbild; Burgruine; Rathaus* (16. Jh.); *Altmann-Schlösschen* (16. Jh.). **Kallmünz:** *Perle des Naabtals* mit Burgruine (12. und 13. Jh.), Ringmauerreste, Bergfried und bronzezeitlicher Wall; *steinerne Naabbrücke* (um 1550). **Pielenhofen:** *Klosteranlage* (12. Jh.). **Regensburg:** *mittelalterlicher Stadtkern,* Domplatz mit Dom St. Peter (13. - 16. Jh.), 310 m lange Steinerne Brücke (12. Jh.), historisches Rathaus (13. - 18. Jh.), Porta Praetoria (Überrest des römischen Legionslagers aus dem 2. Jh.); *Schloss St. Emmeran* (Fürstliches Schloss der Familie Thurn und Taxis, hervorgegangen aus einem Kloster aus dem 8. Jh.). *Stadtrundgang Seite 161.*

Sonstige Aktivitäten:

Radfahren: Ein Radwegenetz von knapp 2.000 Kilometern Länge durchzieht den Oberpfälzer Wald und bietet Tourenmöglichkeiten für jeden Geschmack. Bahntrassenradwege, wie die Kleine Oberpfälzer Wald-Runde (154 km, Start- und Ziel in Nabburg), eignen sich besonders für gemütliche Radtouren ohne große Höhenunterschiede fernab der Straße. **Wandern:** Ein Weitwanderweg der Extraklasse ist der über 600 Kilometer lange Goldsteig durch Oberpfälzer Wald und Bayerischen Wald. Weitere lohnenswerte Mehrtageswanderwege quer durch den Oberpfälzerwald sind unter anderen der Oberpfalzweg (ca. 168 km von der Kappl bei Waldsassen bis Nittenau), der Burgenweg (ca. 176 km langer Teilabschnitt des Goldsteigs von Marktredwitz nach Waldmünchen) oder der Wallenstein-Tilly-Weg (ca. 93 km von der Frankenalb in den Oberpfälzer Wald). **Paddeln:** Ein sehr schöner Kanufluss in der Nachbarschaft zur Naab ist der Bootswanderweg Regen. Für geübte Paddler lohnenswert sind, einen guten Wasserstand vorausgesetzt, die Quell- und Nebenflüsse der Naab: Haidennaab ab Mantel; Waldnaab von Windischeschenbach nach Neustadt; Pfreimd ab Tausnitz; Schwarzach ab Neunburg vom Wald und Vils ab Amberg. **Angeln:** Die naturbelassene Naab lockt Angler mit Hecht, Zander, Aal und Karpfen. Das Fischwasser des Sportanglervereins Schwandorf erstreckt sich von Fronberg bis Klardorf. **Wanderreiten:** Der Oberpfälzerwald bietet ein dichtes Netz an geprüften Wanderreitstationen und Tourenmöglichkeiten von der leichten Tagesetappe bis zur anspruchsvollen Tour, je nach Trainingsstand von Pferd und Reiter. **Schlechtwetteralternativen:** *Wohlfühl- und Erlebnisbad Bulmare* im Süden von Burglengenfeld, Tel. (09471) 60 19 30, www.bulmare.de

---

Anreise:
A93 Hof – Regensburg, Ausfahrt 30 Nabburg.

Einsetzstelle:
Parkplatz an der Nordgauhalle in Nabburg (Turnhallenweg).

Aussetzstelle:
Zeltplatz beim Regensburger Kanuclub (An der Schillerwiese 4).

Befahrensregelung:
Anlandeverbot im Naturschutzgebiet Eichenberginseln bei Diestelhausen.

Länge der Tour:
ca. 80 km

Umtragestellen:
Insgesamt stellen sich dem Paddler 11 Wehre zwischen Nabburg und Regensburg in den Weg. Ein Teil der Hindernisse ist bei gutem Wasserstand, robusten Booten und einiger Paddelerfahrung eventuell befahrbar. Alle Wehr lassen sich kurz und einfach umtragen.

Zurück zum Pkw:
Häufige Verbindung mit der Vogtlandbahn von Regensburg nach Nabburg, Fahrtzeit ca. 45 Minuten.

Etappenvorschlag:
1. Tag: Nabburg – Schwandorf (21 km)
2. Tag: Schwandorf – Kallmünz (33 km)
3. Tag: Kallmünz – Regensburg (26 km)

Tipps für Tagestouren:
1. von Teublitz nach Kallmünz (ca. 12 km)   *2.* von Burglengenfeld nach Pielenhofen (ca. 20 km)

Kartenmaterial / Literaturhinweis:
Wassersport-Wanderkarte Nr. 4 Deutschland Südost, 1:450.000 (auf der Rückseite Altmühl, Naab und Regen 1:100.000), Jübermann-Kartographie und Verlag.
Broschüre *Bootswandern auf der Naab,* kostenlos erhältlich u.a. beim Tourismuszentrum Landkreis Schwandorf, Tel. (09433) 20 38 10, www.oberpfaelzerwald.de; Schetar/Köthe: *Reise-Taschenbuch Ostbayern, Regensburg, Bayerischer Wald,* DuMont Verlag.

Übernachtung in Wassernähe:
Schwarzenfeld: kleiner *Zeltplatz* direkt an der Naab (vorher anmelden), Tel. (09435) 30 90; *Schwandorf: Gasthof Baier,* Tel. (09431) 23 86, www.gasthof-baier.de; *Zeltmöglichkeit beim Kanuclub Schwandorf,* Telefon Bootshaus (09431) 416 19, www.kc-schwandorf.de; *Münchshofen: Landgasthof Hintermeier,* Tel. (09471) 99240; *Saltendorf: Zeltplatz des Kanuclubs Städtedreieck Burglengenfeld,* Tel. (09471) 902 34; *Kuntsdorf: Fischerstüberl,* Tel. (09471) 90786; *Burglengenfeld: Gasthof Zum Burgblick,* Tel. (09471) 703 40; *Mossendorf: Bartlhof* (Zimmer, Zelt), Tel. (09473) 8564; *Kallmünz: Jugendzeltplatz Zaar; Gasthof Zum Weißen Rössl,* Tel. (09473) 234;

80 km

Krachenhausen: Landgasthof Zum Birnthaler, Tel. (09473) 950 80; *Pielenhofen: Klosterwirtschaft,* Tel. (09409) 15 25, www.klosterwirtschaft.de; *Campingplatz Naabtal-Pielenhofen,* Tel. (09409) 373, www.camping-pielenhofen.de; *Regensburg: Regensburger Kanu-Club e.V.,* Tel. (0941) 262 03, www. regensburger-kanuclub.de

Wichtige Adressen:
Kanuverleih: Kallmünz: *Kanuschorsch,* Tel. (09473) 86 28, www.kanu-schorsch.de; *Penk: Trekking und Kanuladen Regensburg,* Tel. (0941) 56 77 77, www.trekking-kanu-laden.de; *Niedertraubling: Kanu-Verleih Nautilus,* Tel. (09401) 512 95, www.kanu-outdoor.de; **Fahrradverleih:** *Burlengenfeld: Meingast Fahrrad,* Tel. (09471) 13 90, www.meingast-fahrrad.de; **Sonstiges:** *Historische Felsenkeller Schwandorf,* Information und Termine zu den Führungen unter Tel. (09431) 451 24.

Auskunft:
Tourismuszentrum Landkreis Schwandorf, Obertor 14, 92507 Nabburg, Tel. (09433) 20 38 10, www.oberpfaelzerwald.de; *Tourismusverbandes Ostbayern e.V.,* Luitpoldstr. 20, 93047 Regensburg, Tel. (0941) 58 53 90, www.ostbayern-tourismus.de

Die Naab

Eine gute Einsetzstelle für meine Drei-Tages-Tour auf der Naab bis zur Mündung in die Donau finde ich an dem großen Parkplatz vor der Nordgauhalle, der Sporthalle des TSV Nabburg 1880, direkt am rechten Naabufer. Das Wetter gibt sich nassgrau und ich bin froh, die Spritzdecke überziehen zu können, als ich dem Städtchen, das auf einem Berg hoch über der Naab thront, den Rücken kehre.

Die Naab ist etwa 50 Meter breit und praktisch ohne Strömung. Die nahezu parallel verlaufende Autobahn A93 passt zu der trüben Stimmung und ich erhöhe die Schlagzahl, damit mir wärmer wird. Nach etwa einem Kilometer liegen ein paar Inseln im Fluss, die Strömung nimmt unmerklich zu, Bäume und Büsche am Ufer schirmen den Autolärm ab.

Schon bald ist es mit der Ruhe aber wieder vorbei und Autos und Lastwagen fahren direkt am linken Naabufer entlang. Die Autobahn bleibt auf diesem ersten Abschnitt mein ständiger Begleiter. Gut sieben Kilome-

ter nach dem Start sehe ich links neben mir Wölsendorf. Interessierte können hier das Besucherbergwerk Kocherstollen besichtigen (Anmeldung unter Tel. (09675) 619). Lange Zeit wurde hier Flussspat abgebaut und heute ist der Stolleneingang wunderschön hergerichtet und eine touristische Attraktion für den Besucher. Etwa 500 Meter des alten Stollens wurden freigelegt und zur Begehung freigegeben. Für Mineraliensammler sind die alten Stollen immer wieder Anziehungspunkt und bei der sachkundigen Führung erfährt man viel über die Abbaumethoden und die Geräte.

Wenig später mündet direkt unter der Autobahn von links die kleine Schwarzach in die Naab. Kurz nach der Einmündung der Schwarzach gabelt sich die Naab; ich lasse das erste Wehr von Schwarzenfeld rechts liegen und paddle weiter geradeaus im Hauptarm, vorbei an dem Wasserwacht-Häuschen und erreiche direkt unter der Straßenbrücke das zweite Wehr, das ich kurz am rechten Ufer umtrage. Von hier sind es nur weni-

80 km

ge Schritte ins Zentrum. Sehenswert sind Schloss Schwarzenfeld aus dem 14. Jahrhundert, das Wahrzeichen der Stadt und die Wallfahrtskirche auf dem Miesberg.

Die Autobahn rückt nun allmählich vom Ufer ab und Stille umgibt mich. Nicht lange lässt der erste Eisvogel auf sich warten, um mich für den etwas eintönigen Tourenstart zu entschädigen. Zaghaft nimmt die Sonne den Kampf gegen die Wolken auf und ich paddle gemütlich durch die grüne Idylle. Immer wieder zweigen kleine tote Seitenarme ab, die mich neugierig machen und zur Erkundung locken. Gut eine Stunde hinter Schwarzenfeld lasse ich zuerst eine Insel und einen Kilometer weiter ein Wehr rechts liegen; bald darauf unterfahre ich die Straßenbrücke unweit von Fronberg. Am Wehr des Städtchens finde ich ganz rechts eine Bootsgasse, die mich senkrecht zum Wehr in einen kleinen Teich und über eine zweite Bootsgasse am Wehr vorbei führt. Bei Bedarf lässt sich das Wehr auch am rechten Ufer über die Wiese umtragen.

Direkt hinter dem Wehr liegt die Straßenbrücke von Fronberg. Nach links sind es nur wenige Schritte zu einer Brauereiwirtschaft mit schönem Biergarten und dem kleinen Renaissanceschloss mit der Kapelle aus dem 16. Jahrhundert. Das Tagesziel, das Vereinsgelände der Schwandorfer Kanuten, ist nicht mehr fern, aber ein weiteres Wehr will noch bezwungen werden. Ich lege erst einmal rechts oberhalb davon an, um einen Blick auf den Fischumlauf zu werfen und entscheide mich für die Befahrung. Der Wasserstand ist allerdings sehr niedrig, so dass ich mehrmals mit dem Kajak aufsetze. Wer sich das ersparen will, kann leicht umtragen. Hinter der engen Flussschleife tauchen die ersten Häuser von Schwandorf am Ufer auf. Etwa 150 Meter nach Unterfahrung der Straßenbrücke, biege ich links in den kleinen Seitenarm und

80 km

Kallmünz, die Perle des Naabtals, empfängt Paddler mit einem beeindruckenden Panorama.

Max Kunz, der Komponist der Bayernhymne geboren. Er brachte es immerhin zum Dirigenten des Opernchors am Münchner Nationaltheater. Nicht versäumen sollte man eine Besichtigung der einmaligen Felsenkeller. Weit über hundert Felsenkellerräume im Hang des Schwandorfer Berges zeugen noch heute vom einstmals blühenden Brauwesen in der Stadt. Von den hiesigen Brauern um 1500 erstmals zu Gär- und Lagerzwecken angelegt, stieg ihre Zahl mit dem Aufschwung des Braugewerbes bis sie schließlich im 20. Jahrhundert ausgedient hatten. Als Luftschutzbunker im 2. Weltkrieg retteten sie Tausenden das Leben, als am 17. April 1945 innerhalb von 15 Minuten eine Bombenlast von 633 Tonnen auf die Stadt niederging. Nur etwa 20 Prozent der Gebäude waren unversehrt geblieben. Als das „Wunder von Schwandorf" bezeichnet man die danach geleistete Aufbauarbeit.

Am nächsten Tag holt mich die Sonne früh aus dem Zelt und ich lasse mir viel Zeit mit dem Frühstück auf der schönen Wiese der Schwandorfer Kanuten. Vom Steg paddle ich dann auf dem bekannten Weg zurück zum Hauptarm der Naab, treibe unter der Eisenbahnbrücke durch und erreiche nach etwa zwei Kilometern das Wehr in Ettmannsdorf, wo ich am rechten Ufer beim Fischumlauf anlege und das Kajak kurz über

paddle gegen eine leichte Strömung die wenigen paar hundert Meter bis zum Boothaus des auf der Naabinsel liegenden Kanuclubs Schwandorf. Direkt vor dem Vereinsgelände liegt der Biergarten „Im Stadtpark" und nach dem Aufbau des Zeltes habe ich mir erstmal eine Erfrischung verdient. Nur wenige Schritte sind es dann bis zum hübschen Marktplatz mit seinen typischen Giebelhäusern, der Pfarrkirche „St. Jakob", dem Glockenspiel und dem Wahrzeichen der Stadt, dem Blasturm. In ihm wurde 1812 Konrad

80 km

168

die Insel schleife, um hinter dem Wehr wieder einzusteigen.

Eine halbe Stunde später erhebt sich voraus ein klobiger blau-weißer Kasten, das Dampfkraftwerk in Dachelhofen. Etwa einen Kilometer nach Passieren des Kühlwasserkanals erreiche ich das Wehr von Dachelhofen, dass ich am rechten Ufer umtrage.

Im folgenden Flussabschnitt sind zahllose Angler, die ganze Zeltburgen entlang des Ufers der fischreichen Naab errichtet haben, meine treuen Begleiter. „Bayerns Paradefluss" für Angler ist nach Aussage renommierter Angelmagazine die Naab. Der Fluss bietet Lebensraum für Fried- und Raubfische, wie Hecht, Zander, Esche, Barsch, Aal, Karpfen, Schleie und viele Weißfischarten. Durch eine naturbelassene Landschaft geht es vorbei an Naabeck und Büchelkühn auf das Wehr in Klardorf-Stegen zu. Bei idealen Bedingungen

lässt der Fischumlauf sich eventuell befahren, er ist aber sehr eng und wohl meist durch überhängende oder umgestürzte Bäume bzw. Büsche versperrt. Ich ziehe daher mein Kajak am Fischumlauf entlang, um es hinter dem Wehr wieder der Naab zu übergeben. Hinter ein paar schönen und engen Flussschleifen staut sich die Naab optisch zu einem schmalen, langgezogenen See auf. An den beiden Inseln halte ich mich rechts, da die jeweils links vorbei führenden Arme stark verkrautet scheinen. Auf einem Baumstumpf an dem ich vorbeitreibe, sonnt sich tatsächlich eine Schildkröte. Hinter der nächsten Kehre liegt Münchshofen vor mir am Ufer. Der Ort, eine, wie der Name schon erkennen lässt, frühere Ansiedlung von Mönchen, liegt gegenüber der ehemaligen Slawenstraße, am Fuße der höchsten Erhebung des ehemaligen Landkreises Burglengenfeld. Am Waldrand

Am Jugendzeltplatz in Kallmünz dürfen die Zelte direkt am Naabufer aufgebaut werden.

thronen das Schloss und die danebenliegende Schlosskirche von 1772 über dem Örtchen. Johann Wilhelm Stettner von Grabenhof, protestantischer, österreichischer Exulant baute das Schloss im Jahre 1668, heute ist es in einem bedauernswerten Zustand.

Kurz vor dem Wehr steuere ich den links davor abzweigenden Fischaufstieg an, der sich gut befahren lässt. Wer lieber umträgt kann dies ebenfalls am linken Ufer tun. Gegenüber dem Wehr, an der Uferstraße, findet der müde Kanuwanderer schon jetzt ein Bett im Landgasthof Hintermeier. Nach dem Wehr, unmittelbar vor der Straßenbrücke Münchshofen – Teublitz, liegt linkerhand, in einem kleinen Wäldchen, der Naturbadeweiher sowie das Tiergehege Höllohe mit seinem großen Waldspielplatz und den vielen einheimischen Tieren (kostenloser Eintritt, ganzjährig geöffnet).

Gut einen Kilometer weiter zieht Premberg am rechten Ufer vorbei. In karolingischer Zeit war der 805 v. Chr. erstmals erwähnte Ort Grenz- und Handelsstation, von wo aus der Warenverkehr zwischen den Slawen und Awaren geregelt wurde.

80 km

Kallmünz, die „Perle" des Naabtals.

In Kuntsdorf gibt es mit dem Zeltplatz des „Kanuclubs Städtedreieck Burglengenfeld" für Bootswanderer eine weitere, sehr zu empfehlende Zeltmöglichkeit. Ebenso lädt das Fischerstüberl zur Einkehr und Übernachtung ein. Da ich heute aber noch weiter bis Kallmünz möchte, lasse ich den schönen Platz links liegen. Langsam nähere ich mich nun Burglengenfeld. Erst zieht links die Fischerhütte des örtlichen Anglervereins an mir vorbei, dann wartet am rechten Ufer hinter der Eisenbahnbrücke der „Gasthof Zum Burgblick" auf Gäste. Voraus versperrt

das Wehr die Weiterfahrt. Bei Hochwasser sollte man rechtzeitig am rechten Ufer (z.B. beim „Gasthof Zum Burgblick") aussetzen und dann entlang der Straße weit umtragen. Da ich bei normalem Wasserstand unterwegs bin, lenke ich das Kajak nach links und paddle vorbei an den beiden Steintreppen bis zum Wehr und lege an der kleinen Insel zwischen Wehr und Kanal an, um das Boot hier kurz über die Wehrkrone überzuheben. Die Burganlage, mit rund zweieinhalb Hektar die größte der Oberpfalz, ist eines der Wahrzeichen der Stadt. Heute beherbergt Burg Lengenfeld ein Behindertenheim. Kurz nach dem Reaktorunfall von Tschernobyl wurde Burglengenfeld durch Demonstrationen gegen die geplante Wiederaufarbeitungsanlage in Wackersdorf international bekannt. Vor rund 100.000 Menschen spielten bekannte deutsche Musiker und Bands auf, darunter Herbert Grönemeyer, Rio Reiser, Die Toten Hosen, Udo Lindenberg und viele andere. Von 1.300 freiwilligen Helfern in nur drei Monaten auf die Beine gestellt, ging Burglengenfeld als Veranstaltungsort der größten friedlichen Demonstration nach dem Krieg weltweit durch alle Medien. Mehr als 600 Journalisten berichteten über das Anti-WAAhnsinns-Festival.

Nur zwei Kilometer hinter der Stadt überspannt eine Straßenbrücke die Naab, dahinter umfließt der Flusslauf mehrere Inseln. Am rechten Ufer liegt der kleine Ort Mossendorf und gegenüber ragt der 390 Meter hohe Greinberg am Ufer auf. Bald rauscht die Naab über ein teilweise verfallenes Wiesenwehr, mit mehren fahrbaren Durchlässen. Das Hindernis lässt sich am rechten Ufer aber auch problemlos umtragen. Herrliche Stille umgibt mich auf der Strecke nach Eich, welches gut an der leuchtend gelben Kirche zu erkennen ist. Sie markiert den Beginn des Naturschutzgebiets „Eichenberg". Auf dieser

Der Aufstieg zur Burgruine wird mit einem herrlichen Panorama-Blick über Kallmünz belohnt.

Etappe zeigt sich die Naab von ihrer schönsten Seite. Naturbelassen schlängelt sie sich dem Bayerischen Jura entgegen. Die Hänge werden steiler und sind bedeckt von wertvollem Magerrasen, mit Hecken bestandenen Hangterrassen, eingestreuten Laubholzparzellen sowie artenreichen Hangmischwäldern. Voraus thront schon die Burg in Kallmünz in luftiger Höhe über dem rechten Ufer und die steil aufragenden Felswände verleihen der Naab einen Hauch von Toskana. Lustiges Gekreische badender Kinder kündigt den lebhaften Jugendzeltplatz Zaar an, der etwa 800 Meter vor Kallmünz am rechten Ufer liegt. Trotz der langen Tagesetappe mache ich mich noch an den Aufstieg zur Burgruine und werde mit einem herrlichen Panorama über das Naabtal und Kallmünz belohnt. Der Ort, nicht umsonst die Perle des Naabtals ge-

nannt, liegt im Mündungswinkel von Naab und Vils und hat, mit seiner im wahrsten Sinne des Wortes malerischen Atmosphäre, schon Wassily Kandinsky und Gabriele Münter als Kulisse gedient. Beim Schlendern durch die bunten, winkeligen Gassen am nächsten Morgen fallen mir vielfach noch die alten Wandgemälde an den Häusern auf – sichtbare Spuren ortsansässiger Maler des 18. Jahrhunderts, wie z.B. Matthias Zintl, Schöpfer der frischen Deckengemälde der Kallmünzer Pfarrkirche, und Josef Hämmerl, Maler der wertvollen Ortsbildersammlung im Schloss Dietldorf.

Am späten Vormittag lege ich in Kallmünz unter der schönen, steinernen Brücke rechts an, um das Wehr zu umtragen. Gleich darauf mündet von rechts die Vils in die Naab. Eine halbe Stunde bin ich dann unterwegs und

80 km

172

muss aufpassen, am Ausgang des winzigen Ortes Krachenhausen, nicht den versteckt am linken Ufer liegenden Landgasthof „Zum Birnthaler" zu übersehen. Liebhaber deftiger Speisen werden vom Wildschweinbraten mit Reiberknödel oder glasiertem Spanferkel an Dunkelbiersoße angetan sein und beim Blick vom herrlichen Biergarten auf die Naab nehme ich mir vor beim nächsten Mal über Nacht zu bleiben.

Anfangs breit und behäbig fließt die Naab an Weichseldorf vorbei Duggendorf entgegen. In Heitzenhofen finde ich das um 1250 erbaute Schlösschen, das heute ein Hotel-Restaurant mit prämierter französischer Haute Cuisine beherbergt. Allerdings kann man in der danebenliegenden Schlosswirtschaft, im Schatten großer Nußbäume, auch preiswerte bayerische Schmankerl und Brotzeiten genießen.

Die nächste schöne Pausenmöglichkeit bietet kurze Zeit darauf der Bade- und Picknickplatz am linken Ufer hinter der schmalen Brücke in Duggendorf. Von hier aus lohnt ein Blick in die barocke Pfarrkirche mit der Rokokoorgel aus dem Jahre 1738, dem Kleinod von Duggendorf. Sie stammt aus dem Jahre 1736, aber Grabplatten an der Außenfassade weisen mit den Jahreszahlen 1521 und 1530 auf eine frühere Kirche hin. Als zu Beginn des 18. Jahrhunderts durch die Pest fast die gesamte Bevölkerung des Ortes hinweggerafft wurde, errichtete man zu Ehren des Hl. Sebastian die Kirche.

Eine Stunde paddle ich ohne Hindernisse drauflos, hänge meinen Gedanken nach und genieße die stille Naab, dann tauchen die ersten Häuser von Pielenhofen vor mir auf und die Türme des Klosters ragen in den Himmel.

80 km

Ich treibe entlang der Wehrkrone, setze an deren Ende auf der Naabinsel aus und unmittelbar dahinter ins Unterwasser wieder ein.

Gegenüber der Einsetzstelle liegt die Klosterwirschaft, Teil der alten Klosteranlage, mit gutbürgerlicher Küche in einer wahrhaft urigen Atmosphäre. Wer will, kann auch günstig in einem der charmanten Zimmer übernachten. Das bekannte barocke Kloster Pielenhofen, ursprünglich im 12. Jahrhundert erbaut, beherbergt heute ein Internat der Regensburger Domspatzen. Die Klosterkirche mit dem spätbarocken Hochaltar und den acht Säulen und dem Deckengemälde mit dem Motiv der Dreifaltigkeit, sind allemal einen Besuch wert.

Nur einen Kilometer nach dem Passieren des Campingplatzes Pielenhofen in Distelhausen, liegt am rechten Ufer das Dörfchen Penk mit dem „Gasthaus Sonnenblick", „Gut Löweneck" und einem Kanuverleih. Im „Einkaufserlebnis Gut Löweneck", einer historischen Hofstelle aus dem 16. Jahrhundert, findet man Objekte zum Thema Wohnambiente und Gartenträume zum Erwerb. Das Stöbern in den historischen Gewölben und auf dem Freigelände zwischen geschmiedeten Rosenbögen, liebevoll gestalteten Vogelhäusern, Gartenmöbeln, Pflanzgefäßen und vielem mehr, macht auf jeden Fall Spaß.

Der Rückstau der Staustufe Regensburg auf der Donau ist nun deutlich zu merken und Strömung praktisch nicht mehr vorhanden. Etwa vier Kilometer weiter liegen zwischen den beiden, im kurzen Abstand folgenden Straßenbrücken die Häuser von Etterzhausen am rechten Ufer. Die letzten vier Kilometer auf der Naab sind eintönig. Der Fluss, eingezwängt zwischen Straße und Eisenbahn, verläuft ohne jegliche Strömung schnurgeradeaus. Daher bin ich froh, als von Weitem die Türme der Wallfahrtskirche von Mariaort auftauchen. Mit Freude lege ich

nach Unterfahrung der Brücke gegenüber beim Biergarten des Hotels Krieger an und bestelle mir ein kühles Bier und eine deftige Brotzeit. Durch seine Lage an der mittelalterlichen Wasserstraße hatte der Ort eine gewisse verkehrstechnische Bedeutung. Wöchentlich verkehrten zwischen Amberg und Regensburg „talwärts" die mit Eisen und „bergwärts" die mit Salz beladenen Schiffe. Flussaufwärts mussten die Kähne vom Ufer aus mit Pferden gezogen, d.h. getreidelt werden. Das Anwesen war damals eine Treidlerstation, wo einerseits immer Pferde zum Wechseln vorgehalten wurden, andererseits die Treidlerleute verköstigt und mit Proviant versorgt wurden.

Derart gestärkt empfängt mich die Donau mit regem Motorbootverkehr und trainierenden Ruderern der beiden Regensburger Rudervereine, deren Bootshäuser ich stromab erreiche. Direkt hinter ihren Grundstücken liegt der Regensburger Campingplatz, der sich, mangels Wasserzugang, nicht für Paddler eignet. Die Autobahnbrücke im Blick lande ich nach zweieinhalb Kilometern auf der Donau an der gemütlichen Zeltwiese des Regensburger Kanuclubs an.

80 km

Die Altmühl

Probier's mal mit Gemütlichkeit

Infos Altmühl

Aktivitäten	Natur	Kultur	Baden	Hindernisse
★★★★	★★★☆	★★☆☆	★★★★	★★☆☆

Charakter der Tour:

Die Altmühl ist ein gemütlicher, als Bootswanderstrecke ausgebauter Wanderfluss mit ruhiger Strömung. Der bis dahin in einem breiten Tal fließende Wiesenfluss erreicht in Treuchtlingen das Fränkische Jura und fortan säumen beeindruckende Felsformationen das enger werdende Tal. Langweilig wird es auf dem „langsamsten" Fluss Bayerns nie, denn im Naturpark Altmühltal gibt es herrliche Natur und zahlreiche kleine, aber feine Sehenswürdigkeiten zu entdecken. Mit einer Fläche von knapp 3.000 Quadratkilometern ist er der zweitgrößte Naturpark Deutschlands.

Die Altmühl bietet die ideale Kulisse für den unbeschwerten Kanuurlaub mit urigen, direkt am Ufer gelegenen Zeltmöglichkeiten und jeder Menge gute Einkehrmöglichkeiten in idyllischen Biergärten und zünftigen Lokalen.

Sehenswürdigkeiten:

Treuchtlingen: ehemaliges *Stadtschloss* aus dem 16. Jh.; *Burgruine Obere Veste,* aus der ersten Hälfte des 12. Jhs., vom Bergfried (nur am Wochenende) guter Ausblick über die Stadt; *Heimatmuseum* in einer ehemaligen Posamenten-Fabrik mit Ausstellung zur Burgruine und Funden, die bis in keltische Zeit datieren; *Lambertus-Kapelle* am Ende des Schlossviertels; *Markgrafen-Kirche* (1757); *Villa Rustica* am südöstlichen Hang des Nagelberges (Überreste eines Gutshofes aus römischer Zeit). **Pappenheim:** *St. Gallus-Kirche,* deren Geschichte bis ins 9. Jh. zurückreicht; *Burg* mit Wildpflanzengarten sowie *Natur- und Jagdmuseum; Kloster der Augustinereremiten* (gegründet 1372), erhalten ist die ehemalige Klosterkirche „Zum Heiligen Geist"; *Museum* an der Stadtmühle mit Aquarellen, Ölgemälden und Lithographien von Heinrich W. Mangold; spätgotische evangelisch-lutherische *Stadtkirche* am nordöstlichen Rand des Ortszentrums; *Neues Schloss,* 1819/1820 nach Plänen des königlich bayerischen Oberbauintendanten Leo von Klenze errichtet; *Altes Schloss* (Renaissancebau von 1593); *Weidenkirche* (aus in die Erde gesteckten Bündel von Weidenruten); *Judenfriedhof* (12. Jh.). **Solnhofen:** *Bürgermeister-Müller-Museum* mit versteinerten Tieren und Pflanzen aus der Jurazeit (Urvögel, Flug- und Fischsaurier); zu den ältesten Baudenkmälern Deutschlands zählt die *Sola-Basilika* (Grundmauern und Reste von fünf übereinanderliegenden Kirchenbauten seit dem 6. Jahrhundert); *Zwölf-Apostel-Felsen* bei Eßlingen. **Dollnstein:** *Burg* (11./12. Jh.); Reste der *Stadtmauer* (14. Jh.); *Pfarrkirche* (1330) mit gotischen Fresken. **Eichstätt:** hoch- bis spätgotischer *Dom* (1718 mit barocker Westfassade abgeschlossen) mit Diözesanmuseum; *Figurenfeld* im Hessental mit 78 größtenteils überlebensgroßen Figuren des Bildhauers und Malers Alois Wünsche-Mitterecker (1903 - 1975); *Marienkapelle* (Ausstattung und Marienbild aus 18. Jh.) auf dem Frauenberg mit gutem Ausblick auf Eichstätt und Rebdorf; fürstbischöfliche *Residenz* (dreiflügeliger, barocker Schlossbau als Sitz der Eichstätter Fürstbischöfe) mit repräsentativem Treppenhaus und Spiegelsaal; *Residenzplatz* mit prachtvollen Barockbauten; *Museum Bergér* und *Fossiliensteinbruch* am Blumenberg; *Willibaldsburg* (um 1353 errichtete Burganlage, die bis ins 18. Jh. repräsentative Burg und Residenz der Eichstätter Bischöfe war) mit *Jura-Museum* (u. a. fossiler Archaeopteryx aus Solnhofen) sowie *Ur- und frühgeschichtlichem Museum.*

45 km

Sonstige Aktivitäen:

Radfahren: Der Naturpark Altmühltal bietet eine gute Beschilderung, zahlreiche Vermiet- und Reparaturstationen und ein dichtes Netz an fahrradfreundlichen Gastgebern. Die bekannteste Radtour ist natürlich der über 160 km lange Altmühltal-Radweg von Gunzenhausen nach Kelheim. **Wandern:** Neben den beiden Weitwandermöglichkeiten Altmühltal-Panoramaweg (Gunzenhausen bis Kelheim) und Limeswanderweg (Gunzenhausen bis Bad Gögging) gibt es eine Vielzahl örtlicher Wander- und Themenwege. **Paddeln:** Altmühl von Gunzenhausen nach Dietfurt (ca. 120 km) und weiter auf dem Main-Donau-Kanal bis Kelheim (ca. 35 km). **Fossiliensuche:** Mehrere Besuchersteinbrüche im Altmühltal bieten die Möglichkeit zur Schatzsuche im Steinbruch. Mit etwas Glück lässt sich so eine selbstgefundene Versteinerung als Souvenir mit nach Hause nehmen. **Klettern:** Die Felsmassive des Frankenjura bieten fast ganzjährig gute Bedingungen und unterschiedlich schwere Routen. Der Burgsteinfelsen bei Dollnstein z.B. läßt sich auf mehr als 30 Routen erklettern. **Schlechtwetteralternativen:** *Altmühltherme* Treuchtlingen, Tel. (09142) 960 20, www.altmuehltherme.de

---

Anreise:
A6 Heilbronn – Nürnberg, Ausfahrt Ansbach und weiter auf der B 13 nach Treuchtlingen oder A9 München – Nürnberg, Ausfahrt 58 Altmühltal und weiter über Eichstätt nach Treuchtlingen.

Einsetzstelle:
Am Bootswanderrastplatz Treuchtlingen (Kanalstraße).

Aussetzstelle:
Parkplatz am Altmühlufer in Eichstätt (Innere Freiwasserstraße).

Länge der Tour:
ca. 45 km

Umtragestellen:
Auf der vorgestellten Strecke insgesamt acht Wehre, die entweder leicht umtragen werden können oder über eine Bootsrutsche befahrbar sind.

Befahrensregelung:
Für den beschriebenen Abschnitt sind keine Einschränkungen bekannt. Es gelten die üblichen Verhaltensregeln wie das Nutzen der ausgeschilderten Anlegestellen, Abstand zu Schilf- und Uferzonen, kein Abschlagen von Ästen oder Bäumen für Lagerfeuer und ausschließliche Nutzung der gekennzeichneten Feuerstellen.

Zurück zum Pkw:
Gute Bahnverbindung von Eichstätt-Stadt über Eichstätt nach Treuchtlingen, Fahrzeit ca. 45 Min.

Etappenvorschlag:
1. Tag: Treuchtlingen – Hammermühle (23 km)   *2. Tag:* Hagenacker – Eichstätt (22 km)

Tipps für Tagestouren:
1. von Pappenheim nach Dollnstein (21 km)   *2.* von Solnhofen nach Dollnstein (13 km)

Kartenmaterial / Literaturhinweise:
Wassersport-Wanderkarte Nr. 4 Deutschland Südost, 1:450.000 (auf der Rückseite Altmühl, Naab und Regen 1:100.000), Jübermann-Kartographie und Verlag. *Kunst Reiseführer Oberbayern,* DuMont Verlag. Bernd Kunz: *Die Altmühl von der Quelle bis zur Mündung,* Swiridoff Verlag. Bildband mit über 400 Fotos vom Ursprung der Altmühl bei Hornau bis zur Mündung in die Donau bei Kelheim, ergänzt durch informative Reiseinformationen. Michael M. Rind & Ruth Sandner: *Archäologiepark Altmühltal,* Schnell & Steiner. Reiseführer in die Vorzeit. Spannende Geschichten der Neandertaler und Kelten zu den 15 Stationen des Archäologieparks Altmühltal. Richard Auer: *Vogelwild,* Emons. Krimi, der im Altmühltal spielt und bei dem der Urvogel Archaeopteryx eine Rolle spielt.

45 km

Übernachtung in Wassernähe:

Treuchtlingen: Bootsrastplatz (Sanitär ohne Dusche), Tel. (09142) 20 45 48; *Pappenheim: Camping-platz,* Tel. (09143) 12 75, www.camping-pappenheim.de; *Gasthof Zum Goldenen Hirschen* am Markt-platz, Tel. (09143) 434, www.gasthof-zum-goldenen-hirschen.de; *Zimmern: Gasthof Hollerstein,* Tel. (09143) 753, www.hollerstein.de; *Solnhofen: Gasthof Adler* (eigener Bootsanleger), Tel. (09145) 831 10, www.adler-solnhofen.de; *Bootsrastplatz Hefele Mühle* (Toilette/Dusche), Tel. (09145) 235; *Hammermühle: Bootsrastplatz* (kein Trinkwasser!); *Hagenacker: Bootsrastplatz* (kein Trinkwasser!); *Dollnstein: Campingplatz,* Tel. (08422) 846; *Gasthof Zur Post,* Tel. (08422) 15 15; *Breitenfurt: Zeltplatz* (Sanitär/Dusche), Tel. (08422) 567; *Obereichstätt: Landgasthof Zur Hüttenschänke,* Tel. (08421) 979 70, www.huettenschaenke.de; *Wasserzell: Gasthof Zum Hirschen,* Tel. (08421) 96 80, www.hirschen-wirt.de; *Eichstätt: Bootsrastplatz* (Sanitär/Dusche), Tel. (08421) 90 81 47.

Wichtige Adressen:

Kanuverleih: *Gunzenhausen: SAN-aktiv-TOURS,* Tel. (09831) 49 36, www.san-aktiv-tours.de; *Treuchtlingen: Frankenboot,* Tel. (09142) 46 45, www.frankenboot.de; *Pappenheim: Gasthof Zum Hollerstein,* Tel. (09143) 753, www.hollerstein.de; *Solnhofen: Lemming Tours,* Tel. (09145) 235, www.aktivmuehle.de; *Dollnstein: Geggs Bootsverleih,* Tel. (08422) 691, www.kanuvermietung-altmuehltal.de; *Eichstätt: Kanu- und Fahrradverleih im Altmühltal Wolfgang Chmella,* Tel. (08421) 93 58 55, www.kanuuh.de; **Fahrradverleih:** *Treuchtlingen: Fahrradverleih Rad und Zubehör Wagner,* Tel. (0170) 914 10 70; *San-Aktiv-Tours,* Tel. (09831) 49 36; *Solnhofen: Fahrradverleih Lemming Tours,* Tel. (09145) 235; *Radverleih A. Eger,* Tel. (09145) 12 03; *Dollnstein: Fahrradverleih Fa. Otto Rehm,* Tel. (08422) 98 76 54; *Eichstätt: Fahrradgarage,* Tel. (08421) 21 10; *Fahrradwerkstatt,* Tel. (08421) 90 09 11; **Sonstiges:** *Fossiliensteinbrüche: Hobby-Steinbruch in Solnhofen,* Tel. (09145) 83 20 20; *Fossilien-Erlebnisplatz Apfeltal bei Mörnsheim,* Tel. (09145) 831 50; *Fossiliensteinbruch Blumberg bei Eichstätt,* Tel. (08421) 987 60; *Busfahrpläne im Altmühltal* unter www.rba-bus.de, www.rbo.de und www.vlk-kelheim.de

Auskunft:

Informationszentrum Naturpark Altmühltal in der ehemaligen Klosterkirche Notre Dame de Sacré Cœur, Notre Dame 1, 85072 Eichstätt, Tel. (08421) 987 60, www.naturpark-altmuehltal.de

Karte Altmühl-Tour

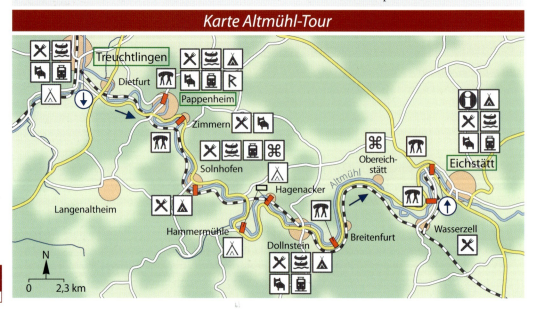

45 km

Die Altmühl

Blick von den Zwölf Aposteln ins Altmühltal

Die Stimmung am Zeltplatz in Treuchtlingen ist gut. Hier gibt es keine Gartenzwerge vor den Wohnwagen und Paddler sind unter sich. Isomatten werden in der Sonne ausgerollt und schnell entspinnt sich eine Fachsimpelei über verschiedene Bootsformen. An den aufgespannten Leinen trocknen nasse Paddelklamotten und Leihbootkapitäne bekommen die Vorteile von Carbonpaddeln erklärt. Am Abend, als das Lagerfeuer direkt am Altmühlufer hoch lodert, lauschen sie gespannt den Geschichten aus dem Fahrtenbuch der gestandenen Kanuten.

Am nächsten Morgen macht sich Grüppchen für Grüppchen auf den Weg. Nach dem Start in Treuchtlingen ist die Altmühl zwischen 15 und 20 Meter breit und schiebt sich behäbig durch ein idyllisch-grünes Tal. Getrübt wird die Paddelfreude nur, wenn ein Auto oder ein Zug direkt neben dem Ufer vorbeifährt. Ab Dietfurt in Mittelfranken, wo wir nun passieren ist das Tal am schönsten. Ab hier fließt sie beständig durch ein enges Tal und absolviert dabei zahlreiche Windungen, andauernd ergeben sich neue und schöne Ausblicke. Die umliegenden Hügel weisen dabei sehr unterschiedlichen Bewuchs auf. Oftmals tritt der blanke Fels hervor, so dass man sich trotz der geringen Meereshöhe manches Mal im Hochgebirge wähnt. Hinter der zweiten Eisenbahnbrücke, nach etwa vier Kilometern, wird es ruhiger. Die einzigen Begleiter am Ufer sind nun die Pedalritter auf dem Altmühltal-Radweg und der Fluss wird breiter. Die ohnehin kaum vorhandene Strömung schläft komplett ein und der Stau ist das sichere Zeichen für das Wehr in Pappenheim.

45 km

Erst rückt Burg Pappenheim ins Blickfeld, dann zieht bald am linken Ufer der Campingplatz entlang. Ich paddle rechts oberhalb am Wehr vorbei in den Kanal (hier liegt links der Ausstieg zur „Paddlerwiese" des Campingplatzes) und lege an den Treppenstufen an.

Die Portage führt nur einmal kurz über den Fahrradweg auf der Insel zwischen Kraftwerks- und Wehrkanal. Vor der Weiterfahrt sind es nur ein paar Schritte in die historische Altstadt, die die letzten Jahrhunderte recht unbeschadet überstanden hat und sich unterhalb von Burg Pappenheim in einem Altmühlbogen zwischen die mittelalterlichen Stadtmauern einfügt. Bekannt wurde der Name der Stadt vor allem durch den Ausspruch: „Ich kenne meine Pappenheimer." Das Zitat geht zurück auf Schillers

Drama Wallensteins Tod, in dem der Feldherr Wallenstein sagt: „Daran erkenn' ich meine Pappenheimer". Er sagte dies anerkennend zu einer Abordnung von Rittern unter Gottfried Heinrich Graf zu Pappenheim, die ihn fragten, ob das Gerücht über Verhandlungen mit den Schweden wahr sei. Bei der Weiterfahrt mahnt ein Schild vor der gefährlichen Querströmung aus dem von rechts einmündenden Kraftwerkskanal, die aber wohl nur beim Betrieb des Kraftwerks auftritt. Nach der Ortsdurchfahrt unter mehreren Brücken hindurch, grüßt vom hohen rechten Ufer Burg Pappenheim majestätisch zum Abschied und es wird wieder einsam auf der Altmühl. Ein paar Paddelanfänger verzweifeln am Geradeausfahren und schlingern zwischen rechtem und linkem Ufer hin und her.

Die Altmühl in Pappenheim.

45 km

Der Urvogel Archaeopteryx

Im Jahr 1860 findet Hermann von Meyer in den Solnhofener Plattenkalken eine versteinerte Feder und prägt für den dazugehörenden, etwa taubengroßen Urvogel den bis heute üblichen Gattungsnamen Archaeopteryx.

Die Entdeckung des Archaeopteryx sorgte für einen vehementen Streit zwischen den Verfechtern der Schöpfungslehre und der nur ein Jahr zuvor aufgestellten Evolutionstheorie von Charles Darwin.

Bis zur Entdeckung des Archaeopteryx war die Wissenschaft einig, dass sich die Vögel erst nach dem Ende der Flugsaurier entwickelt hatten. Der Urvogel war nun aber eine Übergangsform, die mit dem bezahnten Kiefer und den Schwungfedern gleichzeitig sowohl Merkmale der alten, als auch der neuen Art aufwies und damit Darwins Theorie bestätigte.

In den Steinbrüchen des Altmühltals wurden bis heute insgesamt zehn mehr oder weniger gut erhaltene Skelette des Urvogels Archaeopteryx entdeckt. Das bisher letzte Exemplar stammt aus dem Jahr 2005.

Gut zwanzig Minuten nach der nächsten Straßenbrücke erreiche ich das Wehr in Zimmern. Der Anleger zur Portage liegt am rechten Ufer, gegenüber lockt täglich außer mittwochs der Gasthof „Hollerstein" mit gutbürgerlicher Küche und einem schattigen Biergarten.

Die Hänge hinter dem Ufer rücken etwas näher an die Altmühl und nicht einmal 20 Minuten später bieten sich in Solnhofen die nächsten Einkehrmöglichkeiten. Nach dem Ort ist der Asteroid (3229) Solnhofen benannt und ganz nebenbei genießt Solnhofen Weltruf als eine Fundstelle des Urvogels Archaeopteryx. Das Museum (tgl. 9 - 17 Uhr) im Rathaus zeigt in reicher Auswahl versteinerte Tiere und Pflanzen aus der Jurazeit.

Rechts von der Fußgängerbrücke geht es zu einem Biergarten hoch über der Altmühl, links dahinter liegt der Ausstieg zum „Solnhofer Stüberl". Hinter dem Ausstieg unter der Straßenbrücke in Solnhofen gönne ich mir am Museumscafé ein Stück Pappenheimer Sahnetorte zum Kaffee.

Derart gestärkt paddle ich auf das 200 Meter entfernt liegende Wehr von Solnhofen zu. Rechts daran vorbei, ziehe ich das Kajak kurz über die Bootstreppe aus dem Wasser und über die Insel im Fluss. Auf der Insel bietet „Hefeles Mühlenstüberl" mit einem lauschigen Biergarten sowie einem Zeltplatz eine tolle Übernachtungsmöglichkeit.

Direkt hinter dem Wehr ist es erst einmal sehr flach, so dass ich bis zum Zusammenfluss des Wehrarms mit dem Mühlenkanal treidel. Nun beginnt der wohl spektakulärste Abschnitt der Altmühl. Keine zehn Paddelminuten hinter dem Städtchen türmen sich links die „Zwölf Apostel" auf. Diese beeindruckenden Felsformationen sind der Rest eines Riffgürtels aus dem tropischen Meer zur Jurazeit. Über die Jahrtausende haben Wind, Sonne, Regen und Eis die frei stehenden Felsen aus Schwamm-Algen-Kalken modelliert. Auf dem Plattenkalk zwischen den Felsen finden sich weitläufige Halbtrockenrasen, die in lichte Wacholder-Kiefern-Wälder übergehen. Ursprünglich von Rotbuchen- und Eichenmischwäldern bedeckt,

45 km

Das Altmühltal bei Solnhofen.

trieb der Mensch seit dem frühen Mittelalter Schafe und Ziegen in diese Wälder. Durch Verbiss der aufkeimenden Jungbäume, Trittschäden und Abholzung der älteren Bäume konnte sich im Laufe der Zeit eine licht- und wärmeliebende Flora ausbreiten. Einige der 187 seltenen oder geschützten Pflanzenarten der Roten Liste, die man auf Trockenrasen nachwies, wie zum Beispiel das Sonnenröschen, die Karthäuser-Nelke und die Küchenschelle, kommen hier vor.

Hinter den „Zwölf Aposteln" folgt rechts vor der Fußgängerbrücke ein Rastplatz. Über die Brücke geht es zum „13. Apostel", einem Biergarten am linken Ufer. Das restaurierte Gebäude von 1774 ist eine ehemalige Schankwirtschaft und Branntweinbrennerei. In einer weit ausholenden Flussschleife fahre ich auf die Straßenbrücke in Altendorf zu. Dahinter liegt der einfache, aber idyllische

Bootsrastplatz am Wehr Hammermühle. Es ist jedoch erst früher Nachmittag und so schließe ich die Spritzdecke, peile die mittig im Fluss liegende Bootsrutsche an und rausche über das Wehr. Noch drei ruhige Kilometer sind es bis zum nächsten Bootsrastplatz am Wehr in Hagenacker. Unterwegs lasse ich mir viel Zeit, beobachte die Libellen, die über der Wasseroberfläche tanzen und genieße die unzähligen Stauden des Sumpf-Vergissmeinnichts, dessen kleine Blüten blauweiß in der Sonne leuchten.

Auch das Wehr Hagenacker lässt sich über eine Bootsrutsche befahren, da ich aber mein Zelt für die Nacht auf der Wiese aufschlagen will, steuere ich die davor liegende Treppe an. Die einfachen Bootsrastplätze entlang der Altmühl sind ein toller Service der Naturparkverwaltung Altmühltal. Die Zeltwiesen sind mit Feuerstelle und Chemieklo ausgestattet

45 km

und am Abend kassiert ein Ranger den geringen Obolus für die Übernachtung. Frischwasser gibt es zwar nicht, dafür bieten in der Saison örtliche Unternehmer das Rundumsorglospaket und liefern auf Anruf Getränke, Feuerholz oder frische Brötchen zum Frühstück. Kein Wunder, dass diese Plätze bei fast allen Paddlern sehr beliebt sind.

Am nächsten Morgen ist es nur eine kurze, nicht einmal drei Kilometer lange Paddelstrecke bis Dollnstein. Nach Unterfahrung der Eisenbahnbrücke tauchen die ersten Häuser vor mir auf, links liegt der Anleger von Dollnstein und 150 hinter der Straßenbrücke rechts der Ausstieg zum Campingplatz. Dollnstein und Umgebung bietet jenen, die länger bleiben wollen, einige schöne landschaftliche Besonderheiten wie z. B. das Naturwaldreservat Beixenhard, den Burgsteinfelsen gegenüber der Bubenrother Mühle

(eines der 100 schönsten Geotope Bayerns), die Felsgruppe der „Hilzernen Klinge" zwischen Dollnstein und Hagenacker und mehrere Felsentore und Hanghöhlen, die schon in der Steinzeit besiedelt waren.

Hinter dem Ort weitet sich das Tal und führt in einer weiten Schlinge um eine markante Felsnase am linken Ufer. Etwas später erreiche ich am Sägewerk die „Stauanlage Bubenrothermühle", die als Mühle schon 1239 Erwähnung fand. Vor dem Wehr ziehe ich das Kajak links kurz über die Wiese und bin wenige hundert Meter weiter unter der Straßenbrücke von Breitenfurt hindurch. Dahinter liegt rechts das Freibad mit einem einladenden Biergarten und daneben der Zeltplatz. Mit für die Altmühl beachtlicher Geschwindigkeit geht es vorbei an schön anzuschauenden überhängenden Felsen. Dicht wuchernder flutender Hahnenfuß umspielt

Die Felsgruppe der „Zwölf Apostel" gehört zu den landschaftlich reizvollsten Abschnitten des Altmühltals.

45 km

mein Paddel und Hänge mit imposanten, grauen Felsformationen, dazwischen Wacholderheide und Trockenrasen, rücken immer näher ans Ufer.

Lang hingezogen erstreckt sich der Ort Obereichstätt entlang eines steilen, felsenreichen Prallhangs des Altmühltals. Die Geschichte des Ortes ist eng verbunden mit der des schon 1411 gegründeten Hüttenwerkes, das einst hier stand. Unter Bischof Euchar Schenk von Castell entwickelte sich das Werk zu einem (früh)industriellen Betrieb, in dem mit Hilfe von Holzkohle die auf der Jurahochfläche gefundenen sogenannten Bohnerze verhüttet wurden. Voraussetzung für die Entstehung des Werkes war der „Hüttenbach", der am Fuß des nördlich des Ortes gelegenen Steilhangs in einer starken Karstquelle mit einer Schüttung von etwa 750 Litern in der Sekunde entspringt und durch den Ort der Altmühl zufließt. Um 1700 betrieb er auf seinem kurzen Weg neben mehreren Mühlen auch den „Pochhammer", in dem das Eisen ausgeschmiedet wurde. Anfangs wurden im Werk Gebrauchsgegenstände wie Kessel, Töpfe und Ofenplatten gegossen. Später wagte man sich auch an den Guss von Kunstgegenständen. Wegen Holzknappheit wurde der Hochofen 1862 stillgelegt, und andere Gussverfahren eingeführt, bevor man 1932 die Produktion ganz einstellte. Heute setzt der weltbekannte Stahlbildhauer Alf Lechner die Obereichstätter Eisentradition auf andere Art fort. Er erwarb das über 15 Jahre ungenutzte Grundstück, sanierte die Gebäude von Grund auf und schuf auf dem Gelände des einstigen Hüttenwerkes einen Skulpturenpark mit seinen Kunstwerken.

Zweieinhalb Kilometer hinter Obereichstätt liegt vor der Straßenbrücke Wasserzell am rechten Ufer ein schöner Rastplatz. Wer keinen eigenen Proviant an Bord hat, erreicht nach ein paar Schritten in den Ort den Land-

gasthof „Hirschenwirt" mit seinem Biergarten. Derzeit wird die in den 1920er Jahren regulierte Altmühl bei Wasserzell renaturiert. Gut einen Kilometer weiter lege ich vor dem Wehr in Rebdorf an, um es am rechten Ufer zu umtragen. Von der Umtragung aus gelangt man zu Fuß schnell über die Brücke zur gewaltigen Klosteranlage von Rebdorf. Von den mittelalterlichen Klostergebäuden hat sich noch der südlich an die Kirche anschließende alte Konventbau mit einem spätgotischen Kreuzgang (15. Jh.) und dreischiffigen gotischen Saal erhalten. Die Kirche des um 1156 gegründeten Klosters entstand in Form einer romanischen Pfeilerbasilika in der zweiten Hälfte des 12. Jahrhunderts. Der barocke Umbau der Kirche und des Klosters erfolgte 1732 - 1735 und ist auf jeden Fall eine Besichtigung wert.

Zurück im Kanu, erhebt sich schon gleich die gewaltige Burganlage Willibaldsburg hoch über dem rechten Ufer. Im Jahre 1353 gegründet, war sie bis ins 18. Jahrhundert hinein repräsentative Burg und Residenz der Eichstätter Bischöfe.

Nur eine langgezogene Flussbiegung weiter, habe ich die Bischofsstadt Eichstätt erreicht. An der Stauanlage Willibaldbrücke setzte ich an der Insel kurz in den Kanal über und lege gegenüber am rechten Ufer an. Nur getrennt durch einen Fahrradweg bietet sich hier der große, kostenfreie Langzeitparkplatz als Endpunkt für meine Wochenendfahrt auf der Altmühl an. Bis zum Bahnhof ist es nicht weit und auch die Innenstadt mit Dom und beeindruckendem Residenzplatz liegt in Gehweite.

45 km

Die Untere Donau

Königin unter Europas Flüssen

Tour 17

Infos Untere Donau

Aktivitäten	Natur	Kultur	Baden	Hindernisse
★★★☆	★★★☆	★★★☆	★★☆☆	★★☆☆

Charakter der Tour:

Die Donau ist nach der Wolga der zweitlängste Strom Europas und bietet auf ihrer gesamten Länge von fast 3.000 Kilometern sehr unterschiedliche Bedingungen für das Kanuwandern. Auch die vorgestellte Tour weist zwei völlig unterschiedliche Charaktere auf. Im ersten Abschnitt bis Vohburg wird die Donau mit großen Wehranlagen aufgestaut. In diesem Teil ist die Strömung verhältnismäßig gering, da der Rückstau des nächsten Wehres meist schon kurz nach dem vorhergehenden Wehr beginnt. Hinter Vohburg liegt der bekannte Donaudurchbruch von Weltenburg und die Donau darf ohne weitere Hindernisse mit flotter Strömung bis zur Mündung des Main-Donau-Kanals in Kelheim fließen. Dieser Abschnitt, reizvoll zu jeder Jahreszeit, ist bei hohem Wasserstand für Anfänger ungeeignet.

Sehenswürdigkeiten:

Neuburg: Ehemaliges *Ursulinenkloster* mit Klosterkirche St. Ursula (um 1700); *Oberes Tor* (1530); frühbarocke *Pfarrkirche St. Peter* (1641 - 1646); *Stadtmuseum* im Adelspalais; *Provinzialbibliothek* (Frührokokobau von 1731/1732); *Karlsplatz* mit stattlichen Adels- und Bürgerhäusern aus Renaissance und Barock sowie Marienbrunnen von 1729 und 1773; *Rathaus* (Renaissancebau von 1603 - 1609), im Erdgeschoss städtische Kunstgalerie; *barocke Hofapotheke* (1713); *Hofkirche Unserer Lieben Frauen* (1607/1608); ehemaliges *Jesuitengymnasium* (1713) mit Kongregationssaal; *Residenzschloss* (1530 - 1545 von Pfalzgraf Ottheinrich erbaut) mit Schlosskapelle und monumentalem Ostflügel mit zwei Rundtürmen; *Stadttheater* (Biedermeier-Emporentheater von 1868/1869 im einstigen herzoglichen Getreidekasten). **Ingolstadt:** *Kreuztor,* gut erhaltenes westliches Stadttor aus dem 14. Jh.; *barocke Asamkirche Maria de Victoria* mit prachtvollem Innenraum; *spätbarocker Prachtbau Alte Anatomie* (1723) mit *Deutschem Medizinhistorischem Museum*; *Altes Rathaus* mit Kern aus dem 14. Jh., 1882 im Stil der Neurenaissance umgestaltet; *Ickstatthaus* (Ludwigstraße 5) mit Rokokofassade; *gotisches Münster Zur Schönen Unserer Lieben Frau;* gotische *Franziskanerbasilika* mit wertvollen, ungewöhnlich gut erhaltene Epitaphien; ehemaliges *Herzogsschloss* aus dem 13. Jh., im Mittelalter Burg und Residenz, später Kornspeicher und Stadtkasse; *Neues Schloss* (15. Jh.) mit Bayerischem Armeemuseum (historische Waffen, Rüstungen und Zinnfiguren); *Museum für Konkrete Kunst* in der Tränktorstraße. **Vohburg:** *drei mittelalterliche Stadttore:* „Kleines Donautor" (1471), „Großes Donautor" (1470) und „Auertor" (15. Jh.); *Burgberg* mit restaurierter Burgmauer; *Pfarrkirche St. Peter* (1820 - 1823) und ehemaliges *Pflegschloss* mit Mansardwalmdach (1721 erbaut, 1786 vergrößert); *Stadtplatz mit Andreaskirche* (13. Jh., umgebaut zu modernem Rathaus). **Neustadt:** *spätgotisches Rathaus* (15. Jh.). **Kelheim:** *Kloster Weltenburg* am Eingang des Donaudurchbruchs, um 600 gegründet und somit älteste klösterliche Niederlassung in Bayern; *Archäologiepark Altmühltal* mit fünfzehn verschiedenen Standorten zwischen Dietfurt und Kelheim; *Archäologisches Museum* mit Funden aus der Kelheimer Region; *Befreiungshalle* (1842 - 1863) auf dem Michelsberg.

69 km

Sonstige Aktivitäten:

Radfahren: Der anspruchsvolle Limesradweg führt entlang der Spuren des Limes auf 440 km von Miltenberg über Schwäbisch Gmünd, Gunzenhausen, Weißenburg und Kelheim nach Regensburg. Von Bad Gögging bis Regensburg ist die Streckenführung identisch mit dem Donau-Radweg.

Wandern: Der Jurasteig führt in zwölf Etappen über 230 Kilometer als großer Rundwanderweg von Kelheim über Bad Abbach, Kallmünz, Habsberg, Deining, Dietfurt a.d. Altmühl bis nach Riedenburg und zurück nach Kelheim. Schöne Tagestouren bieten die als Rundwege angelegten Schlaufenwege des Jurasteigs im Landkreis Kelheim: Nr. 4 Donau-Schlaufe (16 km, Kloster Weltenburg - Eining - Kloster Weltenburg), Nr. 7 Kaiser-Thermen-Schlaufe (20 km, Rundtour um Bad Abbach), Nr. 13 Römer-Schlaufe (14 km Eining - Bad Gögging – Eining).

Paddeln: Altmühl von Gunzenhausen nach Dietfurt (ca. 120 km) und weiter auf dem Main-Donau-Kanal bis Kelheim (ca. 35 km). **Sonstiges:** Die Deutsche Limes-Straße führt auf etwa 700 Kilometern entlang des teilweise noch heute zu erkennenden Grenzwalls vorbei an original römischen Relikten, Rekonstruktionen, Ausgrabungen und Nachbauten (www.limesstrasse.de). **Schlechtwetteralternativen:** *Erlebniswelt Audi Forum* Ingolstadt mit Werksführungen, Museum und Programmkino, Tel. (0800) 283 44 44. *Brauereibesichtigung Weissbierbrauerei G. Schneider & Sohn KG* in Kelheim, Tel. (09441) 70 50. *Limestherme* Bad Gögging, Tel. (09445) 200 90, www.limes-therme.de

Anreise:
A9 München – Nürnberg, Ausfahrt Manching oder A8 München - Stuttgart, Ausfahrt Augsburg-Ost.

Einsetzstelle:
Am Campingplatz beim Ruderclub in Neuburg (Oskar-Wittmann-Straße 5).

Aussetzstelle:
Ehemalige Fährrampe direkt an der B 16 in Saal a. D.

Befahrensregelung:
Ab Kelheim ist die Donau Bundeswasserstraße, es gelten die Vorschriften der Donau-Schifffahrts-Polizeiverordnungen.

Zurück zum Pkw:
Gute Bahnverbindung (tagsüber im 2-Std.-Takt) von Saal nach Neuburg, Fahrtzeit etwa 75 Minuten.

Etappenvorschlag:
1. Tag: Neuburg – Vohburg (35 km)
2. Tag: Vohburg – Saal (34 km)

Tipps für Tagestouren:
1. von Eining nach Kelheim (15 km)

Kartenmaterial / Literaturhinweise:
Radwanderkarte Donau-Radweg 1 Donaueschingen – Passau, 1:50.000, Publicpress Publikationsgesellschaft mbH, Geseke. Lydia L. Dewiel; *Kunst Reiseführer Oberbayern,* DuMont Verlag. Wolfgang Czysz, Karlheinz Dietz und Thomas Fischer: *Die Römer in Bayern,* Nikol Verlag. Umfangreiches Werk zu allen Facetten der römischen Kultur in Bayern von der Ausdehnung des rö-

Länge der Tour:
ca. 69 km

Umtragestellen:
Im ersten Abschnitt von Neuburg bis Vohburg drei mächtige Stauanlagen, alle sind mit elektrohydraulisch betriebenen Selbstbedienungs-Kahnschleusen ausgestattet.

69 km

mischen Imperiums an Donau und Altmühl bis zum Zusammenbruch der römischen Herrschaft im 5. Jahrhundert. Thomas Fischer & Erika Riedmeier-Fischer: *Der Römische Limes in Bayern,* Verlag Friedrich Pustet. Reich illustriertes Sachbuch zu Geschichte und Funktion des Limes, die römische Grenzpolitik sowie Ausrüstung und Bewaffnung der Limestruppen. Mit Wanderführer für die Strecke entlang des raetischen Limes von Wilburgstetten bei Dinkelsbühl bis Eining an der Donau. Christine Leutkart: *Vom Gelben Felsen,* Ein Krimi aus dem Donautal, Maximilian Dietrich Verlag.

Übernachtung in Wassernähe:

Neuburg a. D.: Campingplatz beim Ruderclub, Tel. (08431) 94 74, www.drcn.de; *Ingolstadt:* auf Anfrage für DKV-Mitglieder *Zeltmöglichkeit beim Faltbootclub Ingolstadt,* www.canoe-in.de; *Vohburg:* städtische *Zeltwiese hinter der Agnes-Bernauer-Brücke* (kein Trinkwasser!); *Kelheimwinzer: Gästehaus Glaser,* Tel. (09441) 91 58; *Kelheim/Herrnsaal: Camping auf dem Bauernhof,* Tel. (09441) 96 07, www.camping-bauernhof.de

Wichtige Adressen:

Kanuverleih: *Kanuverleih Nautilus Christian Platzeck,* Embacher Str. 10, 93083 Niedertraubling, Tel. (09401) 512 95, www.kanu-outdoor.de; **Fahrradverleih:** *Kelheim: 2-Rad Jessen,* Tel. (09441) 50 48 50, www.my2rad.de; **Sonstiges:** *Personenschifffahrt im Donau- und Altmühltal,* Tel. (09441) 58 58, www.schiffahrt-kelheim.de; *Rundflüge mit dem Flugsportverein Kelheim e.V.* vom Flugplatz Hienheim, Tel. (09445) 74 00.

Auskunft:

Tourist-Information Neuburg a. D., Ottheinrichplatz A 118, 86633 Neuburg an der Donau, Tel. (084 31) 552 40, www.neuburg-donau.de; *Tourist-Information Ingolstadt,* Rathausplatz 2, 85049 Ingolstadt, Tel. (0841) 305 30 30, www.ingolstadt-tourismus.de; *Tourismusverband im Landkreis Kelheim e.V.,* Donaupark 13, 93309 Kelheim, Tel. (09441) 20 73 30, www.tourismus-landkreis-kelheim.de; *Arge Deutsche Donau,* Tel.: (08431) 90 83 30, www.deutsche-donau.de

Karte Untere Donau-Tour

69 km

Die Untere Donau

Nachdem der Lech seine Wassermassen an die Donau übergeben hat, erreicht diese Neuburg. Hier ist „nomen" ausnahmsweise nicht „omen", denn die Stadt ist alles andere als neu. Das Stadtbild der alten Residenzstadt wurde überwiegend im 16. Jahrhundert vom Pfalzgrafen Ottheinrich geprägt. Bereits am Morgen hatte ich am Campingplatz des Donau-Ruder-Klubs mit Blick auf Altstadt und Schloss das Zelt aufgeschlagen und das Auto zum Endpunkt in Saal bei Kelheim umgesetzt. Nach der Rückfahrt mit dem Zug stehe ich nun auf dem prächtigen Karlsplatz, der von alten Linden und noch älteren stattlichen Adels- und Bürgerhäusern aus Renaissance und Barock umgeben wird. Am östlichen Rand erhebt sich das Residenzschloss. Die mächtige Renaissanceanlage wurde von 1530 bis 1545 erbaut und die Schlosskapelle mit ihren kunstvollen Fresken gilt als der älteste protestantische Kirchenbau in Bayern. Durch das Untere Tor am Nordflügel des Schlosses komme ich zum Donauufer, trinke in der Abendsonne einen Milchkaffee und schaue den Kanupolospielern auf der Donau zu.

Selbst ins Boot steige im am nächsten Morgen, brauche aber zunächst nicht viel zu tun, denn eine erstaunlich flotte Strömung trägt mich durch grünen Auwald nach Osten der Sonne entgegen. Die Donau ist breit und die Strömung wird zusehends zäher. Bei Donaukilometer 2.472 warnt ein Hinweisschild vor der Staustufe in zwei Kilometern Entfernung und mahnt zum Fahren am rechten Ufer. Besondere Vorsicht ist bei Blinkzeichen geboten. Dann läuft Wasser über das Wehr und es besteht Lebensgefahr! Die Staustufe Bergheim ist, wie die folgenden Wehranlagen der Tour auch, mit einer Selbstbedienungsschleuse ausgestattet, die in der Theorie das Umsetzen erleichtern soll. Da ich solo unterwegs bin, ist das Schleusen in der Praxis aber nicht so einfach. Erst muss ich vor der Schleuse anlegen und das Tor per Knopfdruck am Bedienpult öffnen. Nach der Einfahrt in die Schleusenkammer, muss ich erneut aussteigen, das Kajak so vertäuen, dass es dem sinkenden Wasserstand folgen kann und auf der Schalttafel den Hebel auf Talfahrt stellen. Nun muss ich den Knopf gedrückt halten, bis das Wasser abgeflossen ist. Dabei geht es ordentlich bergab und es beginnt der schwierigste Teil der Prozedur. Mit dem Paddel zwischen den Zähnen klettere ich, gefühlt zehn Meter, senkrecht über die glitschige Treppe in die Tiefe. Wohlbehalten wieder im Boot, rinnt mir der Schweiß von der Stirn und für mich steht fest: An den nächsten Wehranlagen werde ich auf den Bootswagen zurückgreifen. Nach der Schleusung geht es auf einer schmalen und idyllischen Donau weiter, bis in der Ferne die rot-weißen Schlote des Kraftwerks von Ingolstadt zu sehen sind.

Vor der einstigen Herzogsresidenz und Landesfestung Ingolstadt hat das Wehr einen großen See aufgestaut. Segelboote flitzen über das Wasser, Graureiher stehen stoisch am Ufer und auf den aus dem Wasser ragenden Ästen trocknen Kormorane nach dem Tauchgang ihr Gefieder. Hinter einem schmalen Grüngürtel am linken Ufer verbirgt sich auf einer Fläche von ca. 150 Hektar ein attraktives Naherholungsgebiet mit einem riesigen Baggersee. Spiel- und Beachvolleyballplätze wurden geschaffen, Schwimmstege und Holzplattformen laden zum Baden ein.

Am Ende der zum See aufgestauten Donau lasse ich die Schleuse Schleuse sein und baue den Bootswagen zusammen. Dieser erleichtert zwar die Portage, am Höhenunterschied von

69 km

Wehr und Unterwasser ändert er allerdings nichts und so muss ich das Boot über eine steile Treppe wieder ins Wasser rutschen lassen. Etwa 20 Kilometer nach dem Start in Neuburg zieht am linken Ufer die Donaupromenade von Ingolstadt vorbei. Von der weitgehend erhaltenen Altstadt mit ihren historischen Bauten zwischen der mittelalterlichen Befestigungsanlage ist vom Wasser aus nicht viel zu sehen. Am markantesten ist die schlichte, weiße Fassade des „Neuen Schlosses", das sich hinter der Fußgängerbrücke am linken Ufer erhebt. Als letzter Posten liegt, direkt vor der Autobahnbrücke am rechten Ufer, der Anleger des Kanuclubs Ingolstadt.

Danach ist die Donau Pionierübungsgelände. Die Ufer sind mit Treppen, Hafenanlagen und Rampen verbaut und bei Manövern ist mit gespannten Drahtseilen oder Schwimmbrücken zu rechnen. Das Betreten des rechten Ufers ist in diesem kurzen Abschnitt untersagt.

Erst bei Donaukilometer 2.452 erreiche ich das schon seit langem sichtbare Kraftwerk und weil ein Schild vor der gefährlichen Querströmung warnt, halte ich mich ans rechte Ufer. Die Donau ist auf den nächsten Kilometern breit, eingedeicht und begradigt. Schon von weitem sind die Schlote des Kraftwerks in Vohburg am Horizont zu sehen. Vor dem Kraftwerk warnt erneut ein Schild vor der gefährlichen Querströmung und ich halte etwas Abstand vom Ufer, bleibe aber rechts, da ich als nächstes die Wehranlage in Vohburg umtragen muss. Ich lege rechts von der Schleuse an und zurre mein Kajak auf dem Bootwagen fest. Dieses Mal ist auch der Einstieg hinter dem Wehr intelligenter gelöst. Über parallel zum Ufer verlaufende

Auf der Zeltwiese der Stadt Vohburg dürfen Donaupaddler kostenlos übernachten.

Donaufähre bei Weltenburg.

Betonschrägen kann ich das Kanu mit dem Bootswagen bequem bis zum Wasser rollen. Nun sind es nur noch ein paar Paddelschläge bis zur Agnes-Bernauer-Brücke in Vohburg, hinter der am rechten Ufer die einfache städtische Zeltwiese (kein Trinkwasser, nur Chemie-Toilette) liegt. Der fehlende Komfort wird durch die Lage und die direkt nebenan liegende „Gelateria Bar San Marco" mehr als wettgemacht. Auf der Terrasse über der Donau wird nicht nur Eis sondern auch Pizza serviert und es ist nur ein kurzer Spaziergang in die Stadt.

Malerische Gässchen führen mich hinauf auf den Burgberg. Wie Scherbenfunde aus der Zeit um 1500 v. Chr. beweisen, war er schon in der mittleren Bronzezeit bewohnt. Heute prägen er und das Burgbergareal mit seinen lauschigen Plätzen das Stadtbild Vohburgs. Von oben habe ich einen tollen Blick über die Dächer der Stadt und das weite Donautal. Gut zu erkennen von hier oben ist auch das Kleine Donautor, ein zweigeschossiger gotischer Bau, der den Südeingang zum Marktplatz bildet und als Wahrzeichen der Stadt gilt.

Sofort nach dem Ablegen am nächsten Morgen erfasst mich die flotte Strömung und trägt mich laut Anzeige auf dem GPS-Empfänger mit etwa fünf Kilometern pro Stunde Kelheim entgegen. Der Fluss war immer schon Fernstraße und Handelsweg, daher verwundert es nicht, dass an verkehrsgünstiger Stelle das Schloss Wackerstein errichtet wurde. Weithin sichtbar thront es auf dem steilen Abbruch eines Juraausläufers, strategisch günstig können die Donau und das weite Umland überblickt werden. Seine Anfänge gehen auf die Zeit um 900 n. Chr. zurück, der Neubau stammt aus dem Jahre 1781.

Das Schloss markiert den Beginn des Wasserübungsplatzes der NATO auf den nächsten eineinhalb Kilometern. Die Ufer sind hier militärisches Sperrgebiet und wieder heißt es aufpassen auf Spannseile und andere Hindernisse im Wasser. Hinter der Straßenbrücke

69 km

Spektakuläre Felsen und flotte Strömung machen den Donaudurchbruch für Paddler zum Genuss.

69 km

von Pförring sind es noch etwa 45 Minuten bis zum Bootsanleger von Neustadt an der Donau. Die Stadt liegt zwar nicht direkt am Fluss, das spätgotische Rathaus aus dem späten 15. Jahrhundert als Mittelpunkt der Stadt und das Schiff der gotischen Stadtpfarrkirche „St. Laurentius" sind aber den etwa einen Kilometer langen Fußweg wert. Zurück auf der Donau, kreuzt etwa einen Kilometer hinter dem Zufluss der Abens die Seilfähre zwischen Hienheim am linken und Eining am rechten Ufer. Am rechten Ufer laden ein schöner Rastplatz, der Imbiss am Fährhaus und das Römerkastell Abusina zum Anlegen ein. Es ist Bestandteil des zum UNESCO-Weltkulturerbe erhobenen Rätischen Limes und eine der wenigen vollständig freigelegten und in ihren Grundmauern rekonstruierten Wehranlagen dieser einstigen Grenze. Von hier an verlief der Limes dem Rhein entgegen und schützte nördlich der Donau die Grenze des römischen Reiches

Kloster Weltenburg

Der erste Klosterbau auf der Halbinsel am Donaudurchbruch erfolgte wohl um 600 n. Chr. Nach dunklen Jahrhunderten die von Plünderungen und Überschwemmungen geprägt waren, erlebte das Kloster im 18. Jahrhundert einen wirtschaftlichen Aufschwung.

Nachdem Prior Maurus Bächl 1713 zum neuen Abt gewählt wurde, ließ er die alten Gebäude abreißen und von 1716 - 1739 die heutige barocke Klosteranlage mit der eindrucksvollen Klosterkirche bauen.

Das Äußere der Kirche ist schlicht und einfach und läßt nicht den inneren Reichtum, ja nicht einmal die innere Raumgestaltung ahnen. Hinsichtlich ihres Baustils und ihrer Ausschmückung steht die Kirche zwischen Barock und Rokoko; insbesondere weist die Vorhalle, die zuletzt fertiggestellt wurde, Rokokomotive auf. Im Ganzen betrachtet ist sie ein Werk des bayerischen Hochbarocks. Das Innere ist klar in drei Räume aufgegliedert: die Vorhalle, den Hauptraum und das Presbyterium. Im Hauptraum tragen acht Säulen aus Weltenburger Marmor die eingehängte, vorgewölbte Kuppelkonstruktion mit ihrem Scheitelausschnitt und zwölf Fenstern an der Außenwand der Kuppel. Sehenswert sind auch das Altarbild mit dem hl. Georg, das Deckenfresko von Egid Quirin Asam und die Brandenstein-Orgel.

Die über 14-hundertjährige Klostergeschichte erzählt das 2005 errichtete Besucherzentrum, in dem sich ein Nebenraum auch der Flora und Fauna des Donaudurchbruchs widmet.

Berühmt ist Kloster Weltenburg vor allem für seine vermutlich älteste Klosterbrauerei der Welt, die um 1050 erstmals erwähnt wurde, und so findet man mitten in der barocken Klosteranlage einen der schönsten Biergärten Bayerns. Scharenweise (mehr als 500.000 Besucher jährlich) fallen die Touristen mit den Ausflugsdampfern aus Kelheim im Kloster Weltenburg ein und genießen unter mächtigen Kastanienbäumen das berühmte Weltenburger Klosterbier, mit dem „World Beer Award" als bestes Dunkelbier der Welt ausgezeichnet, und heimische Spezialitäten. Auf die derben Holztische kommen zum Beispiel Weltenburger Stierl, eine gesottene Mastochsenbrust mit feiner Meerrettichrahmsauce oder Saueres Lüngerl mit Semmelknödel, angeblich die alte Leibspeise der Zillenkapitäne, die die traditionellen Flachbodenkähne über die Donau schippern. (ausführliche Infos: www.urbanplus.com/weltenburg/klosterundkirche.html)

69 km

gegen Überfälle der germanischen Stämme. Der Grenzwall diente nicht nur als Schutz vor Feinden, sondern auch der Kontrolle des Handels entlang und über die Grenzen hinweg. Die einzelnen Wachtürme wurden während einer ersten Ausbauphase durch Palisaden verbunden. Erst in der Mitte des 2. Jahrhunderts wurde der Schutzwall als Steinmauer ausgebaut.

Nun ist es nicht mehr weit bis zur Weltenburger Enge, in der sich die Donau in einer engen Schlucht den Weg durch die harte Kalktafel des Oberen Jura bahnt. Erst passiere ich die Seilfähre zwischen Stausacker und Weltenburg, dann lege ich am breiten Kiesstrand vor dem Kloster an, um mir das prächtige Deckengemälde der barocken Kirche anzuschauen und ein dunkles Klosterbräu zu probieren.

Zu tief ins Glas schauen sollte man allerdings nicht, denn im Donaudurchbruch erfordern sowohl die rasante Strömung, als auch die Ausflugsdampfer und die Zillenkähne die volle Aufmerksamkeit. Senkrecht aufsteigende Felswände mit phantasievollen Namen wie „Römerfelsen", „Eidechse" oder „Räuberfelsen" ziehen rasch an mir vorbei. Am linken Ufer ragt die „Lange Wand" auf, an der große Eisenhaken angebracht sind, die die Kahnkapitäne früherer Zeiten nutzten, um ihre Boote mit Haken gegen die Strömung flussaufwärts zu ziehen.

Viel zu schnell thront voraus die Befreiungshalle in Kelheim auf dem hochaufragenden Michelsberg als Wahrzeichen über der Stadt. Den Rundbau ließ König Ludwig I. von Bayern als Erinnerung an die Befreiungskriege gegen Napoleon durch den Münchener Baumeister Leo von Klenze in 21 Jahren errichten. Obwohl ich noch weit davon entfernt bin, lassen sich die riesigen Abmessungen des Bauwerks erahnen. Schon das Eingangstor misst stolze sieben Me-

ter. Die Rotunde ist 45 Meter hoch, zählt man die großzügige Treppe hinzu, sogar 60 Meter. Der Innenraum ist mit vielfarbigem Marmor verkleidet und im Boden ein Marmormosaik eingelassen. Ein Besuch lohnt nicht nur wegen der Halle an sich sondern auch wegen des herrlichen Panoramablicks von der Außengalerie.

Am Ende des Donaudurchbruchs liegt am linken Ufer das Vereinsgeländes des „Kanu-Clubs Kelheim" und dahinter das Klösterl. Aus einer großen Felsgrotte, inmitten der Felsenschluchten des Donaudurchbruchs, errichtete hier 1450 Antonius von Siegenburg seine Einsiedelei und eine kleine Kapelle zu Ehren des Heiligen Nikolaus. Das Dach der Kirche wird von dem weit überhängenden Stein der Felsen gebildet. Sie gehört zu den wenigen Felsenkirchen Europas mit einem natürlichen Dach. Heute lädt hier eine Wirtschaft mit Biergarten zur Rast ein.

Bald darauf warten am linken Ufer in Kelheim die Ausflugsdampfer auf Touristen, gegenüber liegt eine erste Ausstiegsmöglichkeit. Weil Kelheim selbst aber nicht an das Schienennetz angeschlossen ist, habe ich das Auto am Bahnhof in Saal-Kelheim abgestellt und folge der Donau, die ab Kelheim Bundeswasserstraße ist, weiter flussabwärts.

Am Ausstieg Kelheim-Affecking lädt ein Biergarten zur letzten Rast ein. Danach mündet von links der Main-Donau-Kanal und am rechten Ufer ragen die Türme und Kräne des Hafens Saal-Kelheim in den Himmel.

Vor der nächsten Straßenbrücke liegt am rechten Ufer eine Sportbootmarina, knapp zwei Kilometer weiter ist der Tourenendpunkt erreicht. Am linken Ufer liegt Herrnsaal mit einer guten Campingmöglichkeit auf einem Bauernhof, am rechten Ufer bietet eine alte Fähranlegerrampe unter der Bundesstraße eine günstige Gelegenheit, um das Boot aus dem Wasser zu heben.

Der Inn

Flusswanderung an Österreichs Grenze

Tour 18

162 km

Infos Inn				
Aktivitäten	Natur	Kultur	Baden	Hindernisse
★★☆☆	★★☆☆	★★☆☆	★★☆☆	★★★☆

Charakter der Tour:

Auf der beschriebenen Strecke zwischen Wasserburg und Passau dominiert die Natur, allerdings ist der Inn auch durch mehrere große Stauanlagen gezähmt und die dazwischen liegenden Flussabschnitte sind ohne größere wassertechnische Schwierigkeiten zu befahren. Lediglich zwischen Jettenbach und Neuötting darf der Inn frei in seinem natürlichen Flussbett fließen. Je nach Wasserstand entwickeln sich in diesem Abschnitt die Sohlrampen zu Wildwasser bis zum Schwierigkeitsgrad III. Aufgrund von Breite, Tiefe, Strömungsgeschwindigkeit und dem eisigen Gletscherwasser, versteht sich das Tragen einer Schwimmweste bei einer Paddeltour auf dem Inn von selbst.

Sehenswürdigkeiten:

Wasserburg: vollständig erhaltene *mittelalterliche Altstadt*; *Schloss* (1531 - 1537), das zurückgeht auf eine alte Wasserburg, die schon 1085 erwähnt ist und 1415 verstärkt wurde; *Burgkapelle „St. Ägidien"* (zweite Hälfte 15. Jh.); *Pfarrkirche „St. Jakob"* (15. Jh.); gotische *Frauenkirche* (Innenraum 1753 im Rokoko-Stil umgestaltet) mit 65 m hohem Stadtturm; spätgotisches *Rathaus* (1457 - 1459); *Kernhaus* (Patrizierhaus mit schöner Rokoko-Fassade); *Städtisches Museum* mit Ausstellungen zu Stadtgeschichte, Handwerk und Gewerbe sowie bäuerlicher Wohnkultur. **Gars:** *Kloster mit Kirche* (Ende 17. Jh.). **Au:** ehemaliges *Augustinerkloster,* heute Franziskanerinnenkloster; *Schloss Stampfl* (teilweise erhaltene Burg, erbaut nach 1123). **Kraiburg:** *altes Städtchen* mit engen Gassen und großzügigem Marktplatz mit markantem Brunnen. **Mühldorf:** *Rathaus* mit Sitzungssaal im Stil der Renaissance und Hexenkammer aus dem letzten Hexenprozeß im Jahre 1750; *Frauenkirche* (1815); Stadtpfarrkirche St. Nikolaus mit Stilmix aus Romanik, Gotik, Barock und Rokoko und prächtigem Rokoko-Innenraum; *Kreismuseum* im Lodron-Haus; *Jagd(muss)eum,* skurriles Anti-Jäger-Museum mit kuriosen Exponaten. **Altötting:** bedeutendster *Wallfahrtsort Bayerns* mit Gnadenkapelle, Stiftskirche und weiteren eindrucksvollen Bauten rund um den Kapellplatz. **Marktl:** *Heimatmuseum* am Marktplatz mit Ausstellung zu Handwerk und Landwirtschaft; *Geburtshaus Papst Benedikt XVI.*; bronzene *Benediktsäule* mit Zitaten von Papst Benedikt XVI und des Hl. Benedikt; *Honiglehrpfad* mit Wissenswertem zur Imkerei. **Braunau:** *Stadtplatz* mit gotischen Giebeln aus 14./15. Jh., Fischbrunnen, Stadtturm und Rathaus; *Bezirksmuseum* mit Ausstellung zu Volkskunst, Geschichte und Handwerk; spätgotische *Pfarrkirche „St. Stephan".* **Neuhaus:** *Wasserschloss Neuhaus* mit fünf Türmen (14. Jh.). **Schärding:** *Pfarrkirche St. Georg* mit gotischem Chor und Langhaus um 1725; *Stadtplatz* mit „Silberzeile" (farbenfrohe Fassaden an der Nordseite). **Vornbach:** *Benediktinerabtei Mariä Himmelfahrt* (barocker Kirchenbau von 1637, 1803 in Schloss umgewandelt). **Passau:** *Dom St. Stephan* (spätgotischer Ostbau 1407 - 1530, barockes Langhaus 1668 - 1678) mit zwei Türmen und reichhaltigen Stukkaturen und Fresken im Inneren;

Residenzplatz mit Wittelsbacherbrunnen, Patrizierhäusern und Neuer Bischöflichen Residenz (Domschatz- und Diözesanmuseum); *Rathaus* (14. Jh.) mit 68 m hohem Turm (18. Jh.); *Glasmuseum* (bayerische, böhmische und österreichische Glaskunst); *Museum Moderne Kunst; Römermuseum; Veste Oberhaus* (ab 1219 errichtete Burg der Passauer Fürstbischöfe). **Stadtrundgang Seite 211.**

Sonstige Aktivitäten:

Radfahren: Der Inn-Radweg begleitet den Fluss auf rund 310 km von Innsbruck in Tirol bis zur Mündung in die Donau in Passau. **Wandern:** Im Europareservat „Unterer Inn" führt ein dichtes Wegenetz kilometerweit über die Dämme und durch die Auwälder. Am Rande des Europareservates, in Ering/Inn, verläuft ein Naturlehrpfad. Von Biologen des Infozentrums geleitete Führungen in dieses Gebiet finden sonntags und mittwochs statt. **Paddeln:** Auf der Salzach von Freilassing nach Simbach am Inn (ca. 65 km); auf der Donau von Regensburg nach Passau (ca. 154 km); auf der Ilz von Schrottenbaummühle bis Passau (ca. 25 km). **Schlechtwetteralternativen:** Wasserburg: Sport- und Freizeitzentrum Badria mit großer Sauna- und Badelandschaften, Tel. (08071) 81 33; www.badria. de; Burghausen (an der Salzach): 1.051 m lange Burg mit mehreren Museen (Haus der Fotografie, Staatliche Gemäldegalerie, Stadtmuseum).

Anreise:
Autobahn A99, Ausfahrt 17 Kreuz München-Ost weiter auf A94 Richtung Passau/Mühldorf und dann auf der B 12 nach Wasserburg.

Einsetzstelle:
Hinter dem Wehr in Wasserburg (Zufahrt über Ponschabaustraße).

Aussetzstelle:
Zeltplatz der Faltbootabteilung des TV Passau an der Ilz (Halserstr. 34).

Befahrensregelung:
Für das Naturschutzgebiet „Vogelfreistätte Salzachmündung" von der Mündung des Türkenbaches bis zur Staustufe Simbach (Inn-km 73 bis 61,1) besteht ein ganzjähriges Uferbetretungsverbot. Im Naturschutzgebiet „Unterer Inn" von der Mündung der Mattig bis zur Staustufe Egglfing (Inn-km 56 bis 35,3) besteht ein Uferbetretungsverbot vom 01.05. - 31.08.

Zurück zum Pkw:
Regelmäßige Zugverbindung zwischen Passau und Wasserburg a. Inn, Fahrtzeit ca. drei Stunden.

Etappenvorschlag:
1. *Tag:* Wasserburg – Kraiburg (38 km)
2. *Tag:* Kraiburg – Marktl (44 km)
3. *Tag:* Marktl – Obernberg (30 km)
4. *Tag:* Obernberg – Passau (50 km)

Tipps für Tagestouren:
1. Jettenbach – Neuötting (36 km)

Länge der Tour:
ca. 162 km

Umtragestellen:
Insgesamt müssen elf große Stauanlangen umtragen werden. Ein- und Ausstieg sind weithin sichtbar ausgeschildert und mit Anlegerampen und Treppen ausgestattet. Die Portagen sind aber sehr lang und ein guter Bootswagen gehört unbedingt mit an Bord, nur bei den Portagen am österreichischen Ufer stehen Bootswagen zur Verfügung.

162 km

Kartenmaterial / Literaturhinweise:

Inn-Radweg Teil 2: Von Innsbruck nach Passau, bikeline-Radtourenbuch mit Karten 1:50.000, Verlag Esterbauer. Lydia L. Dewiel: *Kunst Reiseführer Oberbayern,* DuMont Verlag. Josef Grünberger: *Land am Inn: Vom Ursprung zur Mündung,* Tyrolia-Verlag. Dieser Bildband porträtiert die unterschiedlichen Landschaften und Kulturräume entlang des Inns. Christian Böhm: *Tod am Inn - Ein neuer Fall für Watzmann,* Piper Verlag. Provinzdetektiv Watzmann aus Wasserburg ermittelt beim Theatersommer den Mord an „Romeo und Julia".

Übernachtung in Wassernähe:

Es gibt entlang des Inns viele schöne, abgeschiedene Zeltmöglichkeiten direkt am Fluss. Campingplätze oder Pensionen bzw. Gasthäuser sind dagegen rar. Die hier angegebenen Übernachtungsmöglichkeiten liegen bis zu 1.500 m vom Fluss entfernt, ein guter Bootswagen ist daher auch hierfür unerlässlich.
Kraiburg: *Landgasthof Rosenberger,* Tel. (08638) 88 67 50; www.halbwirth.de; *Mühldorf: Jugendherberge,* Tel. (08631) 73 70; *Marktl: Campingplatz am Marktler Badesee,* Tel. (08678) 17 86, www.campingplatz-marktl.de; *Gasthof Altenbuchner,* Tel. (08678) 249. **Braunau:** *Hotel Post,* Tel. +43 (0) 7722 / 634 15, www.hotel-post-braunau.at; *Obernberg: Panorama Campingplatz,* Tel. +43 (0) 7758 / 300 24; *Passau: Zeltplatz der Faltbootabteilung des TV Passau,* Tel. (0851) 414 57.

Wichtige Adressen:

Kanuverleih: *Rosenheim: Prijon Sportshop,* Tel. (08031) 21 94 44, www.prijon-shop.de; *Wasserburg: River Riding,* Tel. (01577) 349 35 66, www.river-riding.de; *Braunau:* Tel. +43 (0) 7722 / 816 00, www.kanuaumayr.at; **Fahrradverleih:** *Passau: Fahrradladen-Passau,* Tel. (0851) 722 26, www.fahrradladen-passau.de; *Fahrradklinik Passau,* Tel. (0851) 334 11, www.fahrradklinik-passau.de; *Bikehaus Passau,* Tel. (0941) 599 81 94, www.fahrradverleih-bahnhof-passau.de; **Sonstiges:** *Bayerisch-Oberösterreichisches Infozentrum Europareservat Unterer Inn,* Innwerkstr.15, 94140 Ering, Tel. (08573) 13 60.

Auskunft:

Gäste-Information Wasserburg, Tel. (08071) 105 22, www.wasserburg.de; *Verkehrs- und Kulturbüro der Stadt Mühldorf,* Tel. (08631) 61 22 26, www.muehldorf.de; *Tourismus Braunau am Inn,* Tel. +43 (0) 7722 / 626 44, www.tourismus-braunau.at; *Tourismusverband Schärding,* Tel. +43 (0) 7712 / 430 00, www.schaerding.at; *Tourist-Info Passau,* Tel. +49 (0) 851 / 95 59 80, www.passau.de

Das malerische Stadtbild Wasserburgs bildet den Auftakt zur Inn-Tour.

Der Inn

162 km

Noch liegt dichter Morgennebel über dem Inn. Ich bin früh an der Einstiegsstelle hinter dem Wehr in Wasserburg, denn die Etappen auf dem Inn sind lang. Über weite Strecken dominiert Natur das Innufer. Keine Straße und Eisenbahntrasse begleiten den Fluss, selbst Dörfer und Städte machen sich rar und damit auch die Übernachtungsmöglichkeiten.

Am Innkraftwerk in Wasserburg wird im August 2009 rege gebaut, trotzdem kann ich bis zum Innufer fahren und mein Boots erst ab- und dann beladen. Der Bahnhof von Wasserburg liegt etwas außerhalb, so dass ich vor dem Ablegen das Auto erst noch zum Bahnhof fahre und mit dem Bus zurückkehre. Inzwischen hat die Sonne den Kampf gegen den Nebel ernsthaft aufgenommen und so blitzen kurz nach dem Ablegen die malerischen Häuserfassaden von Wasserburg hoch über dem linken Ufer in der Morgensonne.

Wasserburg ist einmalig und bietet mit seiner landschaftlichen Lage eine Besonderheit: Die Altstadt liegt auf einer vom Inn fast vollständig umflossenen Halbinsel, die nur über eine schmale Landzunge zu erreichen ist. Vom gegenüberliegenden bis zu 70 Meter hohen Steilufer, der sogenannten Innleiten, überblickt man die ganze Altstadt mit ihrer bis ins Mittelalter zurückreichenden Bausubstanz. Die Häuser drängen sich auf der schmalen Halbinsel im Innbogen dicht an dicht. Salzhandel und der Umschlag von Waren aus dem Balkan, Österreich und Italien brachten der Bevölkerung Wohlstand, den die Bürger mit repräsentativen Bauten zum Ausdruck brachten.

Unter der Straßenbrücke mit dem Brucktor von 1738 hindurch schiebt mich das grautrübe Gletscherwassers des Inns, der wohl um die 150 Meter breit ist, durch die Innschleife zur nächsten Brücke. Hier wird es einsam und die Natur übernimmt das Kommando. Links und rechts ragen bewaldete Steilufer auf, die Sonne ringt die letzten Nebelschwaden nieder und nach gut einer Stunde versperrt das Laufwasserkraftwerk in Teufelsbruck den Weg. Um den Ort rankt sich eine Sage. Vor nicht langer Zeit war der Inn noch ein wilder Gebirgsfluss. Das Fahren auf ihm war gefährlich und die Innschiffer mussten um ihr Leben gegen die Fluten kämpfen. Wenn einer ins Wasser gefallen war, durfte ihm niemand helfen. Er wurde zum Flussopfer, um den damals reißenden Fluss zu besänftigen. Der Teufel wollte einst den Inn überqueren, fand aber an dem schmalen Ufer nicht genug Platz zum Anlauf für den Sprung. Also warf er Steine in den Fluss, um leichter auf die andere Seite zu gelangen.

Wie an allen Wehren auf dem Inn ist der Ausstieg durch ein weithin sichtbares Schild nicht zu verfehlen. Leider ist, wie an den meisten Wehren, die Portage am Zaun des Werksgeländes entlang sehr weit. Ohne vernünftigen Bootswagen im Gepäck würde die Tour zur Tortur!

Kurz hinter dieser „Teufelsbruck" stehen heute die Pfeiler einer Eisenbahnbrücke, die ich nun unterfahre, die Strömung legt wieder kräftig los und bringt mich rasch die sieben Kilometer bis Gars. Das Gasthaus an der Brücke lasse ich in Hinblick auf die Etappenlänge links liegen und nachdem die Doppeltürme der Kirche am Ufer vorbei gezogen sind, zwingt mich hinter einer Innschleife die Staustufe zum nächsten Landgang.

Zweieinhalb Kilometer weiter thront über dem linken Ufer das barocke Kloster Au. In malerische Landschaft eingebettet, sind Kloster und Klosterkirche ein beliebtes Ausflugsziel.

162 km

Karte Inn-Tour

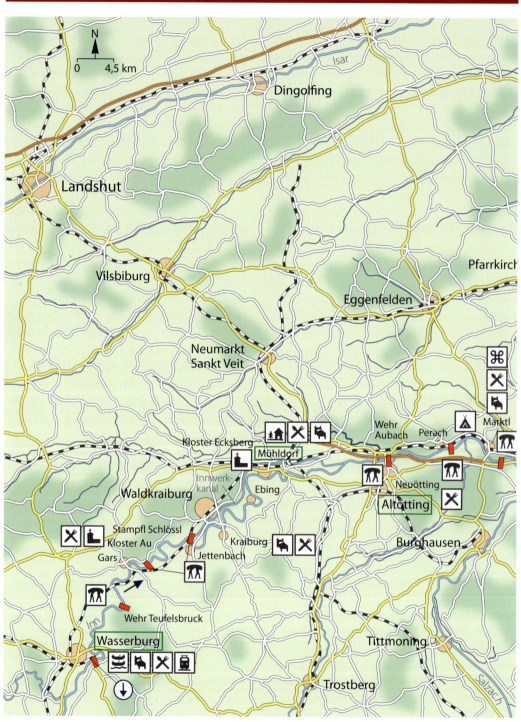

N

0   4,5 km

Isar

Dingolfing

Landshut

Pfarrkirch

Vilsbiburg

Eggenfelden

Neumarkt
Sankt Veit

Kloster Ecksberg

Mühldorf

Wehr
Aubach

Perach

Marktl

Innwerk-
kanal

Ebing

Neuötting

Waldkraiburg

Altötting

Stampfl Schlössl
Kloster Au

Kraiburg

Gars

Jettenbach

Burghausen

Inn

Wehr Teufelsbruck

Wasserburg

Tittmoning

Salzach

Trostberg

Karte Inn-Tour

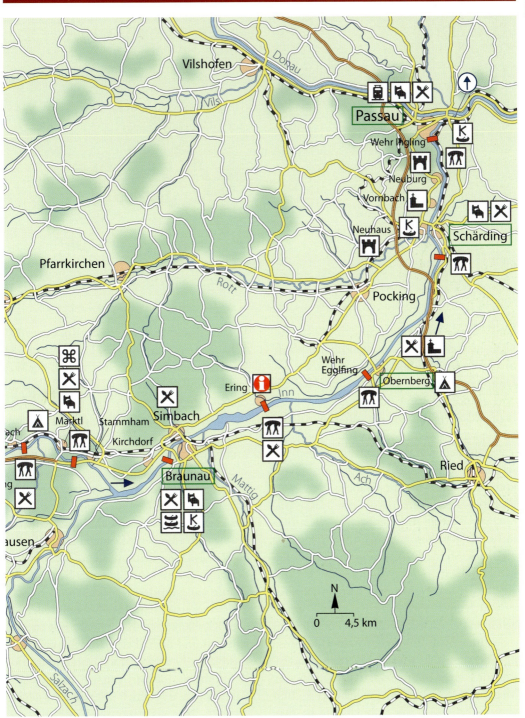

162 km

Zum Pausieren und Übernachten bieten sich entlang des Inns zahlreiche schöne Sandstrände an.

Um 780 als Kloster gegründet, wurde Au 1122 in einen Augustiner-Chorherren-Stift umgewandelt. Im Jahre 1853 erwarben die Dillinger Franziskanerinnen die Gebäude und gründeten 1854 die Kongregation der Franziskanerinnen von Au am Inn. In der Klosterkirche ist neben den aufwendig gestalteten Seitenaltären, dem kunstvoll geschnitzten Chorgestühl und den prunkvoll komponierten Marmor-Gräbern der Auer Pröbste, das Grabmal der Gräfin Maria Theresia von Törring zu Jettenbach aus kunsthistorischer Sicht besonders wertvoll. Es ist ein filigranes Meisterwerk des großen Hofbildhauers Johann Baptist Straub, das er 1757 angefertigt hat. Neben dem Kloster befindet sich auch ein Biergarten.

Schon in der nächsten Kurve, in einer malerischen Innschleife, thront das Stampfl-Schlössl über dem Fluss. Es wurde 1127 erbaut und ist Reststück einer Burg, die sich die Grafen von Megling anlegen ließen. Ein heute verschütteter Geheimgang führte hinab bis an den

Inn. Er diente Raubrittern als Rückzugsmöglichkeit, denn mit über den Fluss gespannten Ketten hinderten sie Frachtschiffe an der Weiterfahrt und plünderten sie aus. Vor allem für die Salzschifffahrt war der Inn von größter Bedeutung. Heute ist das Stampfl-Schlössl mit seinem Gastgarten ist beliebter Ausflugspunkt und bietet einen unvergleichlichen Blick über die Voralpenlandschaft.

Bei Inn-Kilometer 128 ist das Wehr in Jettenbach erreicht. Der Ausstieg liegt am rechten Ufer hinter der Eisenbahnbrücke und die Portage ist fast einen Kilometer lang. Die Plackerei wird aber belohnt, denn vor mir liegt der ungezähmte Inn. Gleich zu Beginn zeigt er mir sein geändertes Gesicht und rauscht über eine erste, harmlose Sohlschwelle. Flache Kiesbänke wechseln sich mit steilen Kliffs ab und überall entdecke ich idyllische Rastplätze. Es ist aber noch früh und die flotte Strömung, garniert mit ein paar kleinen Sohlrampen, trägt mich fast von ganz alleine vorwärts. Nur steuern muss ich selbst.

162 km

In der Kurve hinter der gelben Kirche von St. Erasmus wartet die erste etwas größere Stufe, die aber bei normalem Wasserstand kein Problem darstellen sollte. Kurz darauf, in Kraiburg, knapp 40 Kilometer nach dem Start in Wasserburg, bietet sich die erste Übernachtungsmöglichkeit in Wassernähe. Um im „Landgasthof Rosenberger" zu übernachten, setzt man am besten beim Pegel vor der Straßenbrücke aus, läuft auf dem Pfad bis zur Straße und auf dieser weiter nach links.

Der Inn bleibt spritzig und abwechslungsreich. Nach einer starken Linkskurve liegt rechts, inmitten eines riesigen Golfplatzes, das in Privatbesitz befindliche Schloss Guttenburg am Ufer.

Hinter drei Sohlschwellen lege ich rechts an einem ausreichend großen Sandstrand an und mache es mir für die Nacht gemütlich.

Bei der Weiterfahrt am nächsten Tag folgen drei recht hohe Stufen. Statt Wellen bereitet mir aber der niedrige Wasserstand Probleme und es ist gar nicht so leicht, eine „material-

schonende" Durchfahrt zu finden. In einer weiten Linkskurve wacht der Heistinger Hang über dem rechten Ufer. Ständig arbeitet der Inn an diesem hohen, steilen Prallhang und trägt weiter Sand ab. Der Inn bleibt sportlich und immer wieder rauscht das Wasser über die ein oder andere kleine, manchmal auch etwas größere, Stufe oder Sohlrampe.

Die Bundesstraße 12 am linken Ufer kündigt Mühldorf an. Es folgen die ersten Häuser und die Seilfähre bei Inn-Kilometer 105,6. In der engen Linkskehre dahinter zerrt und schiebt eine merkwürdige Querströmung am Boot und das Wasser ist kabbelig.

An der Straßenbrücke böte sich eine Möglichkeit um der Stadt, die reich an Sehenswürdigkeiten ist, einen Besuch abzustatten. Das Zentrum der Stadt bildet ein historischer Stadtkern mit Bauwerken im Inn-Salzach-Stil. Er bezeichnet einen typischen Baustil von Altstädten in der Region von Inn und Salzach. Dabei bilden mehrere Häuser durch Scheinfassaden vor dem eigentlichen Dach

Am österreichischen Ufer stellen die Kraftwerksbetreiber komfortable Bootswagen zur Verfügung.

162 km

Marktl am Inn. Der Geburtsort von Papst Benedikt XVI.

ein geschlossenes Ensemble. Am nördlichen Rand einer Innschleife gelegen, war Mühldorf bis 1802 eine Enklave des Fürsterzbistums Salzburg in Bayern und diente vor allem im Mittelalter als wichtiger Handelsplatz.

Etwa 300 Meter hinter der Bundestraßen-Brücke rauscht der Inn noch einmal über eine ordentliche Stufe. Kurz hinter der nächsten Eisenbahnbrücke mündet rechts der Grünbach und auf gleicher Höhe rauscht das Wasser abermals über eine Stufe. Für einen langen Moment genieße ich das schöne Tal in ruhiger Strömung, bevor eine letzte Sohlrampe die Staustrecke vor dem nächsten Wehr markiert. Bis zur Portage ist es noch ein weiter Weg. Von rechts mündet erst der Pollinger Bach, dann gibt von links der Werkskanal das in Jettenbach entzogene Wasser zurück und die Brücke der Bundesstraße 299 in Neuötting

ist schon kilometerweit voraus zu sehen. Zwischen der darauffolgenden Brücke und dem Wehr lege ich rechts an der Treppe an. Von der Brücke aus kann man gut, vorbei am Gasthaus Inntaler Hof, in die Innenstadt zum schönen Marktplatz laufen. Das Wahrzeichen der Stadt, die Pfarrkirche St. Nikolaus, eine große dreischiffige Hallenkirche der Spätgotik mit einem 78 Meter hohen Turm, wurde 1410 erbaut und ist schon von Weitem sichtbar.

Ich mache mich nun daran die lange und lästige Portage zu bewerkstelligen. Vom Damm schiebe ich den Bootswagen am Kraftwerkszaun entlang bis zur Straße, dort nach links, am Ende des Werksgeländes links auf dem Trimm-Dich-Pfad zurück zum Inn. Sieben hindernisfreie Kilometer liegen vor mir, vorbei am links hinter dem Uferdamm liegenden Peracher Badesee, der im Sommer oft mehre-

162 km

re tausend Badegäste anlockt, bis zum Kraftwerk Perach. Hier ist die Portage ausnahmsweise schnell erledigt: Ich setze am rechten Ufer aus und muss das Kajak nur etwa 200 Meter über den Weg zum Altarm umtragen. Die Mündung der Alz markiert ungefähr die Hälfte des Schlussspurts nach Marktl. Voraus über dem linken Ufer erheben sich die hellen Konglomeratwände der „Dachlwand" und die Bahnlinie tritt direkt ans linke Ufer. Dahinter liegt der Marktler Badesee mit dem Campingplatz, allerdings gibt es keine direkte Zufahrt zum See. Ich paddle daher hinter der Insel bei Inn-Kilometer 78 nach links in den Altarm und setze bei der Infotafel am Wanderweg am rechten Ufer aus. Der etwa 1.000 Meter lange Weg zum Camping auf dem Bauernhof in Marktl ist eine ziemliche Plackerei (vom Wanderweg steil zur

Straße hoch, an dieser entlang dem Wegweiser „Zu den Badeplätzen" folgen), wird durch den netten Empfang und den kleinen, aber feinen Campingplatz wirklich wettgemacht. In der Abendsonne sind die Strapazen schnell vergessen. Ich mache noch einen Spaziergang ins Zentrum von Marktl zum Geburtshaus von Papst Benedikt XVI und der bronzefarbenen Papstsäule. Am nächsten Morgen bin ich wieder so gut erholt, dass mir der Weg zurück zum Fluss gar nicht mehr so weit vorkommt und einen Kilometer später geht es schon unter der Straßenbrücke von Marktl hindurch. Laut Presseberichten wird die Marktler Brücke von Herbst 2009 bis 2011 neu gebaut. Die Durchfahrt durch die Baustelle und die alte Brücke werden in diesem Zeitraum gesperrt, die Umtragestelle soll gekennzeichnet sein.

162 km

Knapp zwei Kilometer hinter Marktl erreiche ich die Staustufe Stammham, die ich am linken Ufer umtrage. Bald markieren die nachfolgende Straßenbrücke und die Mündung des Türkenbaches den Anfang des Naturschutzgebietes „Vogelfreistätte Salzachmündung", das zum Europareservat „Unterer Inn" gehört. Dieses erstreckt sich grenzüberschreitend 55 Flusskilometer von der Salzachmündung bei der Ortschaft Haiming, flussabwärts bis zur Mündung der Rott bei Neuhaus/Schärding und besteht aus Wasserflächen, Schlickbänken, ausgedehnten Schilfufern, mit Weiden bewachsenen Inseln in einer Größe von etwa 5.500 Hektar. In diesem Natur- und Vogelschutzgebiet gibt es noch unberührte Auwälder, zahlreiche Wasser- und andere Vögel. Auch seltenen Pflanzen und Tieren, wie zum Beispiel dem Biber, kann man hier begegnen. Vor allem heimische Pflanzen wie die gewöhnliche Wolfsmilch, der blaue Wiesen-Salbei oder die elegante Königskerze, aber auch seltene Orchideenarten finden hier den geeigneten Lebensraum.

Bald öffnet sich am rechten Ufer die breite Salzachmündung. Bis Passau ist der Inn nun Grenzfluss zwischen Deutschland und Österreich. Das Kraftwerk Simbach-Braunau kann an beiden Ufern umtragen werden, weil aber nur die österreichischen Kraftwerksbetreiber Bootswagen bereitstellen (in den kleinen Hütten am Aus- und Wiedereinstieg), lege ich am rechten Ufer an. Mit dem massiven, großrädrig bereiften Bootswagen ist die etwa einen Kilometer lange Portage ein Kinderspiel.

Um den hübschen Stadtplatz von Braunau zu besichtigen, finde ich kurz vor der Brücke, an der Einmündung der Enknach, einen guten Anlegeplatz um einen Rundgang durch den malerischen, mittelalterlichen Stadtkern zu unternehmen und dabei die Stadtpfarrkirche St. Stephan, das Schloss Ranshofen oder die historische Badestube im Vorderbad zu besichtigen, die eine der sehr wenigen, gut erhaltenen mittelalterlichen Badeanlagen in ganz Europa ist.

Entlang ausgedehnter Wasserflächen durchsetzt mit Schlickbänken paddle ich durch das Naturschutzgebiet „Unterer Inn" dem Wehr des Kraftwerks Ering/Frauenstein entgegen. An der Rampe hinter der Treppe lege ich am rechten Ufer an und kann dann dem gemütlichen Biergarten an der Burgschänke nicht widerstehen.

Über die Innbrücke schlendernd, sind es zu Fuß nur 500 Meter Richtung Ering um dem Informationszentrum des Europareservats „Unterer Inn" einen Besuch abzustatten. Der Verein zur Förderung des Europareservates „Unterer Inn" begeistert mit tollen Aktivitäten: Vogelstimmen-Exkursionen, Auwaldwanderungen, Zugvögel im Europareservat – vielfältig sind die regelmäßig angebotenen Veranstaltungen.

Der Inn ist nun wieder etwas schmaler geworden, nimmt bei Inn-Kilometer 44,5 die Ach auf, bevor er sich vor dem Wehr Egglfing-Obernberg seeartig aufstaut. Zwischen den vielen kleinen Inseln schwirrt, pfeift und zwitschert es und gebannt schaue ich in die herrliche Landschaft – Wasservögel soweit das Auge blickt. Eine Trauerseeschwalbe stürzt sich auf einen Fisch, vom Ufer beäugt mich kritisch ein Silberreiher und in luftiger Höhe kreist ein Seeadler. Am Ende vor dem Wehr, ich traue meinen Augen kaum, stehen sogar ein paar Flamingos im Wasser.

Der Campingplatz von Obernberg liegt laut Karte am rechten Innufer und es sind tatsächlich nur wenige hundert Meter Entfernung. Leider nur Luftlinie, denn der Campingplatz liegt hoch oben auf einem Bergrücken und es gibt keinen direkten Zugang. So geht mir zum Abend hin fast die Puste aus, als ich den Bootswagen steil bergan über eine stark befahrene Straße schiebe.

Kloster Vornbach markiert den Beginn der reizvollen Inn-Enge im Neuburger Wald.

162 km

Erst hinter der Brücke bei der Tankstelle kann ich dem regen Verkehr den Rücken kehren und werde von einer netten Dame mit einem freudig-mitleidigen „Paddler hatten wir ja hier noch nie!" empfangen.

Lohnend ist der Obernberger Marktplatz, einer der schönsten Marktplätze Österreichs, mit farbenfrohen Rokoko-Stuckfassaden des Schiffsmeister-, Apotheker- und Wörndlehauses aus der Hand des bayerischen Künstlers Johann Baptist Modler. Überhaupt ist das „tausendjährige Juwel am Inn" ein toller Ausgangspunkt für Wanderungen und Vogelbeobachtungen am Innstausee und im Europareservat „Unterer Inn".

Gut erholt starte ich am nächsten Morgen zu meiner letzten Tagesetappe. Vom Campingplatz laufe ich den Weg zurück, vorbei an der Gaststätte „Badwirt" mit seinem schattigen Biergarten, auf einen steilen Waldweg, der mich zum Einstieg hinter dem Wehr bringt. Nachdem ich die Straßenbrücke zwischen Egglfing und Obernberg hinter mir gelassen habe, gibt es nach zwei Kilometern auf österreichischer Seite nochmal einen tollen Ausflugstipp. Seit mehr als 900 Jahren gilt das Stift Reichersberg, auf einem Hügel über dem Inntal gelegen, als Ort der Ruhe und Einkehr. Gründe für den Spaziergang hinauf auf den Berg gibt es viele – egal ob man einfach die Ruhe in dem barocken Kloster genießen will oder die Besichtigung der zahlreichen Sehenswürdigkeiten mit gutem Essen und einem edlen Tropfen Wein verbinden möchte.

Bald darauf zeigt sich der Inn erstmals wenig idyllisch, denn kurz hinter der Mündung des Antiesen tritt die Autobahn direkt ans rechte Ufer und ist für die nächsten fünf Kilometer mein lauter Begleiter.

Hinter der Autobahnbrücke liegt am rechten Ufer das ehemalige Augustiner-Chorherrenstift. Das mächtige Gebäude wird heute als Gefängnis genutzt, wie Stacheldraht und Über-

wachungskameras unschwer erkennen lassen. Am Wehr in Schärding, nach weiteren vier Kilometern, gibt es die komfortablen Bootswagen wie gehabt nur am österreichischen Ufer. Im Anschluss an die etwa einen Kilometer lange Portage, ist voraus schon die Straßenbrücke zwischen Neuhaus und Schärding zu sehen, die ich knapp 30 Minuten später erreiche. Eine Sehenswürdigkeit für sich ist das Stadtbild des rechtsufrigen Schärding mit Bürgerhäusern aus dem 16. bis 19. Jahrhundert, insbesondere die spätbarocke Silberzeile am Oberen Stadtplatz, umgeben von einer weitgehend erhaltenen Stadtmauer mit mehreren mittelalterlichen Stadttoren. Der Ort in sei-

162 km

Die Zeltwiese der Passauer Kanuten.

nem geschlossenen, farbenfrohen Architektur-bild ist ein typischer Vertreter des Inn-Salzach-Stils. Am linken Ufer liegt Schloss Neuhaus, das, zu Beginn des 14. Jahrhunderts, von den bayerischen Herzögen zum Schutz der Innbrücke auf einem Felsen als fünftürmiges Wasserschloss errichtet und 1750 - 1752 im Stil des Rokoko umgebaut wurde.

Unter der stark befahrenen Straßenbrücke der Bundesstraße hindurch passiere ich eine Insel im Fluss, dahinter leuchtet in der Ferne die gelbe Fassade mit den weißen Kirchtür-men des 800 Jahre alten Klosters Vornbach. Wenige Kilometer vor der Einmündung in die Donau, wo sich der Fluss durch die Enge

zwischen den aufragenden Felsen zwängen muss, liegt die ehemalige Benediktinerabtei. Sie gehört zu den Klöstern und Stiften, die ab dem 10. Jahrhundert von den Landes-herren entlang des Inns errichtet wurden. Geblieben ist nach der Säkularisierung die prachtvolle Kirche Maria Himmelfahrt, de-ren romanischen Ursprung man hinter der barocken Fassade nicht gleich erkennt.

Hinter Vornbach scheint es, als wolle der Inn den trostlosen Etappenbeginn wettmachen. Vor mir liegt die malerische Inn-Enge im Neu-burger Wald. Von besonderem landschaftlichen Reiz ist das Erholungsgebiet „Neuburger Wald" mit dem Landschaftsschutzgebiet „Innenge".

162 km

Schloss Neuhaus bei Schärding – auf einer kleinen Felseninsel zum Schutz der Innbrücke im 14. Jh. errichtet.

Besonders fasziniert mich die mittelalterliche Schlossanlage hoch oben am Steilufer des Inns. Die Neuburg, Süddeutschlands einziges fünftürmiges Schloss, wurde im 11. Jahrhundert erbaut und war einst Sitz der Grafschaft Neuburg.

Die Hängeseilbrücke mit einer Länge von 145 Metern, die den Inn auf einer maximalen Höhe von acht Metern überspannt und mit Stahltrossen abgespannt ist, wird nur von einem 30 Meter hohen nadelförmigen Pfeiler gehalten. Sie verbindet Neuburg mit dem alten Schifferort Wernstein, wo mehrere Gaststätten und Lokale zur Rast einladen. Der Inn begeistert auch auf seinen letzten Metern mit idyllisch bewaldeten Ufern und bald umtrage ich das letzte Wehr der Tour am rechten Ufer. Dann geht alles erstaunlich schnell. Rasch trägt die Strömung mich

nach Passau. Eine Brücke nach der anderen lasse ich hinter mir und staune über die vielfältige Turmlandschaft, die mir die Passauer Altstadt bietet. Hinter dem Schaiblingsturm trifft der Inn auf die Donau. Hier heißt es nicht nur aufgepasst auf die rege Strömung, sondern vor allem auf die zahlreichen Ausflugsdampfer.

Von der Innmündung paddle ich unter dem Blick der Veste Oberhaus schräg nach links über die Donau und finde unter einer Brücke die Mündung der Ilz. An der Sohlschwelle unter der zweiten Brücke (2009 Baustelle), ziehe ich mein Kajak kurz am linken Ufer entlang und erreiche nach 300 Metern das Bootshaus der Kanuten des TV Passau, wo ich an der Treppe an der Zeltwiese anlege und meine ereignisreiche Fahrt auf dem Inn beende.

Stadtrundgang Passau

162 km

Die altehrwürdige Bischofsstadt Passau liegt überschaubar auf einer Landzunge zwischen Donau und Inn und wir beginnen den Stadtrundgang direkt am Zeltplatz des TV Passau. Auf der Halser Straße laufen wir ilzabwärts und am Ende rechts über Kopfsteinpflaster-Serpentinen hinauf zur *Veste Oberhaus (1)*. Die 1219 errichtete Burg der Passauer Fürstbischöfe beherbergt ein kulturgeschichtliches Museum mit Ausstellungen zu Leben, Handel und Handwerk im Mittelalter und die Neue Galerie der Stadt Passau.

Über den Ludwigsteig, den ehemaligen Wehrgang (nur während der Museumszeiten geöffnet!), steigen wir in zehn bis fünfzehn Minuten hinunter zum Donauufer. Unten entlassen uns die Treppenstufen direkt an der Luitpoldbrücke, die das linke Donauufer mit der Passauer Altstadt verbindet.

Am gegenüberliegenden Ufer laufen wir an den Anlegern der Ausflugsdampfer nach rechts zum *Rathaus (2)*, das von einem 68 Meter hohen Turm überragt wird. Der im venezianischen Stil erbaute Saalbau stammt aus dem Jahre 1405. Den Eingang zum sehenswerten Rathaussaal (Öffnungszeiten täglich 10 - 16 Uhr) mit imposanten Kolossalgemälden auf Wänden und Decken finden wir um die Ecke in der Schrottgasse.

Auf dem Rathausplatz, der von etwa 1000 bis 1842 als Fischmarkt diente, laden viele Lokale zum Verweilen ein. Direkt neben dem Rathaus zeigt das *Glasmuseum (3)* Meisterwerke bayerischer, böhmischer und österreichischer Glaskunst.

Vorbei an der Rathausecke, auf der Hochwassermarken einen Eindruck von der Höhe der Wasserstände der Donau geben, laufen wir die Schrottgasse hoch und wenden uns am Ende nach rechts zum Residenzplatz mit Wittelsbacherbrunnen und Patrizierhäusern. Besonders beeindruckend an der Neuen Bischöflichen Residenz aus dem 18. Jahrhundert ist die Fassade im Stil des Wiener Klassizismus. Im Saalbau, der Neue und Alte Residenz verbindet, finden wir das Domschatz- und Diözesan-Museum.

Wir laufen auf der Großen Messergasse unter dem Diözesanbogen hindurch und anschließend schräg nach links bergan zum gewaltigen Portal des *Doms (4)*. Der Dom St. Stephan besteht aus dem spätgotischen, von einer Kuppel gekrönten Ostbau (1407 - 1530), dem barocken Langhaus (1668 - 1678) und zwei mächtigen Türmen. Im Inneren begeistern schöne Stuckaturen und Fresken und die größte Dom-Orgel der Welt, die 1928 gebaut wurde und aus fünf Orgelwerken besteht. Mit dem Rücken zum Dom wenden wir uns hinter der ersten Sitzgruppe nach links

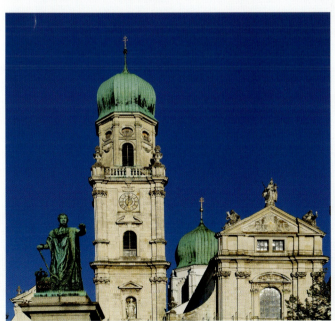

Der Dom St. Stephan in Passau.

162 km

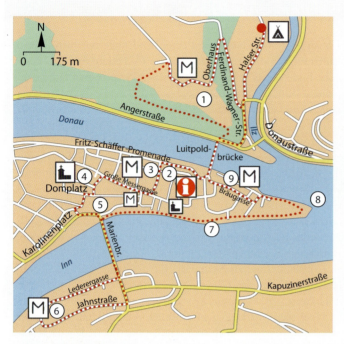

und steigen über die schmale Gasse und die Treppenstufen hinab zu dem am Innufer gelegenen *Theater (5)* im Fürstbischöflichen Opernhaus. Auf der Brücke überqueren wir den Inn und laufen nach rechts über die Lederergasse zum *Römermuseum (6)*. Das Freigelände zeigt die Fundamente eines 1974 entdeckten spätrömischen Kastels aus dem 3. Jahrhundert n. Chr. Im angegliederten Museum sind archäologische Funde aus ganz Ostbayern ausgestellt.

Anschließend kehren wir zum Inn zurück, wenden uns auf der Altstadtseite auf der Innpromenade nach rechts, passieren den *Schaiblingsturm (7)*, ein Überbleibsel der mittelalterlichen Stadtbefestigung von Passau und stehen bald am *Dreiflusseck (8)* von Donau, Inn und Ilz.

Wir folgen dem Donauufer an dem die Kreuzfahrtschiffe vor Anker liegen, biegen vor dem Altstadthotel nach links und wenden uns auf der Bräugasse nach rechts. In einem schönen Altstadthaus präsentiert das *Museum Moderne Kunst (9)* Kunstwerke des 20. Jahrhunderts.

Die Bräugasse führt uns zurück zur Luitpoldbrücke, wo wir entweder weiter geradeaus laufen, um den Stadtrundgang in einem der Lokale auf dem Rathausplatz ausklingen zu lassen oder uns nach rechts wenden und durch einen Tunnel am gegenüberliegenden Donauufer zurück zur Halser Straße kommen, die uns wieder zum Zeltplatz bringt.

Veste Oberhaus in Passau

Die Amper

Ammersee und Ampermoos

Tour 19

Infos Amper

Aktivitäten	Natur	Kultur	Baden	Hindernisse
★★★☆	★★★☆	★★☆☆	★★★★	★★☆☆

58 km

Charakter der Tour:

Der Ammersee ist aus einem Zungenbecken entstanden, den ein Eiszeitgletscher ausgehobelt hat. Er ist etwa 15 Kilometer lang, fünf Kilometer breit und bis zu 81 Meter tief. Mit seinem schönen Alpenpanorama ist er ein tolles Kanurevier und im Gegensatz zum benachbarten Starnberger See sind die Ufer nicht ausschließlich Privatgrund, so dass man genügend öffentliche Strände zum Anlanden und Plantschen findet. Bei Stegen, am nördlichen Ende des Ammersees, fließt die Amper aus dem Ammersee ab und windet sich als gemütlicher Wanderfluss in schönen Schleifen durch die Hügellandschaft des Münchener Vorlandes.

Sehenswürdigkeiten:

Dießen: *barockes Marienmünster* (1732 - 1739); *Bauhaus-Pavillons* der Arbeitsgemeinschaft Diessener Kunst mit Werken von 30 Künstlern; *Carl-Orff Museum* zu Leben und Werk des Komponisten. **Herrsching:** *Kloster Andechs*; *Kurparkschlössl* (einstige Villa des Kunstmalers Ludwig Scheuermann); ursprünglich spätgotische, später barockisierte *Martinskirche* auf einem Hügel am östlichen Ortsrand mit gutem Ausblick über Dorf und Ammersee. **Grafrath:** *Wallfahrtskirche St. Rasso* (barocker Saalbau, Mitte des 18. Jh. im Rokoko-Stil umgestaltet). **Fürstenfeldbruck:** ehemaliges *Zisterzienser-Kloster* (gegründet 1266) mit spätbarocker Klosterkirche Mariä Himmelfahrt; *Pfarrkirche St. Magdalena* (zweite Hälfte 17. Jh.); *Wallfahrtskirche St. Leonhard* (gotischer Zentralbau); *Altes Rathaus* (1866 - 1868); *Mahnmal* zur Erinnerung an den Todesmarsch von KZ-Häftlingen.

Sonstige Aktivitäten:

Radfahren: Der 201 km lange Ammer-Amper Radweg führt von den Ammerquellen südlich von Oberammergau bis zur Ampermündung in die Isar bei Moosburg. **Wandern:** Rundtour auf dem 35 km langen Ammerseehöhenweg (Schondorf - Achselschwang - St. Alban - Riederau - Holzhausen - Utting – Schondorf); 14 km langer, markierter Rundwanderweg Schondorf - Utting – Schondorf; Münchner Jakobsweg von München über Schäftlarn, Andechs, am Ammerseeufer entlang über Eching nach Schondorf und weiter über Dießen, Wessobrunn, Steingaden, Kempten bis nach Bregenz. **Paddeln:** Zwei spritzige Tagestouren für Fortgeschrittene auf der Ammer von Peißenberg nach Weilheim und die Litzauer Schleife des Lechs zwischen Lechbruck und Schongau. **Wassersport:** Der Ammersee eignet sich nicht nur zum Paddeln, sondern für Wassersport jeder Art. Surf- und Segelschulen finden sich in allen Orten rund um den Ammersee. **Schlechtwetteralternativen:** Fürstenfeldbruck: *Hallenbad AmperOase* mit Sauna, Tel. (08141) 312 80, www.amperoase.de

Anreise:

A96 München-Lindau, Ausfahrt Inning am Ammersee, weiter nach Stegen.

Einsetzstelle:

Für die Ammerseeumrundung kann das Kajak an jedem der Ammersee-Zeltplätze oder an einem der zahlreichen Strandbäder eingesetzt werden. Die beste Einstiegsstelle für die Ampertour ist an der Brücke von Stegen nach Eching (Landsberger Straße).

Aussetzstelle:

Vor der Brücke am Schwimmbad in Fürstenfeldbruck (Klosterstraße).

Befahrensregelung:

Für die Naturschutzgebiete „Ampermoos" von Stegen bis Grafrath und „Amperauen" von Schöngeising bis Fürstenfeldbruck besteht ein uneingeschränktes Befahrungsverbot im Zeitraum vom 01.03. – 15.07.

Zurück zum Pkw:

Mit der S-Bahn (S 4) von Fürstenfeldbruck nach Grafrath und weiter mit dem Bus zu allen größeren Orten entlang der Ufer des Ammersees.

Etappenvorschlag:

1. Tag: Ammersee von Inning über Herrsching nach Dießen (ca. 15 - 20 km)
2. Tag: Ammersee von Dießen über Utting nach Inning (ca. 15 - 20 km)
3. Tag: Amper vom Ammersee nach Fürstenfeldbruck (ca. 21 km)

Tipps für Tagestouren:

1. Auf dem Ammersee von Herrsching nach Utting und zurück (ca. 15 km)
2. Auf der Amper von Stegen nach Fürstenfeldbruck (ca. 18 km)

Kartenmaterial / Literaturhinweise:

Ammer-Amper-Radweg, Von Moosburg nach Oberammergau, Radwanderführer mit Kartographie 1:50.000 Galli Verlag. Lydia L. Dewiel: *Kunst Reiseführer Oberbayern,* DuMont Verlag. Franz X. Bogner: *Ammer und Amper aus der Luft: Porträt einer Flusslandschaft,* Bayerland. Reizvolle Landschaftsaufnahmen von Ammer und Amper aus der Vogelperspektive. Birgitta Klemenz: *Fürstenfeldbruck: Ein Führer durch die Stadt an der Amper,* Schnell & Steiner. Monika Hanna: *Der Münchner Jakobsweg,* Langen Müller. Wanderführer für die Pilgertour von München zum Bodensee.

Übernachtung in Wassernähe:

Inning/Buch: Campingplatz Jäschock, Tel. (08143) 62 94; *Dießen: Strandhotel Dießen,* Tel. (08807) 9222-0; *Campingplatz St. Alban,* Tel. (08807) 73 05, www.camping-ammersee.de; *Utting: Campingplatz der Gemeinde Utting am Ammersee,* Tel. (08806) 72 45, www.ammersee-camping.de; *Grafrath: Wirtshaus Dampfschiff,* Tel. (08144) 13 14; *Schöngeising: Gasthof Zum untern' Wirt,* Tel. (08141) 127 49, www.zumunternwirt.de

---

Länge der Tour:

Gut 40 km für die komplette Umrundung des Ammersees; ca. 18 km auf der Amper.

Umtragestellen:

Zwei größere Sohlrampen, die je nach Können befahren oder umtragen werden; das Kraftwerk in Schöngeising muss auf jeden Fall umtragen werden.

58 km

Wichtige Adressen:

Kanuverleih: *Starnberg: Erlebnisreisen Marc Müller,* Tel. (0162) 629 55 30, www.watertours. de; **Fahrradverleih:** *Dießen: Spotec,* Tel. (08807) 94 04 02; *Sport-Schmid,* Tel. (08807) 68 66; *Utting: Tankstelle Schweiger,* Tel. (08806) 72 67; *Radhäusl,* Tel. (08806) 538; **Sonstiges:** *Angelkarten: Dießen,* Tel. (08807) 84 95; *Schondorf,* Tel. (08192) 219; *Utting,* Tel. (08806) 76 61 oder 77 04; *Naturfotofestival Glanzlichter in Fürstenfeldbruck,* Tel. (02651) 67 64, www.glanzlichter. com; *Kloster Andechs,* Tel. (08152) 37 60, www. andechs.de; *Hochseilgarten Ammersee in Utting,* Tel. (08806) 923 49 20, www.hochseilgartenammersee.de; *Schiffsstation Stegen,* Tel. (08143) 940 21, www.bayerische-seenschifffahrt.de

Auskunft:

Tourismusverband Ammersee-Lech e.V., Hauptplatz 152, 86899 Landsberg am Lech, Tel. (08191) 12 82 47, www.ammerseelech.de; *Fremdenverkehrsamt Fürstenfeldbruck,* Tel. (08141) 281 33 34, www.fuerstenfeldbruck.de

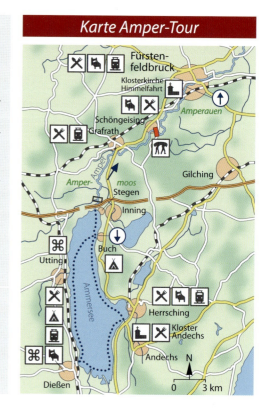

Karte Amper-Tour

Die Amper

Vom Campingplatz in Inning, im Ortsteil Buch, am nördlichen Ende des Ammersees, nehme ich Kurs in südliche Richtung. Immer mit dem Ufer zur Linken genieße ich das herrliche Alpenpanorama, das sich über den gesamten Horizont erstreckt. Leider ist das Ufer nicht überall frei zugänglich und öffentliche Strände wechseln sich mit Privatbesitz ab. Auf dem See herrscht reger Segelbootverkehr und nach acht Kilometern erreiche ich die Bucht mit dem Badestrand von Herrsching. Badegäste lieben die Strandbäder rund um den Ammersee und sein klares und sehr sauberes Wasser, das meistens schon im Juni über 20 Grad warm ist. Surfbretter werden über die Straße geschleppt, auf der

Straße versuchen Fahrer durch Hupen den Stau aufzulösen und ich bin ob des Trubels froh, ein langes Schloss dabei zu haben, um das Boot an einem Fahrradständer am Strand anzuschließen, bevor ich einen Blick auf die Scheuermann-Villa werfe. Der Maler erwarb 1888 das Areal des heutigen Kurparks und ließ ein Jahr später nach seinen Entwürfen ein Schlösschen am Seeufer errichten, wo er jeden Sommer mit seinen Freunden Künstlerfeste feierte. Die Villa, im Volksmund oft Kurparkschlössl genannt, weist Anklänge an einen italienischen Adelspalast auf. Nach einem erfrischenden Bad im Ammersee mache ich mich zu einem knapp einstündigen Spaziergang zum Kloster Andechs auf.

Wanderung zum Kloster Andechs

58 km

Strecke: Herrsching, (Promenade) durch das Kiental zum Kloster.   **Höhenunterschied:** *130 Meter*
Schwierigkeit und Dauert: leicht, pro Strecke etwa eine Stunde.
Zwischen dem Kloster Andechs und Herrsching besteht auch eine Busverbindung.

Die etwa vier Kilometer lange Wanderung ist sehr leicht und eine ideale Familientour. Vom Ufer weg-führend geht es über die Seestraße geradeaus in die Weinhartstraße. An deren Ende links in die Schön-bichlstraße. Nach ca. 200 Metern rechts in die Andechsstraße und von da nach rechts in die Kientalstraße. Diese führt noch einige Minuten an den letzten Häusern vorbei, dann geht es in den Wald, den man auf dem Hauptweg durchquert. Der Wald ist ein richtiger Urwald, mit knorrigen Bäumen und riesigen Baumwurzeln die sich um Felsen schlingen. Der kleine Kienbach ist auf der zweiten Hälfte der Wan-derung an einigen Stellen leicht zugänglich. Nachdem man zwei Brücken überquert hat und an einem steilen Bergabbruch vorbeigekommen ist, geht es kurz vor einem kleinen Haus scharf links hoch. Auf den Wegweiser achten! Am Ende führen zwei längere Treppen direkt zur Klosterkirche.

Zurück geht die religiöse Geschichte von Andechs ins 10. Jahrhundert, als Graf Rasso Reliquien aus dem Heiligen Land mitbrachte. Im Jahre 1128 fand dann die erste Wallfahrt zu den Reliquien von Andechs statt. Rund 80 Jahre später gerieten die Grafen von Andechs in Verdacht, an der Ermordung von Philipp II. von Schwaben beteiligt gewesen zu sein, weshalb Burg Andechs zerstört wurde. Um das Jahr 1270 begann man mit dem Wiederaufbau der Kirche. Den Reliquienschatz, der allerdings von den letzten Andechsern vergra-ben wurde, entdeckte man erst 1388 in einem Versteck unter dem Altar der Kapelle wieder und brachte ihn zunächst nach München in die herzogliche Hofkapelle.

Im Jahre 1392 gründete man ein Kloster zur Betreuung der Wallfahrt und in den darauffolgenden Jah-ren kamen die Reliquien nach und nach zurück nach Andechs. Infolge eines Blitzschlages wurden am 3. Mai 1669 fast das gesamte Kloster und die Kirche durch Feuer zerstört. Der Wiederaufbau begann sofort und war bis 1675 abgeschlossen. Aus dieser Zeit stammt auch der bekannte Kirchturm. Abt Bernhard Schütz ließ 1755 der Abteikirche die heutige Rokoko-Ausstattung geben. Mit einem Gnadenbild der thronenden Muttergottes aus der Zeit um 1500 im Hochaltar und weiteren Reliquien, wie den „Heiligen Drei Hostien", dem Brautkleid der heiligen Elisabeth von Thüringen, dem sogenannten Siegeskreuz Karls des Großen und einem Fragment der Dornenkrone Christi ist Kloster Andechs jedes Jahr Ziel tausender Besucher. In der Zeit des Zweiten Weltkriegs wurden in Andechs wertvolle Kulturgüter gelagert. Seit 1971 ist das Kloster Familienbegräbnisstätte der Wittelsbacher und in einer Seitenkapelle der Andechser Wallfahrtskirche befindet sich die Begräbnisstätte von Carl Orff.

Den meisten Zulauf hat der Biergarten des „Bräustüberl" neben der Kirche, in dem das Bier der Klosterbrauerei ausgeschenkt und bayerische Spezialitäten serviert wer-den. An den Wochenenden herrscht reger Ausflugsverkehr und es kann dann schon schwierig werden, auf der Sonnenterrasse des Klostergasthofes, der etwas nobleren und hochpreisigeren Lokalität des Klosters, einen freien Tisch zu ergattern.

Das Andechser Bier ist weit über die Grenzen Bayerns hinaus bekannt. Seit Jahrhunderten wird die Brautradition von den Benediktinermönchen gepflegt und weiterentwickelt. Jahr für Jahr werden um die 100.000 Hektoliter Gersten-saft gebraut. Fünf Prozent der jährlich produzierten Biermenge, also rund eine Million Maß, der insgesamt sechs Andechser Biersorten werden im Bräustüberl und im Klostergasthof auf dem Klosterberg selbst ausgeschenkt.

Text: Thomas Kettler

58 km

Zurück im Kajak nehme ich Kurs auf das Süd-ufer des Ammersees, halte mich ans Ostufer und paddle vorbei an der Villa Habersack. Berta Habersack, die Witwe des königlich bayerischen Generals der Artillerie Ferdinand Habersack, baute zusammen mit ihrem Mann seit 1899 in mehreren Bauepochen in Wartaweil am Ammersee ein schönes Haus, das inmitten eines herrlichen Naturparks am Ost-Ufer des Sees liegt. Aus Freude an diesem baum- und vogelreichen Grundstück, das auch botanische Seltenheiten birgt, stellte sie ihr Heim bereits 1947 dem Bund Naturschutz für Kurse und Lehrgänge zur Verfügung. Der mehr als vier Hektar große eingezäunte Parkgrund bietet mit seinen über 20 Gehölzarten und jahrhundertealtem Buchen- und Eichenmischwald einen idealen Ort für Naturerfahrung und Lernen.

Auf Höhe von Aidenried quere ich die vor mir liegende Bucht und paddle, am Einmündungsbereich der Ammer und der dahinterliegenden Alten Ammer vorbei, auf Dießen zu. Das Ammersee-Südufer ist ein international bedeutsames Rastgebiet für durchziehende und überwinternde Wasservögel. Als „Vogelfreistätte Ammersee Südufer" hat Bayern im Süden des Sees ausgedehnte Schilfflächen ausgewiesen. Hier leben heute noch gefährdete Vogelarten wie die Beutelmeise und der Pupurreiher.

Dießen, ein durch Jahrhunderte gewachsener Ort im Pfaffenwinkel, empfängt den Besucher mit einer ganzen Reihe gut erhaltener Gebäude aus dem 18. Jahrhundert, der Zeit des Rokoko. Die größte Sehenswürdigkeit des Ortes ist die berühmte Klosterpfarrkirche „Mariä Himmelfahrt", die inzwischen zum Marien-Münster erhoben wurde. Der eindrucksvolle Bau hat eine höchst qualitätsvolle Ausstattung: einen von Francois Cuvillie´s entworfenen Hochaltar, Deckengemälde von Johann Georg Bergmüller,

Stukkaturen der Gebrüder Feichtmayr, eine Kanzel von Johann Baptist Straub, Altargemälde der Venezianer Tiepolo und Pittoni sowie eine Petrusstatue des Erasmus Grasser. Knapp zwei Kilometer nördlich der Schiffsanlegestelle in Dießen leitet mich die Wallfahrtskirche von „St. Alban" zum etwa 500 Meter weiter nördlich gelegenen Campingplatz. Beim Anblick des Restaurants nebenan muss ich nicht lange überlegen und der Campingkocher bleibt kalt. Von der großen Terrasse direkt am Ufer beobachte ich bei einem Glas Rotwein, wie die untergehende Sonne den See rot färbt.

Den neuen Tag beginne ich mit einem Bad im Ammersee und einem Frühstück mit Seeblick. Beim Paddeln leitet mich das westliche Seeufer sicher nach Norden und nach etwa sieben Kilometern erreiche ich die Schiffsanlegestelle in Utting. Sehenswert in dem kleinen Dorf ist vor allem das Carl-Orff-Museum. Es wurde 1991 zum sechsundneunzigsten Geburtstag des Komponisten eröffnet und widmet sich in drei Räumen seinem Leben und Werk. Als Kind hat Carl Orff viele Ferien im Haus seiner Großeltern in Unteralting bei Grafrath an der Amper verbracht und ab 1955 lebte er im Dießener Ortsteil Sankt Georgen. Auf dem Weg zurück nach Schondorf bietet, kurz vor dem Campingplatz, das Jugendstil-Restaurant „Alte Villa" eine stilvolle Art des Genusses und der Gaumenfreude. Von der Terrasse hat man einen tollen Blick auf den Ammersee. Zwischen den am Ufer dümpelnden Segelbooten hindurch, führt mein Weg nun über Schondorf. Die ehemalige Pfarrkirche „St. Anna" auf dem Berg im Norden des Ortes ist schon von Weitem gut zu sehen. Auf der Empore der Kirche steht eine historische Zugorgel aus dem 18. Jahrhundert und um die Kirche herum liegt ein Friedhof mit einigen sehr alten Grabsteinen.

58 km

Abendstimmung am Ammersee.

58 km

Südlich von Fürstenfeldbruck hält das Naturschutzgebiet „Amperauen" viele reizvolle Flussimpressionen bereit.

In Inning, im Ortsteil Buch, werde ich von der Campingplatzbetreiberin mit großem Hallo empfangen. Am dritten Morgen zeigt sich der Ammersee von einer ganz neuen Seite. Ein kräftiger Westwind treibt weiße Gischtkronen vor sich her, als ich mein Kajak am Strand des Campingplatzes in Inning startklar mache. Surfer flitzen entlang des Horizonts, ein Kiter macht einen weiten Satz als ihn der Wind erfasst und die Segelboote, die in der Bucht vor Anker liegen, schaukeln in den Wellen auf und ab. Ich prüfe den Sitz von Schwimmweste und Spritzdecke und lege ab. Weit auf den Ammersee hinaus fahren würde ich bei diesem Wetter nicht, aber mein Ziel ist das nahe Stegen am nördlichsten Zipfel, wo die Am-

per den Ammersee verlässt. Ich halte mich dicht ans Ufer und erreiche nach etwa zwei Kilometern Bootsanleger und Werft in Stegen. Links davon liegt der Amperabfluss, an dem der Fluss über eine erste kleine Stufe rauscht. Eine zweite, etwas höher Stufe, die ich mit geschlossener Spritzdecke aber ebenfalls gut befahren kann, liegt etwa 150 Meter hinter der hohen Brücke der Autobahn 96.

Nun liegen etwa sieben herrlich einsame Kilometer bis Grafrath vor mir. Die Strömung ist recht flott und die hohen, mit Schilf bestandenen Ufer schirmen den Wind ab. In weiten Schleifen windet sich die Amper durch das „Ampermoos", mit 550 Hektar eines der größten Flusstal-Niedermoor-Komplexe, die sich in Südbayern erhalten haben. Es ist ein herausragendes Brut- und Überwinterungs-gebiet für bedrohte Vogelarten wie Bekassine, Wiesenpieper, Braunkehlchen, Kornweihe und sogar das größte deutsche Brutgebiet für Kiebitze. Trotz aller Idylle – dem „Amper-moos" droht in höchstem Maße die Gefahr des Austrocknens. Der Grund liegt darin, dass die Amper zu stark künstlich eingetieft und nicht mehr in der Lage ist, den nötigen hydrostatischen Gegendruck aufzubauen um das Grundwasser zu halten.

Schon von weitem wird Grafrath durch die schöne Wallfahrtskirche „St. Rasso" angekün-digt. Sie ist eine der bedeutendsten Barock-/Rokokokirchen Süddeutschlands und wurde 1688 an derselben Stelle errichtet, an der der bayerische Volksheilige Rasso wahrscheinlich um 940 eine Kirche und ein Kloster bauen ließ und auch da begraben wurde.

Eine erste gute Rastmöglichkeit bietet das Wirtshaus „Dampfschiff" am linken Ufer vor der Straßenbrücke in Grafrath. Der Name des Gasthauses ist, wie auch die kurz dahinter am rechten Ufer liegenden Reste des ehemaligen Anlegers, eine Erinnerung an die Vergangenheit. Von 1880 bis 1939 verkehrte zwischen Grafrath und Ammersee der Ausflugsdampfer „Marie Therese", im Volksmund liebevoll „Mooskuh" genannt.

Ich unterfahre eine überdachte Fußgänger-brücke, die Vorgärten der Häuser reichen

Die Amper in Fürstenfeldbruck. Im Hintergrund die Pfarrkirche St. Magdalena.

58 km

bis an die Ufer. Bald teilt sich die Amper. Im linken Arm liegt eine Mühle und ich steuere die Bootsspitze nach rechts. Nach der Vereinigung der beiden Wasser-Arme überspannt eine Straßenbrücke die Amper, die nun mit guter Geschwindigkeit ein eindrucksvolles Moränendurchbruchsgebiet durchfließt. Steile Ufer mit märchenhaftem, moosüberwuchertem Buchenwald ragen links und rechts auf. Ich bin erstaunt, wie ruhig es auf der Amper zugeht. Obwohl die Amper der grüne Vorgarten Münchens ist, sind nur wenige Leute unterwegs. Andere Kanuten treffe ich an diesem Donnerstag im August überhaupt nicht, lediglich zwei „Gummibootkapitäne" winken mir freundlich zu, als ich an ihnen vorbei paddle.

Nach knapp drei Kilometern ist es mit der Idylle vorerst vorbei. Die Ufer sind mit Steinen eingefasst und voraus liegt das Wehr von Schöngeising. An der Gabelung vor dem ersten Wehr halte ich mich links und paddle am Wehr vorbei in den Werkskanal. Am Ende steige ich rechts vor dem Elektrizitätswerk aus und trage das Boot knapp 200 Meter am Kraftwerksgelände vorbei.

Am Zusammenfluss der beiden Arme liegt links der Anleger von Schöngeising. Hinter dem Ufer ragt der Zwiebelturm der Dorfkirche in den Himmel und ein Schild lädt zur Rast im Biergarten des Gasthofes „Zum untern' Wirt" ein. Schon der urgemütliche Schankraum würde die Entscheidung leicht machen, in einem der gemütlichen Fremdenzimmer zu nächtigen.

Nachdem sich die Amper noch einmal in zwei jeweils fahrbare Arme geteilt hat, warnt ein Schild vor einer gefährlichen Sohlschwelle. Ich lege links davor an, inspiziere das Hindernis mit festem Boden unter den Füßen und entschließe mich dann, die Befahrung zu wagen.

Auf den letzten Kilometern zeigt sich die Amper noch mal von ihrer grünen Seite. Die Strömung schläft langsam ein und hinter der Eisenbahnbrücke beginnt der Stausee vor dem Wehr in Fürstenfeldbruck. Ich steuere geradeaus auf die nächste Straßenbrücke zu, die beim Näherkommen immer flacher zu werden scheint. Ich passe aber gut darunter durch und lege vor der nächsten Brücke am Schwimmsteg an, wo auf dem Parkplatz an der Schwimmhalle schon das Auto wartet, das ich vor dem Tourenstart hier abgestellt habe.

Die Alz

Tour 20

Infos Alz				
Aktivitäten	Natur	Kultur	Baden	Hindernisse
★★★☆	★★★☆	★★☆☆	★★★★	★☆☆☆

43 km

Charakter der Tour:

Der Chiemsee ist mit einer Länge von 14 Kilometern, einer Breite von zehn Kilometern und einer Fläche von über 80 Quadratkilometern der größte See Bayerns, begeistert aber nicht nur durch die Größe sondern vor allem durch die herrliche Lage am Fuß der Alpen. Wie bei allen großen Gewässern ist der Schwierigkeitsgrad der Paddeltour stark wetterabhängig und bei Wind oder Gewitter heißt es aufgepasst, denn schnell entwickeln sich meterhohe Wellen.

Rund um den Chiemsee sind zwölf Sturmwarnleuchten aufgestellt, die bei aufziehendem Sturm eingeschaltet werden. Aber schon bei schlechtem Wetter und nicht erst bei Sturmwarnung gilt: Nur in Ufernähe und nie ohne Schwimmweste paddeln!

Bei Seebruck fließt die Alz aus dem Chiemsee und ist bis Altenmarkt ein herrlicher Wanderfluss, zuerst in einer offenen Wiesenlandschaft, ab Truchtlaching in einem Moränendurchbruchgebiet. Im zweiten Teil ist die Strömung etwas lebhafter und einige kleinere Schwälle sorgen für spritzige Einlagen. Die Strecke ist daher nicht unbedingt für die allererste Kanutour zu empfehlen.

Sehenswürdigkeiten:

Seebruck: *Klosteranlage Seeon* mit Kreuzgang, Klosterkirche und Abtskapelle St. Nikolaus; *Römermuseum Bedaium* mit Funden aus der Gegend rund um Seebruck; *archäologischer Rundweg*. **Gstadt:** romanische *Filialkirche* (9. Jh.). **Herrenchiemsee:** *Schloss Herrenchiemsee* (1878 - 1885); *Garten mit Wasserspielen; König-Ludwig-II-Museum.* **Frauenchiemsee:** *Benediktinerinnenabtei Frauenwörth.* **Prien:** *Rokoko-Pfarrkirche Mariä Himmelfahrt* (1732 - 1739) mit monumentalem Deckengemälde; *Heimatmuseum* im historischen Mayerpaul-Hof (1837) mit 24 Räumen, Bauerngarten und Sonderausstellungen. **Truchtlaching:** gotische *Pfarrkirche Johannes der Täufer* (1435). **Altenmarkt:** *Augustinerchorherrenstift Baumburg* mit barocker Kirche Sankt Margaretha (1745 - 1756 auf den romanischen Überresten einer vorherigen Kirche errichtet).

Sonstige Aktivitäten:

Radfahren: Rundtour auf dem Chiemsee-Uferweg (ca. 60 km), bei Bedarf kann die Tour auch verkürzt und Teilabschnitte mit dem Schiff zurückgelegt werden; Rundtour von Prien zur Kampenwand und über Bernau zurück (ca. 35 km); in den Chiemgauer Alpen zahlreiche schöne Mountainbiketouren. **Wandern:** markierte Wanderwege in den Chiemgauer Alpen von Alm zu Alm; Archäologischer Rundweg (auch per Rad zu befahren) mit Start am Römermuseum in Seebruck (25 km). **Paddeln:** Auf dem Inn von Wasserburg nach Passau; auf der Salzach von Freilassing nach Simbach. **Wassersport:** Rund um den Chiemsee gibt es diverse Surf- und Segelschulen und Bootsvermieter, die vom Surfbrett bis zur

Yacht alles im Angebot haben. **Klettersteige:** Schöne Klettersteige in den Chiemgauer und Berchtesgadener Alpen in den unterschiedlichsten Schwierigkeitsgraden von ganz leicht bis schwer. **Wintersport:** Der Chiemsee ist auch im Winter eine Reise wert, besonders die Berge des Prientals locken Wintersportler. Geboten werden Schneeschuhtouren, Langlaufloipen, alpine Abfahrten und Schlittenfahrten, z.B. auf der Naturrodelbahn bei Marquartstein. **Schlechtwetteralternativen:** Erlebnisbad Prienavera in Prien, Tel. (08051) 60 95 70, www.prienavera.de

43 km

Anreise:
Autobahn A8 München – Salzburg, Ausfahrt 109 Grabenstätt, weiter Richtung Traunreut/Chieming und auf der Landstraße weiter nach Seebruck.

Einsetzstelle:
Am Strand vor dem Campingplatz in Seebruck (Ecke Traunsteiner Straße/ Trostberger Straße).

Aussetzstelle:
Am Parkplatz vor dem Wehr des Elektrizitätswerkes Laufenau in Altenmarkt/Thalham (Zufahrt über B 304 Wasserburger Straße und Seeoner Straße).

Befahrensregelung:
Die Befahrung der Alz ist vom Abfluss aus dem Chiemsee bis Altenmarkt vom 01.01. - 30.06. verboten. Die Ischler Schlinge (linker Alzarm km 58,3 - km 57,3) darf ganzjährig nicht befahren werden.

Zurück zum Pkw:
Es besteht eine regelmäßige Busverbindung zwischen Altenmarkt und Seebruck, die Fahrtzeit beträgt etwa 90 Minuten.

Etappenvorschlag:
1. Tag: Auf dem Chiemsee von Seebruck über Gstadt, Herren- und Fraueninsel nach Prien und zurück (ca. 26 km)
2. Tag: Auf der Alz von Seebruck nach Altenmarkt (ca. 17 km)

Tipps für Tagestouren:
1. Von Prien zu Herren- und Fraueninsel *2.* Alz von Seebruck nach Altenmarkt (ca. 17 km)

Kartenmaterial / Literaturhinweise:
ADFC-Regionalkarte Chiemgau, BVA Bielefelder Verlag, Maßstab: 1:75.000. Lydia L. Dewiel: *Kunst Reiseführer Oberbayern,* DuMont Verlag. Wolfgang Schweiger: *Kein Ort für eine Leiche* und *Der höchste Preis,* beide Pendragon Verlag. Zwei Krimis aus dem Chiemgau. Robert Darga und Johann Franz Wierer: *Auf den Spuren des Inn-Chiemsee-Gletschers – Exkursionen,* Pfeil Verlag. 14 Gelände-Exkursionen, die meist als Fahrradrundwege angelegt sind. Andrea und Andreas Strauß: *Winterwandern Berchtesgaden - Chiemgau – Salzburg,* Bergverlag Rother. 50 Wander- und Schneeschuhtouren sowie Tipps zum Rodeln.

Länge der Tour:
Auf dem Chiemsee von Seebruck nach Prien und zurück ca. 26 km;
auf der Alz von Seebruck nach Altenmarkt ca. 17 km.

Umtragestellen:
Auf der Alz müssen zwei Wehre kurz umtragen werden.

43 km

Übernachtung in Wassernähe:

Seebruck/Arlaching: *Campingplatz Kupferschmiede* (auch Gästezimmer), Tel. (08667) 446, www.camping-kupferschmiede.de; *SeeHotel Wassermann,* Tel. (08667) 87 10, www.seehotel-wassermann.de; **Gstadt:** *Gästehaus Rapplhof,* Tel. (08054) 214, www.rapplhof.de; **Fraueninsel:** *Gasthof Inselwirt,* Tel. (08054) 630, www.inselwirt.de; **Prien:** *Panoramacamping Harras,* Tel. (08051) 90 46 13, www.camping-harras.de; *Jugendherberge,* Tel. (08051) 687 70; **Truchtlaching:** *Gasthof Zur Post,* Tel. ((08667) 80 92 36; **Höllthal:** *Höllthal-Mühle* (Ferienwohnungen auf dem Bauernhof), Tel. (08621) 74 93, www.chiemsee-urlaub.com

Wichtige Adressen:

Kanuverleih: *Seebruck: SeeHotel Wassermann,* Tel. (08667) 87 14 60; **Fahrradverleih:** *Prien: Fahrradverleih am Minigolfplatz,* Tel. (08051) 96 47 89; *Chiemgauer Radhaus,* Tel. (08051) 46 31; *Fahrradhaus Prien,* Tel. (08051) 59 34; *Seebruck: Bikes and More,* Tel. (08667) 87 68 55; *Seeon Klosterladen,* Tel. (08624) 89 72 01; **Sonstiges:** *Busfahrpläne: Regionalverkehr Oberbayern GmbH,* Tel. (089) 55 16 40, www.rvo-bus.de; *Angelkarten: Seebruck,* Tel. (08667) 71 39; *Frauenchiemsee,* Tel. (08054) 603; *Gstadt,* Tel. (08054) 90 85 85; *Prien,* Tel. (08051) 690 50; *Truchtlaching,* Tel. (08667) 77 57; **Röwmermuseum Bedaium in Seebruck,** Tel. (08667) 75 03; **Chiemsee-Schifffahrt,** Tel. (08051) 60 90, www.chiemsee-schifffahrt.de; **Hochseilgarten in Prien:** Tel. (08071) 92 07 90, www.kletterwald-prien.de; **Wasserwacht:** *Prien,* Tel. (08051) 23 54; *Seebruck,* Tel. (08667) 222; *Truchtlaching,* Tel. (08667) 14 99; **Wind- und Wetteransage** (März-November), Tel. (08667) 80 92 93.

Auskunft:

Chiemsee Infocenter, Felden 10, 83233 Bernau a. Chiemsee, Tel. (08051) 96 55 50, www.chiemsee.de

Bei Seebruck verlässt die Alz den Chiemsee.

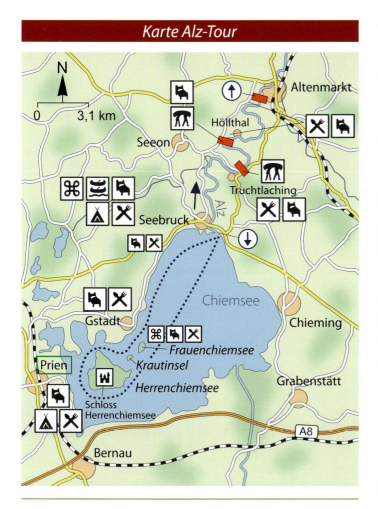

Die Alz

die Segelboote im kleinen geschützten Hafen von Seebruck im Wind schaukeln.

Die eiszeitlichen Gletscher formten im Chiemgau viele Becken, in denen nach der Eiszeit stimmungsvolle Seen entstanden – so auch der Chiemsee. Er ist nach dem Bodensee und der Müritz der drittgrößte See Deutschlands. Rund um den Chiemsee gibt es Naturbeobachtungsstationen, die hervorragende Möglichkeiten zur Natur- und Vogelbeobachtung bieten. In Hütten, auf Türmen und Stegen kann man mit Hilfe von Fernrohren und Schautafeln Spannendes über die Natur entdecken und erfahren.

Rechts neben mir sehe ich den Anlegesteg des „Landgasthof-Hotels Lambach" mit seiner großen Badewiese. Die Geschichte der ehemaligen Posthalterei reicht zurück bis ins Jahr 1648. König Ludwig II. machte hier gerne Rast und Napoleon plante die Schlacht von Tittmoning. Heute offerieren die Betreiber in dem von denkmalgeschützten Lüftlmalereien verzierten Gebäude Wellness-Urlaub und bayerische Küche.

Vorbei an Gollenshausen erreiche ich Gstadt am Chiemsee. Neben dem Anlegesteg der Chiemsee-Schiffe ist ein außergewöhnliches

Als Basislager für die Tour auf dem „Bayerischen Meer" wie der Chiemsee oft genannt wird und der sich anschließenden Alz, habe ich mir Seebruck am Nordufer ausgesucht. Schon bei der Anreise mit dem Auto begeistert mich das Panorama: Hinter den Hügeln des Alpenvorlandes erheben sich die dunstigen Gipfel der deutschen und österreichischen Alpen. Vom Campingplatz und Gasthaus „Kupferschmiede" mit seinen gemütlichen Gästezimmern, komme ich durch einen Fußgängertunnel hindurch zum steinigen Strand.

Meine Tagestour führt in südwestliche Richtung. Vorbei am Abfluss der Alz aus dem Chiemsee, sehe ich rechts vor mit

43 km

Tafelfreuden-Refugium mit herrlichem Panoramablick zur Fraueninsel und den dahinter aufragenden Alpen entstanden – der Hofanger inmitten eines neu gestalteten Natur-Erlebnis-Parks mit Rosen- und Kräutergarten, „Kunst am Weg", Obstanger, Blumenwiese, Inselblick, Tierskulpturen und -gehege sowie einem Strandbad mit Kiosk, der Teil des Restaurants ist.

Bekannt ist der See vor allem durch zwei seiner drei größeren Inseln, der Fraueninsel und der Herreninsel. Etwas mehr als 600 Meter sind es nun über die offene Wasserfläche des Chiemsees nach Frauenchiemsee, insbesondere von den Einheimischen fast immer Fraueninsel genannt. Die 15,5 Hektar große und autofreie Insel ist ganzjährig

von Gstadt oder Prien mit dem Linienschiff zu erreichen. Am Südostufer finde ich neben dem Anleger der Chiemsee-Ausflugsschiffe eine gute Möglichkeit zum Anlanden auf dem 300-Einwohner-Eiland und schlendere durch das kleine Fischerdorf mit den schönen blumengeschmückten Vorgärten. Spezialität der Fischer von Frauenchiemsee ist der geräucherte Fisch in allen Variationen. Dieser wird in den zahlreichen Biergärten der Insel angeboten. Dominiert wird die Insel von der altehrwürdigen Klosteranlage. Bereits im 8. Jahrhundert gründete Herzog Tassilo III. die Benediktinerabtei und nach den Zerstörungen der Ungarneinfälle erlebte sie zwischen dem 11. und 15. Jahrhundert eine Blütezeit. In der Klosterkirche

Blick von der Seepromenade in Gstadt in Richtung Frauenchiemsee.

Das Wehr in Truchtlachting ist die erste von zwei kurzen Umtragestellen an der Alz.

bestaune ich Fresken aus romanischer Zeit und den nordwestlich der Kirche aus dem 12. Jahrhundert stammenden Glockenturm. Er ist, ebenso wie der älteste Hochbau Süddeutschlands, die karolingische Torhalle, ein Wahrzeichen des Chiemgaus. Nördlich der Klosterkirche liegen auf dem Inselfriedhof viele Künstler und Gelehrte begraben.

Zurück im Boot paddle ich zwischen der Fraueninsel und der unbewohnten Krautinsel zum Nordostzipfel der Herreninsel, mit Abstand der größten der drei im Chiemsee liegenden Inseln. Mit ihren zwei Schlössern – dem in einem Landschaftspark liegenden Alten Schloss sowie dem Neuen Schloss des „Märchenkönigs" Ludwig II., dem Schloss in Versailles nachempfunden – ist sie noch bekannter als ihre kleine Schwester. Das Prunkschloss, auf der nur von wenigen Personen ganzjährig bewohnten Insel, wurde 1880 er-

baut und ist mit dem Wasserspiel der Brunnen im Garten hübsch anzuschauen. Historisch bedeutsamer sind jedoch die Gebäude des ehemaligen Augustiner Chorherrenstiftes, dem Alten Schloss – 1948 tagte dort der Verfassungskonvent zur Ausarbeitung eines Diskussionsentwurfes des Grundgesetzes für die Bundesrepublik Deutschland.

Um das Südufer der Herreninsel herum, quere ich die offene Wasserfläche an ihrer schmalsten Stelle und halte auf das gegenüberliegende Prien zu. Oberbayern wie im Bilderbuch, ist der erste Gedanke der mir beim Anblick der hübschen, freskenverzierten Häuserfassaden vor der Kulisse der Alpengipfel kommt. Dazu passt dann auch ein Besuch des Heimatmuseums mit Exponaten zur Chiemseefischerei, Handwerks- und religiöser Volkskunst sowie Chiemgauer Trachten.

Nach dem umfangreichen Besichtigungsprogramm des Tages ist es spät geworden. Zum Glück sind die Wetterbedingungen ideal und der See liegt vor mir wie ein glatter Spiegel. So trete ich die etwa zehn Kilometer lange Rückfahrt nach Seebruck an, vorbei an den tief eingeschnittenen Buchten nördlich der Herreninsel.

Ausreichend Zeit für Besichtigungen habe ich am nächsten Tag auf meiner verhältnismäßig kurzen Fahrt auf der Alz. Daher besuche ich zunächst das Römermuseum in Seebruck, das mit vielen Fundstücken wie Münzen, Glas, Keramik und Schmuckstücken an die römische Siedlung Bedaium aus dem Jahre 50 n. Chr. erinnert. Im Freigelände ist ein Teilstück der Ummauerung des spätantiken Kastells freigelegt.

Dann geht es, die Brücke über die Alz hinter mir lassend, auf den ruhigen Fluss. Gemächlich windet er sich durch eine einsame, sanft gewellte Landschaft. Das Wasser ist so klar, dass ich bis auf den Grund schauen kann. Beim Blick zurück blitzen immer wieder die Gipfel der Chiemgauer Alpen hinter dem Schilfgürtel auf. In einer starken Rechtskurve liegt links der Karlshof, ein familiärer Ferienhof in herrlich ruhiger Lage mit eigenem Badestrand an der Alz. Plötzlich teilt sich die Alz und Schilder leiten mich in den rechten Flussarm, denn die Befahrung der Ischlinger Schlinge ist ganzjährig verboten. Bald taucht voraus hinter der gleißenden Wasseroberfläche die Silhouette von Truchtlaching auf. Große Hügelgräber zeugen von der frühen Besiedlung Truchtlachings; es waren die Kelten, die sich um 500 v. Chr. hier niederließen. Später beeinflussten die Römer den Ort, bevor die Lehensritter von Truchtlaching das Sagen hatten. Nach der Brücke halte ich mich zunächst rechts, um den regen Badebetrieb im Freibad am linken Ufer nicht zu stören. Hinter dem Anleger

des Gasthofs „Zur Post" steuere ich das linke Ufer an, um vor dem Wehr an Land zugehen und mein Kanu ins Unterwasser umzutragen. Hinter dem Wehr ist die Strömung zunächst flott, aber nicht reißend und die Alz breit genug, so dass ich den weit in den Fluss ragenden Ästen gut ausweichen kann. Die Alz ist erstaunlich einsam. Enten sind mit ihrer Gefiederpflege beschäftigt, irgendwo klopft ein Specht und vom Ufer beäugt mich misstrauisch ein Graureiher. Ich bin überrascht, dass außer mir keine Boote unterwegs sind, obwohl der Chiemsee touristisch so gut erschlossen ist. In den Hochsommer-Monaten aber ist der Fluss überlaufen!

In einer Rechtskurve ragt am linken Ufer ein kahler Baumstumpf in die Höhe und ich erreiche das Wehr Höllthal. Ich umtrage es kurz am rechten Ufer und es folgt auf etwa 200 Meter ein ordentlicher Schwall mit reißender Strömung. In der nächsten Kurve lädt am linken Ufer das Gasthaus Höllthal zu einer Rast ein. Hier findet sich mit der Höllthal-Mühle abermals ein kinderfreundlicher Ferien-Bauernhof.

In einer weit ausholenden Schleife gelange ich zwei Kilometer weiter zu einer Seilfähre, an der ein Schild auf das 100 Meter hinter den Uferbäumen liegende „Gasthaus Roiter" hinweist. Seit Generationen ist es ein beliebtes Ausflugsziel an der Alz. Unter Schatten spendenden Obstbäumen werden die Gäste mit kalten und warmen Brotzeiten verköstigt.

Fast zu schnell kommt das Tourenende – ein weißes Haus thront hoch über dem linken Ufer, dann kündigt in der Linkskurve ein Hinweisschild das Wehr Laufenau an. Nur 500 Meter weiter, erreiche ich am linken Ufer den Ausstieg vor dem Wehr.

Die Isar

Expressfluss nach München

Tour 21

Infos Isar

Aktivitäten	Natur	Kultur	Baden	Hindernisse
★★★☆	★★★★	★★★☆	★★☆☆	★★☆☆

Charakter der Tour:

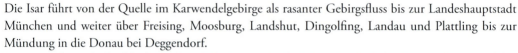

Die Isar führt von der Quelle im Karwendelgebirge als rasanter Gebirgsfluss bis zur Landeshauptstadt München und weiter über Freising, Moosburg, Landshut, Dingolfing, Landau und Plattling bis zur Mündung in die Donau bei Deggendorf.

Im naturnahen Oberlauf fließt die Isar mit hoher Geschwindigkeit durch ein breites Flussbett mit vielen Kiesbanküberläufen. Das Wasser ist sauber, aber eiskalt und die Schwimmweste / bzw. Rettungsweste daher Pflicht! Für die Befahrung des Katarakts hinter Lenggries (WW III) wird außerdem ein Schutzhelm benötigt. Besonderes ursprünglich ist die Ascholdinger Au bei Wolfratshausen, hier heißt es aufgepasst auf umgestürzte Bäume und querliegendes Schwemmholz.

Die herrliche Auenlandschaft und die Alpengipfel im Rücken, gepaart mit der sportlichen Herausforderung, machen die Isar zur idealen Wochenendfahrt (nur) für routinierte Paddler.

Sehenswürdigkeiten:

Lenggries: *Pfarrkirche St. Jakob* (18. Jh.); *Heimatmuseum am Rathausplatz* mit sieben Ausstellungsbereichen zur Kultur und Natur des Isarwinkels; *freistehender Kalkofen* (vom 14. Jh. bis Mitte 20. Jh. wurde im Isarwinkel Kalk gebrannt); *Schloss Hohenburg* (nach dem Niederbrennen der einstigen Burg 1712 bis 1718 westlich der Ruine errichtet) mit Bäumen des einstigen Barockgartens; *Falkenhof* mit Greifvogel-Flugvorführungen; *kleiner Kräuter-Erlebnispfad* mit Küchen-, Wild- und Heilkräutern; *Tiermuseum* mit etwa 1200 ausgestopften Vögeln und ca. 300 Säugetieren aus dem europäischen Raum; *Kalvarienberg* (1694) mit zwei Kapellen. **Bad Tölz:** *Thomas-Mann-Haus* (prachtvolle Villa, die von 1909 - 1917 dem Schriftsteller gehörte); *Leonhardikapelle* (1718); *Dreifaltigkeitskirche* (1733 - 1735); spätgotische, dreischiffige *Stadtpfarrkirche* (1466); *Kurhaus* (1914); *Marktstraße* mit bunten Giebelfronten aus dem 18. Jh.; *Stadtmuseum* im ehemaligen Rathaus mit Ausstellungen zur Tölzer Geschichte und Heimatkunde. **Wolfratshausen:** siehe Loisach-Tour. **Schäftlarn:** *Benediktinerkloster* (1707) mit Klosterkirche St.-Dionys im Stil des Rokoko (18. Jh.) und Prälatengarten. **München:** *Marienplatz* mit neugotischem Neuen Rathaus (1867 - 1908); *Viktualienmarkt mit Peterskirche* (11. Jh.); *Stadtmuseum* am St.-Jakobs-Platz; *Rokokokirche St. Johannes Nepomuk* (1733 - 1746); *Isartor* (14. Jh.); große dreischiffige *Frauenkirche* (1468 - 1488); *Michaeliskirche* (16. Jh.); *Karlsplatz* („Stachus"); *ehemalige Residenz* (ab dem 16. Jh. gebaut); *klassizistisches Nationaltheater* (1811 - 1818); *Maximilianstraße* mit repräsentativen Bauten; *Museum für Völkerkunde* mit Schwerpunkt Ostasien, West- und Zentralafrika sowie Südamerika; *Nationalmuseum* mit Sammlungen zu europäischer Skulptur und Kunstgewerbe; *Englischer Garten* (Landschaftspark von 1789 - 1832); *Kunstareal* mit Alte und Neue Pinakothek und Pinakothek der Moderne; *Deutsches Museum* mit technisch-naturwissenschaftlichen Ausstellungen; *Tierpark Hellabrunn*. **Stadtrundgang Seite 241**

Sonstige Aktivitäten:

Radfahren: Mehrtagestouren auf den Fernradwegen Isar-Radweg (ca. 324 km), Via Bavarica Tyrolensis (225 km von München bis ins Inntal) und Bodensee-Königssee-Radweg (418 km von Lindau am Bodensee zum Königssee im Berchtesgadener Land). Schöne Mountainbiketouren für jeden Anspruch rund um Lenggries und Bad Tölz. **Wandern:** Markierte Wanderwege rund um Bad Tölz und Lenggries in den „Münchener Hausbergen" Brauneck und Blomberg. Nur wenig weiter weg locken Benediktenwand, Herzogstand und die Gipfel des nahen Karwendelgebirges. **Paddeln:** Auf der Loisach von Farchant nach Wolfratshausen. **Klettern:** im Kletterwald Blomberg auf 1200 m direkt neben dem Blomberghaus, mit tollen Ausblicken ins Isartal. **Floßfahrten:** Wolfratshausen, Tel. (08171) 785 18, www.flossfahrt.de **Schlechtwetteralternativen:** Lenggries: Erlebnisbad Isarwelle, Tel. (08042) 50 95 96. Bad Tölz: Erlebnisbad Alpamare, Tel. (08041) 50 99 99, www.alpamare.de; München: Pinakotheken, Tel. (089) 23 08 52 16, www.pinakothek.de; Deutsches Museum, Tel. (089) 217 91, www. deutsches-museum.de

60 km

Anreise:
A8 München – Salzburg, Ausfahrt Holzkirchen, über Bad Tölz nach Lenggries.

Einsetzstelle:
Vor der Isarbrücke in Lenggries am linken Ufer (Wegscheider Straße).

Aussetzstelle:
Am Campinglatz in München-Thalkirchen (Zentralländstraße 49).

Befahrensregelung:
Von der Kanaleinmündung des Kraftwerks Mühltal bis zum Wehr Baierbrunn darf vom 15.03. - 01.09. nicht auf den Kiesinseln angelegt werden. Im gleichen Zeitraum dürfen auch die gekennzeichneten Vogelschutzinseln im Naturschutzgebiet Isarauen zwischen dem Kraftwerk in Bad Tölz und der Loisachmündung nicht betreten werden.

Zurück zum Pkw:
Problemlos mit der Bayerischen Oberlandbahn (BOB) vom Hauptbahnhof München nach Lenggries (verkehrt im Stundentakt, Fahrtzeit etwa 60 Minuten).

Etappenvorschlag:
1. Tag: Lenggries – Einöd (ca. 25 km)
2. Tag: Einöd – München-Thalkirchen (ca. 35 km)

Tipps für Tagestouren:
1. Vom Sylvensteinsee nach Arzbach (ca. 16 km)

Länge der Tour:
ca. 60 km

Umtragestellen:
Fahrbarer Katarakt Isarburg hinter Lenggries, (WW III-IV, leicht zu umtragen) und vier Wehre, die leicht umtragen werden können.

Kartenmaterial / Literaturhinweise:

Kanu-Info Isar und Nebenflüsse, sehr ausführliche und mit viel Sinn für das Detail zusammengestellte Kanukarten für Isar und Loisach, zu bestellen unter www.kanu-info-isar.de **Kanu- und Radtourenkarte Isar von Scharnitz bis München,** 1:50.000, Pollner-Verlag. **Bikeline Isar-Radweg,** Esterbauer GmbH. Radführer für den Isar-Radweg mit Karten 1:75.000. Carmen Rohrbach: **Am grünen Fluss: Isar - Abenteuer und Natur pur,** Frederking & Thaler. Reisebeschreibung einer kombinierten Wander-, Boots- und Radtour entlang der Isar von der Quelle bis zur Mündung. Christian Magerl und Detlev Rabe: **Die Isar: Wildfluss in der Kulturlandschaft,** Kiebitz Buch. Umfangreiches Sachbuch zu allen Isar-relevanten Themen wie Flößerei, Kraftwerke, Speicherseen, Hochwasserdynamik, Flora und Fauna der Isarauen sowie Porträts der Städte und Gemeinden entlang des Flusslaufes. Lydia L. Dewiel: **Kunst Reiseführer Oberbayern,** DuMont Verlag.

Übernachten in Wassernähe:

Bad Tölz: Landhotel Altes Fährhaus, Tel. (08041) 60 30; **Einöd/Dietramszell:** Landgasthof Beham (Zimmer und Campingmöglichkeit), Tel. (08027) 386, ww.landgasthof-beham.de; **München:** Campingplatz München-Thalkirchen, Tel. (089) 723 17 07, www.camping-muenchen.de

Wichtige Adressen:

Kanuverleih: Es gibt keinen Verleih für Kajaks oder Kanadier. Angeboten werden ausschließlich Schlauchkanadier/Rafts. **Bad Tölz:** Action & Funtours, Tel. (089) 850 59 04, www.action-funtours. de; Montevia, Tel: (08851) 61 46 30, www.montevia.de; **Fahrradverleih: Lenggries:** Sport Sepp, Tel. (08042) 25 89, www.sport-sepp.de; Radl Rasti, Tel. (08042) 29 02, www.radlrasti.de; **Bad Tölz:** oisam radln, Tel. (08041) 749 54; Zweirad Riedelsheimer, Tel. (08041) 78 12 22; **Sonstiges:** Brauneck-Bergbahn, Tel. (08042) 50 39 40, www.brauneck-bergbahn.de; Bayerische Oberlandbahn, Tel. (08024) 99 71 71, www.bayerische-oberlandbahn.de

Auskunft:

Gästeinfo Lenggries, Tel. (08042) 501 80, www.lenggries.de; **Tourist-Info Wolfratshausen,** Tel. (08171) 21 40, www.wolfratshausen.de; **Tourismusamt München,** Tel. (089) 23 39 65 55, www.muenchen.de

Die Isar

Was für ein Bild! Die Wellen glitzern im Gegenlicht. Gelbleuchtende Helme auf blauen Neoprenanzügen haben sich vor knallbunten Schlauchkanadiern zu einer Besprechung auf der weißen Kiesbank versammelt. Und dunkelgrau heben sich in der Ferne die Alpengipfel vor dem blauen Himmel ab.

Der Ortsname Lenggries, der sich von „langem Gries", den riesigen Kiesbänken im Flussbett der Isar, ableiten lässt, macht seinem Namen alle Ehre. Schon am Startpunkt gibt sich die Isar eindrucksvoll und gleich einen Kilometer nach dem Ablegen wartet die schwerste Stelle der gesamten Tour. Das Katarakt Isarburg ist je nach Wasserstand Wildwasser im Schwierigkeitsgrad III bis IV. Ein paar Unerschrockene stürzen sich an Seilen gesichert in die Fluten, ein Profi-Paddler mit kompletter Wildwasserausrüstung steuert sein kurzes Boot gekonnt durch die Wellen. Ich ziehe es vor, das Treiben vom Land aus zu beobachten und ziehe mein Kajak über die Kiesbank am linken Ufer.

Karte Isar-Tour

60 km

Danach gibt sich die Isar als rasanter Wanderfluss in einem breiten Kiesschotterbett. Immer wieder rauscht das Gletscherwasser über Kiesbanküberläufe und kleine Stufen, so dass ich ständig auf der Hut sein muss, die richtige Fahrrinne zu finden.

Schon immer wurde die Isar als Handelsweg genutzt, um Waren aus dem Bereich der Alpen und aus Italien mit Hilfe von Flößen zur Donau zu transportieren. Die mittelalterlichen Gründungen der Städte München und Landshut führten zu einer steigenden Nachfrage nach Holz und damit zu einem Aufschwung der Flößerei. Ab dem 17. Jahrhundert wurden auch Waren wie Gewürze, Südfrüchte, Baumwolle und Seide vom Venezianischen Markt in Mittenwald über die Isar bis nach Wien und Budapest transportiert. Auf dem Höhepunkt der Flößerei im 19. Jahrhundert landeten in München über 8.000 Flöße pro Jahr an.

Verwundert reibe ich mir die Augen, als am linken Ufer unzählige, etwa zwei Meter hohe, Steinpyramiden stehen. Ich lege auf der Kiesbank an, um sie mir genauer anzusehen und treffe Karl-Heinz, den „Schöpfer" der Steinkegel. „Etwa fünf Stunden brauche ich für eine Pyramide", erzählt mir der Rentner aus Bad Tölz und fügt stolz hinzu, dass er die Steine seit über zehn Jahren nach jedem Hochwasser mühselig wieder aufstapelt.

Etwa acht Kilometer hinter Lenggries beschleunigt eine größere Stufe meinen Puls, dann erreiche ich Bad Tölz. Unterhalb des Kalvarienbergs finde ich hinter der zweiten Brücke eine gute Anlegemöglichkeit am linken Ufer. Über die Brücke gelange ich direkt in die Marktstraße, die von vielen als „schönster Festsaal des Oberlandes" bezeichnet wird. Die im alpenländischen Stil gestalteten Giebelfronten und die typischen oberbayerischen Lüftlmalereien sind wirklich schön anzuschauen.

60 km

Zurück im Kajak verlasse ich, vorbei am Wohnmobil-Stellplatz und dem rechts vor der Fußgängerbrücke liegenden Landhotel „Altes Fährhaus", das Stadtgebiet von Bad Tölz. Nun muss ich bis zum Tölzer Wehr das erste Mal auf der Isar richtig paddeln um voran zu kommen.

Am Wehr erleichtert eine Rollenbahn am Fischumlauf links das Umsetzen ins Unterwasser. Anschließend geht es, wie gewohnt, mit flotter Strömung von Kurve zu Kurve durch das Isarwasser. Am besten fährt es sich meist ganz außen am Prallhang. Dort sind die Wellen zwar am höchsten, dafür bin ich aber auch sicher, dass das grüne Wasser tief genug ist und ich mit meinem Kanu nicht aufsetze. Nahe der Isarquelle ist der Anteil der Feinstsedimente, wie in Schnee oder Gletschereis, sehr gering, was das Wasser bläulich erscheinen lässt. Mit Zunahme der aufgelösten Mineralstoffe, bei denen es sich in der Isar häufig um Kalkgesteine handelt, verwandelt sich die Färbung allmählich ins Grünliche.

Nachdem der Fluss eine 90 Grad Linkskurve beschreibt geht es einen Kilometer weiter, unterhalb des „Gasthaus Staubachhof", in eine Flussschlinge, wo am rechten Ufer ein hoher Prallhang aufragt. Dahinter erstreckt sich unter Wasser, schräg zur Flussmitte hin, ein Felsriegel, so dass ich mein Kajak in die Innenkurve steuere.

Auf riesigen Kiesbänken flattern Sonnenschirme im lauen Sommerwind, viele Schlauchboote sind auf dem Wasser unterwegs und ehe ich mich versehe, habe ich das Ende der Tagesetappe erreicht. Knapp 26 Kilometer nach dem Start in Lenggries lege ich rechts an der Zeltwiese des paddlerfreundlichen „Gasthofs Beham" in Einöd an.

Am nächsten Tag zeigt sich die Isar bis zur Tattenkofener Brücke erst einmal von ihrer ruhigen Seite. Dann, mit dem Beginn der Ascholdinger Au, wird die Isar besonders wild. Die folgenden Kilometer sind der schönste, aber auch paddeltechnisch anspruchsvollste Teil der Isarfahrt. In engen

Weite Flussschlingen und weiße Kiesbänke machen die Isar zu einem der schönsten Paddelflüsse Bayerns.

Kurven und mit reißender Strömung sucht sich die Isar in vielen Flussläufen ihren Weg und immer wieder versperren umgestürzte Bäume oder Schwemmholzbarrieren den Weg. Das Labyrinth aus Stromschnellen, Büschen, Nebenarmen und Inseln verändert sich mit jedem Hochwasser und es ist äußerste Vorsicht angesagt.

Entlang der Isar wurden zahlreiche Natur-, Landschafts- sowie für einzelne Kiesbänke auch Vogelschutzgebiete ausgewiesen, beispielsweise das Naturschutzgebiet Ascholdinger Au oder Pupplinger Au, ein Auwald nördlich von Wolfratshausen. Die Auwaldbestände setzen sich in erster Linie aus Kiefern, Weißerlen, Fichten und Weiden zusammen. Dort selten geworden sind die Fluss-Seeschwalbe und der Flussuferläufer. Ihre Nester liegen gut getarnt inmitten des Gerölls der Kiesbänke und werden von Erholungssuchenden, die trotz Verbots die Kiesflächen in ausgewiesenen Vogelschutzgebieten betreten, meist nicht wahrgenommen und dadurch zerstört.

An Wolfratshausen vorbei gelange ich nun durch den Auwald der Pupplinger Au in den Mündungsbereich von Loisach und Isar. Zuvor rauschte von links der Loisach-Isar-Kanal über eine Stufe in die Isar.

Direkt hinter der Straßenbrücke von Wolfratshausen liegt am linken Ufer die Ablegestelle der Flöße für organisierte Floßfahrten gen München. Seit einigen Jahrzehnten erlebt die Flößerei eine Renaissance – jährlich fahren in den Sommermonaten bis zu 50.000 Touristen auf großen, bis zu 20 Tonnen schweren Flößen von Wolfratshausen über eine Strecke von 25 Kilometern bis zum Floßkanal in München-Thalkirchen. Die Wehre der Kraftwerke werden dabei durch Schleusenrutschen überwunden. Die Rutsche im Mühltal südlich von Kloster Schäftlarn überwindet auf einer Länge von 360 Metern rund 18 Höhenmeter und gilt damit als die längste Floßgasse Europas. Nach der Ankunft am Zielort werden die Flöße in ihre einzelnen Bestandteile zerlegt,

60 km

60 km

Kloster Schäftlarn wurde 762 als Benediktinerkloster gegründet.

mit LKWs flussaufwärts gebracht und dort für die nächste Fahrt wieder zusammengesetzt.

Zweieinhalb Kilometer weiter mündet von links die Loisach und dann ist auch schon das Wehr in Icking erreicht. Da die Floßgasse nicht befahren werden darf, lege ich zum Umtragen links vom Wehr an. Hinter dem Wehr ist die Isar breit, schnurgerade und die Ufer sind von herrlichem Wald gesäumt. Vom benachbarten Floßkanal dringt fröhliches Kreischen an mein Ohr und schon erreiche ich die Schäftlarner Brücke mit dem Gasthaus „Bruckenfischer". Von hier ist es nur ein kurzer Spaziergang hinauf zum Kloster Schäftlarn. Im Jahre 762 als Benediktinerkloster gegründet, gehört es zu den bayerischen Urklöstern und blickt auf eine lange Geschichte zurück. Nach den Wirren der Ungarnkriege im 10. Jahrhundert ging

es unter und erfuhr seine Wiederbegründung als Benediktinerkloster 1866 durch König Ludwig I. mit dem Auftrag, "dass die Ordensmitglieder sich der Seelsorge wie der Erziehung und Bildung der Jugend widmen sollen". Heute betreiben die Mönche ein Privatgymnasium mit Tagesheim und Internat, Forstwirtschaft, eine Schnapsbrennerei und eine Imkerei. Die erzeugten Produkte werden in einem Klosterladen angeboten. Mit den Schäftlarner Konzerten in einer der schönsten Rokokokirchen Bayerns, finden seit 40 Jahren eindrucksvolle Musikabende mit renommierten Solisten statt. Wer sich im Biergarten des „Landgasthof Hotel Klosterbräustüberl" noch nicht gestärkt hat, kann dies noch im Biergarten des „Bruckenfischers" tun, bevor die Fahrt weitergeht. München ist nah und immer mehr Ausflügler und sonnenhungrige Nackedeis bevölkern die Kiesbänke entlang der Ufer. Die Isar wird wieder idyllisch und nur die Reste der ehemaligen Flussbefestigung erinnern an die Zeit, als die Isar in ein Korsett gezwängt wurde. Sozusagen als Münchens Hausbach trieb die Isar im Mittelalter zahlreiche Wassermühlen an. Um einen gleichmäßigen Wasserstand zu erreichen und die Gefahren durch Hochwasser abzuschwächen, wurde in München das Wasser in kleinere Kanäle abgeleitet. Die so entstandenen Stadtbäche dienten der Wasserversorgung. Bei einem Hochwasser stürzte 1813 eine Brücke ein und riss über 100 Schaulustige in den Tod. Nun begann man den Fluss zu kanalisieren, damit dieser sich weiter in das Flussbett eingrub und so die Gefahr von Überschwemmungen vermindern sollte. Mit der vor längerer Zeit begonnenen Renaturierung der Isar soll der Fluss wieder einen Teil seines ursprünglichen Charakters eines Wildflusses erhalten. So erhöht sich

nicht nur der Freizeitwert für die Münchner, auch die Lebensbedingungen für Tiere und Pflanzen werden verbessert. Zudem bringt die Renaturierungsmaßnahme nun wirklich eine Verbesserung des Hochwasserschutzes. Ich passiere das zweite, bei Paddlern und Flößern beliebte Gasthaus „Zur Mühle". Man geht davon aus, dass an dieser historischen Stelle schon vor tausend Jahren eine Mühle stand, die sich, an der Römerstraße gelegen, den Reisenden als Rast- und Jausenstation anbot. Heute kann man sich entweder in der urigen Wirtstube aufwärmen oder in der Sonne den großen Biergarten mit Blick auf die vorbeifahrenden Flöße genießen.

Bald nachdem sich Isar und Floßkanal vereinigt haben, paddle ich am Wehr Baierbrunn nach links in den Kanal und steuere direkt hinter der Durchfahrt (Achtung: Querströmung vom Wehr) das rechte Ufer an und trage über die Insel in den Kanal um.

Der Kalvarienberg in Bad Tölz.

60 km

Es geht nun in der „Zielgeraden" zur Burg Grünwald, einer spätmittelalterlichen Höhenburg, die vom 13. bis zum 17. Jahrhundert als Jagdschloss der Wittelsbacher und im 18. und 19. Jahrhundert als Adelsgefängnis und Pulvermagazin diente. Um sie zu besichtigen, legt man am besten vor der Grünwalder Brücke rechts an. Im Ostflügel der Anlage werden seitdem jährlich wechselnde Sonderausstellungen gezeigt. Im großen Burgturm ist die Geschichte der Burg dokumentiert. Von seiner obersten Plattform genießt man einen herrlichen Rundblick auf München, das Isartal und die Kette der Alpen. Eine letzte Einkehr vor München bietet dem Paddler der traditionsreiche „Gasthof Brückenwirt", den man beim Gang zurück über die Grünwalder Brücke erreicht. Der Biergarten ist einer der Großen in und um München – manchmal sitzen hier bis zu 350 Gäste im Schatten der Kastanien.

Bei Pullach erreiche ich das Wehr Großhesselohe. Etwa 200 Meter vor dem Wehr lande ich links an und setze, unterstützt von der Rollenbahn, in den Kanal um. Unter der großen Eisenbahn- und Straßenbrücke sowie der Fußgängerbrücke direkt dahinter, komme ich nach der nächsten Brücke an eine Gabelung vor dem Flößerdenkmal. Hier steuere ich das Kajak nach links in die Floßlände und mit guter Strömung geht es über mehrere Stufen und Floßgassen, die von den Münchener Kanuten und Surfern gerne zum Üben genutzt werden, zum Campingplatz in München-Thalkirchen, wo ich an der Liegewiese vor der nächsten Brücke meine Tour beende. Die Durchfahrt durch das Stadtgebiet ist verboten. Mit der S-Bahn 27 ist es von der Haltestelle Siemensstraße ein Katzensprung in die Münchner Innenstadt, wo ich am Hauptbahnhof einen kleinen historischen Rundgang durch München unternehme.

Die Floßgassen der Floßlände sind beliebte Kanu- und Surfspots.

Stadtrundgang München

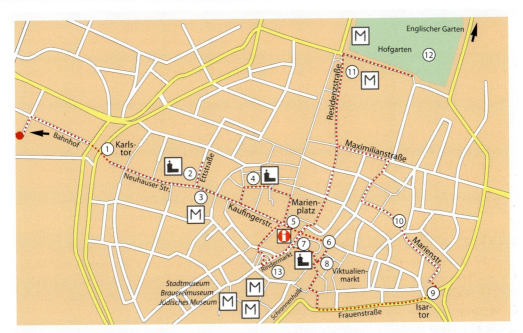

Vom Hauptbahnhof gelange ich schnell zum östlich gelegenen *Karlsplatz (1)*, dem im Münchner Volksmund Stachus genannten Platz. Er ist benannt nach Kurfürst Karl Theodor (1724 - 1799). Dieser ließ die Festungswerke vor dem Neuhauser Tor niederlegen, das Tor renovieren und im Halbrund Häuser anbauen, die heute noch das Gesicht des Platzes prägen. Durch die Neuhauser Straße gelangt man in der Verlängerung in die Kaufingerstraße, Deutschlands bestbesuchte und teuerste Einkaufsstraße. An der Ecke zur links abzweigenden Ettstraße lohnt unbedingt der Blick in die sehr sehenswerte *Kirche St. Michael (2)*, ein bedeutendes Bauwerk der Renaissance und die größte Renaissancekirche nördlich der Alpen. Als Grablege des Hauses Wittelsbach konzipiert, war sie auch das geistliche Zentrum der Gegenreformation in Bayern. Schräg gegenüber steht man dann vor den großen Tierplastiken eines Bronzekeilers und eines Welses. Sie weisen auf die hochragende Fassade der ehemaligen Augustinerkirche hin. Die gotische Basilika in der Fußgängerzone ist nun die Heimstätte eines der schönsten Museen Deutschlands, dem *Deutschen Jagd- und Fischereimuseum (3)*. Links geht es über die Liebfrauenstraße zur *Frauenkirche (4)*, dem Wahrzeichen der Stadt. Mit ihren zwei markanten Türmen ist sie die Kathedralkirche des Erzbischofs von München und Freising. Der dreischiffige spätgotische Backsteinbau mit umlaufendem Kapellenkranz ist 109 Meter lang, 40 Meter breit und 37 Meter hoch. Der Südturm kann bestiegen werden und bietet einen einmaligen Blick auf München und die nahen Alpen. Die im ausgehenden 15. Jahrhundert erbaute Kirche bietet rund 20.000 stehenden Menschen Platz, was erstaunlich ist, angesichts der damals nur 13.000 Einwohner zählenden Stadt. Über die Sporerstraße und die rechts abgehende Weinstraße gelangt man zum *Marienplatz (5)* mit der Mariensäule, die den geografischen Mittelpunkt der Stadt markiert. Der Marienplatz liegt am Kreuzungspunkt der Ost-West-Achse zwischen Isartor und Karlstor. Diese war Teil der Salzstraße von Salzburg über Landsberg und die Nord-Süd-Achse auf der die Waren aus Italien durch das Sendlinger Tor in die Stadt gelangten. Das Neue Rathaus, Sitz des Oberbürgermeisters, des Stadtrates und Hauptsitz der Stadtverwaltung, wurde von 1867 bis 1909 von Georg von Hauberrisser im neugotischen Stil erbaut. Davor steht der Fischbrunnen an dem bis zum Zweiten Weltkrieg am Rosenmontag die Metzger-Lehrlinge freigesprochen wurden. Am Aschermittwoch wäscht der Oberbürgermeister seit 1426 traditionell seine leere Geldbörse im Wasser des Brunnens. Der von armen Leuten ausgeübte alte Brauch wollte damit deutlich machen, dass das Portemonnaie vollkommen leer und die Dienstherrschaft aufgefordert sei, wieder etwas hineinzutun. Das weiter rechts liegende *Alte Rathaus (6)*, bis 1874 Sitz des Stadtrates, dient als Repräsentationsgebäude der Stadtverwaltung und beherbergt im Turm das Spielzeugmuseum. Von hier gelangen wir zum Petersplatz mit der *St. Peter Kirche (7)*, der ältesten Kirche der Altstadt, deren erster Bau noch aus der Romanik stammte. Heute steht dort ein gotischer Neubau, der im Inneren barockisiert wurde. Über die Straße Viktualienmarkt gelangen wir zum gleichnamigen *Markt (8)*, einem Markt für Lebensmittel, früher Viktualien genannt. Er findet täglich statt und besteht zum Großteil aus festen Ständen, die jedes Gourmetherz höher schlagen lassen. Die warmen Leberkäs-Semmeln von einem der zahlreichen Stände sind fast schon Pflicht. Über den Viktualienmarkt geht es nach links in die Frauenstraße, die direkt zum *Isartor (9)* führt. Es ist das östliche Stadttor der historischen Altstadt und beherbergt das Valentin-Karlstadt-Musäum. Das kleine „Musäum" im Isarturm ist zwar längst kein Geheimtipp mehr, aber ein absolut liebenswertes Juwel in der nicht gerade museumsarmen bayerischen Landeshauptstadt. Die Ausstellung präsentiert mit vielen Fotos, humoristischen Dokumenten und Video- sowie Hörstationen den feinsinniger Humor des Münchener Komikerpaares Karl Valentin (1882 - 1948) und Liesl Karlstadt (1892 - 1960). Im obersten Stockwerk unter dem Dach lockt ein Café mit einer Einrichtung aus der Zeit um die Jahrhundertwende.

Vom Isartor geht es zurück Richtung Innenstadt und gleich rechts hinein über die Marienstraße in die Bräuhausstraße direkt zum *Hofbräuhaus (10)* am Platzl. Vom bayerischen Herzog Wilhelm V. im Jahre 1589 in Auftrag gegeben, war der weltberühmte Münchner Bierpalast lange Zeit Sitz der dazugehörigen Brauerei Hofbräu. Nach knapp 100 Metern geht es nach rechts über die Sparkassenstraße in die Maximilianstraße. Vorbei am Nationaltheater führt der Weg nach rechts über die Residenzstraße zur *Residenz (11)*. Sie war das Münchner Stadtschloss und die Residenz der bayerischen Herzöge, Kurfürsten und Könige. Der weitläufige Palast ist das größte Innenstadtschloss Deutschlands und mit mehr als hundert Schauräumen eines der bedeutendsten Raumkunstmuseen Europas. Den dahinter liegenden *Hofgarten (12)* ließ Maximilian I., Kurfürst von Bayern, 1613 - 1617 als Renaissancegarten im italienischen Stil anlegen. Durch die Residenzstraße und dann stur geradeaus gelangt man wieder auf den Marienplatz, über den man zwischen der St. Peter Kirche und dem Marienplatz City-Center über den Rindermarkt zum Löwenturm gelangt. Der *Rindermarkt (13)* ist einer der ältesten Straßenzüge Münchens, der den Marienplatz im Norden mit dem Sendlinger Tor verband. Ursprünglich wurde dieser Straßenzug als Viehmarktplatz genutzt. Der Löwenturm an der südöstlichen Seite des Rindermarktes ist ein Wasserturm aus dem 15. Jahrhundert. Vom Rindermarkt geht es zurück zum Marienplatz und dort links über die Kaufingerstraße zurück zum Hauptbahnhof.

Text: Thomas Kettler

Frauenkirche

Die Loisach

Erst zügig, dann beschaulich

Tour 22

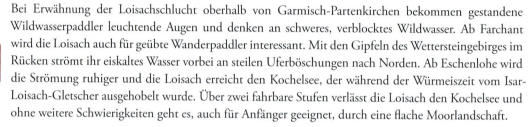

Charakter der Tour:

Bei Erwähnung der Loisachschlucht oberhalb von Garmisch-Partenkirchen bekommen gestandene Wildwasserpaddler leuchtende Augen und denken an schweres, verblocktes Wildwasser. Ab Farchant wird die Loisach auch für geübte Wanderpaddler interessant. Mit den Gipfeln des Wettersteingebirges im Rücken strömt ihr eiskaltes Wasser vorbei an steilen Uferböschungen nach Norden. Ab Eschenlohe wird die Strömung ruhiger und die Loisach erreicht den Kochelsee, der während der Würmeiszeit vom Isar-Loisach-Gletscher ausgehobelt wurde. Über zwei fahrbare Stufen verlässt die Loisach den Kochelsee und ohne weitere Schwierigkeiten geht es, auch für Anfänger geeignet, durch eine flache Moorlandschaft.

Sehenswürdigkeiten:

Garmisch-Partenkirchen: *Pfarrkirche St. Martin* am Marienplatz mit eindrucksvollen Fresken; *Alte Kirche Garmisch* mit 7 m hoher Darstellung des Hl. Christophorus (1330), hochbarockem Hochaltar und Chorfenstern mit gotischen Glasmalereien aus der Zeit um 1400; *Pfarrkirche Maria Himmelfahrt* (1871); *Zugspitze* (2.962 m); *Partnachklamm* mit Wasserfällen, Stromschnellen und Gumpen, 1912 zum Naturdenkmal erklärt; 62 m hohe *Olympia Skisprungschanze* (2007); *Werdenfelser Heimatmuseum* im ehemalige Kaufmannshaus; *Michael-Ende-Kurpark* mit Barfußpfad; *Burgruine Werdenfels* (um 1219) mit vier Kilometer langem Burglehrpfad; historische Bobbahn am Riessersee; *Höllentalklamm*, schöner Aufstieg durch die Klamm, die sich streckenweise zwischen hohen Felswänden hindurch zwängt. **Farchant:** *Kuhfluchtwasserfälle* (drei Stufen mit einer Fallhöhe von insgesamt 270 m). **Großweil:** *Freilichtmuseum Glenleiten* mit rund 60 Original-Gebäuden aus Oberbayern. **Kochel am See:** *Franz-Marc-Museum* (Kunst im 20. Jh.); *Erlebniskraftwerk Walchensee*. **Benediktbeuern:** barockes *Benediktinerkloster* (ab 1669 von Georg Asam und Johann Baptist Zimmermann erbaut). **Beuerberg:** katholische *Pfarrkirche St. Peter und Paul* (ehemalige Augustiner-Chorherren-Stiftskirche, ab 1626 Umbau der romanischen Basilika zu barocker Wandpfeileranlage). **Wolfratshausen:** barockisierte *Pfarrkirche St. Andreas* (erbaut 1484); *Altstadt* mit hübschen Bürgerhäusern; dreigeschossiges *Rathaus* mit Neurenaissancegiebel; *Heimatmuseum* mit vielen Exponaten aus der 1000-jährigen Geschichte des Ortes; *Japanischer Garten* der Patenstadt Iruma; *Naherholungsgebiet Pupplinger Au* am Zusammenfluss von Loisach und Isar.

Sonstige Aktivitäten:

Radfahren: Mountainbiketouren rund um die Zugspitze; Tagestouren ab Kochel: Kochel am See - Kloster Benediktbeuern - Kochel am See (15 km); Rundfahrt im Loisach-Kochelseemoor (22 km); Kochel - Walchensee - Jachenau Rundweg (26 km, Mountainbiketour). **Wandern:** Bergtouren ab Farchant: Kellerleitensteig - Pflegersee bist St. Martin am Grasberg (1.030 m); zur Enning-Alm (1.544 m); zur Gießenbachalm (1.300 m); zum Brünstlkopf (1.815 m); zur Notkarspitze (1.888 m); zum Schafkopf

(1.380 m); zur Esterbergalm (1.265 m); zum Hohen Fricken (1.940 m); zum Wank (1.780 m); zur Weilheimer Hütte (1.955 m) und Krottenkopf (2.086 m). Wanderwege bei Farchant: Kramerplateauweg; zu den Reschbergwiesen; über Burgrain nach Garmisch; Philosophenweg nach Partenkirchen; Loisachufer-Rundweg; zu den Kuhfluchtwasserfällen. Bergwanderwege ab Kochel: zum Jochberg (1.567 m), zum Rabenkopf (1.559 m); zum Herzogstand (1.731 m) und Heimgarten (1.790 m). Wanderwege bei Kochel: Rundweg Lainbachwasserfälle / Vogellehrpfad (ca. 1 Stunde); Rundweg Loisachmoos (ca. 2 Stunden); Kochelseerundweg (ca. 2 - 3 Stunden). **Paddeln:** Auf der Isar von Lenggries nach München. **Klettern:** Im Kletterwald Garmisch-Partenkirchen oberhalb der Talstation Wankbahn auf sechs unterschiedlich schweren Parcours mit ca. 80 Kletterelementen (Tel. (0170) 634 96 88, www.kletterwald-gap. de) oder Hochseilpark Werdenfels in Farchant mit ca. 40 Elementen in knapp 10 Metern Höhe, Tel. (08821) 63 23, www.hochseilpark.com

Schlechtwetteralternativen: Kochel: Familien- und Erlebnisbad trimini, Tel. (08851) 53 00.

76 km

Anreise:
Autobahn A95 München - Garmisch-Partenkirchen, geht über in Bundestraße B 2 nach Farchant.

Einsetzstelle:
Am Parkplatz in der Loisachstraße, hinter der Brücke über die Loisach in Farchant.

Aussetzstelle:
In der Badstraße beim Campingplatz in Wolfratshausen.

Befahrensregelung:
Vom 20.03. - 15.07. darf auf dem Loisachabschnitt von der Brücke in Kochel bis zur Brücke der B 472 zwischen Sindelsdorf und Bichl das Ufer außerhalb der Wanderwege nicht betreten werden.

Zurück zum Pkw:
Mit Bahn, S-Bahn und Bus möglich, aber leider langwierig und kompliziert: von Wolfratshausen über Starnberg, Tutzing und Oberau nach Farchant, Fahrtzeit 2 - 3 Stunden.

Etappenvorschlag:
1. Tag: Farchant – Kochel (ca. 36 km)
2. Tag: Kochel – Wolfratshausen (ca. 40 km)

Tipps für Tagestouren:
1. Von Farchant nach Großweil (ca. 27 km)   *2.* Von Schönmühl nach Wolfratshausen (ca. 26 km)

Kartenmaterial / Literaturhinweise:
Kanu-Info Isar und Nebenflüsse. Sehr ausführliche und mit viel Sinn für das Detail zusammengestellte Kanukarten für Isar und Loisach, zu bestellen unter www.kanu-info-isar.de; Siegfried Garnweidner und Barbara Wickenburg: *Rund um die Zugspitze*, KOMPASS Karten. Wanderführer

Länge der Tour:
ca. 76 km

Umtragestellen:
Auf der Strecke zwischen Farchant und Wolfratshausen gibt es mehrere Stufen, die je nach Wasser- und Könnensstand befahren werden können oder umtragen werden müssen und fünf Wehre, die auf jeden Fall auf dem Landweg zu umgehen sind. Für die lange Portage in Schönmühl ist ein Bootswagen sehr zu empfehlen.

mit Tourenkarten, Höhenprofilen und Wandertipps. Lydia L. Dewiel: *Kunst Reiseführer Oberbayern*, DuMont Verlag. Martin Schüller: *Tod in Garmisch*, Emons. Krimi um einen Toten in der Partnachklamm.

Übernachtung in Wassernähe:
Eschenlohe: Gasthof Zur Brücke, Tel. (08824) 210; *Kochel: Camping Renken*, Tel. (08851) 61 55 05, www.campingplatz-renken.de; *Camping Kesselberg*, Tel. (08851) 4 64, www.campingplatz-kesselberg.de; *Jugendherberge*, Tel. (08851) 52 96; *Beuerberg: Gasthaus & Pension Zur Mühle*, Tel. (08179) 99 73 90; *Wolfratshausen: Campinglatz*, Tel. (08171) 787 95, www.campingbayern.de; *Pension Rosengarten*, Tel. (08171) 760 34, www.pension-rosengarten.de

Wichtige Adressen:

76 km

Kanuverleih: *Starnberg: Erlebnisreisen Marc Müller*, Tel. (08151) 77 32 67, www.watertours.de; *Kochel: Montevia Rafting* (nur Schlauchkanadier), Tel. (08851) 61 46 30, www.montevia.de; **Fahrradverleih:** *Farchant: Sportzentrum Föhrenheide*, Tel. (08821) 65 53; *Kochel: Heinritzi*, Tel. (08851) 471; **Sonstiges:** *Gleitschirmflüge in Kochel: Aerogen Gleitschirmschule*, Tel. (08851) 61 46 14; *Tandemschule*, Tel. (08851) 882; *Herzogstandbahn Walchensee*, Tel. (08858) 236; *Museen: Franz-Marc-Museum in Kochel*, Tel. (08851) 71 14; *Freilichtmuseum an der Glentleiten*, Tel. (08851) 185 10; *Walchenseekraftwerk: Infozentrum*, Tel. (08851) 772 25; *Wasserwacht: Kochelsee*, Tel. (08851) 192 22.

Auskunft:
Tourist Info Garmisch-Partenkirchen, Tel. (08821) 18 07 00, www.gapa.de; *Tourist-Information Farchant*, Tel. (08821) 96 16 96, www.farchant.de; *Tourist Info Kochel am See*, Tel. (08851) 338, www.kochel.de; *Tourist-Info Wolfratshausen*, Tel. (08171) 21 40, www.wolfratshausen.de

Die Loisach

Nordöstlich von Garmisch, im Vorort Farchant, finde ich am Parkplatz in der Loisachstraße hinter der Straßenbrücke über die Loisach eine gute Einsetzstelle. Sofort nach dem Ablegen erfasst mich die rasante Strömung. Es lohnt sich der Blick über die Schulter auf das imposante Wettersteingebirge.

Viel Zeit, um den Ausblick zu genießen, bleibt allerdings nicht, denn die Loisach trägt mich flott gen Nordosten. Grobe, zum teil bewachsene Kiesbänke ziehen sich entlang der Ufer und es gibt kaum geeignete Anlandemöglichkeiten. Eine erste Möglichkeit zur Pause bietet der Rastplatz an der Einmündung des Gießenbachs am linken Ufer hinter Oberau.

Doch Obacht, er ist erst im letzten Moment zu entdecken und wer nicht aufpasst, rauscht am Kehrwasser vorbei. Die Loisach diente den Oberauer Flößern, die vor allem Gipsstein und Holz nach München und Wien brachten, als Verkehrsweg. Der Verkauf von Gips zur Verwendung im Mauerwerksbau brachte dem Ort vom Ende des 18. bis Mitte des 19. Jahrhunderts eine Zeit des Wohlstandes. An die zwölf Gipsmühlen, wurden im Ort vom Gießenbach angetrieben. In der Gaststube des Hotels „Zur Post„ hängt das Modell eines mit Gipsfässern beladenen Loisachfloßes, eine Erinnerung an die einst blühende „Floßfahrende Gesellschaft" von Oberau.

Karte Loisach-Tour

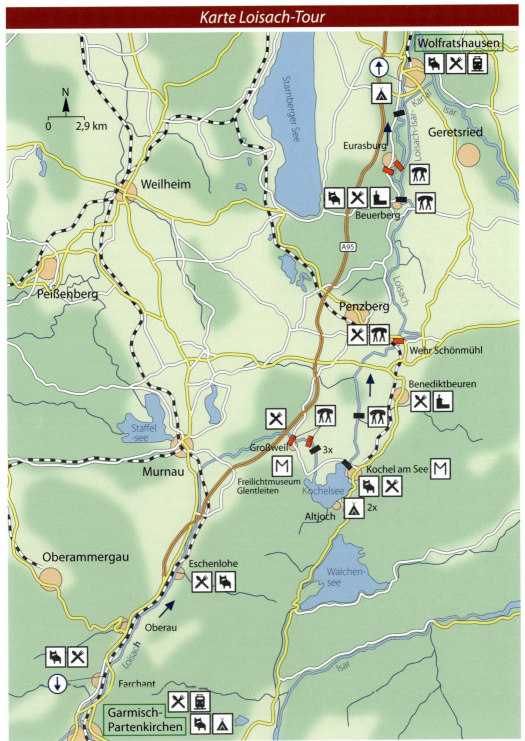

76 km

Die Bundesstraße 2 verläuft nun dichter am linken Loisach-Ufer. Im Jahre 1936 wurde sie anlässlich der Olympiade in Garmisch als „Olympiastraße" ausgebaut und ihre beiden Straßentunnel südwestlich des Dorfes dienten im Zweiten Weltkrieg im Rahmen der sogenannten „U-Verlagerung" (Untertage-Verlagerung) als bombensichere Rüstungsproduktionsstätte für Flugzeugteile der damaligen Messerschmitt AG.

76 km

Vor und hinter der Brücke von Eschenlohe bieten mehrere Gasthäuser die Möglichkeit zur Einkehr. Die beste Ausstiegsstelle liegt etwa 100 Meter hinter der markanten Brücke am rechten Ufer, denn direkt vor und hinter der Brücke sind die Ufer steil und zum Hochwasserschutz mit groben Findlingen befestigt. Direkt am Wasser lässt der Gasthof „Zur Brücke" mit eigener Metzgerei, neben einem weichen Bett auch auf deftige Hausmannskost hoffen.

Hinter Eschenlohe beruhigt sich die Loisach und ohne weitere Schwierigkeiten trägt sie mich mehrere Kilometer auf einer idyllischen Strecke, an der sich steile und bewaldete Ufer abwechseln, gen Norden. Bei Kleinweil, dort, wo die Autobahn 95 zum zweiten Mal die Loisach kreuzt, rauscht das Wasser über ein erstes, unfahrbares Wehr.

Ich lege links davor am Steg an und bin froh, einen Bootswagen dabei zu haben. So ist die gut 200 Meter lange Portage schnell bewältigt. Ich brauche den Bootswagen gar nicht erst zu verstauen, denn bereits nach wenigen Paddelschlägen versperrt mir ein zweites Wehr den Weg. Ich setze gleich links hinter der Straßenbrücke zwischen Kleinweil und Großweil aus und umtrage auf etwa 400 Metern. Wer etwas Zeit übrig hat, könnte sein Kanu am Fluss liegen lassen, um über die Brücke nach Großweil zu gehen. Nur eineinhalb Kilometer sind es hinauf zum Freilichtmuseum Glentleiten.

Blick über den Kochelsee.

248

In einem abwechslungsreichen Rundgang im weitläufigen Museumsgelände inmitten von Wald, Weideflächen und historischen Gärten, veranschaulichen rund 60 Gebäude mit ihrer vollständigen Einrichtung – Bauernhöfe, Mühlen, Almgebäude und Werkstätten wie das ländliche Leben, Wohnen und Wirtschaften vergangener Jahrhunderte war.

Im weiteren Flussverlauf weisen zweimal Schilder auf weitere Wehre oder Sohlrampen hin, von denen bei gutem Wasserstand aber kaum etwas zu spüren ist. Bei Schlehdorf markiert ein Kiesbagger am rechten Ufer die Mündung in den Kochelsee.

Voraus leitet die mächtige Bergflanke des Herzogstands (1.761 m) mit den Rohrleitungen des Walchensee-Kraftwerks den richtigen Weg. Dabei dient der höher gelegene Walchensee als Speicher- und der Kochelsee als Ausgleichsbecken. Während der südliche Bereich des Sees von Bergen umgeben ist, liegt der nördliche

Teil schon im flachen Voralpenland und wird von den Loisach-Kochelsee-Mooren begrenzt. Am Südostufer des Kochelsees beende ich meinen ersten Tag auf der Loisach am Campingplatz „Renken".

Vom Campingplatz ist es nur ein kurzer Spaziergang entlang des Sees zum Franz Marc Museum in Kochel, dessen Bedeutung weit über Bayern hinaus reicht. Franz Marc, der lange Zeit Kochel am See zu seiner Wahlheimat machte, war ein deutscher Maler und neben Wassily Kandinsky Mitbegründer der Redaktionsgemeinschaft „Der Blaue Reiter". Er gilt als einer der bedeutendsten Maler des Expressionismus in Deutschland. Am 22. Juni 2008 wurde neben dem bisherigen Museumsgebäude ein modern-markanter Neubau eingeweiht. Zusätzlich zu den Kunstbeständen des bisherigen Franz Marc Museums wird eine beachtenswerte Sammlung moderner Kunst aus dem 20. Jahrhunderts

76 km

76 km

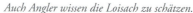

Auch Angler wissen die Loisach zu schätzen.

gezeigt. Neben den Künstlern des „Blauen Reiters" sind auch wichtige Werke der „Brücke"-Expressionisten vertreten. Auf dem Weg zum Museum kommt man am Seehotel "Grauer Bär" vorbei. Die frischen Saiblinge und Renken vom Kochelseefischer Manfred Kneidel auf der Speisekarte des Hotels und die Wellnesslandschaft wären allerdings zwei Argumente für einen Übernachtungsstopp am einzigen, direkt am Kochelsee gelegenen Hotel.

Vom Campingplatz paddle ich früh am nächsten Morgen, immer am Ufer entlang, in den nördlichen Zipfel des Sees. Dichter Nebel liegt über dem Wasser, aber das Rauschen der kräftigen Sohlschwelle der Loisach am Auslass aus dem See ist weithin zu hören. Bei Bedarf kann das Hindernis gut am rechten Ufer umtragen werden.

Mit mäßiger Strömung schiebt mich die breite Loisach vorbei an hohen Ufern. Bir-

ken spiegeln sich im Wasser und aus dem Nebel dringt gedämpftes Kuhglockengeläut über den Fluss. Kurz hinter einer Fußgängerbrücke warnt ein Schild vor der nächsten Stufe. Ich lege am rechten Ufer in der kleinen Bucht an und entscheide mich nach der Besichtigung zum Fahren. Die Stufe lässt sich aber auch kurz am rechten Ufer umtragen.

Nun ist die Loisach ersteinmal hindernisfrei und ich paddle durch eine stille, ja wirklich einsame Moorlandschaft. Zu beiden Seiten der Loisach befindet sich auf einer Entfernung von je knapp zweieinhalb Kilometern keine menschliche Ansiedlung. Zwischen Kochelsee und Penzberg bilden die Loisach-Kochelsee-Moore eine wertvolle Moorlandschaft die in der Würmeiszeit vor mehr als 15.000 Jahren entstand. Die ausgedehnten Nieder- und Hochmoorflächen umfassen 3.600 Hektar. Nicht nur wegen ihrer Größe zählen diese Moore zu den bedeutendsten Moorgebieten Süddeutschlands sondern auch wegen ihrer artenreichen Flora und Fauna. Insgesamt brüten oder rasten in diesem Gebiet mehr als 200 Vogelarten. Viele vom Aussterben bedrohte oder in Bayern stark gefährdete Reptilien, Amphibien und Insekten haben in dieser alten Kulturlandschaft eine Heimat gefunden, so die Kreuzotter und viele seltene Libellenarten.

In der Ferne ist rechts der Ort Benediktbeuern zu sehen. Etwas weit – nämlich rund zweieinhalb Kilometer Fußmarsch sind es bis zum gleichnamigen Kloster. Lohnen würde ein Besuch des ältesten Klosters Oberbayerns allemal, nicht nur wegen der Leckereien aus der Klosterküche des „Bräustüberl". Karl der Große überbrachte dem dritten Abt Elilant die große Reliquie vom rechten Arm des Hl. Benedikt, der den Namen der Abtei Buron in Benediktbeuern änderte. In der Kloster-

bibliothek wurden 1803 die Carmina Burana, eine Sammlung von Vagantenliedern aus dem 13. Jahrhundert gefunden.

Etwa elf Kilometer nachdem ich den Kochelsee verlassen habe, gabelt sich der Wasserlauf; ich halte mich links und steuere nach 100 Metern das linke Ufer an, um das Wehr in Schönmühl zu umtragen. Die Portage ist sehr lang, verläuft aber auf guten Wegen: auf dem Schotterweg schiebe ich den Bootswagen bis zur Straße am Sägewerk und dort nach rechts weiter. Das versteckt unter Bäumen liegende kleine Gasthaus „Schönmühl" lockt nach diesem langen Tourenabschnitt mit seiner gemütlichen Gaststube und einer Portion Hausmacherbratensülze mit Röstkartoffeln. Hinter der Kapelle geht es weiter bergan auf den Hügel, ein Spaziergänger warnt mich vor der folgenden Straßenüberquerung. Und in der Tat: die von links heranrasenden Autos sind erst im letzten Moment zu sehen. Nachdem ich

76 km

Am Wehr Beuerberg.

251

die Straße sicher überwunden habe, geht es auf der gegenüberliegenden Seite wieder hinunter zur Einsetzstelle an der Loisach hinter dem Elektrizitätswerk.

Es folgen mehrere Brücken, besonders auffällig ist die Straßenbrücke etwa fünf Kilometer hinter Schönmühl: Hier erinnert in der folgenden Kurve ein Brückenpfeiler mitten im Fluss an die ehemalige Bahnlinie zwischen Wolfratshausen und Bichl.

76 km

Etwa fünf Kilometer weiter taucht über dem linken Ufer das Kloster Beuerberg auf. Nach einer ausladenden Flussschleife stehe ich vor einer Gabelung. Nach rechts zweigt der Loisach-Isar-Kanal ab, der das vom Walchensee-Kraftwerk zusätzlich eingebrachte Isar- und Rißbachwasser in die Isar ableitet. Direkt dahinter lege ich am rechten Ufer an, um das Wehr Beuerberg zu umtragen. Hinter dem Wehr liegt am Ufer das Gasthaus & Pension „Zur Mühle", von dessen Terrasse und den hellen Pensionszimmern man einen schönen Blick auf die Loisach hat. Die Spezialität des Hauses ist Lamm aus eigener Zucht und Schlachtung. Nur ein paar Schritte sind es zum Kloster Beuerberg, dem Kloster der Augustiner-Chorherren aus dem Jahre 1121. Weil es kaum dienende Brüder aufwies, mussten alle Arbeiten von den Beuerberger Hörigen, das Dorf bestand schon 200 Jahre länger, und Dienstboten des Klosters verrichtet werden, so dass die Geschichte von Dorf und Kloster eng verbunden war.

Über meiner Bugspitze blitzt schon mal das Schloss Eurasburg über den Baumwipfeln, verschwindet aber sofort wieder aus dem Blickfeld. Das Schloss, anstelle der 1626 abgerissenen Iringsburg im Stil der Spätrenaissance erbaut, brannte 1976 samt der wertvollen Inneneinrichtung aus und beherbergt heute ausschließlich Eigentumswohnungen. Geboren auf Schloss Eurasburg wurde 1845 der bekannte Bergsteiger

Hermann von Barth, der im Alleingang die noch weitgehend unerschlossenen Berchtesgadener Alpen erkundete und als Erschließer des Karwendels bekannt wurde. 1874 veröffentlichte er das Buch „Aus den Nördlichen Kalkalpen", in dem er seine Erfahrungen und Touren dokumentierte. Das Werk gilt heute als Klassiker der Alpinliteratur.

Am Wehr in Eurasburg darf die Floßgasse wegen der starken Walze am Ende nicht befahren werden und ich steige an der Holztreppe am rechten Ufer aus. Dahinter lockern ein paar kleine Schwälle die Tour auf und es gibt an den Ufern schöne Pausenplätzchen. Die Loisach nimmt wieder etwas Fahrt auf und etwa einen Kilometer hinter dem Eurasburger Wehr schließe ich vor einer ca. 50 Zentimeter hohen Sohlschwelle die Spritzdecke.

An einer Steinbuhne die von rechts in den Flusslauf ragt, teilt sich die Loisach und ich steuere die Bootsspitze nach links in den schmalen und idyllischen Loisacharm. Die richtige Entscheidung, wie sich nach zwei Kilometern herausstellt, da der rechte Arm über eine deutlich höhere und ruppigere Stufe zurückkommt. Direkt hinter dem Zusammentreffen der beiden Loisacharme bietet sich in einem links abgehenden Altarm am Ufer eine letzte schöne Pausenmöglichkeit, bevor es nach Wolfratshausen geht. Den Ortsanfang markieren zunächst eine blaue Fußgängerbrücke, dann die Straßenbrücke und schließlich die ersten Häuser. Der an einem kleinen See gelegene Campingplatz befindet sich nicht direkt am Loisachufer, sondern etwa 300 Meter entfernt in der Badstraße. Einen richtigen Anleger gibt es nicht und so ziehe ich mein Kajak in einer Lücke zwischen den Büschen die steile Böschung hoch. Wer es etwas komfortabler mag, steigt etwas vorher an der Holztreppe aus, muss dann allerdings den Bootswagen gut 200 Meter weiter schieben.

Pfarrkirche St. Andreas in Wolfratshausen.

Wichtige Adressen

...für Paddler

Der Deutsche Kanuverband (DKV) bietet Hilfe und Beratung bei allen Fragen rund ums Paddeln, nennt Kanuanbieter und gibt Infos zu Flusssperrungen, bietet Ausbildungskurse und man trifft Gleichgesinnte, kurz: eine Mitgliedschaft lohnt sich!

DKV-Bundesgeschäftsstelle, Bertaallee 8, 47055 Duisburg, Tel. (0203) 99 75 90, www.kanu.de

Badischer Kanu-Verband e.V., Rosenstr. 11, 67112 Mutterstadt, Tel. (06234) 30 51 56, www.kanu-baden.de

Kanu-Verband Württemberg e.V., Ziegelhütte 6, 74196 Neuenstadt a. K., Tel. (07139) 93 12 21, www. kanu-wuerttemberg.de

Bayerischer Kanu-Verband e.V., Postfach 50 01 20, 80971 München, Tel. (089) 15 98 46 06, www. kanu-bayern.org

Bei der Bundesvereinigung Kanutouristik (BKT) erhalten Sie Adressen von angeschlossenen Verleiherfirmen mit Qualitätssiegel, d.h. eine „Garantie" für Qualität, ausreichende Sicherheit und die Berücksichtiugung des Naturschutzes im Kanutourismus:

Bundesvereinigung Kanutouristik e.V., Hannah-Arendt-Str. 3-7, 35037 Marburg, Tel. (06421) 168 91 60, www.kanutouristik.de

Wettervorhersage

www.wetter.com   Wettervorhersagen und Niederschlagsradar

www.hnd.bayern.de   Pegelstände für Bayern

www.hvz.baden-wuerttemberg.de   Pegelstände für Baden-Württemberg

Süddeutschland

Geschäftsstelle Tourismus-Marketing GmbH Baden-Württemberg, Esslinger Straße 8, 70182 Stuttgart, Tel. (01805) 55 66 90 (14 Ct./Min. aus dem dt. Festnetz, Mobilfunkpreise evtl. abweichend), www.tourismus-bw.de

Bayern Tourismus Marketing GmbH, Leopoldstraße 146, 80804 München, Tel. (089) 212 39 70, www. bayern.by

www.kanu-info-isar.de Private Homepage mit Flusskarten und Hinweisen zu Isar, Loisach, Ammer, Amper und Würm von Christian Löhnert.

Ausgewählte Literatur & Quellen

Ausgewählte Buchtipps für das Paddeln und zum Draußen unterwegs sein

Bill Mason, Arno Gatz und Elmar Engel: *Die Kunst des Kanufahrens. Der Kanadier,* Busse-Seewald Verlag

Franz Riegel, Dieter Raffler und Franz Raffler: *Stechpaddel Fahrschule,* Pollner Verlag
Cliff Jacobson: *Solo im Kanu,* Conrad Stein Verlag GmbH

Robert Platzer: *Kajaktechnik für Einsteiger und Kanuwanderer: Einfach, schnell und sicher Kajakfahren lernen,* Polner Verlag

Rainer Höh: Outdoor-Praxis: *Alles zum Erleben und Überleben in der Wildnis zu jeder Jahreszeit,* Reise Know-How Verlag Rump

Wolfgang Engelhardt, Peter Jürging und Jörg Pfadenhauer: *Was lebt in Tümpel, Bach und Weiher?,* Franckh-Kosmos

Wilhelm Eisenreich, Alfred Handel, und Ute E. Zimmer: *Der Tier- und Pflanzenführer für unterwegs,* BLV Buchverlag

Aktuelle Gewässerhinweise und Boot-Tests sowie aktuelle Termine aus der Paddlerszene bieten die beiden Zeitschriften *KanuMagazin* (www.kanumagazin.de) und *KajakMagazin* (www.kajakmagazin.de)

Über den Autor

Michael Hennemann

Michael Hennemann, Jahrgang 1973, ist ausgebildeter fototechnischer Assistent und begeisterter Reisender und Kanusportler. Aber weder seine Praktika in den Redaktionen von GEO und Baedeker noch ein Geografiestudium konnten ihn von dem abhalten, was er am liebsten mag: Draußen zu Fuß mit dem Rad oder per Kanu unterwegs sein. Als Autor und Fotograf ist er seit vielen Jahren auf Reise-, Outdoor- und vor allem Kanuthemen spezialisiert. Mehr über seine Arbeit finden Sie im Internet unter www.michael-hennemann.de

Danke an...

Der Autor bedankt sich bei den Firmen Prijon und Bergans.

Outdoor

Basiswissen für Wassersportler
www.conrad-stein.verlag.de

OUTDOOR BASIXX
BASISWISSEN FÜR DRAUSSEN

Björn Nehrhoff von Holderberg & Stefan Jahn

Seekajak
Ausrüstung · Techniken · Navigation

OUTDOOR BASIXX
BASISWISSEN FÜR DRAUSSEN

Kanuwandern

OUTDOOR BASIXX
BASISWISSEN FÜR DRAUSSEN

Solo im Kanu

OUTDOOR BASIXX
BASISWISSEN FÜR DRAUSSEN

Christoph Erber

Rafting

OUTDOOR BASIXX
BASISWISSEN FÜR DRAUSSEN

Martin Kohn & Stefan Haensch

Schnorcheln & Tauchen

OUTDOOR BASIXX
BASISWISSEN FÜR DRAUSSEN

Harald Barth & Ronald Metzger

Angeln

Unsere Neuerscheinungen 2010

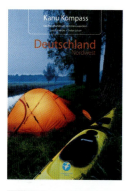

Lars Schneider, Stefan Schorr
KANU KOMPASS **Deutschland Nordwest**

256 Seiten, 4-farbig, Broschur in Fadenheftung, Karten, Illustrationen und Stadtpläne, Register

ISBN 978-3-934014-10-7   *EURO 19,90 (D)*

- 26 Tages- und Mehrtagestouren
- Stadtrundgänge
- Checklisten
- Reiseinfos von A-Z

- „Kleine Kajak-Fahrschule"
- Ein- und Aussetzstellen, Umtragestellen
- Wichtige Adressen

Tonia Körner
OUTDOOR KOMPASS **SÜDSCHWEDEN**

ca. 256 Seiten, 4-farbig, Broschur in Fadenheftung, Karten, Illustrationen und Stadtpläne, Register

ISBN 978-3-934014-24-4   *EURO 19,90 (D)*

- 15 Kanu-, Wander-, Fahrrad- und Kombitouren
- Tages- und Mehrtagestouren
- Stadtrundgänge

- Checklisten
- Reiseinfos von A-Z
- Wichtige Adressen
- Piktogramme und Griffmarken

Lars Schneider
OUTDOOR KOMPASS **SÜDNORWEGEN**

2. aktualisierte und erweiterte Auflage, ca. 256 Seiten, 4-farbig, Broschur in Fadenheftung, Karten, Illustrationen und Stadtpläne, Register

ISBN 978-3-934014-21-3   *EURO 19,90 (D)*

- 22 Wander-, Kanu-, Fahrrad- und Wintertouren
- Tages- und Mehrtagestouren
- Stadtrundgänge

- Checklisten
- Reiseinfos von A-Z
- Wichtige Adressen

THOMAS KETTLER
VERLAG

Thomas Kettler Verlag
Von-Hutten-Straße 15
22761 Hamburg

Tel. (040) 39 10 99 10
Fax: (040) 390 68 20

www.thomas-kettler-verlag.de
mail@thomas-kettler-verlag.de

ClimatePartner O
**klimaneutral
gedruckt**

Wir drucken klimaneutral!

Unser Verlagsprogramm

Reisehandbücher für Aktive

SÜDNORWEGEN
Euro 19,90
ISBN 978-3-934014-21-3

SÜDSCHWEDEN
Euro 19,90
ISBN 978-3-934014-24-4

YUKON TERRITORY
Euro 19,90
ISBN 978-3-934014-25-1

POLEN
Euro 19,90
ISBN 978-3-934014-22-0

Reisehandbücher zum Kanuwandern

**BAYERN,
BADEN-WÜRTTEMBERG**
Euro 19,90
ISBN 978-3-934014-09-1

**MECKLENBURG-
VORPOMMERN**
Euro 19,90
ISBN 978-3-934014-08-4

**DEUTSCHLAND
NORDWEST**
Euro 19,90
ISBN 978-3-934014-10-7

**DEUTSCHLAND
MITTE**
Euro 19,00
ISBN 978-3-934014-04-6

SÜDFINNLAND
Euro 21,00
ISBN 978-3-934014-03-9

SÜDSCHWEDEN
Euro 21,00
ISBN 978-3-934014-05-3

**DEUTSCHLAND
OST**
Euro 21,00
ISBN 978-3-934014-02-2

Erlebnis & Information

KUSKOKWIM
Euro 14,90
ISBN 978-3-934014-16-9

GRÖNLAND
Euro 15,00
ISBN 978-3-934014-15-2

NORDSCHWEDEN
Euro 15,00
ISBN 978-3-934014-14-5

ALASKA
Euro 19,90
ISBN 80-7268-357-8

Register

Register

Jutta Brückner

Bräute des Nichts
Der weibliche Terror

Magda Goebbels und Ulrike Meinhof

Theater der Zeit
Recherchen 53

I. KAPITEL

FÜHRERBUNKER UND HOCHSICHERHEITSTRAKT

II. KAPITEL

BRÄUTE DES NICHTS

III. KAPITEL

DAS REVOLUTIONÄRE WEIBLICHE SUBJEKT

Zur Erinnerung an Gerburg Treusch-Dieter

1939–2006

Was hier als historischer Essay vorliegt, entwickelte sich aus den Recherchen zu dem Projekt der Video-Theater-Performance »Bräute des Nichts«, Premiere im Juni 2008 in der Akademie der Künste am Pariser Platz. Es ist nicht einfach die begleitende Dokumentation des Kunstwerks, sondern auch ein davon unabhängiges Buch geworden. Während der Arbeit an beiden haben die ästhetischen und historischen Gedankengänge sich gegenseitig vorangetrieben und ergänzt. Aber beide, Video-Theater-Performance und Buch, stehen auch jeweils für sich.

Ich möchte Wolfgang Kraushaar und Michael André für wichtige und weiterführende Gespräche danken und Johannes Odenthal für tatkräftige Unterstützung.

Jutta Brückner
April 2008

I. KAPITEL

FÜHRERBUNKER UND HOCHSICHERHEITSTRAKT

Im 20. Jahrhundert haben zusammen mit den Massen die Frauen die politische Bühne betreten. Frauen sind damit in eine Ordnung geraten, deren Regeln nicht für sie gemacht waren. Wie sind sie mit dieser Welt der Politik zusammengestoßen?

Am 1. Mai 1945 vergiftete Magda Goebbels im Führerbunker in Berlin zuerst ihre sechs Kinder. Dann töteten Joseph und Magda Goebbels sich selbst. In den letzten Tagen im Bunker hatten viele Menschen um das Leben der Kinder gebeten und waren bereit, sie zu retten. Magdas erster Ehemann, Günther Quandt, hatte ein Haus in der Schweiz zur Verfügung gestellt, in das Mutter und Kinder hätten flüchten können. Einige andere im Bunker kannten Möglichkeiten, die Kinder herauszubringen. Auch Hitler selbst bot an, Mutter und Kinder ausfliegen zu lassen. Magda lehnte alles ab. Sie sagte: »Ich habe sie dem Führer geboren, jetzt werden sie für den Führer sterben.« Der Tod für sie selbst und für die Kinder war eine grundsätzliche Entscheidung, keine, die von den Umständen diktiert wurde. Keine Zukunft schien möglich, da die Idee gescheitert war.

Sieben Tage später war das Dritte Reich des Nationalsozialismus zu Ende, Deutschland besiegt/befreit, eine Ambivalenz, von der uns Deutsche nichts erlöst. Die Deutschen haben andere Nationen gebraucht, damit sie von sich selbst befreit wurden, zu sehr waren sie in etwas verstrickt, das sie in sich selbst nicht geahnt hatten.

In der Nacht vom 8. auf den 9. Mai 1976 hing Ulrike Meinhof tot am Fensterkreuz ihrer Zelle im Gefängnis von Stammheim. Sie war die erste der Gefangenen aus der RAF, die sich selbst tötete, am 31. Jahrestag der deutschen Niederlage/Befreiung. Es war anfangs nicht so sehr dieses symbolische Datum, was viele Linke in Deutschland empörte, sondern der ärztliche Befund Selbsttötung. Sie waren überzeugt, dass diese Ikone der Linken, die seit Jahren mit allen Mitteln gegen die »Faschisierung des bürgerlichen Staates« gekämpft hatte, sich niemals getötet haben konnte, weil das ein Eingeständnis des Scheiterns gewesen wäre. Der Gedanke war nicht zu ertragen, dass sie den Kampfplatz vielleicht aus eigenem Entschluss verlassen hatte. Die Vorwürfe, dass der Staat oder irgendein Geheimdienst sie umgebracht habe, sind sehr viel leiser geworden, aber sie sind bis heute nicht ganz verstummt.

Führerbunker und Stammheim sind Orte für ein tödliches Kammerspiel, in dem nicht nur die Leben von zwei Frauen endeten. Es endeten auch zwei Interpretationen dessen, was ein weibliches politisches Subjekt im 20. Jahrhundert in Deutschland sein konnte. Über die unerhörte Verbindung von Magda Goebbels und Ulrike Meinhof lässt sich eine andere, weibliche Geschichte der Moderne erzählen.

Ausgrenzung und Aufwertung

Wie beendet die Frau die geschlechtsspezifische Ausgrenzung aus der Geschichte? Wie wird sie, die bis zu Beginn des 20. Jahrhunderts zu den Beherrschten gehörte, zum politischen Subjekt? Welchen Platz nehmen Frauen innerhalb des Gesellschaftsvertrags ein? Dieser Vertrag ist auch in den modernen Demokratien noch lange keiner zwischen gleichen Menschen mit gleichen Voraussetzungen, gleichen Ansprüchen und gleichen Zielen. Über die Macht wird in Demokratien in freien und gleichen Wahlen entschieden. Seit auch Frauen wählen dürfen, sind die Wahlbürger notwendigerweise geschlechtslos. Aber es gibt keine geschlechtslosen Individuen. In der symbolischen Ordnung des Geschlechtlichen, die etwas darüber aussagt, von welchen unbewussten Annahmen über ›das Weibliche‹ und ›das Männliche‹ jede Gesellschaft ausgeht, sind die Frauen den Männern nicht einfach gleich. Ihr Verhältnis zur Macht unterliegt anderen Voraussetzungen. Und diese Ordnung bestimmt unser Zusammenleben auf eine viel fundamentalere, wenn auch unbewusste Weise als die politische.

Zum Subjekt der Geschichte wird die Frau nicht einfach durch den Gang zur Wahlurne. Die Frage von Frau und Macht kann nur dann beantwortet werden, wenn neben der ökonomischen Ordnung der Produktion auch die Reproduktion und die symbolische Ordnung in den Blick kommen. Jede Gesellschaft wird sowohl durch die politische Form bestimmt wie durch die Geschicke der Libido. Nur so bekommen wir vielleicht Antworten auf die Fragen, die uns heute noch umtreiben: Warum haben so viele Frauen Hitler bejubelt? Und warum gab es in der RAF einen so hohen Frauenanteil? Gibt es zwischen diesen beiden Phänomenen eine Verbindung? Gibt es etwas Gemeinsames im Fanatismus von Magda Goebbels und Ulrike Meinhof? Und hatten diese beiden Revolutionen – denn auch der Nationalsozialismus begriff sich als eine solche – etwas mit der unterschiedlichen Körperlichkeit von Männern und Frauen zu tun? Wo war der Platz der Revolution in den weiblichen Körpern und wo war der Platz der weiblichen Körper in der Revolution?

Die Frauen, die im 20. Jahrhundert den Raum der Politik betraten, waren viel mehr als nur geschlechtslose Wahlbürgerinnen. Sie kommen mit schwerem Gepäck. Sie hatten bisher ihr Leben privat verbracht im

Dienst der Familie und ihre Körper waren Träger der gesellschaftlichen Reproduktion. Frauen waren es gewohnt, ihre Leben nicht als eine Summe von eigenen Interessen, sondern als eine Abfolge von Pflicht und Opfer für andere zu sehen. In der bürgerlichen Liebesgeschichte wurde die weibliche Materie, so lange sie jugendlich war, ins Bild von Schönheit und Anmut gebannt, um sich dann, wenn die Frau zur Mutter wurde, als Sorge im Privaten so zu verströmen, dass sie unsichtbar wurde. Der Emanzipationsschub der zwanziger Jahren hatte ungeahnte Freiheiten und Möglichkeiten eröffnet, aber viele Frauen fühlten sich in den zentralen Fragen ihres Daseins stark verunsichert. Im Umbau traditioneller Geschlechterrollen waren Horizonte aufgerissen worden, die für viele bedrohlich waren. Frauen zögerten, herauszukommen aus ihrer traditionellen weiblichen Rolle, weil ein Teil davon sich mit dem verband, was für sie Glück bedeutete.

Der Nationalsozialismus reagierte auf diese Mischung von Angst und Lust. Hier ging es um Begierden, denen man nicht befehlen konnte, die Propaganda knüpfte an ihnen an. Hitler versprach, die Triebe in langfristige politische Berechnung umzusetzen. Er hat die Frauen seines ›Herrenvolkes‹ zum Fanatismus aufgerufen, ihnen aber gleichzeitig befohlen, ihren Männern untertan zu sein. Seine Botschaften waren ambivalent, sie forderten gehorsames und revolutionäres Verhalten zugleich. Entsprach das vielleicht einem heimlichen Wunsch vieler Frauen? Ging es dabei auch um eine perverse Lust, die unter dem Deckmantel der Pflicht freigesetzt wurde?

Als die Frauen die politische Bühne betraten, sexualisierte sich die Politik. Man kennt die Bilder, auf denen Scharen von Frauen Hitler verzückt zujubeln, Frauen, die sich um seinen Tisch und sein Auto drängeln. Man weiß, dass jeden Tag Waschkörbe von Verehrerinnenpost in der Reichskanzlei ankamen, dass sich immer wieder junge Mädchen vor sein Auto warfen in der Hoffnung, dass sie verletzt und dann von ihm gerettet werden. Drei ihm nahe stehende Frauen begangen Selbstmordversuche: Geli Raubal starb, Eva Braun versuchte es zweimal und überlebte, Unity Mitford überlebte ebenfalls, starb aber nach einigen Jahren des Schattendaseins an den Spätfolgen.

Den Zeitgenossen war Hitlers Massenwirksamkeit bei Frauen ein Rätsel. Ein Politiker als Star, der Hysterien freisetzte wie der Schauspieler Rodolfo Valentino? Was war so sexy an »pretty Adolf«, wie amerikanische Zeitungen sich ratlos fragten. Und: Was war so sexy an seinem

12

Nationalsozialismus? Das ist für uns heute nicht mehr nachvollziehbar, denn die Bilder von Erotik haben sich geändert. Aber für viele Frauen der Zeit des beginnenden Jahrhunderts war in sein Bild etwas eingeschlossen, das libidinöse Wünsche anregte. Denn in der Perversion des Dritten Reichs gab es eine Verschiebung der modernen politischen Ordnung des Geschlechtlichen. Jenseits der Propagandareden über »Die deutsche Frau« und ihre offizielle Einpassung in die völkische Reproduktion, zeigte es in der Auswahl seiner zentralen politischen Symbole, dem Hakenkreuz, schwarzem Leder und der Peitsche, eine Hinwendung zu den Symbolen der mächtigen präödipalen Mutter. Heute gehören sie zur Fetischausstattung schwuler und sadomasochistischer Rituale. Die Frauen sollten unter dem Banner der präödipalen Mutter so viele Kinder wie möglich gebären im Dienst an Volk und Vaterland, angeführt von der Ersten Mutter des Reiches, Magda Goebbels. Wem waren sie damit untertan, Vater Staat oder einer mächtigen Mutter aus den grauen Frühzeiten ihres Gedächtnisses?

Frau war gleichbedeutend mit Mutter. Und der, der über allem stand, Hitler, hatte allen martialischen Posen zum Trotz, oder gerade deswegen, auch etwas Androgynes. Goebbels hatte das erkannt, weil er ihm auf bestimmte Weise ähnlich war. Von ihm stammt der Satz, dass das deutsche Volk sich in den Armen des Führers so sicher fühle, wie ein Kind in den Armen der Mutter. Öffentlich hatte Hitler gesagt, er habe keine Frau an seiner Seite, weil er mit Deutschland verheiratet sei. Privat hatte er das anders begründet: Nur mit dieser leeren Stelle könne er die Frauen an sich binden. So bekommt jede Frau die Gelegenheit, sich in eine Liebesgeschichte mit dem Körper der Macht hineinzuträumen. Aber der Mann, der keine Frau an seiner Seite hat, braucht auch keine, weil er beide Geschlechter in sich vereint.

Um Hitlers Sexualität, die schon der damaligen Zeit seltsam erschien, hat es viel Gerede gegeben. Ein englisches Soldatenlied schreibt ihm nur einen Hoden zu. Viele hielten ihn für schwul. Eine Frau, ihr Name war Elsa Conrad, kam ins Konzentrationslager, weil sie öffentlich erklärt hatte, dass Rudolf Hess der Geliebte von Adolf Hitler sei. Dabei sagte sie laut, was viele heimlich sagten oder dachten. In den USA verband man mit dem »Third Reich« schnell third sex. Diese Art von Spekulation ist für die Geschichtswissenschaft unseriös, denn wir wissen ja inzwischen, dass er eine feste Geliebte hatte, Eva Braun. Aber weder in der homosexuellen noch der heterosexuellen Erklärung geht dieses Phänomen ganz auf.

Auch Andreas Baader hatte etwas Androgynes und auch er war sexualisiert. Im Unterschied zu Hitler war er Teil eines Paares, aber ebenfalls Anführer einer politischen Terrorbande, wenn auch einer viel kleineren. Er hatte eine Frau an seiner Seite, Gudrun Ensslin, und beide zusammen standen für den ›coolen Sex‹ der Revolution, der sich heute immer stärker als markt- und werbefähig erweist. Beide haben das bewusst gestaltet, da ihre Repräsentanz in den Medien für sie eine große Rolle spielte. Ensslin hat sich für die Gerichtsverhandlung zur der Kaufhausbrandstiftung eine auffallende rote Lederjacke kommen lassen. Baader hatte in seiner Zelle Wimperntusche, Pelze und Haarspray. Zusammen waren sie ein Paar, in dem sich Genderrollen auf neue Weise ergänzten.

Diese Bilder, stärker noch die in unseren Köpfen, bleiben ambivalent. Sie sind verbunden mit Dingen, die uns empören – aber wir müssen immer wieder hinsehen. Ambivalenz erzeugt Faszination. Etwas bleibt unsicher, kann nicht wirklich geklärt werden, wirkt deshalb im Unbewussten weiter. Wenn man diese Bilder übereinander legt, ergibt sich vielleicht ein Palimpsest, das uns etwas zeigt über die Frauen im 20. Jahrhundert.

Das Private ist politisch

Das 20. Jahrhundert brachte nicht nur einen Umbau des Politischen, sondern auch einen Umbau der traditionellen Geschlechterrollen. Der Satz von 68, dass das Private politisch sei, hat, so formuliert, seine Wurzeln im Dritten Reich. Aber seine Bedeutung ist älter und geht zurück auf das 17. Jahrhundert mit seiner »guten Policey«. Nach dem 30-jährigen Krieg war das Land so verwüstet, waren so viele Kenntnisse über Ackerbau und Gewerbe verloren gegangen, dass die »gute Policey« der deutschen Kleinstaaten sich wie ein großes Erziehungsunternehmen um die Entwicklung der wirtschaftlichen Grundlagen kümmerte. Hier begann Deutschlands Sonderweg, der erst nach dem Zweiten Weltkrieg beendet wurde mit dem »langen Weg nach Westen«. Im gesellschaftlichen Umbruch zum Industriezeitalter, als sich die Lebensform des ›ganzen Hauses‹ auflöste, befand Hegel, der Staat sei die Familie der Armen. Der deutsche Wohlfahrtsstaat war nicht nur der autoritäre Vater, sondern auch die versorgende Mutter. Diese Vermischung von Privatem und Öffentlichem war einer der Gründe dafür, dass sich im Dritten Reich wenig Widerstand regte, als der Staat massiv in die Familien eingriff und in der Volksgemeinschaft die Grenze zwischen Familie, Volk und Staat unkenntlich wurde.

Seit den zwanziger Jahren waren die Frauen, die bisher ein privates Dasein in der Sorge um Mann und Kinder geführt hatten, in die Öffentlichkeit gedrängt. Sie erhielten das Wahlrecht, und eine Reihe von Gesetzen holte sie aus der Vormundschaft ihrer Väter oder Ehemänner heraus und machte sie zu vollgültigen Staatsbürgerinnen. Frauen trafen da auf eine Welt, deren Funktionieren sie erst lernen mussten, deren Maßstäbe sämtlich männliche waren. Ihre familiäre und gesellschaftliche Situation zeigte ihnen, dass Frau-Sein und Mensch-Sein nicht einfach zusammenfielen. Schon die jüdische Romantikerin Rahel Varnhagen hatte über ein Jahrhundert zuvor geklagt: »Die Frau ist auch ein Mensch.« Was für ein Mensch aber muss die Frau sein, um die Trias von Gängelung, Idealisierung, Penetrierung, wie Simone de Beauvoir es genannt hat, zu leben?

Mit dem Eintritt der Frauen in die politische Öffentlichkeit wurde nicht nur das Private politisch, sondern auch das Politische privat. Ich begreife Magda Goebbels und Ulrike Meinhof als Medien, die, auf unterschiedliche Weise, den Kampf zwischen der alten und der neuen Form der Politik mit ihren Körpern ausgetragen haben. In ihren Seelenbiografien findet sich bei allen Unterschieden ein gemeinsamer Bodensatz: ein brennender Ehrgeiz, wahrgenommen zu werden; ein romantischer Fanatismus, in dem die Politik als Religion und sie sich selbst als politische Subjekte ohne Abspaltung zwischen dem Privaten und dem Politischen erfahren konnten. Dieser Anspruch an Unbedingtheit kommt aus alter Verdrängung und neuer Bewusstwerdung. Deshalb muss man, wenn man über sie als politische Subjekte spricht, notwendig über ihr Seelenleben, ihre Liebschaften, ihre Ehen und ihre Kinder sprechen. Solche Bereiche gehören für eine klassische Geschichtsschreibung eher in den Bereich der Kolportage, aber sie sind Teile einer Geschichte des Privaten und der Mentalitäten. Die Geschichtswissenschaft, die alles, was mit Gefühlen zu tun hat, immer noch für ein riskantes Terrain hält, lässt sich durch die Emotionsforschung mit neuen Aspekten aufladen.

Mentalitätsgeschichte

Wenn man nach dem Faschismus, oder dem Nationalsozialismus als seiner besonderen deutschen Prägung, nicht als politischem, sondern sozialpsychologischem Problem fragt, fragt man nach kollektiven Mentalitäten, nach den unbewussten Triebkräften, die an der Wurzel aller politischen Handlungen stehen. Denn an der Synapse zwischen Psychischem und Gesellschaftlichem findet ständig ein Prozess statt, eine unmerkliche Verschiebung der Kräfte. In den modernen Massendemokratien wird das Unbewusste zum politischen Faktor. Wenn es sich mit der Politik kurzschließt und die Macht im politischen Raum ergreift, werden ungeheure Energien frei. ABER AUCH INNER

Das hat zur Perversion des Dritten Reichs geführt, was Foucault die »Vulkane des Wahnsinns« nannte. Aber in milderer Form gilt das auch für demokratische Zustände. »In einem Herrschaftssystem tritt die individualpsychische Energie gleichwertig neben die Produktionsmittel Kapital, Arbeit und Boden. Diese vierte Energie ist die heimliche Quelle, welche die Macht ausschöpft, ohne daß die Subjekte es gewahr werden.«[1] Neben Historikern, Soziologen, Wirtschaftstheoretikern und Emotionsforschern brauchen wir heute für die Erkenntnis politischer Zusammenhänge Psychoanalytiker, die uns erklären können, wie Herrschaft diese psychischen Energien ableitet und sie zur Stützung ihrer Macht ausnutzt. Die Psychoanalytiker wissen, dass das Individuum manipulierbar ist, weil die Macht (welche auch immer) etwas von ihm fordert, was seine Triebtendenz schon längst will. Es ist nicht so, dass die Macht dem Individuum etwas aufdrängt, sich als ein fremdes Interesse in ihm einnistet. Dem Subjekt geht vielmehr ein Stück seines Innenlebens verloren. Es muss nichts Fremdes in sich entdecken, sondern eher ein Leck in seinem emotionalen Geschehen aufspüren.

Die Geschichte, die der Handlungsraum von Menschen und gleichzeitig das Ergebnis menschlichen Handelns ist, hat ebenso wie jedes Individuum ihr ins Unbewusste Verdrängtes. Wenn man das alte Bild vom Fluss der Geschichte benutzen will, dann ist die Mentalitätsgeschichte das Bett dieses Flusses. In ihm ist das Unbewusste der Geschichte sedimentiert. Für die gescheiterten revolutionären Bürgersöhne des 19. Jahrhunderts ist eine Verbindung von Psychiatrie, Revolution und Melancholie nachgewiesen worden.[2] Sind die Töchter, ein Jahrhundert später, bei dem Versuch, revolutionär ihre eigene bürgerliche Menschwerdung zu betreiben, in dieselbe Falle geraten?

Von der RAF ist gesprochen worden als von einem integralen Teil des neurotischen deutschen »Familienromans« bis hin zum symbolischen Vatermord an Schleyer. Es war ein gesellschaftliches Gesamtdrama, dessen Akteure (wie in der antiken Tragödie) unter einem Fatum oder ›Gesetz‹ standen, das ihnen selbst verborgen blieb. Man sollte sich aber auch fragen, wo in diesem Drama der Mord an der Mutter versteckt ist. Gab es ihn nicht? Es ist immer nur die Rede vom Aufstand der Söhne gegen die Väter, die in das Dritte Reich mehr oder weniger verstrickt waren und sich dieser Schuld nie gestellt hatten. Und selbst wenn von den Eltern und nicht nur vom Vater die Rede ist, erscheinen diese wie ein erweiterter Vater. Doch die Beziehungen der Mädchen und Jungen sind jeweils andere zu Vater und Mutter. Frauen bringen diese agierenden Männer zur Welt und nähen ihnen die Fahnen. Wenn sie die Nähnadel aus der Hand legen und streiken, handelt es sich dann um einen »Aufstand der Töchter gegen die Väter«? Oder um einen »Aufstand gegen die Mütter«? Und wie sieht ein solcher Aufstand aus, wenn die Mütter nicht in gleichem Maße wie die Väter historisch agierende Subjekte sind?

Frauen waren in überproportionaler Zahl am Terror der RAF beteiligt. Nicht nur waren die maßgeblichen Führungsfiguren Frauen: die Theoretikerin Ulrike Meinhof, die Einpeitscherin Gudrun Ensslin, die Mutter der Offensive 77 Brigitte Mohnhaupt. Im engeren Kreis der RAF gab es zu Hoch-Zeiten einen sechzigprozentigen Frauenanteil. Im Jahr 1977, nach dem Mord an Jürgen Ponto, waren von den 16 gesuchten Terroristen, deren Bilder auf den Fahndungsplakaten veröffentlicht wurden, elf Frauen. Und ihre Beweggründe sind immer noch rätselhaft. Auch heute, nach mehr als dreißig Jahren, nachdem die meisten der Frauen ihre Gefängnisstrafen abgebüßt haben und wieder unter uns leben, umgibt die Frauen der RAF noch immer die Aura von wilden, geradezu erotischen Heldinnen. Die hängt ihnen ebenso an wie die des ewig Bösen, Antiweiblichen, Absonderlichen. Man hält sie für radikal, für hysterisch, lesbisch. Angeblich hatte die Polizei Order, sofort zu schießen, wenn sie auf Frauen aus der RAF traf, weil diese in dem Ruf standen, keine Sekunde mit dem Gebrauch der Waffe zu zögern. In der sozialen Konstruktion unseres Gedächtnisses sind sie ebenso blinde Stellen geblieben wie die Frauen, die vor Hitler in Ohnmacht fielen. Um beide gibt es einen Hof von Perversion.

Wenn man mentalitätsgeschichtlich nach den Frauen fragt, bewegt man sich in einem schwierigen Gelände. Es ist der Bereich der Gefühlserbschaften, die in den kleinen Momenten des privaten Lebens zu finden sind. Frauen stehen, wie die gesamte Gesellschaft, immer auf den Schultern ihrer Vorgängerinnen. Aber deren Botschaften sind eine »Stille Post«.[3] Das soziale und emotionale Gedächtnis wird meist ohne Worte weitergegeben, dafür aber in der Sprache der Affekte, die das nicht kontrollierbare Erschrecken zeigen, die Abwehr bestimmter Themen, Melancholie, Seufzer und Schweigen. Das Private bleibt meistens verborgen und das Unbewusste ist ein schwer messbarer Bereich. Vieles, was wir von ihm wissen, beruht auf Hörensagen. Das gilt mehr noch für Magda Goebbels als für Ulrike Meinhof, die uns zeitlich näher ist. Zwischen beiden liegen dreißig Jahre und der Zivilisationsbruch der Shoah. Magda Goebbels hätte die Mutter von Ulrike Meinhof sein können.

Für den Historiker haben mentalitätsgeschichtliche Prozesse den Nachteil, dass undeutlich ist, welche Subjekte sie ausgelöst haben. Wie verändern wir uns? Sind es die politischen Ideen, die Geschichte machen? Sind es die Gefühle, die vorangehen, und wir erkennen erst im Nachhinein den Zusammenhang, den sie bilden? Geschichte wiederholt sich nicht einfach, aber bestimmte Triebkonstellationen wiederholen sich schon, selbst wenn sie eine andere Ausprägung finden und nicht auf den ersten Blick erkennbar sind. Man kann hier nur mit Unschärferelationen arbeiten. Auch Sätze, die scheinbar apodiktisch formuliert sind, tragen immer noch Fragen in sich.

Ein erster apodiktischer Satz lautet: Das Unbewusste der deutschen Geschichte im 20. Jahrhundert ist weiblich.

Magda Goebbels und Ulrike Meinhof haben in unterschiedlichen Zeiten gelebt, und sie waren unterschiedliche Persönlichkeiten in Charakter, Herkunft, und Bildung. Wenn ich beide Frauen miteinander vergleiche, sind diese Unterschiede immer vorausgesetzt, denn es geht mir nicht um eine persönliche Wertung, sondern um Momente einer Phänomenologie der Emanzipation. In den Leben der beiden Frauen gibt es ähnliche Muster für Revolten und Kompromisse, denn beide haben versucht, die Zerrissenheit der weiblichen Identität zwischen Selbstfindung, politischer Öffentlichkeit und Familie mit Kindern zu leben. Beide sind in die Geschichte eingegangen als Beispiele für weiblichen deutschen Fanatismus.

Zwei weitere apodiktische Sätze: Der Fanatismus war für die revolutionären Frauen im 20. Jahrhundert die Liebesgeschichte mit der Politik. In dieser Liebesgeschichte hatten Kinder am Ende keinen Platz.

Das Persönliche und das Objektive

1972 wohnte ich als Studentin in einer Wohngemeinschaft in München. Alle in dieser Wohngemeinschaft sympathisierten mit der RAF. Und wir fühlten uns in bester Gesellschaft. Horst Herold schätzt die Zahl der Sympathisanten auf über 200 000. Ohne sie wäre das System RAF schon 1972 zusammengebrochen. Wenn man das in Beziehung setzt zu denen, die als Terroristen gesucht und angeklagt worden sind, nämlich 500, kamen auf jeden Terroristen 400 Sympathisanten.

Zumindest bis zu dem Moment, wo die Erste Generation gefangen genommen wurde, konnte jede von uns, alle Studentinnen, jede einzelne gedankliche Position der RAF nachvollziehen. Auch der zentrale Kern, dass Gewalt gegen diese Republik (bis zu einem bestimmten Punkt) Notwehr sei, war (bis zu einem gewissen Grad) und immer wieder angezweifelt und dann mit Bauchschmerzen trotzig verteidigt mehrheitsfähig. Mit diesem Satz beschreibe ich zugleich endlose Seelenqualen und endlose Diskussionen. Ich erinnere mich aber nicht, den berühmten Satz von Meinhof »Der Bulle ist kein Mensch, das ist ein Schwein und natürlich darf geschossen werden« damals gehört oder gelesen zu haben. Aber die Erinnerung ist ja dienstbar und geschmeidig.

Unsere Motive waren ganz sicher unterschiedlich, aber keine von uns hatte die immer wieder beschworenen autoritären Nazieltern. Wir wurden umgetrieben von einer großen Ratlosigkeit, wie wir als Frauen mit den alten Prägungen und der neuen Freiheit umgehen sollten. Ebenso endlos wie die Frage nach der Gewalt waren die Diskussionen am Frühstückstisch, wie die fehlenden Liebesbeweise der entsprechenden Liebesobjekte zu deuten seien und was man gegen die unerwünschten machen konnte. Von der Prägung, dass der Mann der Sinn des weiblichen Lebens ist, nimmt man nicht in wenigen Jahren Abschied. Dazu braucht es mehrere Generationen. Es gab zwei Fragen, die quälten: die nach der Gewalt und die nach der Liebe. Die erste explodierte in der RAF. Die zweite treibt die Frauen nach wie vor um, selbst wenn die Umstände sich verändert haben.

Ich habe wie die übergroße Zahl der anderen keine Straftaten begangen. Als Gudrun Ensslin festgenommen wurde, hängte ich das Foto der erschöpft Rauchenden an die Pinnwand in meinem Zimmer. Ein Jahr später waren alle in dieser Wohngemeinschaft in der Roten Hilfe und mich traf der wütende Satz eines Anwalts, der dann kurze Zeit später in den Untergrund ging: »Diese Frau wird gefoltert und Du hängst sie hier an die Wand.« Ich habe nicht geantwortet. Mein Absetzungsprozess hatte schon begonnen. Mir ist heute klar, was ihn ausgelöst hat: die Melancholie, die von Ensslin auf diesem Foto ausging.

Wenn ich auf diesen neurotischen deutschen Familienroman blicke, dann mit der Hoffnung, in ihm etwas zu finden, was den Zusammenhang von Geschlechterfrage und Politik deutlich macht. Ich rivalisiere mit den Historikern nicht um die Fakten. In den Triebwesen Magda und Ulrike will ich den Historiographen die unzugänglichen Innenwelten von zwei Überzeugungstäterinnen mit den Mitteln des Essays erschließen. Ich hänge dabei an der Pluralität der Perspektiven. Mein Blick ist mehrfach gebrochen: Neben den historischen, soziologischen, literarischen und psychoanalytischen tritt auch immer der der Zeitzeugin und Filmemacherin. Und immer ist es der weibliche. Dass es den heute gibt, ist das Ergebnis der Krise von 68, in der die Gesellschaft sich erneuert hat – auf vielen Gebieten, vor allem aber in dem Bewusstsein, dass die beiden Geschlechter dasselbe nicht in gleicher Weise erlebt und beurteilt haben.

II. KAPITEL

BRÄUTE DES NICHTS

MAGDA GOEBBELS: GOTT UND TEUFEL
UND DIE VIRTUELLE ZEUGUNG

Magda Goebbels, Mutter von sieben Kindern, war die Vorzeigemutter des NS-Regimes, die erste, der Hitler das Mutterkreuz verlieh und die letzte, der er ein goldenes Parteiabzeichen, es war sein eigenes, ansteckte. Durch ständiges Gebären war Magda zum politischen Subjekt des Reiches geworden. Neben ihren sieben Kindern hatte sie drei Fehlgeburten, von denen man weiß, und einige, die man vermutet.

Magda Behrend, Magda Ritschel, Magda Friedländer, Magda Quandt
Magdas Kindheit und Jugend verliefen turbulent. Sie wurde 1901 geboren als uneheliches Kind des Dienstmädchens Auguste Behrend, ein Vater wurde in der Geburtsurkunde nicht erwähnt. Der reiche Bauunternehmer Ritschel, Arbeitgeber von Magdas Mutter, heiratete die Mutter wenig später, aber er legitimierte Magda nicht als sein leibliches Kind. Der Schluss liegt nahe, dass sie es auch nicht gewesen ist. Nach drei Jahren wurde die Ehe geschieden. Kurz danach heiratete die Mutter den jüdischen Lederfabrikanten Friedländer. Magdas Stiefvater erzog sie gemeinsam mit ihrem ersten Vater in bestem Einvernehmen. Das ging so weit, dass die Friedländers Magda folgten, als diese mit fünf Jahren zu ihrem ersten Vater Ritschel nach Brüssel zog. Beide Väter sollen sie vergöttert haben, andererseits hatte aber keiner von ihnen und auch nicht die Mutter, die ganz im Gesellschaftsleben Brüssels aufging, Zeit für sie. Was umso merkwürdiger anmutet, weil auch das Geld für ein Kindermädchen in dieser Familienkonstellation kein Problem gewesen wäre. Das fünfjährige ›vergötterte Kind‹ wurde in die strenge Klosterzucht der Ursulinen gegeben und sah seine Mutter und die beiden Männer, die als ihre Väter auftraten, nur in den Ferien.

In den nächsten Jahren wurde Magda hin und her geworfen zwischen einer fast mittelalterlichen Disziplin in der Klosterschule, wo das Ritual des wöchentlichen Bades so eingerichtet war, dass die Schülerinnen ihren eigenen Körper nicht sehen durften und die Frühmesse besuchen mussten, ohne vorher einen Bissen gegessen zu haben, und einem Umgang mit lauter wohlhabenden, weltgewandten Erwachsenen, die auch das hübsche, kluge Mädchen wie eine Erwachsene behandelten. Magda wurde sehr schnell frühreif. Der unvermittelte Übergang von Härte, Schlichtheit und Bedürfnislosigkeit zu Luxus, Reichtum und Schönheit wurden ihr vertraut. Aber auch das Dasein zwischen einer protestantischen Mutter, von der nicht überliefert ist, wie weit sie ihren

Glauben lebte, einem jüdisch-freigeistigen zweiten Vater und einem ersten Vater, der, obwohl überzeugter und gläubiger Katholik, sich sehr für den Buddhismus begeisterte und auch Magda dafür interessierte. Sicher haben sich in diesen Jahren Magdas von allen bezeugte Selbstbeherrschung und Disziplin entwickelt, auch ihr Stolz, ihre Härte gegen sich selbst und ihre Verschlossenheit. Ganz sicher war das nur die Fassade einer tiefen Verunsicherung.

Als sie 16 Jahre alt ist, nimmt sie den Namen ihres Stiefvaters Friedländer an, aber in dem Moment, wo alle Formalitäten erledigt sind, lässt die Mutter sich scheiden. Es ist, als solle die Suche nach der Einheit von Mutter und Vater, Name und Familie nicht zur Ruhe kommen. Magda pendelt: zwischen zwei Vätern, zwischen Askese und Luxus, Religionen und Konfessionen und zwischen zwei Vorstellungen von Mann und Liebe. Ihr erster Flirt ist ein hübscher Gleichaltriger, den ein Biograf einen »romantischen Narren« nennt. Man schickt sich Gedichte in Blumen versteckt und versenkt kleine Briefchen in einem hohlen Baum. In dieser Liebe gibt es Verehrung und Gefühl, das Glück des Herzens. Der Biograf schreibt:»Zwar bleibt ihr Verstand kühl, der Kern ihres Wesens unberührt, aber ihr Herz kann der Primaner erwärmen.«[1] Vielleicht gerade, weil er der frühzeitig in der Fassade einer Dame Erstarrten zeigt, was ihr fehlt?

Als die über 17-jährige Magda aus den Ferien ins Pensionat zurückkehrt, lernt sie im Zug den mehr als doppelt so alten Unternehmer und Millionär Quandt kennen. Quandt hat als Heereslieferant im Krieg ein riesiges Vermögen gemacht, er gehört zur deutschen Wirtschaftselite. Er ist seit knapp einem Jahr Witwer und Vater zweier Söhne. Trotz ihrer Jugend wirkt diese Schülerin in Kleidung und Benehmen auf ihn wie eine reife Frau. Er beschreibt sie in seinen privaten Memoiren: »Eine ausnehmend schöne Erscheinung: hellblaue Augen, schönes, volles Blondhaar, ein gut geschnittenes regelmäßiges Gesicht, eine schlanke Gestalt.« Sie unterhalten sich, wie er sagt, über das Theater in Berlin, Reisen und »was ein so junges Mädchen eben interessiert.« Sie erinnert sich, dass man sich über seine Firmen unterhalten habe. Erinnerung ist jedoch selektiv, man erinnert, was man für wichtig hält. Auf jeden Fall spricht er zu ihr im Ton ernster Gleichberechtigung, den er sonst gegenüber Frauen nicht hat. Die Intelligenz dieser Schülerin muss auf ihn Eindruck gemacht haben. Und Magda kennt diesen Ton: Es ist die Sprache ihrer beiden Väter. Ihre beiden Erwartungen überkreuzen sich. Er sucht eine schöne junge Frau, die er belasten kann mit den Aufgaben einer schwierigen Haushaltsführung. Sie begegnet einem mächtigen und erfolgreichen Mann, der sie nicht mehr wie ein Kind behandelt. Und da sie keine weiteren Ziele hat, keine Interessen, die sie verfolgen möchte in Studium oder Ausbildung, kein besonders hervorstechendes Talent, wird Quandt interessant als der traditionell weibliche Lebensentwurf: der versorgende Mann. Dieser zwanzig Jahre ältere Mann verkörpert wirtschaftlichen Luxus und gesellschaftliche Bedeutung. Der Biograf schreibt:»Sie ist nicht berechnend und nicht geltungsbedürftig, aber ehrgeizig ist sie in jeder Sekunde ihres Lebens.« Für die uneheliche Tochter eines Dienstmädchens war es in jedem Fall ein traumhafter Aufstieg.

Da die kurze Zeit der Werbung notgedrungen sehr aufregend ist und voll von Heimlichkeiten, denn im Pensionat darf niemand wissen, dass der ›Onkel‹ in Wirklichkeit ein Verehrer ist, kommt auch die Romantik nicht zu kurz. Alles entspricht Magdas Wünschen. Doch schon in ihrer Verlobungszeit merkt sie, dass diese Ehe schwierig wird. Seine Gewohnheit zu herrschen prallt mit ihrer frühreifen Selbstsicherheit zusammen. Noch am Tag vor der Hochzeit sieht es so aus, als käme diese nicht zustande, denn Magda macht Besuche, ohne ihn zu fragen und er empört sich darüber. Quandt will ihr gegenüber bestimmen wie gegenüber seinen Angestellten. Die Macht, an der sie teilhaben will, richtet sich zunächst gegen sie selbst. Magda fühlt sich unbehaglich. Aber sie zieht daraus nicht die Konsequenz, die Verlobung zu lösen. Das wäre ein Leichtes gewesen, denn die Eltern hatten wegen des Altersunterschiedes ein Jahr Bedenkzeit verordnet. Vielleicht ist es ihre Lebensregel: Wer A gesagt hat, muss nicht nur B, sondern auch Z sagen! oder in der Sprache der Militärs: Bis zum bitteren Ende! Ist es Trotz? Angst vor dem Eingeständnis eines Irrtums? Oder glaubt sie, dass ihr Geschick im Umgang mit Männern, das sich zwischen zwei Vätern gebildet und erprobt hatte, schon alles zum Guten wenden werde?

Quandt war Protestant, auf seinen Wunsch trat sie zum protestantischen Glauben über. Unmittelbar vor der Verlobung wurde sie auf Antrag ihres ersten Vaters Ritschel für ehelich erklärt. Es ist zu vermuten, dass das ein Übereinkommen zwischen Ritschel und Quandt war, denn die Familie Quandt war überaus konservativ. Auch damit erkannte er sie aber nicht als seine leibliche Tochter an. Magda nahm wieder den Namen Ritschel an, bevor sie zwei Wochen später zu Magda Quandt werden sollte. Die Leichtigkeit, mit der hier Konfessionen und Namen wechseln, ist beängstigend. Mit noch nicht einmal 19 Jahren steht sie jetzt einem großen Haushalt und einer Dienerschar vor und wird Stiefmutter der beiden Söhne Quandts aus erster Ehe. Der älteste ist nur fünf Jahre jünger als sie selbst. Dazu kommen noch drei Kinder von einem verunglückten Geschäftsfreund ihres Mannes und ihr bald darauf geborener eigener Sohn Harald. Ihr pragmatischer Millionärsgatte, der im Theater oder Konzert oft einschlief, war von konfusem Geiz beherrscht, nicht nur ihr gegenüber, auch in seiner Firma. So erließ er immer mal wieder die Anordnung, dass keine Stenoblocks gekauft werden durften, so dass die Stenotypistinnen für ihre Stenogramme aufgeschnittene Briefumschläge benutzen mussten. Magda musste ein Haushaltsbuch führen und über jeden Pfennig abrechnen, sogar über das von ihm bewilligte Taschengeld. Er zeichnete ihre Abrechnungen ab wie im Büro. Der werbende Bräutigam hatte sich nur zu schnell in den kontrollierenden Ehemann verwandelt, der auch sie jetzt als seriöse Ehefrau und Mutter sehen wollte und alles kritisierte, was diesem Bild nicht entsprach.

Es ist nicht zynisch zu sagen: Es war eine ganz alltägliche bürgerliche Ehe zur Zeit des beginnenden 20. Jahrhunderts, nur insofern besonders, weil es keine Geldsorgen gab. Quandt lebte nur für seine Arbeit. Auftritte in Gesellschaft und gemeinsame Reisen waren selten. Magda überwachte die Dienstboten und Kinder in alltäglicher Routine und sollte darin ihren Lebenssinn finden. Ihre Kontakte beschränkten sich auf ihre Mutter und ihre Schwägerin Ello Quandt. Ello war in der Ehe mit dem Bruder von Günther Quandt so unglücklich, dass sie sich scheiden ließ. Sie wurde zu Magdas lebenslanger Freundin und sie ist es auch, die uns das meiste von dem über Magda überliefert hat, was wir über sie wissen. Die Familie Quandt blieb distanziert, Magda war nicht standesgemäß.

Magda hatte immer gesagt, dass sie einmal zwölf Kinder haben wollte. Jetzt lebten in diesem Haus schon sechs und sie litt unter einem bedrückenden Mangel an Freude, Abwechslung und Anregung. Ihre Tage vergingen in Leere und Frustration, und ihr Seelenleben blieb unausgefüllt, denn sie selbst hatte nichts, womit sie es füllen konnte. Sie war nicht fähig, sich ihr eigenes Glück zu verschaffen, denn das hätte eine Aktivität bedeutet, die sie auch gegen Quandt hätte einsetzen müssen. An der wirtschaftlichen Macht ihres Ehemannes konnte sie nicht teilhaben, nur an seinem Geld. Die Liebe, die für viele Generationen von Frauen als der im Ehealltag immer stärker verblassende Gründungsmythos doch wenigstens einen Horizont von Sinn abgab, war offensichtlich vorbei. Wir wissen von Magdas Mutter Auguste, dass Magda sie am Morgen nach der Hochzeitsnacht weinend angerufen hatte mit der Klage: »Darauf hättest Du mich vorbereiten müssen.«² Auguste ist sofort zu ihr gefahren, Magda erzählte und dann weinten beide Frauen. Über die Ursache schwieg Auguste sich aus, aber da sie ihren ersten Schwiegersohn im Unterschied zum zweiten mochte, konnte es keine Kleinigkeit gewesen sein.

Nach fünf Jahren Ehe taucht innerhalb der Familie die Konstellation auf, die es in Magdas Leben vor der Verlobung mit Quandt schon einmal gegeben hatte: Ihr inzwischen fast erwachsener Stiefsohn Hellmuth, hübsch, begabt, künstlerisch interessiert, verliebt sich romantisch in seine Stiefmutter. Diese Liebe deckt das Gefühlsvakuum auf, in dem Magda Quandt lebt. Hellmuth gibt ihr die elektrisierende Hochspannung wieder, sich als ein geliebtes und begehrtes Objekt zu fühlen, ein ganz besonderer Mensch zu sein. Das ist die Sinnerfüllung für eine Frau, die außer Schönheit kein besonderes Talent hat, das zur Erfüllung drängen würde. Magda ist besonders auf Bewunderung angewiesen, denn sie ist unsicher. Aus ihrer eigenen Herkunft konnte sie keine Bestätigung ziehen. Für den Ehemann Quandt war seine schöne Frau aber längst vom Sinnenreiz zum Statussymbol geworden. Für den Sohn wurde sie jetzt zum narzisstisch umschmeichelten Objekt und er selbst zum bewundernden Betrachter. Sogar der zu Hause notorisch unaufmerksame Quandt bemerkte etwas von dieser verdeckten Romanze. Hellmuth wird ins Ausland geschickt, was aber nichts an seinen Gefühlen ändert. Bevor das zu einem Familiendrama werden kann, stirbt Hellmuth völlig überraschend nach einer gut verlaufenen kleinen Blinddarmoperation an einer Sepsis in den Armen seiner herbeigerufenen Stiefmutter. Es ist die hysterische Erfüllung eines unerfüllbaren Wunsches. Magda wird später dem einzigen Sohn, den sie mit Goebbels hat, den Namen dieser unerfüllten Liebe geben.

Die Ehe mit Quandt steckt in einer Krise und auch eine lange Amerikareise, die sie 1927 gemeinsam unternehmen, kann daran nicht wirklich etwas ändern. Magda brilliert in mehreren Sprachen, sie spricht fließend französisch, englisch und italienisch und entzückt die Freunde ihres Mannes mit Aussagen wie die, dass die Frau ihre Selbständigkeit nicht zu weit treiben dürfe, ein gewisses Maß an männlicher Führung unentbehrlich sei. Sie schreibt ihrer Mutter:»Günther ist sehr lustig und ich bin – wie er mich immer gern haben will – unternehmungslustig für alle neuen Wege und Stege.«³ Ist das gesellschaftliche Mimikry? Oder hat die Reise doch ihre Lust auf Aktivität geweckt? Auf jeden Fall beschließt sie nach der Rückkehr nach Deutschland, sich scheiden zu lassen. Quandt weigert sich. »Da bricht die Romanze ein in ihr Leben in Gestalt eines jungen Mannes, den sie auf einem Ball bei Freunden kennen lernt und der ihr beim ersten Tanz zuflüstert: Sie sind nicht glücklich. Ich liebe Sie.« So schildert es ihr erster Biograf Ebermayer. Es klingt wie ein Kitschroman und geht auch so beschönigend mit der Wahrheit um, wie Kitschromane dies tun.

Denn hinter diesen Sätzen steckt eine unerhörte Brisanz, die es fast verständlich macht, dass in dieser Biografie Magdas, die noch in den fünfziger Jahren geschrieben wurde, dieser junge Mann mit dem Namen »Ernst« belegt wird. Zu unglaubwürdig war seine Existenz.

Magda und Arlosoroff

In Magdas Leben hat es diesen »Ernst« gegeben. Aber es scheint, dass dieser Name noch für jemand anderen steht, dessen Identität es zu verhüllen galt. Vieles spricht dafür, dass Magda auf diesem Ball einen Jugendfreund wieder getroffen hat, der den Namen Chaim Vitaly Arlosoroff trug. Er ist gebürtiger Russe und Jude. Seine Familie floh vor einem Pogrom nach Deutschland und hier wuchs er auf. Hat Magda in ihrem Leben die verschiedensten Nachnamen gehabt, so Arlosoroff die verschiedensten Vornamen. Getauft wurde er Chaim, zu Hause wurde er Vitaly gerufen und in Deutschland wurde daraus Victor. Ab 1923 war der glühende Zionist enger Mitarbeiter des späteren israelischen Staatspräsidenten Weizman und Mitbegründer der Mapai-Partei. Als Magda und er sich nach längerer Zeit auf diesem Wohltätigkeitsball überraschend wieder sehen, war er quasi der Außenminister im Wartestand des noch nicht existierenden Staates Israel.

Als Magda Victor kennen lernte, war sie noch Schülerin, er der Bruder ihrer besten Freundin Lisa. Auch Victor war noch Schüler und leitete eine zionistische Jugendgruppe, Tikwath Zion, in der heftig über den nahen Zusammenbruch der bürgerlichen Strukturen in Deutschland, der »monopolistisch-kapitalistischen Wirtschaftsform« debattiert wurde. Er war ein feuriger Redner mit großer Überzeugungskraft und schlagkräftig in seinen Argumenten. Es war für alle in der Gruppe selbstverständlich, sich nicht nur für Politik, sondern auch für ein anderes Leben, Wahrhaftigkeit, eigene Verantwortung und freiheitliche Moralvorstellungen zu engagieren. Nach kurzer Zeit nahm Magda an den Zusammenkünften von Tikwath Zion teil. Sie ist gleichermaßen fasziniert von Victors Leidenschaft für die jüdische Sache, wie von der Aufmerksamkeit, die er ihr schenkt. Auch als er mit seinem Studium der Nationalökonomie an der Humboldt Universität begann, nahm sein

Eifer für die jüdische Sache nicht ab, und Magda begleitete ihn auf seinen Vorträgen und auch solchen Unternehmungen wie der Verteilung von Nahrungsmitteln an die armen russischen und polnischen Juden im Berliner Scheunenviertel. Für Victor war es selbstverständlich, keine Rücksicht auf bürgerliche Moralvorstellungen zu nehmen. Magda war seine von allen anerkannte Freundin, er schenkte ihr einen Davidstern und sie trug ihn. Und sie beteuerte ihm, dass sie ihm folgen würde, wenn die Familie nach Israel auswandert. Ihr Namenswechsel von Ritschel zu Friedländer fällt in diese Zeit. Es ist wie ein öffentliches Bekenntnis, denn dieser Name klingt jüdisch.

Die Bedeutung Victor Arlosoroffs und seiner Ideen für Magda liegt darin, dass er ihr eine Entschiedenheit vorlebt, einen Glauben, der aus einer zufälligen Existenz eine notwendige macht. Dieser Mann mit seiner rhetorischen Überzeugungskraft, intellektuellen Brillanz und revolutionären Haltung ist von seinen Ideen nicht zu trennen. Er wird geschildert als jemand, der die Kälte des Sehers mit der Glut des Propheten in sich vereinte und galt als der brillanteste Kopf des Zionismus. Hier begegnet Magda zum ersten Mal ein Typ Mann, der sie erlöst von dem Zwiespalt zwischen den Verstandes-Vätern und den Herz-Söhnen, in dem sie sich bisher befand. Politische Macht, Romantik und das klare Bewusstsein eines Ziels verbinden sich bei Arlosoroff zum Bild des charismatischen Führers. Sein Biograf Shlomo Avineri vergleicht ihn mit Revolutionären vom Schlage Trotzkis.[4]

Die enge Beziehung zu Lisa, Victor und deren Mutter dauerte ein paar Jahre und lockerte sich erst, nachdem Magda Abitur gemacht hatte. Denn im Gegensatz zu Lisa, die Musik studierte, die sie dann später in Israel unterrichten wollte, geht Magda jetzt auf ein feines Mädchenpensionat, das ihr Vater Ritschel bezahlt, und in dem junge Mädchen geparkt werden, um dort auf ihre Rolle als Ehefrau und Mutter vorbereitet zu werden. Mutter Auguste, inzwischen auch von Friedländer geschieden, ist der Ansicht, dass ihre gut aussehende Tochter eine gute Partie machen soll, eine typisch weibliche Aufsteigerkarriere. Und Magda selbst hat keinen klaren Wunsch nach einer Ausbildung, die ihr zu mehr verhelfen würde als zum Dasein einer Frau, deren Beruf es ist, Frau zu sein und deren Lebensziel, am Wettbewerb um die Männer teilzunehmen. Offensichtlich war der Einfluss von Victor nicht stark genug, um sie gegen die traditionellen Vorstellungen ihrer Mutter rebellieren zu lassen. Und vielleicht hatte sie inzwischen auch gemerkt, dass sie in dem Kreis der Juden von Tikwath Zion immer eine Außenseiterin gewesen war und die Auswanderung nach Israel ein romantischer Traum. Als Magda, kurze Zeit nachdem sie in dieses Pensionat aufgenommen worden war, überraschend zu Victors 21. Geburtstag wieder in Berlin auftaucht, wird die Entfremdung zur Welt ihrer früheren Freunde deutlich. Sie muss auch sehen, dass Victor, der sich über ihr unerwartetes Kommen gefreut hatte, sich sehr für eine andere junge Frau interessiert. Als sie am nächsten Morgen im Zug sitzt, um in ihr Pensionat zurückzukehren, ist sie deshalb offen für die Bekanntschaft mit einem neuen Mann: Günther Quandt.

Als Magda sich mit Quandt verlobt, nimmt Victor diese Nachricht gelassen auf. Manchmal hört sie über alte Freunde von den Arlosoroffs. Kurz vor Ostern 1924, sie ist schon seit drei Jahren mit Quandt verheiratet, besucht sie überraschend die Familie und erfährt, dass in wenigen Tagen Victor mit seiner neuen Frau und dem gemeinsamen Kind, seiner Mutter und Lisa nach Palästina auswandern will. Als der Zug den Bahnhof verlässt, läuft Magda mit den anderen, die winken und Abschied nehmen, neben dem Zug her und sie ruft Lisa, die am offenen Fenster steht, weinend zu:»Vielleicht komme ich doch noch nach.« War ihr beim Anblick von Victor und Lisa, im Angesicht von deren Enthusiasmus und erwartungsvoller Neugier, bitter klar geworden, wie leer ihr geordnetes Leben war?

Man muss in der Beschreibung von Magdas Leben jetzt vorgreifen, um die ganze Brisanz zu verstehen, die mit dem Namen Arlosoroff verbunden ist. Magda wurde 1928 von Quandt geschieden und hat im Dezember 1931 Joseph Goebbels geheiratet. Die gegnerische Presse spottete: »Nazihäuptling heiratet eine Jüdin.« Die Presse und die Berliner Gesellschaft waren über Magdas Vorleben informiert. Sie war so stark mit den Ideen Arlosoroffs identifiziert, dass Bella Fromm, die kritische deutsch-jüdische Journalistin, die bis zu ihrer Emigration 1938 über das Gesellschaftsleben in Berlin berichtete, ein mögliches Bild von Magda entwarf: vor einem Kibbuz in Palästina Wache stehend, Gewehr geschultert und eine Losung aus dem Alten Testament auf den Lippen. Diesen Satz schreibt sie 1932 in ihr Tagebuch, als schon klar war, welche Tragweite er hatte.[5] Spätestens im Juli 1931 muss Magda Joseph Goebbels von ihrer früheren Verbindung zu Arlosoroff erzählt haben. Er notiert in seinem Tagebuch, sie sei in ihrem früheren Leben sehr leichtsinnig gewesen. »Und nun haben wir beide das abzubüßen. Unser Schicksal hängt an einem seidenen Faden. Gebe Gott, dass wir nicht zerbrechen an ihrem Verhängnis. Sie hat zuviel geliebt und mir immer nur bruchstückweise davon erzählt.« Nach der Machtergreifung konnten diese Sorgen erst einmal ruhen, denn die Zeitungen waren so schnell gleichgeschaltet, dass von ihnen nichts mehr zu befürchten war. Aber alles kommt wieder hoch, als am 10. Mai 1933 Victor Arlosoroff selbst in Berlin auftaucht.

Arlosoroff kommt aus London, er ist, ausgerüstet mit einem britischen Pass, auf der Durchreise zu einem zionistischen Kongress in Warschau. Sofort sieht er im Schaufenster eines Buchladens das Bild des Paares Magda und Joseph Goebbels. Ob es nur dieser Anblick war oder nicht auch die gesamte Atmosphäre von antisemitischer Gewalt und Einschüchterung, auf jeden Fall erlitt er einen Zusammenbruch. Am selben Abend gelingt es ihm, Magda telefonisch zu erreichen. Er verlangt, dass sie ihm ein Treffen mit Goebbels verschafft, denn er will mit dem deutschen Reich ein Transferabkommen abschließen, das jüdischen Auswanderern erlaubt, ihr Vermögen mitzunehmen. Victor und Magda verabreden ein Treffen, wenn er in drei Wochen vom Zionistenkongress aus Warschau zurückkommen wird. Es ist der Abend der Bücherverbrennung und Arlosoroff begreift endgültig, dass es für Juden keine Rechtssicherheit mehr geben wird, und er beeilt sich, auch ohne Magdas Hilfe so schnell wie möglich das später dann so genannte Ha'vara-Abkommen in Gesprächen mit Schacht und anderen NS-Größen vorzubereiten. Dann fährt er nach Warschau. Ben Gurion ist entsetzt über die Verbindung von Arlosoroff zu Magda und versucht, Arlosoroff ein Treffen auszureden. Als Victor am 29. Mai wieder zurückkehrt, ist Magda nicht mehr da. Aber sie lässt ihm eine Nachricht zukommen, dass ein Treffen »auch für sie zu gefährlich sei« und er so schnell wie möglich Deutschland verlassen solle, sie fürchte um »ihre Existenz«. In einem Brief an seine Schwester schreibt Arlosoroff, er habe den größten Fehler seines Lebens gemacht und wisse nicht, ob er seine Lieben in Palästina wiedersehen werde. Am nächsten Tag verlässt er Berlin, verwischt alle Spuren und ist erst zwei Wochen später wieder in Tel Aviv. Als er am Abend mit seiner Frau am Strand einen Spaziergang macht, wird er von zwei Arabern angehalten, die ihm zuerst mit einer Taschenlampe ins Gesicht leuchten, nach seinem Namen fragen und ihn dann erschießen.

Zuerst glaubte man, die Täter seien rechte Zionisten, die ihm seine Kontakte zu den NS-Größen übel nehmen. Ein erster Prozess verlief im Sande, ein zweiter, fünfzig Jahre später, ebenso. Später tauchte die Meinung auf, es sei ein Eifersuchtsdelikt gewesen. Bis heute ist das ungeklärt. Dieser politische Mord erschütterte die israelische Gesellschaft über viele Jahrzehnte. Schon sehr früh gab es Spekulationen, dass die Nazis hinter dem Mord stünden. Ein im Gefängnis einsitzender arabischer Berufskiller hatte sich mit dem Mord an Arlosoroff gebrüstet und behauptet, im Auftrag gehandelt zu haben. Er gab alles zu Protokoll und widerrief später. Mitte der siebziger Jahre wurde in der Zeitung *Ha'aretz* von einem Historiker, der sehr intensiv recherchiert hatte, eine Version des Mordes angeboten, die auf Goebbels als Drahtzieher verweist.[6] Danach soll Goebbels über zwei Naziagenten die Berufskiller angeheuert haben. Die Indizien sind schlüssig, aber es ist heute schwer, etwas zu beweisen, zu viele Akten sind verschwunden. Die Schwester von Arlosoroff hat diese Version noch vor ihrem Tod bekräftigt. Und selbst ohne zu glauben, dass Goebbels, immer noch von rasender Eifersucht getrieben, auf diese Weise einen Nebenbuhler ausschalten wollte, ist sehr gut vorstellbar, dass ihm der Gedanke, Arlosoroff könnte zu weiteren politischen Verhandlungen in Berlin auftauchen und so Magdas Vergangenheit doch noch zu einem Fallstrick für sie beide werden, so unbehaglich war, dass er zu diesem Mittel griff, ihn auszuschalten. Die Verbindung zwischen Berlin und Tel Aviv war zu jener Zeit über viele Mitglieder und Anhänger der Nazi-Partei innerhalb der Templer-Ansiedlungen in Jaffo existent.

Magda und Joseph Goebbels

Ganz gleich, ob der junge Mann »Ernst«, den sie drei Jahre, nachdem die Familie Arlosoroff nach Israel ausgewandert ist, auf dem Ball in Berlin trifft, Victor ist oder nicht, Magda will sich jetzt von Quandt scheiden lassen. Da er sich weigert, wird sie aktiv. Mit »Ernst« verbringt sie die nächsten Monate, taucht auf Bällen auf, im Theater, geht auf Reisen, steigt mit ihm in den Hotels ab, in denen sie mit Quandt war. Was sie tut, tut sie so offensichtlich, so demonstrativ und provozierend, dass Quandt es merken muss. Er stellt sie zur Rede, sie gibt alles zu, er setzt sie auf die Straße und sie fährt mit einem Taxi zu ihrer Mutter. Die Verzweiflung an dieser Ehe muss groß gewesen sein, dass sie ihre Freiheit mit diesem brachialen Mittel erreichen wollte, ohne an die Folgen zu denken. Jetzt wacht sie auf, denn da sie schuldig geschieden würde, müsste sie auf ihren Sohn verzichten und auch völlig mittellos bleiben. Und es zeigt sich eine neue der vielen Facetten ihres Charakters: ihre Schläue. Sie bringt mit List alte Liebesbriefe an sich, die ihr Mann von früheren Geliebten erhalten hat, und die in den Händen ihres Anwalts zu einem Druckmittel werden, um Quandt zu einer einvernehmlichen Scheidung zu bewegen. Harald lebt jetzt bei ihr in einer neuen, sehr großen, schönen Wohnung, Quandt stattet sie mit einer üppigen Apanage aus, und es gibt nur eine Bedingung: Sie wird all das verlieren, wenn sie wieder heiratet.

Aber Magda will nicht heiraten, sondern jetzt endlich so leben, wie es ihr gefällt. Ein amerikanischer Verehrer Hoover, Milliardär und Neffe des Präsidenten Hoover, einer der reichsten Männer der Erde, ein Super-Quandt, hat von ihrer Scheidung gehört, kommt nach Berlin und macht ihr einen Antrag. Sie lehnt ab. Er ist darüber so verstimmt, dass er nach einem gemeinsamen Essen den Chauffeur mit wahnwitziger Geschwindigkeit fahren lässt. Das Auto verunglückt. Hoover steigt unverletzt aus, Magda hat mehrere Brüche und liegt einige Wochen im Krankenhaus. Doch kaum wieder hergestellt, leidet sie weiter unter Langeweile. Auch die Bälle, Theaterbesuche und was sie sonst noch mit »Ernst« alles machen kann, befriedigen sie nicht mehr. Diese Langeweile muss eine existentielle Not gewesen sein, wenn nicht einmal solche Gewaltsamkeiten daran etwas ändern konnten. Ständig spricht sie über die Leere ihres Daseins. Sie trinkt zu viel und klagt ihren Freunden, dass sie Angst habe, verrückt zu werden, dass ihr Leben sie anwidere und dass sie vor Langeweile sterben könne. Ihr Freund Prinz August Wilhelm von Hohenzollern, schon lange Mitglied der NSDAP, schlägt ihr vor, zu einer Wahlversammlung der Partei zu gehen. Sie geht hin, weil sie nichts anderes vorhat.

Und an diesem Abend im Jahr 1930 trifft sie auf einen Redner, wie er ihr seit Victor Arlosoroff nicht mehr begegnet ist, einen Redner, der sie vollkommen überzeugt, und der es schafft, sie in Trance zu versetzen: Joseph Goebbels. Sie ist fasziniert von Tonfall und Gestus der Rede, vom Strom der Empfindung, ohne sagen zu können, was denn der Inhalt gewesen sei. Was sie bis ins Herz trifft, ist deren Intensität. Unmittelbar danach tritt Magda der NSDAP bei. Sie wird sofort Frauenschaftsführerin und stellt sich der Partei als Sekretärin zur Verfügung. Sie lernt Goebbels persönlich kennen, als sie ihm auf der Treppe im Parteihauptquartier begegnet. Auch Goebbels bemerkt »die schöne Frau« sofort und wenig später wird sie von ihm mit der Führung seines privaten Pressearchivs betraut. Nach drei Monaten sind die beiden ein Liebespaar.

Die bis dahin politisch völlig Uninteressierte wird von einem Tag auf den anderen zur glühenden Nationalsozialistin. Deutlicher als bei ihr ist nirgendwo zu sehen, dass es für viele, und darunter besonders viele Frauen, im Nationalsozialismus nicht um Politik ging, sondern um etwas anderes. Goebbels war so erfolgreich, weil er die Fähigkeit hatte,

Politik nicht in der Sprache der Politiker, der Juristen oder Soziologen zu vertreten, sondern in der Sprache der Religion und der Erotik. Hitler, den er in einer Tagebuchnotiz »halb Plebejer, halb Gott« genannt hatte, wurde ihm zum Propheten in einer »Situation der Verzweiflung«, zum Mittler zwischen der Welt und Gott, zum »Christus mit der Peitsche«. Hitler selbst hat politische Reden oft mit »Amen« beendet. Goebbels politischer Katechismus enthielt nicht die Bestimmungen, wie ein Gemeinwesen gut zu regieren sei, sondern wie ein Land, das sich selbst als zerrissen erlebte, wieder zu seiner Identität finden sollte. Im hohen Ton der Predigt kündete er von der »Revolution«, in der das Wunder der Freiheit darin bestehe, dass man ein anderer Mensch werde: durch Opfer zur Erlösung. Und alle Antworten, die er gibt, kommen »nicht aus einer blindwütigen Parteileidenschaft, sondern aus tiefem, inneren Zwang, aus der Notwendigkeit, die uns bestimmt, so und nicht anders zu sein und zu handeln.«[7] Aber am Ende eines Kampfes mit denen, die anders denken, die man deshalb niederringen muss und trotzdem Kameraden nennt, wird die große Liebe zwischen Siegern und Besiegten stehen.

Hier sind sie, die Dringlichkeit, die existentielle Haltung, der Magda seit Arlosoroff nicht mehr begegnet war. Magda Goebbels, die ein Leben in Luxus und ohne Sorgen hätte führen können, wenn sie sich mit den harmlosen Begrenztheiten ihres Ehemannes Günther Quandt abgefunden hätte, war getrieben von etwas, das sie selbst nicht benennen konnte. Die Leere, von der sie geplagt war, ist jetzt weg, nicht, weil die bis dahin müßige Frau Sekretärinnendienste leistet und sich so nützlich vorkommen kann. Der Goebbelssche Erlöserfanatismus mit dem wilden Stolz und dem heroisch-mächtigen Lebensgefühl berauscht sie existentiell wie eine Droge. Der Nationalsozialismus wird für Magda nicht einfach zum Lieferanten für politische Lösungen, er erlöst sie von sich selbst, indem er die Grenzen zwischen ihrem privaten Dasein und etwas Weiterem und Größerem sprengt. Magda fühlt sich erfasst von einem weltgeschichtlichen Hauch. Sie hat jetzt Teil an diesem Übermaß an Bedeutung und Sinn, die die Wirklichkeit aus ihrer Zufälligkeit erlösen und ihr eine Festigkeit zurückgeben, die sie in der Moderne verloren hat.

Die großen Ideologien des 20. Jahrhunderts waren nicht nur politische Projekte, sie waren auch Identitätsprojekte. Der Glaube an eine bessere Welt konnte ein narzisstisches Defizit ausfüllen. Denn die neuen Freiheiten, die mit der Emanzipationsbewegung zu Beginn des Jahrhunderts möglich geworden waren, waren auch an neue Forderungen geknüpft, die eigene Existenz auf eine andere Weise zu gestalten, aus sich etwas Besonderes zu machen. Selbst die, die diese Möglichkeiten nicht nutzen wollten, verspürten eine beängstigende Unruhe.

Wenn die nüchtern-pragmatische Auguste sagt, zwischen Goebbels und Magda habe es sofort gefunkt, wenn Ello Quandt behauptet, nur Magdas Mutterkomplex habe es ihr ermöglicht, über Goebbels schmächtige Gestalt, seine schäbige Kleidung und seinen deformierten Fuß hinwegzusehen, dann treffen beide nicht das Eigentliche. Sie haben nicht begriffen, dass in dieser Mischung aus politischem Fanatismus, Arbeitsbesessenheit und einer gewissen anfänglichen Kälte ihr gegenüber Magda vor allem von dem politischen Projekt fasziniert war und der Art, wie Goebbels es lebte. Sie selbst hat erzählt, wie sie unter seinem zupackenden Blick meinte, verbrennen zu müssen.[8] Blick und Stimme waren die Reizauslöser. Goebbels' Stimme habe sie in Trance versetzt, der Blick sie verbrannt. Im Feuer der Leidenschaft zu verbrennen, ist die Metapher für den Wunsch, als Verwandelte neu geboren zu werden, verwandelt durch die Liebe. Dieser Mann sprengt ihre Fassade und ihre Erstarrung. Er verspricht ihr die Wechselbäder von Hitze und Kälte, Maßlosigkeit und Schauder, Entgrenzung und Symbiose. Wer erstarrt ist, sehnt sich nach psychischer Gewalt, um sich lebendig zu fühlen. Das war für sie wohl auf keine andere Weise zu erlangen, als durch das Rohe und Brutale dieser Bewegung. Die ihrer selbst unsichere Magda, die äußerst verschlossen war und über das, was sie wirklich bewegte, nicht sprach, die Masken trug und Rollen spielte, die ein ganzes Leben lang ohne Unterbrechung Probleme in den verschiedensten Krankheiten somatisierte und die sich, wenn möglich, immer zwischen zwei rivalisierenden Männern bewegte, hatte im Nationalsozialismus ihre Identität gefunden.

Auf der Treppe im Parteihauptquartier der NSDAP waren sich zwei Zerrissene begegnet. Denn Joseph Goebbels war von sexueller Frustration, Sozialneid, Ressentiment und seelischer Unempfänglichkeit geprägt. Diese schöne Frau aus der besten Gesellschaft ist Balsam für seine Wunden. Beide sind in unterschiedlichen Phasen ihres Lebens heftig depressiv. Für beide ist der Nationalsozialismus Kitt für eine Identität der Brüche geworden, denn beide sind auf ihre Weise Aufsteiger aus einem Kleinbürgertum, das seine Unsicherheit durch megalomanen Größenwahn kompensierte. Magda wird schnell ein weibliches Gefäß für die Hasspredigten, die Goebbels' Markenzeichen waren. Das Sinnangebot, das von ihm ausgeht, ist für sie von so großer Bedeutung, dass sie alle Warnungen ihres früheren Ehemannes, mit dem sie inzwischen eine feste Freundschaft verbindet, ihrer Mutter und ihrer Freunde in den Wind schlägt. Niemand kann sich erklären, was sie an diesem giftigen Zwerg findet, dieser Mischung von Mephisto und Savonarola, finster und rasend, verführerisch und besessen.

Magda selbst fiel es schwer, ihre Begeisterung zu verteidigen. Aber was sie ausdrücken konnte, war die feste Überzeugung, wenn die Bewegung siege, eine der ersten Frauen Deutschlands zu sein. In ihrem Leben war das Bedürfnis nach Macht und Geltung eine Konstante. Endlich gab es die Chance auf Erfüllung. Goebbels hatte einen starken Mitteilungsdrang und Magda war sehr schnell in alles eingeweiht, was sein Berufsleben als Agitator ausmachte. Er suchte ihre Unterstützung. Sie war nicht nur notwendig als Geliebte, sondern als intelligenter Mensch. Goebbels hat sich in den frühen Jahren immer zu starken Frauen hingezogen gefühlt, er rühmte Winifred Wagner als Vorbild, »so sollten sie alle sein«.

Als sie Goebbels Geliebte wird, geht Magdas Machtstreben eine Allianz ein mit den klassisch weiblichen Frauenrollen: leidenschaftliche Geliebte, fürsorgliche Mutter, verständnisvolle Gefährtin, nützliche Sekretärin, heilende Krankenschwester. Mit allen Kostümen der Weiblichkeit knüpft sie an die neue aufregende Wirklichkeit an, die ihr die Nähe zur Macht verspricht. In den Zeiten der öffentlichen Machtlosigkeit von Frauen beschränkte sich weibliche Macht darauf, den Willen mächtiger Männer zu beeinflussen. Die Frau, die das Liebesobjekt eines Mächtigen war, konnte im Hintergrund diskret die Fäden in der Hand halten. Dazu musste sie blitzschnell von einer Rolle in die andere umschalten, sobald deutlich wurde, welche jetzt gerade gefragt war. Das Kunststück bestand darin, gleichzeitig hoch empathisch und hoch organisiert zu sein. In dieser Zeit beweist Magda die universelle Anpassungsfähigkeit einer Frau, die nicht weiß, wer sie wirklich ist, aber genau weiß, wie man männliche Wunschbilder herstellt. Magda wird zum Reparaturunternehmen für das Größen-Selbst von Goebbels, eine andere Sorte von Dienstmädchen als es ihre Mutter gewesen ist, aber ein Dienst-Mädchen.

Goebbels spricht in seinem Tagebuch entzückt von ihr als »meine Königin«. Er nennt sie: gut, schön, süß, anschmiegsam, hingebungsvoll und immer wieder vergleicht er sie mit einer Mutter: »Magda ist so schön und gütig zu mir wie eine Mutter.« Aber eine Unsicherheit, ob sie herrscherliche Königin, hingebungsvolles Kammerkätzchen oder sorgende

Mutter ist, wird hier schon deutlich, und diese wird sich zum Sprengstoff in der Beziehung entwickeln. Magdas Harmoniebedürfnis ist genau so stark wie ihr Bedürfnis danach, im Mittelpunkt der Aufmerksamkeit zu stehen. Das Liebeskonstrukt ist fragil. Offensichtlich war sie kein zweites Mal bereit, sich einfach mit der Rolle der Frau an Heim und Herd abzufinden. Schon die erste von Goebbels notierte Verstimmung bezog sich auf die Frage, welche Rolle denn der Frau angemessen sei: »[...] erregte Debatte über die Frau und ihre Aufgabe. Ich bin wohl etwas zu schroff, jedoch nur im Prinzip. Magda wird in Wut ausfällig gegen mich. Wir scheiden im Krach.«

Göring hat Magda »Goebbels Pompadour« genannt und zu Hitler gesagt: »Vor einer Pompadour muss man vorsichtig sein.« In Deutschland gab es keine Kultur der Machtausübung von Frauen, im Gegensatz zu Frankreich, wo diese auch immer mit einer Hochschätzung weiblicher Intelligenz und Klugheit verbunden war. Konkubine war ein offizieller, juristischer Status in Frankreich. Stattdessen gab es sehr viel Angst davor, von einer intelligenten Frau manipuliert zu werden. Während einer sehr unterkühlten Phase zwischen Hitler und Magda lobte Hitler die Unbedarftheit einer Eva Braun mit dem Hinweis, mit den intellektuellen Frauen gebe es nur Probleme, wie man an Magda sehen könne.

Zwischen Magda und den Männern, zu denen sie in Beziehung tritt, entwickelt sich sehr schnell eine gewaltsam aufgeladene Atmosphäre, selbst wenn diese Männer nicht als Politiker Radikalismus und Gewalt predigen und leben. »Ernst«, von dem sich Magda getrennt hatte, schießt auf sie, doch die Kugel bleibt im Türrahmen stecken. Magda ruft ungerührt die Polizei an, die ihn abführt, dann den Vater von »Ernst«, den sie bittet, seinen Sohn aus dem Gefängnis abzuholen. Und dann ruft sie Goebbels an. Aber sie sagt nicht: »Gott sei Dank, es ist nichts passiert«, sondern: »Ich bin schwer verletzt.« Und er gerät in Panik, so wie sie es gewollt hatte. Ello Quandt fügt noch als Detail hinzu, Magda habe eiskalt zu »Ernst« gesagt, es hätte ihr imponiert, wenn er sie erschossen hätte. Beide Aussagen stellen literarische Szenen dar, die Wahrheit zwischen all diesen hysterisch-romantischen Bildern, mit denen Magda ihr Leben überhöht, ist heute nicht mehr festzustellen. Die Erklärung liegt nahe, dass sie den gewaltsamen Liebestaumel provoziert, weil sie selbst in ihm untergehen will.

Diese Frau sucht die Gefahr, sie ist süchtig nach der haarscharf vermiedenen Katastrophe. Sie zündelt am männlichen Triebmechanismus.

Aber ihre Zündelei kennt kein Maß und darüber vergisst sie ihre Klugheit und die Raffinesse, über die sie sonst verfügt. Sie zündelt, bis die Männer den Verstand verlieren und sich die losgetretene Gewalt gegen sie selbst wendet. Denn Magda hat kein reales Ziel. Es geht ihr nicht um Eheversprechen, Lebensabsicherung oder ähnliches. Immer dann, wenn es in ihrem Leben um klare Ziele geht, wird sie sehr schnell überlegt und pragmatisch. Aber sie hat kein eigenes Ziel außer dem, sich der Macht zu unterwerfen und so an ihr teilzuhaben. Weil sie eine Frau ohne eigenes politisches oder privates Interesse ist, gähnt hinter dem Maskenspiel die existentielle Leere. Die saugt gierig alles auf, was ihr den Status eines bewunderten, geliebten und einflussreichen Objektes zu sichern verspricht.

Sie hat es in ihrem Leben immer verstanden, sich so zwischen zwei Männern zu bewegen, wie sie es als Kind zwischen ihren beiden Vätern tat. Die Männerpaare sind Spiegelbilder, Goebbels-Arlosoroff, die beiden Politiker; Hoover-Quandt, die beiden Wirtschaftsmagnaten. Magda provoziert beständig ein Drama um ihre Person, weil sie die Situation ihrer Kindheit, vergöttert zu werden, ständig wiederholen will. Aber die erotischen Stürme, die sie entfacht, haben nichts mit eigenem Begehren zu tun, sie dienen nur ihrer Anerkennung als begehrtes Objekt.

Magda und Hitler

Magda hat die Begegnung mit Hitler bewusst und geplant herbeigeführt. Der ist begeistert von ihr und es knüpft sich sofort »ein enges Band der Freundschaft und der Verehrung zwischen Hitler und Frau Quandt«, wie Otto Wagener, der zum engsten Kreis um Hitler gehörte, in seinem Lebensbericht schreibt.[9] Hitler sei beeindruckt gewesen von ihrer »harmlosen Lebhaftigkeit«. Magda war alles andere als harmlos lebhaft, aber sie wusste, wie sie Hitler mit seelenvollem Blick beeindrucken konnte. Zum Zündeln gehört das Rollen- und Maskenspiel. Am Abend dieses Tages gesteht Hitler Wagener, dass ihn heute »überirdische Momente« berührt hätten, die »ich während meiner fürsorglichen Freundschaft mit Geli, aber nie mit anderen Frauen empfunden habe. Heute umfangen sie mich völlig überraschend, aber mit großer Gewalt aufs neue.« Man muss dazu wissen, dass es um Hitlers Verhältnis zu seiner Nichte Geli, die sich angeblich mit Hitlers Revolver selbst erschossen hatte, sehr viele Gerüchte gab. Der Selbstmord Gelis wurde ebenso bezweifelt, wie die »fürsorgliche Natur« der Beziehung zwischen ihr und ihrem Onkel. Als Hitler dann etwas später von seinem Fahrer und anderen Parteigenossen erfährt, dass sie in der Wohnung

von Frau Quandt gewesen seien, bis Goebbels mit einem eigenen Haus-
schlüssel kam, habe Hitler verstimmt gesagt, so berichtet Wagener, es
handele sich nur um einen kurzen Rückfall und die Vorsehung sei ihm
gnädig gewesen.

Magda verstand es offensichtlich, Hitler so zu beeindrucken, dass er ihr,
wie sie es ihrer Mutter erzählte, vorsichtige Avancen gemacht hatte. Es
gibt eine Bemerkung von ihr, nach der sie verstehe, dass Hitler keine
Frau an seiner Seite haben könne. Als Hitler seinem Vertrauten
Wagener gegenüber davon spricht, Magda könne ein weiblicher Gegen-
pol zu seinen einseitigen männlichen Instinkten sein, trägt Wagener
es sofort zu Magda weiter. Sie könne die Frau sein, die Hitler ins Theater, in die Oper oder zu Konzerten begleiten würde, um danach an
einem wohl gedeckten Tisch neben ihm Platz zu nehmen, aber dazu
müsse sie verheiratet sein, am besten mit Goebbels, den sie ja schon
kenne. Magda ist bewegt: »Ich verspreche Ihnen, Sie sollen der erste
Mensch sein, der erfährt, wenn ich mich mit Goebbels verlobe. Dann
wissen Sie, daß das zugleich noch ein größeres Gelöbnis ist.« Und so
geschieht es dann. Wagener schreibt, dass Magda so etwas wie die andere Hälfte, die weibliche Seite des Menschen Hitler geworden sei,
zusammengehalten durch einen »heiligen Willen zum Dienen und zu
einer höheren Pflicht«. Es klingt, als sei Magda nicht in die Ehe, sondern ins Kloster gegangen.

Natürlich hatte Hitler sehr schnell begriffen, dass diese Frau mit dem
guten Namen und als Teil der besten Gesellschaft die Nazis stubenrein
machen konnte, worum sie sich 1931 heftig bemühten. Aber Hitler war
viel zu sehr von seiner eigenen Sendung überzeugt, um nicht in solchen
Worten auch höhere Wahrheiten zu sehen. Auf Magda wirkten Hitlers
Worte wie eine uneingestandene Liebeserklärung, die viel stärker wirkt
als eine eingestandene, weil sie Raum lässt für Projektionen. Das Ungelebte ist oft viel aufregender als das Gelebte, denn es hat eine andere
Verfallszeit und es hat ein Versprechen. Die ungelebte Liebesgeschichte
mit Hitler und die gelebte Liebesgeschichte mit Goebbels, beide zusammen müssen für Magda der Moment höchster Ekstase der Eitelkeit
gewesen sein. Das Dreieck, in dem sie sich befand, war das zwischen
dem Führer Hitler, seinem Propheten Goebbels und ihr als gläubiger
Magd, die wohl hoffte, bei Bedarf zündeln zu können, um sich zur
Herrscherin aufzuschwingen. Die Magd ist auch die Braut, die Frau, die
im Christentum virtuell befruchtet worden ist durch Gott. Der Nationalsozialismus setzt sich hier als Religion.[10]

Die Ehe mit Goebbels, die Mitte Dezember 1931 geschlossen wird, ist gleichzeitig eine mit Hitler und wird auch zusammengehalten durch eine Art lustvoller Unterwerfung von Seiten beider unter den Willen dieses ›Höchsten‹. Goebbels Anhänglichkeit an Hitler trägt kindliche Züge, vermischt mit Kalkül. Goebbels besaß innerhalb der Partei zu keinem Zeitpunkt eine Hausmacht, auf die er sich stützen konnte. Sollte Hitler ihn fallen lassen, hätte ihn niemand aufgefangen. Die vom Führer so sehr geschätzte Magda war für den späteren Reichspropagandaminister auch eine Rückversicherung.

Doch ist es falsch anzunehmen, Goebbels sei Magdas zweite Wahl gewesen, weil sie Hitler nicht bekommen konnte. Das Dreieck bietet ihr im Gegenteil die Gelegenheit, ihren Zwiespalt von Unterwerfung und Auflehnung besser zu leben, eine Konstellation mit einem hohen Potential an masochistischem Lustgewinn. Sie kann Hitler verehren, sich ihm völlig zur Verfügung stellen und dabei mit dem ebenfalls Hitler verehrenden Goebbels eine Ehe führen, in der es hin und her geht zwischen Selbstbehauptung und Revolte, Kampf und Liebe. In dieser Ehe wird zumindest am Anfang eine Erotik gelebt, in der die Köpfe zusammenschlagen und die Körper Feuer fangen. Immer wieder heißt es in Goebbels Tagebuch: Liebe, Streit, Liebe. Da von Magda keine Äußerungen über Erotik und Sexualität überliefert sind, muss man sich an seine Aufzeichnungen halten. Er preist ihre leidenschaftliche Wildheit. Die sublimierte Gewalt in der erotisch-sexuellen Auseinandersetzung und anschließenden Versöhnung scheint bei dem Paar ein Lust auslösender Faktor gewesen zu sein. Ihr Kosename für ihn war »Engelchen«. Ein Zeitgenosse schreibt: »Sie ruft ›Engelchen‹ und angehumpelt kommt der leibhaftige schwarze Teufel.« Goebbels' verkrüppelter Fuß hat für viele die Assoziation des Teufels befördert. Aber ein Volksglaube sagt, im Körper eines Krüppels sei die verwunschene Seele eines gefallenen Engels eingeschlossen. Ist dieser hinkende, ziemlich missgestaltete Mann, der auf viele abstoßend wirkte, für sie die Verkörperung eines doppelgesichtigen Eros, der das Himmlische mit dem Teuflischen verbindet? Sie sagt während der Baarova-Krise: »Er ist ein Teufel, er, den ich für meinen Gott gehalten habe.« Waren Goebbels und sie in ihrer Vorstellung die perfekte Verkörperung des Mythos von der Schönen und dem Tier?

Die Mutter

Ab März 1933 ist Goebbels Reichspropagandaminister. Er hat jetzt sein Haus bestellt und von der Vergangenheit Magdas drohen nach der

Ermordung Arlosoroffs keine Gefahren mehr. Doch schon die erste öffentliche Aufgabe, die Magda gern übernommen hätte, die Präsidentschaft des Deutschen Modeinstituts, hat Goebbels ihr untersagt. Er ist entschlossen, sich mit seiner Ansicht durchzusetzen, dass die Aufgabe der Frau Heim und Kinder seien. Und da er die Macht in Händen hält, während sie nur über ihn herrschen kann und das auch nur an guten Tagen, sitzt er am längeren Hebel.

Der Sieg der Bewegung im Frühjahr 1933 ist nicht nur das Ende der NSDAP als revolutionärer Partei, sondern auch der Anfang vom Ende der idealistischen Phase zwischen Magda und Joseph Goebbels. Schon im Mai 1933 wissen alle von Goebbels' Affären. In seinen Tagebüchern tauchen immer wieder Hinweise auf Verstimmungen mit Magda auf. Denn ihre Bedeutung für ihn ist, seit er sich in einer sicheren Position weiß, geringer geworden. Vor der Heirat hatte er sich vertraglich ihre Erlaubnis zu Seitensprüngen ausbedungen, er werde ihr dann davon erzählen. Sie hatte zugestimmt und gegenüber Ello behauptet, ein so genialer Mensch, der dreimal so intensiv lebe wie andere, könne nicht mit dem gewohnten Maßstab bürgerlicher Moral gemessen werden. Waren das noch Reste der antibürgerlichen Haltungen ihrer Jugend in der Tikwath Zion-Gruppe? Dass etwas aus dieser Zeit hängen geblieben war, geht aus einer Bemerkung von Bella Fromm hervor. Sie schrieb in ihren Tagebüchern, dass Magda den Nationalsozialismus mit Resten des Zionismus vermischt habe.

Aber jetzt, mit zwei Kindern, in Erwartung des dritten, fühlt sie sich unglücklich und gekränkt, als sie Goebbels' Interesse an anderen Frauen bemerkt.[11] Und so wie sie ihren hysterisch-masochistischen Genuss, im Zentrum einer gewaltsamen Liebesaktion zu stehen, zeitweise bis an den Rand der Selbstvernichtung gelebt hatte, so lebt auch er diese Affären immer öffentlicher, weil es ihm nicht nur um den Genuss, sondern auch um die Demonstration der Macht ging. Goebbels war süchtig danach, seine Umgebung durch immer neue Liebschaften zu provozieren. Er benutzte seine Macht, um sich Frauen gefügig zu machen. Er war Zyniker gegenüber jedem, auch ihr gegenüber. Da die Person des Führers heilig ist, sucht der abgespaltene Hass ein Ventil. Und schon aus beruflichen Gründen musste er diesem Hass freien Lauf lassen. Der trifft auch immer wieder Magda als die ihm Nächste.

Die Bemerkungen anderer über sie in den Jahren von 1934 bis 1937 schwanken jetzt zwischen »dürr und sauertöpfisch«, (Bella Fromm) und »hausbacken« gewordenes »Muttchen« (Ello). Bella Fromm hat den Satz des französischen Botschafters François-Poncet überliefert, dass er noch nie so eiskalte Augen bei einer Frau gesehen habe. Es gibt Fotos von Magda, auf denen sie die Entschlossenheit einer stählernen Magnolie ausstrahlt. Aber ebenso zahlreich sind die Fotos, auf denen sie eher melancholisch wirkt, oft mit einem Anflug von Traurigkeit, als gebe es hier ein ihr noch unbewusstes Wissen darum, was in Deutschland mit Frauen geschieht, die sich einen Platz in der Öffentlichkeit erobern wollen. Der Schriftsteller Hans Carossa beschrieb sie als sanft, melancholisch und liebenswürdig.

Die Fotos bestätigen beides. Ständige Schwangerschaften setzen ihr zu. Jedes Kind hat sie ein paar Wochen lang gestillt, sich dann Spritzen geben lassen, um schneller abzunehmen, und eine drakonische Diät gehalten. Aber das geht nur gut bis 1937, dann ist sie so geschwächt, dass sie nie wieder wirklich auf die Beine kommt. Magda ist von eiserner Selbstbeherrschung und ihr Tagesablauf bis auf die Minute geregelt. Die Frau, die zum Vorbild der deutschen Mutter im Nationalsozialismus wurde, wollte auf keinen Fall auf das physische Abbild der Mutter festgenagelt werden. Auf manchen Fotos sieht man, dass Magdas gepriesene Schönheit etwas Schweres und Müdes hat. Man erahnt die Kämpfe, die sie sich zugemutet hat, um den Körper der Mutter wieder in den Körper der Geliebten zu verwandeln. Aber in der traditionellen symbolischen Ordnung hat die Frau drei Positionen, die Geliebte, die Erzeugerin und die Erde, und die sind nicht einfach miteinander zu verbinden. Der Mann Goebbels schafft es mit Leichtigkeit, zwei Leben zu vereinbaren: den Familienvater mit großer Liebe zu seinen Kindern und den Junggesellen als Liebhaber, der in seinen privaten Bereich im hinteren Teil des Grundstücks verschwindet und dort seine Geliebten empfängt. Der Körper des Mannes ist einer und der des Vaters und Mannes der Macht, auch zwergenhaft und mit deformiertem Fuß, ist kein anderer als der Körper des Liebhabers.

Außerdem verfügt der Mann über den Blick, der über das Begehren entscheidet, und Goebbels sieht in ihr nur noch die Mutter. Wenn das weibliche Begehren nur darin besteht, begehrt zu werden, hat die Frau schlechte Karten. In seinen Tagebüchern aus der Kampfzeit lobt er sie immer wieder für ihre Mütterlichkeit. Wenn es ihm schlecht ging, brauchte er sie wie ein verlassenes Kind seine Mutter, und solange er Magda noch nicht kannte, hatte er Kraft und Trost bei seiner eigenen Mutter gesucht. Jetzt, da es ihm gut geht und er ganz neue Möglichkeiten des Machtbeweises und der Machtentfaltung besitzt, wird sie ihm zur Mutter seiner Kinder. Denn die Kinder sind ihm nicht nur nationalsozialistische Pflichterfüllung, sondern auch Beweis von Potenz und ein weiteres Band zu Hitler, der sich diesen Kindern immer wieder mit großer Aufmerksamkeit widmet. In seinen Augen steht Magdas Funktion fest. In ihren eigenen nicht.

Magdas Kampf darum, von ihrem Mann nicht nur als Mutter seiner Kinder wahrgenommen zu werden, bestimmt ab jetzt ihr Leben. Denn Mutterschaft bedeutet Reduktion und Einschluss in das Private. Doch die Entfremdung zwischen dem umschwärmten Minister und seiner durch ständige Geburten und Krankheiten ermüdeten Frau ist für niemanden zu übersehen. Besuchte das Ehepaar gemeinsam ein Theater, betraten sie es nicht gemeinsam. Er fuhr allein in seinem großen Wagen, sie folgte in ihrem kleinen nach. Goebbels geht allein auf Gesellschaften, Magda liegt mit Migräne im Bett. Sie somatisiert ihre Probleme. Man bekommt den Eindruck, dass sie ständig entweder schwanger oder krank ist. Wenn sie sich gegen seine Zumutungen wehrt, verhält sie sich wieder so, wie sie es bei Quandt getan hatte, sie wird launenhaft oder versucht, ihn gesellschaftlich zu brüskieren, als Revanche für die Brüskierungen, die er ihr ständig zufügt. Es ist die Hilflosigkeit einer Frau, die den Sinn ihres Lebens an einen Mann abgeliefert hat. Sein Blick war zu dem Spiegel geworden, ohne den sie nicht mehr leben konnte. Wenn er sagte: »Taubengrau steht Dir gut!«, ließ sie sich sofort ein neues taubengraues Kostüm schneidern. Als der Kraftpol Goebbels, an den sie bisher angeschlossen war, ausfiel, gab es nur noch das hektische Bemühen, alles wieder zu reparieren.

Man kann Magdas Stellung als »Erste Mutter des Reiches« als Goebbels' Sieg über sie interpretieren. Und gleichzeitig liegt darin eine gewisse Einlösung ihres Wunsches nach politischer Bedeutung. Eva Brauns Dasein bestand darin, ›Frau als Beruf‹ zu leben, mit einer Sammlung von Karteikarten über die Kleider und deren mögliche Kombinationen von Schuh bis Hut. Sie zog sich bis zu siebenmal am Tag um. Als öffentliche Inkarnation der Mutter war Magda politisches Subjekt, das beweisen die vielen Briefe von Frauen, die in Magdas Büro bearbeitet wurden. Immer ging es darum, dass sie helfen sollte, nicht nur mit Geld, sondern auch damit, administrative Entscheidungen rückgängig zu machen oder zu befördern. Magda verwaltete mit Billigung der Partei einen Fonds, für den sie ständig versuchte, Spenden einzutreiben und aus dem sie kleine finanzielle Hilfen an Bedürftige auszahlen ließ, wenn deren Parteitreue und moralisches Verhalten genau überprüft worden waren.

Diese Briefe vermitteln einen guten Eindruck davon, warum die natio-nalsozialistische Wertschätzung der Mutter bei vielen Frauen auf so fruchtbaren Boden fiel. In der deutschen Tradition muss die gemütvolle Mutter die Härte des strengen Vaters ausgleichen, dessen Autorität nie in Frage gestellt wird. Der deutsche Sonderweg hatte auch darin bestan-den, die Gesellschaft als Familie zu denken, und das Reich als Gemein-schaft der Volksgenossen imitierte die Familie. Volksgemeinschaft ist die mit Gewalt hergestellte Übereinstimmung zwischen den Herr-schenden und den Beherrschten. Und in ähnlicher Weise, wie die fami-liäre Harmonie immer wieder behauptet wird, indem alle Differenzen unter den Teppich gekehrt werden, hat die Volksgemeinschaft keine Rechte, sie darf allenfalls bitten. In diesem System der falschen Sym-biose war die Macht, die Magda jetzt hatte, die der sich erbarmenden, rechtlosen Mutter, die den harten Vater durch Bitten oder Schmeicheln umstimmt. Und die ihr kleines, vom Haushaltsgeld Erspartes selbstlos zur Verfügung stellt.

Magda wird zur Anlaufstelle für viele Frauen des Reiches, aber sie bit-ten nicht nur um Geld, sondern auch um Verständnis, aus dem Gefühl heraus, ihr ähnlich zu sein. Die Briefschreiberinnen sehen in ihr das Ideal einer Mütterlichkeit verkörpert, die aus reinem, demütigem Gefühl und sozialem Opfer besteht. Das Bild, das das Regime von ihr schuf, zielte auf diese sehr enge, kleinbürgerliche Vorstellung von Mütterlich-keit als Verzicht. Magda war aber Mutter auf eine sehr großbürgerliche, fast aristokratische Weise. Sie hatte eine Heerschar von Dienstkräften um sich und war oft monatelang nicht mit ihren Kindern zusammen. Sie entsprach überhaupt nicht dem Ideal, das viele in ihr sahen.

Eher ist sie ein Zerrbild der emanzipierten Dame, so wie Goebbels ein Zerrbild des modernen Intellektuellen ist. Diese Frau war unabhängig und selbständig gewesen, aber hatte nie verhehlt, dass die Frau einem gewissen Maß an männlicher Autorität unterstellt sein müsse. Das war die Mischung gewesen, die die amerikanischen Männer entzückt hatte, die von ihren eigenen Frauen weniger freiwillige Unterordnung gewohnt waren. Magda hatte eine starke Neigung, Männer zu Göttern zu erklären, nicht nur Goebbels und Hitler, sondern zum Beispiel auch den Arzt, der die fast pausenlos Schwangere gut behandelte. Aber sie kämpfte dann ein Leben lang dafür, von ihren Göttern als Ebenbürtige und Unabhängige anerkannt zu werden. Dabei widersprach sie sogar ihrem Gott Hitler, der über die Frauen allgemein abfällig sprach. Magda erinnerte ihn daran, dass er ihnen seinen Wahlsieg zu verdanken habe.

Diese Frau pendelte zwischen einem Selbstbehauptungswillen, der nicht nur aus der individuellen Biografie entstand, sondern auch ein Erbe der Frauenbewegung der zwanziger Jahre war, und einer starken Neigung, sich der als unantastbar angesehenen männlichen Macht unterzuordnen. In ihr verbirgt sich ein weibliches Drama der Macht: die Zerrissenheit zwischen dem Wunsch zu herrschen und dem Wunsch, beherrscht zu werden.

Die Mutter und die Geliebte

Zum ganz großen Krach zwischen Magda und Joseph Goebbels kommt es, als er sich nach den vielen Seitensprüngen 1936 ernsthaft in die tschechische Schauspielerin Lida Baarova verliebt. Alle wissen es, nur Magda nicht. Erst als Goebbels an einem Nachmittag zusammen mit Lida Baarova bei ihr erscheint und von ihr verlangt, diese Frau als seine zweite Frau in der Familie zu akzeptieren, wacht sie auf. Goebbels sagt ihr: »Du bist natürlich die Mutter meiner Kinder und die Frau, die zur mir gehört. Aber nach diesen vielen Jahren brauche ich eine echte Freundin.« Sie ist so verwirrt, dass sie verspricht, über den Vorschlag nachzudenken. Und er ist zufrieden: »Du bist und bleibst meine gute Alte.« Die gute Alte ist 36 Jahre alt! Aber sehr schnell merkt sie, dass sie das nicht schafft, und will sich scheiden lassen. Doch ohne Beweise, obwohl das ganze Land es wusste, weiß auch sie nicht, wie sie einen Scheidungsprozess durchfechten sollte. Da meldet sich bei ihr der engste Vertraute ihres Mannes, Karl Hanke, und gibt ihr Briefe, die Goebbels geschrieben hatte, und eine Liste aller Frauen, von denen Hanke weiß, dass sie die Geliebten von Goebbels gewesen waren. Diese Liste umfasst dreißig Namen und Magdas Biograf Ebermayer verschweigt sie mit dem Hinweis, es sei leichter, die Schauspielerinnen aufzuzählen, die keine Affäre mit dem Herrn Minister gehabt hatten als die, die eine hatten. Magda erhält eidesstattliche Aussagen von einigen Frauen, die bezeugen, wie sie von Goebbels unter Druck gesetzt worden waren.

Hanke riskierte mit dieser Aktion seinen Kopf. Es wird vermutet, dass er es aus Empörung über Goebbels tat, so wie viele in der Partei über den zügellosen Propagandaminister empört waren. Hanke wird geschildert als einer der nationalsozialistischen Idealisten. Zu Hitler soll er gesagt haben, Goebbels handle genau wie die Film-Juden, durch deren Betten die Schauspielerinnen gehen mussten, und die die Partei zu Recht entfernt habe. Aber Hanke tat es auch für Magda, in die er verliebt war und die er heiraten wollte. Magda geht mit diesem Beweismaterial zu Hitler und verlangt die Scheidung. Hitler, umgeben von

Skandalen seiner Leute, kann eine Scheidung seiner Ersten Mutter des Reiches nicht gebrauchen. Nach einigem hin und her kommt es zu einem Vertrag, der von Goebbels, Hitler und Magda unterzeichnet wird. Darin verpflichtet Magda sich, ihren Scheidungswunsch ein Jahr zurückzustellen, Goebbels verpflichtet sich, ein Jahr lang asketisch zu leben. Findet nach einem Jahr keine Versöhnung statt, soll Magda das Recht erhalten, sich immer noch zu äußerst günstigen Bedingungen scheiden zu lassen, und diese Scheidung soll dann nicht vor dem Scheidungsrichter durchgefochten werden, sondern Hitler selbst, dessen Wille über jedem Gesetz stand, wird sie scheiden. Die Pointe daran ist, dass Magda darauf besteht, dass dieser Vertrag von einem normalen Juristen noch einmal juristisch korrekt formuliert wird. Ihr Gott Hitler reagiert befremdet. Unbedingter Glaube und pragmatische Schläue lagen bei Magda dicht nebeneinander.

Zu Hankes großem Schmerz kommt es nach einem Jahr zur Versöhnung. Denn Goebbels hat die Fähigkeit, Magda immer wieder von der Intensität seiner Gefühle zu überzeugen. Und sie will jedes Mal glauben, dass es wieder so wird, wie es einmal war. Erneut unterschreiben Goebbels, Magda und Hitler einen Vertrag. Doch der wirkt nur eine kurze Zeit, dann wird die Situation bitterer denn je. Ihr Widerstand ist hilflos und zeigt eine gehässige Energie. Sie bestellte zum Beispiel eine neue Geliebte ihres Mannes mitten in der Nacht in den Grunewald, mit der Behauptung, dass Goebbels sie dort abholen würde. Goebbels hat seine Affären statt mit UFA-Stars jetzt mit seinen Sekretärinnen. Sie findet sich damit ab und verlangt nur noch, dass er sich in Zukunft keine Freundin mehr nimmt, die ihr missfällt oder frech zu ihr ist. Sie sagt zu Ello: »Sieh mich an, ich werde alt. Die Mädchen sind zwanzig Jahre jünger und haben keine sieben Kinder zur Welt gebracht.« Jetzt erst, wo noch nicht einmal Gott Hitler zu Hilfe kam, erkennt Magda: »Eigentlich ist Joseph doch der größte Schurke, der je das deutsche Volk betrogen hat.« Erst der Liebesverrat öffnet ihr die Augen für den politischen Verrat. Je länger sie verheiratet sind, desto verletzender benimmt Goebbels sich und desto zahlreicher werden seine Affären. Er demütigt sie, nicht nur im privaten Kreis, macht Witze auf ihre Kosten. Als sie unter einer äußerst schmerzhaften Trigeminus-Entzündung leidet, verbietet er den Ärzten, ihr Morphium zu geben.

Bezeichnend ist, dass sie in ihrem letzten Lebensjahr eine romantische Liebe zu einem Mann unterhält, der davon überhaupt nichts weiß. Es ist Werner Naumann, der Nachfolger des zum Gauleiter von

Schlesien beförderten Hanke. Sie schreibt ihm Briefe und Gedichte, die sie Ello vorliest, dann aber meist gleich vernichtet. Die Projekte Goebbels und Quandt waren gescheitert und sie kommt zurück zu ihrem ersten jugendlichen Versuch, herauszufinden, was Liebe ist, als wolle sie alle Jahre ungeschehen machen und sich wieder in den Stand der Unschuld versetzen. Die weibliche Jugend war zu Beginn des 20. Jahrhunderts oft nur ein sehr kurzer Moment, bevor die Pflicht der Reproduktion beginnen musste, die Erfindung der Pubertät als eigene Lebensphase hatte noch nicht stattgefunden. Frauen wie Magda, die viel zu früh in das Korsett der Ehefrau und Mutter gespannt waren, haben ihre emotionale Pubertät nie hinter sich lassen können. Und die stärkste Figur der Liebe in der Neuzeit ist die der romantischen Sehnsucht.

Die Braut

Bei ihrem ersten männlichen Biografen Ebermayer fällt, wenn er ihr Verhalten gegenüber Goebbels beschreibt, immer wieder das Wort »hörig« oder »verfallen«. Damit drückt er sein Befremden aus, dass Magda dann, wenn sie einen Sieg gegen Goebbels errungen hatte, immer wieder alles fallen ließ und zu ihm zurückkehrte, obwohl sie sicher sein konnte, dass die Leidensgeschichte weiter ging. Auf einen pragmatischen, männlichen Biografen, der sich sieben Jahre nach dem Ende des Dritten Reichs über dieses Leben beugt, wirkt das wie eine kaum verständliche Resignation. Heute wird genauer sichtbar, aus welchen Kompromisslösungen dieses Leben bestand: Kompromisse zwischen ihrem starken Ehrgeiz, den gesellschaftlichen Möglichkeiten des NS-Staates und einem Rest der Emanzipationsvorstellungen, wie sie in Tikwath Zion diskutiert worden waren. Und trotzdem bleibt etwas Rätselhaftes. Das löst sich nur auf, wenn man weiß, dass die Masochistin in einer Terrorherrschaft nicht wesentlich andere Verhältnisse vorfindet als jene, die sie von ihrem besonderen Triebschicksal her von ihrem Innenleben kennt. Dann wird die Ausweglosigkeit total.

Magda, die im Nationalsozialismus mit Hitler und Goebbels die Konstellation ihres Lebens gefunden hatte, ließ sich im Krieg dienstverpflichten und absolvierte eine Ausbildung zur Rotkreuz-Schwester. Sie verzichtete auf das große Auto, bis sie feststellte, dass sie die einzige der prominenten Nazifrauen war, die das tat. Sie versuchte, ihre Einladungen auf der Grundlage der Lebensmittelzuteilungen zu bewältigen, livrierte Diener mit weißen Handschuhen sammelten von den Gästen nach dem Essen die Fett- und Zuckermarken ein. Sie verzichtete auch darauf, aus dem eingekesselten Berlin ausgeflogen zu werden. Und sie hat nicht erst am Ende gewusst, dass es auf den Tod hinauslaufen konnte. Für Hitler, Goebbels und auch für Magda war die Selbstauslöschung immer präsent gewesen. Goebbels notiert am 9. Dezember 1932: »Hitler sagt, wenn die Partei zerfällt, mache ich in 3 Minuten Schluß.« Goebbels selbst spricht immer wieder davon, dass er seine Mission erfüllen muss, auch wenn er dabei zugrunde geht. Und zur gleichen Zeit spricht auch Magda zu Ello davon, dass sie bereit sei, mit Goebbels bis zum Ende zu gehen. Alle akzeptierten die Regeln des politischen Spiels von Hybris und Nichts.

Der nationalsozialistische Nihilismus war für jeden, der zuhören wollte, deutlich. Die Gewalt als reißender Strom, wie sie Magda entgegenschlug aus den Reden von Hitler und Goebbels, war ein Vernichtungswerk zu Lebzeiten. Das Nichts als endgültiges Ziel einer Bewegung, die sich von der Welt Stück für Stück abwandte, war ihr vertraut vom Buddhismus, den ihr Vater ihr nahe gebracht hatte und dem sie ein Leben lang anhing. In der Hoffnung auf das Nirwana sehnt sich das psychische System, das sich unter dem Vorwand tot stellt, dass seine Ruhe nicht gestört wird, unablässig nach dem Tod, ohne sich dessen bewusst zu sein.[12] Magda hatte immer buddhistische Bücher auf dem Nachttisch liegen und noch gegen Endes des Krieges bei ihrem ehemaligen Pflegesohn, der Buchhändler geworden war, eine große Ausgabe buddhistischer Schriften bestellt. Da der Buddhismus offiziell verboten war, durfte darüber nichts geschrieben werden.

Dieser manifeste und verborgene Sinn des Nationalsozialismus, die Gewalt im Dienste des Nichts, trafen ihren Nerv so sehr, dass sie von einem Tag zum anderen von der politisch indifferenten Frau, deren beste Freundin eine Jüdin gewesen war, zur Antisemitin werden konnte. Sie hat ihren Vater Friedländer nicht geschützt. Mit großer Wahrscheinlichkeit ist er im KZ umgekommen. Und die Bitte um Hilfe einer ehemaligen Schulkameradin, die nach NS-Rassekriterien Halbjüdin war, hat sie an die Polizei weitergeleitet, weil die unglückliche Frau vergessen hatte, ihrem Namen das vorgeschriebene »Sarah« hinzuzufügen. Auch diese Frau kam ins KZ. Als Ello sie einmal auf eine besonders wilde antisemitische Rede von Goebbels ansprach, meinte sie nur: »Der Führer will nun mal, dass die Juden vernichtet werden und da muss Joseph gehorchen.« Darin liegt aber nur die halbe Wahrheit, denn Goebbels war als Judenvernichter Hitler oft einen Schritt voraus und setzte seinen Ehrgeiz darein, besonders einfallsreich zu sein.

Die Selbstverständlichkeit, mit der Magda so abrupt zur Antisemitin wurde, ohne ein Wort der Erklärung oder Rechtfertigung, ohne einen Hauch von Zweifel, trotz ihrer langen Freundschaft mit einer jüdischen Familie, zeigt, dass es bei ihrer Hinwendung zum Nationalsozialismus nicht um eine politische Entscheidung ging, sondern um eine des Unbewussten. Henriette von Schirach schreibt: Hitler war die Inkarnation all dessen, was sie liebte. Nicht:»was sie glaubte«, sondern »was sie liebte«. Die heroische Existenz braucht die Gefühllosigkeit allem gegenüber, weil es nur eines gibt, womit sie ganz erfüllt sein darf: das ideologische Objekt.

Magda hat von den Vernichtungsmaßnahmen gewusst. Sie war Goebbels unmittelbare Vertraute und er hat immer, auch in Zeiten privater Schwierigkeiten, alles mit ihr besprochen. Hellsichtig formulierte sie Ello gegenüber, als die Niederlage Deutschlands nicht mehr zu verheimlichen war, ihre ausweglose Lage: Sie kann nicht die Wahrheit sagen über das, was sie weiß, weil sich jeder anständige Mensch voll Schaudern von ihr abwenden würde. Sie kann Goebbels nicht entschuldigen, weil das gegen ihr Gewissen ginge, aber sie kann sich auch nicht von ihm abwenden, weil sie ihn so viele Jahre gestützt hat. Sie muss ihm die Treue halten.

Im Bunker hat Magda mehrere Begründungen für ihren Entschluss gefunden, ihre Kinder zu töten. Einigen bedeutete sie, dass die Kinder von den Siegern gequält würden. Man versuchte, ihr das auszureden. Eine andere Begründung, in ihrem Brief an den ältesten Sohn Harald, hieß, die Kinder seien zu gut, um in einem Deutschland zu leben, das kein nationalsozialistisches ist. Es gab eine dritte Begründung: »Ich habe sie dem Führer geboren, jetzt werden sie für den Führer sterben.« Sie nimmt damit das Motto auf, das auf den Werbeplakaten des BdM stand: Auch Du gehörst dem Führer. Aber ihr Satz radikalisiert, was bisher nicht ausgesprochen, aber immer gemeint war: die Leibeigenschaft bis in den Tod. Je alptraumhafter das Dritte Reich wurde, als es auf das Ende zuging, desto deutlicher wurde auch seine Logik des Unbewussten.

Magdas Satz klingt fanatisch nationalsozialistisch und ist auch immer als letzter Beweis ihres Fanatismus interpretiert worden. Und angesichts der Massen von fliehenden Parteigenossen ist er das auch. Aber er hat einen Subtext. Magda will die leibliche Zeugung durch Goebbels ungeschehen machen und in der virtuellen Zeugung wird Hitler zum

Vater ihrer Kinder. Hier wird die Vorstellung der göttlichen Zeugung, wie das Christentum sie lehrte, säkularisiert, so wie an die Stelle des Dogmas von dem stellvertretenden Leiden und Sterben eines göttlichen Erlösers das stellvertretende Leben und Handeln des neuen Führergesetzgebers trat, das die Masse der Gläubigen von der Last der freien Entscheidung entbinde sollte.[13]

Schon einmal, am Punkt der tiefsten Verzweiflung in der Baarova-Affäre, 1938, als das Ende des Regimes, dem sie diente, noch nicht abzusehen war, hatte Magda mit dem Gedanken gespielt, sich selbst und ihre Kinder zu töten. Das wäre die Medea-Tat gewesen: Rache für Goebbels' Untreue durch Mord an den Kindern, die er liebte. Jetzt wird nicht der reale Vater mit dem Tod der Kinder gestraft, sondern der virtuelle, der deutsche Idealvater, der körperlose und deshalb würdige Vater, der Meister, das Oberhaupt.

Die nationalsozialistische Revolution hatte die Geschichte stillstellen wollen im Reich der tausend Jahre. Die, die sie betrieben, wollten zum Herrscher über die Ewigkeit werden. Diese Tür schlägt Magda mit donnerndem Krach zu, das ist ihr Testament. Magda hatte schon früher zu Ello gesagt: »Wenn unsere Generation vergangen ist, wird es in Deutschland keine Kultur, keine Heiterkeit und keine wirkliche Lebensfreude mehr geben. Stattdessen nur noch Disziplin, blinden Gehorsam, Vorschriften, Befehle, BdM und KdF.« Der Satz, der so tut, als gehe es um Treue bis in den Tod, ist ihr Racheakt an Hitler, der sie zutiefst enttäuscht hatte.

Die Mutter hat ihr eigenes Werk zerstört, die Produkte der ständigen Schwangerschaften, durch die sie zu einem politischen Subjekt geworden war. Im Zusammenbruch macht Magda als phantasmatische Braut von Adolf Hitler den Zeugungsakt nichtig. Jetzt steht sie wieder auf der Position vor der geschlechtlichen Reproduktion. Die Frage, was die Frau als politisches Subjekt im 20. Jahrhundert sein kann, bleibt weiter offen.

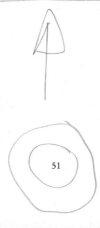

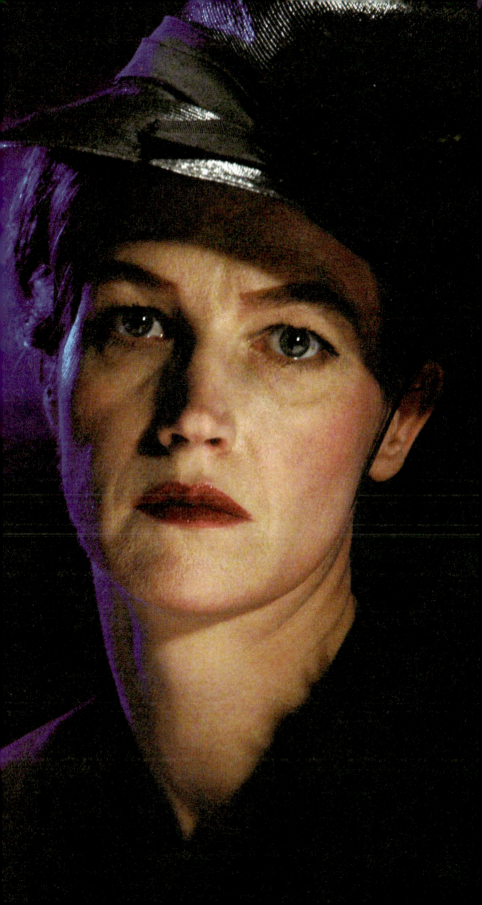

ULRIKE MEINHOF: IKONE EMPFINDSAMER GEWALT

Am 15. Juni 1972 wird die steckbrieflich als Terroristin gesuchte Ulrike Meinhof in Hannover gefasst. Damit sitzt die bis dahin erfolgreichste Wortführerin und Quartiermacherin der RAF im Gefängnis, ebenso wie Andreas Baader, Jan-Carl Raspe, Holger Meins und Gudrun Ensslin, die schon zwei Wochen vorher gefasst worden waren. Meinhof wirkt erschöpft und verhärmt und weint nach ihrer Verhaftung stundenlang. Deshalb wirkt ihr Gesicht aufgequollen, als sie dann fotografiert wird. Eine Polizistin will ihr eine Tasse Kaffee geben. Sie muss zuerst trinken, Meinhof fürchtet, vergiftet zu werden.

Ein bekennender Linker, der Grundschullehrer Rodewald, der Meinhof und ihren Begleiter an die Polizei verriet, hatte sich seine Entscheidung stundenlang überlegt. Wer weiß, was Verrat für alle Linken damals bedeutete, kann die Seelenqualen dieses Menschen nachvollziehen. Denn Ulrike Meinhof hatte als Journalistin in ihren Kolumnen für *konkret* die Positionen, die dann in der linken Revolte 1968 explodierten, vorformuliert: die Kampfansage an den US-amerikanischen Imperialismus, der den Vietnam-Krieg führte, und die Kampfansage an die »faschistische« Bundesrepublik, die sich mit Personen einließ, die dem Dritten Reich in verschiedenen Funktionen gedient hatten. Ulrike Meinhofs Weg von der Pazifistin zur Anhängerin des passiven Widerstandes zur Apologetin der Gewalt zur Befürworterin des Terrorismus dauerte circa zehn Jahre, aber in dieser Zeit war sie eine Ikone. Vielleicht war Rodewalds Verrat nur möglich, weil er ahnte, dass die Besucherin von der Baader-Meinhof-Gruppe kam, aber nicht wusste, dass es Meinhof selbst war.

Eine traumhafte weibliche Karriere

Noch in den sechziger Jahren ist für Mädchen das Tragen von Hosen am Arbeitsplatz oder in der Schule untersagt. Outfits, die deutlich außerhalb der Norm stehen, werden als Störung der sozialen Ordnung angesehen. Bis 1971 brauchen Frauen die Einwilligung ihres Ehemannes als Haushaltsvorstand, um eine bezahlte Arbeit annehmen zu können, und dürfen dies nur, wenn sie darüber ihre hausfraulichen Pflichten nicht vernachlässigen. Familien entzweien sich wegen der Haarlänge ihrer Söhne oder der Rocklänge ihrer Töchter. Der Kuppeleiparagraph, der jedem mit Strafe droht, der seine Räume einem unverheirateten Paar zur Verfügung stellt, sogar den Eltern, wird erst in den siebziger Jahren aufgehoben. Die Polizei, die in der Nacht patrouilliert, umstellt die an den

Straßenrändern parkenden Autos, um Liebespaare auszuleuchten und in Erfüllung ihrer Dienstpflicht festzustellen, ob die Frau nicht in die HWG-Kartei (häufig wechselnder Geschlechtsverkehr) aufgenommen werden müsse. Damit werden junge Mädchen, die mit ihren Freunden im Auto sitzen, wie Prostituierte registriert. Homosexualität ist unter Strafe gestellt.

Man muss sich immer wieder klarmachen, dass das erst vierzig Jahre her ist und davor für mindestens ein Jahrhundert gültig war. Die Generation der Frauen, die in den polit-revolutionären Organisationen landete, hat dies alles noch als bedrückende Norm erlebt. Diese Entwertung der eigenen Wünsche und Vorstellungen durch die Vorstellungen der Eltern und der Gesellschaft war eine existentielle Bedrohung.

Für Frauen hielt die Bonner Republik als einziges Sinnangebot ein Dasein als Mutter und Hausfrau bereit. Deshalb steckte für junge Mädchen im Kampf um Rocklänge oder Hose die Suche nach einem weiblichen Rollenmodell, das sich radikal von dem der eigenen Mutter unterschied. Dabei wurden sie völlig allein gelassen. Vorbilder gab es keine. Es gab nur die gesellschaftlichen Normen, die sich für Mädchen stärker als für Jungen über die Formen des Zusammenlebens vermittelten, denen man sich innerhalb der Familie kaum entziehen konnte. Als Ulrike Meinhof nach einem Klassentreffen ihre ehemaligen Mitschülerinnen beschrieb, berichtete sie von der Bewunderung, die ihr entgegenschlug, weil sie eine Familie, Kinder *und* einen Beruf hatte. Alle anderen Klassenkameradinnen waren Hausfrauen, »und sie finden diese Existenz so doof, wie sie ist.« Meinhof war nicht die einzige der Frauen aus der RAF, die nur ein einziges klar umrissenes Lebensziel hatte: bloß nicht Hausfrau.

Sie hat das Glück, dass ihre Ziehmutter Renate Riemeck ihr diesen typisch weiblichen Nachkriegslebenslauf erspart, die psychische Zurichtung durch selbst zugerichtete Mütter. Ulrike war Waise. Der Vater, Kunsthistoriker und Museumsdirektor, war 1940 gestorben, Ulrike war fünf Jahre alt, die Mutter, die sich nach dem Krieg zur Lehrerin hatte ausbilden lassen, starb 1949. Ulrike und ihre Schwester Wienke wurden von der Freundin der Mutter adoptiert. Renate Riemeck war eine politisch engagierte Professorin der Pädagogik, eine ungewöhnliche Erscheinung im gesellschaftlich restaurativen Nachkriegsdeutschland. Die beiden Meinhof-Mädchen nannten diese Mutter, die gleichzeitig ein Vater war und zudem auch ein gelungenes Vorbild für gesellschaftliche

Aktivität, ihren »Ersatz-Papa«. Die Alleinlebende und Alleinerziehende – in einem Interview als »halb männlich, halb charmant« charakterisiert – vereinigte in sich männliche und weibliche Rolle, die Kinder sonst getrennt erleben. Das war das Schicksal vieler Nachkriegskinder, deren Väter im Krieg geblieben waren. Diese frühe Erfahrung kann ein Grund gewesen sein für Meinhofs lebenslangen Wunsch, Klarheit zu schaffen, indem man trennt, scheidet und die Dinge immer wieder dichotomisch gegeneinander stellt. Aber auch für ihre ambivalente Beziehung zur Symbiose, »in der alles mit allem zusammenhängt«.

Die begabte Studentin Ulrike Meinhof betätigt sich früh in kirchlichen Initiativen gegen die Wiederaufrüstung, nach dem Vorbild von Renate Riemeck. Die Bindung zwischen den beiden Frauen ist eng. Riemeck hat Ulrikes Spielzeug repariert, bis das Spielzeug kein Spielzeug mehr war, sondern Lebenslage. Das führte auch zu autoritären Entscheidungen, die für die Zeit normal waren, die aber den frei aufgewachsenen Teenager Ulrike verstörten. Als Ulrike mit ihrem damaligen Verlobten wegfahren will, opponiert Riemeck und stellt die Frage: er oder ich. Ulrike verzichtet. Was auch immer der Grund für Riemecks rigide Haltung gewesen war, für Ulrike musste diese Entscheidung als eine wirken, in der die politische Aktion in der Nachfolge von Vater/Mutter und die Liebe zum Mann sich ausschlossen. Wie eine ganze Generation von Frauen hat sie nicht erfahren, wie man den double-bind leben kann, der ja als neue Freiheit erfahren wurde: Politik – aber auch Liebe, Beruf – aber auch Familie. Die Verschiebung auf das andersgeschlechtliche Liebesobjekt, die für Frauen die endgültige Ablösung von der Mutter bedeutet, wurde durch Riemeck zumindest erschwert. Doppelt erschwert, weil Renate Riemeck lesbisch war. Sie hat das in der Zeit mit den beiden Meinhof-Mädchen nicht offen gelebt, aber es gab im Haus auch keinen Mann, der für ein anderes, männliches Rollenmodell stand.

Meinhof wird, noch vor Abschluss ihres Studiums, politische Kolumnistin der Zeitschrift *konkret*. Nach einer Weile verliebt sie sich in Klaus Rainer Röhl, den Chefredakteur, der ihr anfangs ein Brechmittel gewesen war, über das sie sich ebenso moralisch empörte, wie über die anderen Männer der Redaktion. Es ist ein zweiter Versuch, Liebe und Politik unter einen Hut zu bringen. Aber dieses Mal war es einfacher, denn ihre Liebesgeschichte mit Röhl war gleichzeitig eine mit dem Kommunismus, wie Röhl es nannte. *Konkret* wird von der DDR finanziert und alle sind heimliche Genossen, deren Parteiausweise in einem Panzerschrank in Ostberlin liegen. Als Meinhof darin eingeweiht wird, wird auch sie Mitglied der illegalen KPD und in den Anfangszeiten scheint ihr das gut gefallen zu haben, denn die Genossen in Ostberlin waren von ihr entzückt. Sie brachte Ordnung in eine unzuverlässige Redaktion und galt in dieser Zeit sogar als der typische Apparatschik. Die Treffen fanden schon vor dem Mauerbau unter konspirativen Umständen statt, danach erst recht.[14]

Auf der anderen Seite ist dieser Versuch einer erneuten Verbindung von Liebe und Arbeit ein schwieriger, denn Röhl war ein notorischer Womanizer und machte daraus keinen Hehl. Er schätzte Meinhofs politische Begabung, aber eine ganze Weile stieß sie, die Hosen und Schlabberpullis trug und wie Renate Riemeck Pfeife rauchte, ihn ab. Dieses »evangelische Blockflötenmädchen« war ihm zu unweiblich, zu wenig begehrenswert. Viele haben Röhl als eine Figur aus einem Balzac-Roman gesehen, zwielichtigen Geschäften nachgehend, ein Abenteurer und Spieler. Meinhofs schwerblütige Moralität fühlte sich von dieser ganz anderen Welt, die Röhl verkörperte, angezogen. Sie war es, die ihn umwarb und eroberte, obwohl alle nur den Kopf schüttelten und sich fragten, was sie an ihm fand.

Heute, in postmodernen Zeiten behandeln Frauenzeitschriften das, was da geschah, in launigen Glossen als »Liebe der guten Tochter zum Straßenköter«. Jede Frau müsse ein paar solcher Straßenköter in ihrer Biografie gehabt haben, weil sie sonst fürchten müsse, dass man sie nicht für eine ›richtige Frau‹ hält. Denn nirgendwo sonst verkörpert sich das Prinzip ›richtiger Mann‹ besser als in diesen Exemplaren. Aber darin gilt es zu unterschieden. Heute ist es zu einem Spiel mit Rollen geworden, was damals (weitgehend unbegriffenes) Schicksal der Liebe war. Die Bestimmung über den eigenen Sex, den eigenen Beruf und die eigene Identität ist für Frauen heute gesicherter als vor fünfzig Jahren. Die seelischen Kosten für Abenteuer sind kalkulierbar. Und erst wenn es zur seriellen Monogamie mit dem immer gleichen Unglück wird, geraten diese Kosten außer Kontrolle.

Meinhof war ernsthaft und eine begabte Stilistin. Sie galt als seriös und unbestechlich, aber auch als lustfeindlich und bieder. Ihr unscheinbares Outfit passte nicht in die Rock and Roll tanzende, herumalbernde Gruppe um Röhl. Die Frauen, die in den sechziger Jahren die Intellektualität für sich eroberten, wussten nicht, wie Schönheit und Attraktivität einer intellektuellen Frau aussehen konnten, denn sie verachteten die Koketterie. Das denkende Subjekt ist in der abendländischen Tradition männlich. Frauen hatten ein Problem damit, Denken und Körper-

61

lichkeit miteinander zu verbinden. Also behandelten sie ihre Körper so, wie auch die denkenden Männer es ihnen vorlebten: nachlässig. Immerhin gab es den französischen Existentialismus und es war möglich, sich für die flachen Schuhe zu entscheiden, mit denen laut Simone de Beauvoir die Emanzipation begann. Dann mussten sie aber auch hinnehmen, dass die Männer sich in kokette Frauen verliebten – wie Sartre. Und dann nicht nur mit ihrer Eifersucht fertig werden, sondern auch immer wieder für sich selbst begründen, warum es ausgerechnet dieser Mann sein musste, den alle für einen Kotzbrocken hielten und den man selbst eigentlich doch so wenig schätzen konnte.

Ulrike redete sich nicht nur ein, sie glaubte wirklich, dass Röhl, den sie für ein arrogantes, eingebildetes Maskengesicht mit schiefem Mund gehalten hatte, eigentlich einer sei, hinter dessen Fassade sich ein ganz anderer verberge, aufrichtig und idealistisch mit einem natürlichen Instinkt für Gerechtigkeit und Wahrheit. Wer im anderen das Maskenhafte sieht, ist, aus eigener Not, sensibel für Verstellungen. Und so machte Meinhof Röhl zu ihrem Projekt und meinte damit auch sich selbst. Männer zu ändern, ihnen zu ihrem wahren Selbst zu verhelfen, ist eine durch Jahrhunderte ausgeübte Passion von Frauen. Viele Ehen bestehen nur aus diesem zähen Kampf, den anderen zu dem Bild zu modeln, das man sich von ihm in einem ersten Gefühlstaumel und aus einem eigenen narzisstischen Wunsch heraus gemacht hat. In dieser Arbeit steckt ein zerstörerisches Bedürfnis: das zu lieben, was man ändern möchte, damit man es lieben kann. In der Verbindung Meinhof/Röhl ging es dabei um die abendländische Unterscheidung von Körper und Geist. Von Ulrike ist der Satz überliefert: »Ich muss den Röhl heiraten, wer heiratet schon eine Frau, die klüger ist, als er selbst.« Wo sie den Geist suchte, suchte er den Körper. Denn auch für Röhl war Ulrike ein Projekt geworden: hinter der Fassade der »reizlosen, grüblerischen Frau« das zu entdecken, was er unter einer »schönen, sinnlichen Frau« verstand. Er wollte in ihr den wahren Körper, sie in ihm den wahren Geist befreien. Ein sich überkreuzendes gegenseitiges Schöpferverlangen, in dem der andere als defizitär wahrgenommen wird.

Röhl/Kommunismus/*konkret* war für Meinhof die Symbiose von Liebe/Arbeit/Politik und das war für die Generation der Frauen vor 68, die eine phobische Angst vor dem Hausfrauendasein hatten, ein hoher Wert. Mit Röhl zusammen bildete Meinhof das »Hohe Paar«, eine geistige und körperliche Arbeitsgemeinschaft, in der Mann und Frau füreinander unabdingbar sind. Für Frauen war damals noch der Mann die

Krönung der Laufbahn und weibliche Karrieren nicht anders denkbar als in einer glanzvollen Ehe. Meinhof hat das jetzt alles, aber sie hat es in einer ungeheuer prekären Balance. Denn in die Politik war der kommunistische Untergrund eingebaut und in das Ehemodell alle Rollen, die eine Frau damals nur einnehmen konnte: Chefredakteurin von *konkret*, Ehefrau, Mutter der Kinder, Geliebte. Das war sehr viel. Auch das »Hohe Paar« Sartre/Beauvoir hat nach einiger Zeit auf den Sex und von vornherein auf die Kinder verzichtet. Zusätzlich war sie als Untergrundkommunistin in ständiger Gefahr, enttarnt zu werden. Über einen Urlaub in den Comecon-Ländern schrieb sie, dass es wie eine Befreiung gewesen sei, im tiefsten Ostblock einmal vier Wochen ohne Angst leben zu können. »Unser sonstiges Leben zwischen Hamburg und Berlin war ja anders, wir waren ja Illegale, ständig von einer Verhaftung bedroht, immer in Angst, ständig auf dem Sprung, ständig in Erwartung des Schlimmsten.«

Für Ulrike war ihre Ehe, in der sie auf der einen Seite die Sorge für die Kinder und ein bürgerliches Haus, auf der anderen die Sorge für *konkret* hatte, als Autorin ihre radikalen politischen Kolumnen schrieb und mit der Hamburger Schickeria auf Kampen feierte, ein Hochseilakt. Frauen von heute werden sich darin wiedererkennen. Es gilt, in jedem Bereich Top zu sein: gegenüber den eleganten Freundinnen nicht die graue Maus, gegenüber den Kindern eine gute Mutter, gegenüber dem Mann die attraktive Geliebte und gegenüber sich selbst nicht die Verräterin, die alle moralischen Impulse vergessen hat. Meinhof hat dieses Leben durchaus genossen und auch die Bewunderung, die ihr entgegengebracht wurde, denn man las inzwischen ihre Kolumnen in *konkret* wie »Sibylle« im *Stern* oder Augstein im *Spiegel*. Und sie war kontaktfreudig und zielsicher auf die Society zugestrebt. Man schmückte sich mit ihr und sie schmückte sich für die Gesellschaft. Ein Biograf hat das »ein schillerndes Quasi« genannt, in dem sie sich sehr locker und bestimmt bewegte. »Nichts deutete darauf hin, dass ihr dieses Zwielicht unangenehm war.«[15] Aus der Euphorie, alles zu können, erwächst eine Kraft, die ihre eigenen Grenzen nicht mehr kennt. Aber immer liegt der Absturz in greifbarer Nähe.

Absturz und Sprung

Es gibt ein Foto des Paares beim Hamburger Derby. Sie trägt zum hellen Kostüm weiße Handschuhe und eine lange Perlenkette. Und ihr Gesichtsausdruck ist halb misstrauisch, halb gelangweilt, und sehr melancholisch. Freunde hatten immer moniert, dass Ulrike in ihren Kolumnen der spießbürgerlichen Enge der Adenauerzeit entgegentrat, aber ihr persönliches Leben mit allen Elementen einer Idylle dekorierte, wie sie für diese Zeit typisch war. In diesem Ruf nach Übereinstimmung von Denken und Leben steckt neben viel Protestantismus oft auch eine Portion Ressentiment. Dem linken Millionär Feltrinelli wurde dergleichen nie vorgeworfen. Aber die Forderung nach Konsequenz hat früher auch Meinhofs Haltung entsprochen, es war die Haltung ihrer Kolumnen, und offensichtlich litt auch sie selbst darunter.

Sie ergriff Partei für die aufmüpfigen Studenten, gegen die Notstandsgesetzgebung und den Vietnamkrieg, ging in die Unterkünfte griechischer Gastarbeiter und die Heime für schwer erziehbare Kinder und Jugendliche. Den Zwiespalt, der sich daraus ergab, hat sie in einer Tagebuchnotiz so beschrieben: »Die Beziehung zu Klaus, die Aufnahme ins Establishment, die Zusammenarbeit mit den Studenten – dreierlei, was lebensmäßig unvereinbar scheint, zerrt an mir, reißt an mir. Das Haus, die Partys, Kampen, das alles macht nur partiell Spaß, ist aber neben anderem meine Basis, subversives Element zu sein, Fernsehauftritte, Kontakte, Beobachtungen zu haben gehört zu meinem Beruf als Journalistin und Sozialist, verschafft mir Gehör über Funk und Fernsehen über konkret hinaus. Menschlich ist es sogar erfreulich, deckt aber nicht mein Bedürfnis nach Wärme, nach Solidarität, nach Gruppenzugehörigkeit. Die Rolle, die mir dort Einsicht verschaffte, entspricht meinem Wesen und meinen Bedürfnissen nur sehr partiell, weil sie meine Gesinnung als Kasperle-Gesinnung vereinnahmt, mich zwingend, Dinge lächelnd zu sagen, die mir, uns allen, bluternst sind: also grinsend, also maskenhaft.«[16] Die Maske, die sie Röhl vom Gesicht reißen wollte, trug sie jetzt selbst. Das Maskenspiel ist vielen Frauen schließlich vertraut, nur hatte Meinhof wohl nicht geglaubt, dass sie jemals zu diesen Frauen gehören würde.

Was sie hier vage benennt als ihr Verhältnis zu Klaus, wurde das größte Problem. Zwei enge Weggefährten dieser Zeit, Peter Rühmkorf und Stefan Aust, sind sich in einem einig: Meinhofs eigentliche Wunde heißt Röhl. Er lebte freizügig seine Affären und betrog seine Frau »mit Schwung und Lärm«, obwohl er bei der Eheschließung versprochen hatte, treu zu bleiben. Röhls ständige Untreue stellte, glaubt man den Zeitzeugen, eine heftige Belastung für Ulrike dar und wahrscheinlich eine noch heftigere, da er dabei auf Diskretion verzichtete. Die Frau an seiner Seite mag ihm zu glanzvoll geworden sein. Für ihre politische Arbeit brauchte Meinhof aber die Familie als festen Ort mit stabilen menschlichen Beziehungen. Sie hat das erst später so formuliert, aber in dieser schwierigen Zeit wohl begriffen. Anders ist nicht zu erklären, dass sie trotz aller Schmerzen ihre Ehe schützte wie eine Wagenburg. Wenn Röhl kritisiert wurde, ging sie in seiner Verteidigung bis an den Rand der Selbstverleugnung. Niemand von den eleganten Hamburger Freunden sollte etwas merken von den Auseinandersetzungen innerhalb der Ehe. Zu ihren anderen zerreißenden Belastungen kam jetzt noch, dass sie ihre Existenz nach innen anders als nach außen leben musste. Für ein »evangelisches Blockflötenmädchen«, für das Konsequenz ein hoher Wert ist, ein schwer erträglicher Zustand.

Laut Riemeck gab es Jahre, in denen Ulrike alles daran gesetzt hatte, sich neben Röhl zu behaupten, und auch Röhl selbst war immer der Meinung, erst durch ihn habe sie den Journalismus erlernt. Die Kräfteverhältnisse hatten sich inzwischen aber zugunsten von Meinhof verschoben. Inzwischen denkt sie über eine Trennung nach, das erste Mal ein Jahr nach der Geburt der Kinder. Aber aus ihren eigenen Erfahrungen mit einer vaterlosen Jugend wollte sie ihren Kindern nicht den Vater nehmen. Als zu ihrem 33. Geburtstag, der in der neuen großen Villa gefeiert wurde, Röhl sich im Laufe des Abends Arm in Arm mit seiner neuen Geliebten verabschiedete und Ulrike allein ließ im Kreis der Gäste, war diese Demütigung eine Kampfansage. Ulrike Meinhof konnte und wollte sich nicht auf eine Dreierbeziehung einlassen. Kurze Zeit später zog sie mit den Kindern aus und ging nach Berlin.

Wer leidet, neigt zur melancholischen Identifikation. Meinhof hatte sich in der letzten Zeit mit Röhl in verschiedenen Rundfunkfeatures mit den Opfern der Gesellschaft, den Fremden, den aus den gesellschaftlichen Normen Herausgefallenen beschäftigt. Man kann ihre Kolumnen aus dieser Zeit mit einer doppelten Brille lesen: als Beschreibungen eines politischen Zustandes, der, in den Zeiten der Großen Koalition, für sie eine falsche Symbiose darstellt, die sie auftrennen, schneiden, zerteilen will. Aber auch als (unbewusste) Nachricht über ihre eigene Situation. Die Schüsse auf Benno Ohnesorg kommentierte sie mit dem Satz: Endlich sei es vorbei mit der falschen Harmonie, endlich seien die wirklichen Konflikte offen gelegt. Das war drei Monate vor dem endgültigen Bruch ihrer Ehe. Selbst wenn er von Röhl ausging, war ihr schon seit langem klar, dass diese Ehe gescheitert war. Jetzt reicht sie die Scheidung ein.

Sie hatte bereits 1968 gefordert, die Frauen sollten sich aus der »falschen Harmonie« ihrer Partnerschaften befreien, hatte versucht, Eva Rühmkorf zu überreden, mit ihr nach Berlin zu gehen.[17] Eine wohlgeordnete Existenz zu verlassen ist leichter, wenn es auch andere tun. »Alle sind hier so liebevoll«, sagte sie zu Eva Rühmkorf am Telefon über ihre Berliner Genossen. In ihr lag ein großes Bedürfnis nach Wärme, die sie wohl in ihrer Kindheit nicht erfahren hatte und zum Schluss in ihrer Ehe auch nicht mehr. Viele Verirrte der Zeit suchten die Wärme der Gruppen. Hans Ullrich Enzensberger wollte in der Kommune 1 die »zärtliche Kohorte« erleben. Und sogar noch in der RAF wurde immer von der Zärtlichkeit der Gruppe gesprochen, auch als es nur mehr um Befehl und Gehorsam ging.

Wenn Meinhof jetzt in Berlin weiter ihre Kolumnen in *konkret* schreibt, an ihrem Fernsehfilm BAMBULE über die Heimerziehung von Mädchen arbeitet, praktische politische Arbeit im Märkischen Viertel leistet und für das leibliche Wohl und die Erziehung der Kinder sorgt, dann wird sie konfrontiert mit einer anderen und neuen Schwierigkeit, ihre Überzeugungen zu leben. Hier geht es nicht mehr um die Unehrlichkeit eines Quasi, in einer gesicherten Existenz radikale politische Thesen zu vertreten, sondern um eine objektive Arbeitsüberlastung. Zum Problem wird jetzt nicht die Übereinstimmung von Leben und Haltung, sondern das Leben selbst. Der geplante Umzug in eine Wohngemeinschaft kam nicht zustande, weil die anderen sich weigerten, sie von den Pflichten gegenüber Haushalt und Kindern freizustellen; der Filmemacher Thomas Mitscherlich war der Meinung, Meinhof habe sich als Kader gesehen, der einen Anspruch darauf hatte, unterstützt zu werden, da sei bei ihr ein ganz traditionelles kommunistisches Denken hochgekommen. Mit dem Kinderladen, in den ihre Töchter gingen, bekam sie Schwierigkeiten, weil sie sich den Gemeinschaftspflichten Kochen und Saubermachen entzog und, als sie jemanden dafür bezahlen wollte, einen Sturm der ideologischen Entrüstung auslöste. Solche Dienste hatte die ›alternative‹ Mutter selbst zu leisten.

Erst als sie in einer neuen Wohnung einen Freund hatte, der zugleich Hausmann war und sich um die Kinder kümmerte, war zumindest die Organisation der Dreifachbelastung für kurze Zeit gewährleistet. Aber es blieb weiterhin klar, dass mit der Lösung der Organisationsfrage noch nicht die Frage nach der richtigen Lebensform beantwortet war. Auf der politischen und sozialen Ebene konnte mit der Aufteilung der Familienpflichten zwischen Männern und Frauen Erleichterung geschaffen werden. Der Mann machte jetzt das, was früher die Hilfen in ihrem Hamburger Leben getan hatten. War sie dafür nach Berlin gegangen? Die Revolution, die alle wollten, sollte doch auch eine des Lebens sein, nicht nur die Umverteilung von Arbeit.

Im Herbst 1967 nimmt sie zum ersten Mal an Sitzungen des Berliner SDS teil. Sie hofft, hier ein neues Zuhause zu finden, da sie sonst nur wenige Freunde in Berlin hat. Der SDS diskutiert das brennende Problem von Legalität und Illegalität. Man las »die Meinhof«, man schätzte sie, aber akzeptierte sie nicht wirklich, denn der Berliner SDS war eine Clique, in der jeder seine Rolle inne hatte. Und er war ein Männerverein. Frauen spielten generell in den politischen Bewegungen nur eine marginale Rolle. Daneben war wohl auch bei aller Hochachtung für die Journalistin eine Verachtung für die Theoretikerin zu spüren. Meinhof war nicht wirklich eine analytische Denkerin, wie Riemeck schon früh bemerkte. Sie konnte gut und flott schreiben, aber ihre Stärke lag nicht in der Theorie. Sie traf sich dann privat mit Dutschke, der aber schon einen Monat später angeschossen wurde.

Ulrike Meinhof war aus einer für sie unlebbaren Situation in Hamburg in eine andere schwierige in Berlin geraten. Aus ihrer Erfahrung einer Doppel- oder Dreifachbelastung, die die zehn Jahre jüngeren Studenten, die keine Kinder hatten, nicht kannten, beschrieb sie das »chronisch schlechte Gewissen, das man berufstätigen Müttern macht. Frauen werden mit ihren Kindern erpresst, und das Menschliche an ihnen ist, daß sie sich erpressen lassen.« Einer der Rundfunkredakteure, der mit ihr an den Features gearbeitet hat, erzählt: »Ulrike Meinhof war damals eine der ersten politisch denkenden Frauenrechtlerinnen.« Und ihre Features hatten großen Erfolg, sie wurden zur besten Sendezeit ausgestrahlt und häufig wiederholt.

Familie und Kinder waren für Meinhof die Mühen der Ebenen. Noch 1969 hatte sie ein traditionelles Rollenverständnis. Unter Familie verstand sie eine Gruppe, in der »große mit kleinen Kindern aufwachsen, in kleinen übersichtlichen Gruppen mit ein oder zwei oder drei Erwachsenen unterschiedlichen Alters, verschiedenen Geschlechts in alltäglicher, kontinuierlicher Gemeinschaft.« An ihrer Überzeugung, dass es Aufgabe der Frau sei, den Haushalt zu versorgen, hielt sie lange fest. Es galt für sie als gesellschaftliche Notwendigkeit, dass auch Frauen Geld verdienten, doch entlasse eine Erwerbsarbeit die Mütter nicht aus der Notwendigkeit, ihren Nachwuchs zu versorgen. Mütter seien unentbehrlich für ihre Kinder. Da sie immer nur in ökonomischen Kategorien dachte, wollte die Kommunistin, die sie immer noch war, den »Klassenkampf in die Ehe tragen« und forderte, dass der Staat die Betreuung des Nachwuchses sicherstellen müsse.

Man kann ziemlich sicher davon ausgehen, dass auch dieses Engagement für Frauenfragen ein Grund gewesen ist für das relative Desinteresse der SDS-Männer an ihr. Deren Interesse galt allein der Gewaltfrage, wann nämlich die spontanen Regelverletzungen, mit denen man die Polizei ärgerte, die Qualität einer machtvollen Gegengewalt annehmen konnten. Kinderläden und Leichtlohngruppen waren, wenn überhaupt, der Nebenwiderspruch. Meinhof tat beides: Ihre Identifikation mit der Verelendung der Kinder und Frauen war genau so stark wie ihr Interesse an der aktuellen Machtfrage. Mit männlichem *und* weiblichem Blick wollte sie immer das »gesamte System in den Blick bekommen«, den Gesamtzusammenhang, in dem neben den Bomben auf Vietnam die prügelnden Polizisten in Berlin standen, neben den Profitinteressen der Konzerne die jungen Mädchen in den Heimen, neben den alten Nazis in hohen Positionen die überteuerten Mieten und das schlechte Gewissen, das man den berufstätigen Frauen machte, die angeblich ihre Kinder vernachlässigten.

Das ›System‹ war für sie eine umfassende und lückenlose Unterdrückung, von jedem Detail konnte man sofort auf ein anderes gleichgeartetes kommen, denn jedes Detail war ein Symptom für die allgemeine Vernichtung von Wünschen und Träumen. Adorno hat das System »Verblendungszusammenhang« genannt. »Noch der Baum, der blüht, lügt in dem Augenblick, in welchem man sein Blühen ohne den Schatten des Entsetzens wahrnimmt. Noch das unschuldige ›Wie schön‹ wird zur Ausrede für die Schmach des Daseins, das anders ist, und es ist keine Schönheit und kein Trost mehr außer in dem Blick, der aufs Grauen geht, ihm standhält und in ungemildertem Bewußtsein der Negativität die Möglichkeit des Besseren festhält.« Unwichtig, hier einen direkten Rezeptionszusammenhang herzustellen. Die gesamte Nachkriegsgeneration hatte das Gefühl, in Deutschland zu ersticken. Das führte zur Flucht, zur lähmenden Melancholie oder auch zu vielen kleinen alltäglichen Akten der Selbstzerstörung. Meinhof beschrieb die Wirklichkeit als »verknastet«. Das hat, wie vieles bei ihr, nichts zu tun mit einer Beschreibung der Bundesrepublik Ende der sechziger Jahre. Dieser Knast war ein innerer, aber sie teilte ihn mit vielen anderen, die genau so empfanden.

Sie dekretiert: »Wenn man in einem Gefängnis sitzt, reicht es nicht, sich gegen den Wechsel von einer großen in eine kleine Zelle zu wehren. Man darf nicht vergessen, den Ausbruch vorzubereiten.« Als dann der semi-dokumentarische Fernsehfilm BAMBULE, zu dem sie das Buch geschrieben hatte, von Regieroutinier Eberhard Itzenplitz verfilmt wurde, und sie davon enttäuscht war, stürmte sie mit zwanzig Jugendlichen nach dem Ende der Dreharbeiten das Heim, um mit den Mädchen und ihren Erzieherinnen soziale Missstände zu diskutieren. Als sie merkte, dass die Mädchen nicht ernsthaft rebellieren würden, schmuggelte sie illegal Drahtscheren in die Heime, damit die Mädchen ausbrechen konnten. Befreiung war für sie ein magisches Wort.

Ebenso häufig wie dem Wort Gefängnis begegnet man bei ihr der Vorstellung von der Maske. Gefängnis und Maske beschreiben die Wirklichkeit als ein geschlossenes System von Negativität. Im politischen Bereich ist das der Faschismus, der sich als Demokratie maskiert, im privaten Bereich ist es der Mann, der die Frau ausbeutet. Die Wahrheit werde nur sichtbar, wenn man dem System und dem Mann die Maske herunterreißt und so beider Wirklichkeit als faschistische enthüllt. Dann kann man aus diesem Gefängnis ausbrechen. Das Problem, dass man aus einem realen Gefängnis zwar in die Welt außerhalb der Mauern ausbrechen kann, aber nicht klar ist, wohin der Ausbruch aus einem Gefängnis führen sollte, das mit dem System identisch ist, wurde nicht bedacht. Es konnte nur die Zerstörung dieses Systems selbst sein. Die terroristische Konsequenz ist in dem Gedanken enthalten.

In einer Zeit, in der Politik und Revolution zum Gefühlsdoping geworden waren, bietet sich gewaltsame Aggression als Heilmittel für alles an. Bei Meinhof muss sich die private Liebestrauer, die damals zur Zeit der sexuellen Libertinage verboten war und verborgen werden musste, in einen aggressiven Zorn verkehrt haben. Als ersten Schritt versuchte sie mit Hilfe von Bundesgenossen, die immer wieder in die Redaktion eingeschleust wurden, Röhl die Zeitschrift *konkret* abzunehmen. Als das misslang, stellte sie ihre Mitarbeit ein, weil das Blatt inzwischen zu einem »Instrument der Konterrevolution« geworden sei. Dann bildete man eine Aktionsgruppe, die nach Hamburg fuhr und die Redaktion besetzen sollte. Röhl hatte aber inzwischen die Redaktion verlagert und die Aktion fiel ins Wasser. Aus Frust verwüstete die Gruppe das Haus, in dem Ulrike mit Röhl und den Kindern gewohnt hatte: Wände und Türen wurden mit Farbe beschmiert, auf die Fronseite pinselte jemand einen großen Phallus, die Einrichtung wurde zerschlagen und ein Genosse pinkelte in Röhls Ehebett. Es ist nicht überliefert, wie weit Meinhof aktiv daran beteiligt war, aber es musste ihr klar sein, dass so etwas Ähnliches passieren würde. Es gab zu der Zeit viele Aktionen, die in ähnlicher Weise regressiv waren.

Trotz ihrer Beteuerung, sie sitze nicht in der Schmollecke, war Röhl zu einer Hassfigur geworden und die Begründung dafür war auf die Fassade gemalt.

Diese Aktion zieht nicht nur einen Schlussstrich unter eine Ehe, sondern unter die bürgerliche Identität selbst, wie sie sich im Prozess der Zivilisation herausgebildet hat. Die Internalisierung der Aggressionen bildet die Voraussetzung dafür, dass das Gewaltmonopol an den Staat abgetreten werden kann. Wenn jetzt gilt »das Private ist politisch«, dann entsteht nicht nur der Anspruch, dass die Politik auch zuständig sei für die Rahmenbedingungen privaten Lebens, sondern auch schnell die Hoffnung, dass Politik vom Privaten erlösen kann. Da das natürlich ein Trugschluss ist, bedeutet das lediglich, dass die Waffen außer Kontrolle geraten. Die Hamburger Aktion war angetreten als politische, mit dem Wunsch, »den Ausbeuter« Röhl zu demaskieren. Im Wortsinn war sie in dessen Bett gelandet. Meinhof hat, als diese Aktion auf scharfe Kritik auch bei ihren Freunden stieß, zugegeben, dass sie damit unglücklich gewesen sei. Hatte sie während der Aktion geschwiegen, weil sich hier ein geheimer Wunsch realisierte, für den sie sich hinterher aber schämte?

Bei Teilen der Linken wurde differenziertes Nachdenken zu diesem Zeitpunkt bereits als Schwäche empfunden. Die handfesten Aktionen waren entlastend, weil sie gleich den Schuldigen kennzeichneten. Und das mit autoritärer Geste, hinter die man dann auch gar nicht mehr zurückkonnte. Hinzu kam die generelle politische Radikalisierung nach dem 2. Juni 1967, dem Tag, an dem Benno Ohnesorg erschossen worden war. Der »fronterfahrene« Polizist Kurras hatte Ohnesorg von hinten eine Kugel in den Kopf gefeuert. Kurras wird freigesprochen, obwohl es in der Urteilsbegründung heißt, dass er mehr wisse, als er zugebe und den Eindruck mache, dass er in vielen Dingen die Unwahrheit sage. Das Dritte Reich, so die weit verbreitete Überzeugung auf der Seite der Linken, hatte seine hässliche Fratze gezeigt. Und es war sehr schwer, das damals nicht so zu sehen.

Vielleicht war Meinhof inzwischen so glücklich über jede Aktion, die sie von den endlosen Grübeleien erlöste und die denkerische Blockade in körperliche Bewegung umsetzte, dass ihr die Qualität der Aktion schon nicht mehr wichtig war. Natürlich gab es auch eine theoretische Rechtfertigung: Wenn Gesellschaftsverhältnisse latente Gewaltverhältnisse sind, dann kann deren Latenz durch die militante Aktion manifest und offenkundig werden. Und wenn das System alles umfasst, von der

Wohnungsnot über die Ehe bis zu den Bomben auf Vietnam, ist es egal, wo man mit den gewaltsamen Aktionen anfängt. Im zerstörerischen Akt lädt man Wut ab und fühlt sich ideologisch gerechtfertigt. Und wenn das System dann zurückschlägt, womit zu rechnen ist, kommt es zur Gewaltexplosion, in der sich dann das System endgültig als das entlarvt, als was man es beschuldigt. Es ist nicht einfach der Schritt vom Denken zum Handeln, sondern der Weg führt vom ambivalenten Denken zum dezisionistischen Akt und von diesem zum dezionistischen Denken und endet beim quod erat demonstrandum. Und damit bei einem masochistischen Triumph.

Die Aktionen gestalteten sich oft »spielerisch«, aber je weiter die Zeit fortschritt, desto drohender klangen die Untertöne. Die Grenzen zwischen Experiment, Revolution und Kriminalität waren dünn. Meinhof besaß schon eine Waffe, bevor sie sich für die Befreiung Baaders aus dem Gefängnis zur Verfügung stellte, sie hatte Klaus Wagenbach anvertraut, dass sie in den Untergrund gehen wollte. Er hatte ihr abgeraten. Da sie damals noch fest in ihrem Freundeskreis verankert war, wird es möglicherweise noch andere gegeben haben, denen sie sich anvertraute und die ihr ebenfalls abrieten. Die Waffen, die bei der Befreiung Baaders eingesetzt wurden, waren in rechtsradikalen Kreisen gekauft worden. Alles hätte Meinhof warnen müssen. Doch als sie mit Andreas Baader im Lesesaal saß, hatte sie eine Pistole in ihrer Handtasche. Angeblich war nicht geplant, dass sie schießen oder fliehen würde, sie sollte den Flüchtigen nur erstaunt nachsehen. Wozu dann die Pistole? Alles war so vorbereitet, dass ihr Wunsch, in den Untergrund zu gehen, durch die Umstände geradezu erzwungen wurde. Sie hatte sich in eine Situation manövriert, die ihr die Entscheidung abnahm. Mit dem Sprung aus dem Fenster landete sie in der »Komplexitätsreduktion mit der Knarre«, wie man die RAF genannt hat. In ihrer Handtasche fand man einen Revolver und einen Grundstücksbrief für ihr Grundstück in Hamburg-Blankenese.

Frau im Untergrund
Einen Tag nach Baaders Befreiung hingen die Fahndungsplakate mit ihrem Konterfei an jeder Litfasssäule. Meinhof blieb ein paar Tage verschwunden. Als sie wieder auftauchte, trug sie eine Perücke. Und schon eine Woche später gab sie das berüchtigte Interview, das in dem Satz gipfelt: »Der Typ in Uniform ist ein Schwein, das ist kein Mensch, und natürlich kann geschossen werden.« Ist das ein Satz von Ulrike Meinhof, der großen Moralistin und Stilistin?

Man kann vermuten, dass ihre melancholischen Gefühle von begriff-
loser Wut und Ohnmacht durch Sprache nicht mehr einholbar waren.
»Der Depressive glaubt nicht an die Sprache.« (Julia Kristeva) Wenn nur
noch die Aktion Erlösung um jeden Preis verspricht, soll durch Gewalt
die Trauer, die ohnmächtig macht, verhindert werden. »Lieber wütend
als traurig«, ist Meinhofs eigener Satz. Bettina Röhl hat beschrieben,
wie die quälende Melancholie, in die sich Ensslin, Meinhof und Baader
hineindiskutiert hatten, wie weggeblasen war, als Baader geschnappt
wurde. Es breitete sich eine fast euphorische Stimmung aus, denn jetzt
war klar, was vor ihnen lag: der Akt der Befreiung. Befreiung war für
Meinhof das wichtigste aller Worte. Aber mit diesem kriminellen
Unternehmen wollte sie nicht nur Andreas Baader befreien, sondern
unbewusst auch sich selbst von allen Resten ihres bisherigen Lebens.

Nach dem gescheiterten Versuch, Liebe und Politik mit Röhl zu leben,
entstand bei ihr wohl ein gehöriges Stück Perspektivlosigkeit aus einem
enttäuschten Grandiositätswunsch. Sie hatte immer im Mittelpunkt
gestanden, denn sie fiel auf als Frau, die klug war und umgeben von lauter Männern. Vielleicht hatte sie Angst davor, sich in das tägliche Joch
aus politischer Basisarbeit, Kindererziehung und einem Journalismus
einzuspannen, der immer stärker von dem Engagement für eine Utopie,
die schon zum Greifen nah schien, zu einer bezahlten Berufsarbeit
wurde. Sie hatte als Rundfunkjournalistin eine vergleichsweise privile-
gierte Position, sie war bekannt und begehrt und konnte sich die
Redaktionen aussuchen. Aber es kam zu Kämpfen in den Apparaten,
die sie durchstehen musste, um ihre Ziele durchzusetzen. Überspitzt
könnte man formulieren: Vor ihr lagen die Mühen der Ebenen, ein zwar
nicht erfolgloser, aber unheroischer Alltag, der allenfalls ein kleines privates Glücksversprechen bereithielt. Nach dem Scheitern ihrer Ehe
konnte sie sich das vielleicht nicht mehr vorstellen. Und die Politik
begann, die überfälligen Reformen, die sie immer gefordert hatte, ins
Werk zu setzen. Ihre beste Zeit war um.

In einem Interview mit ihr, das um die Jahreswende 1969/1970 entstanden ist, spricht Meinhof über »Wirklichkeit« und »Wahrheit«. Wirklichkeit sind die Anforderungen des alltäglichen Lebens, Wahrheit ist
die politische Arbeit. Beides sei nur schwer miteinander zu vereinbaren,
denn so leben können nur Männer. Männer haben eine Frau, die sich um
die Dinge des Lebens kümmert. »Und wenn man eine Frau ist und also
keine Frau hat, die das für einen übernimmt, muss man alles selber
machen – es ist unheimlich schwer.« Der letzte Satz des Interviews

lautet: »Man kann nicht antiautoritäre Politik machen und zu Hause seine Kinder verhauen. Man kann aber auf die Dauer auch nicht zu Hause seine Kinder nicht verhauen, ohne Politik zu machen, das heißt, man kann nicht innerhalb einer Familie die Konkurrenzverhältnisse aufgeben, ohne nicht darum kämpfen zu müssen, die Konkurrenzverhältnisse auch außerhalb der Familie aufzuheben, in die jeder reinkommt, der also seine Familie anfängt zu verlassen.«

Wenn man dies deutet als eine Ankündigung dafür, dass dieser Schritt ihr durch den Kopf geht, dann will der ›Mann‹ Ulrike in den Untergrund gehen, um vor der ›Frau‹ Ulrike zu fliehen.

In einem Rundfunkfeature von 1967 über die Situation der Frauen zwischen Beruf, Ehe und Kindererziehung mit dem Titel HALB WEIB, HALB MENSCH wird sie noch deutlicher. Wer denkt, ist ein Mensch, wer sich um die »Dinge des Lebens kümmert«, ist ein Weib. Ulrike als ›denkender Mensch‹ – und das ist im abendländischen Kulturverständnis gleich ›Mann‹ – hätte eine Frau gebraucht, die sich um die Dinge des Lebens kümmert. Und damit war mehr gemeint als nur die Organisation der täglichen Abläufe. Die Dinge des Lebens sind auch Wärme, Freude, Gruppenzugehörigkeit, wie sie in ihrer Tagebuchnotiz geschrieben hatte. Sie, die ein starkes Bedürfnis nach einer schützenden Gruppe hatte, fand in Berlin keine politische Heimat mehr. Mit der Ehe mit Röhl war mehr kaputtgegangen als nur eine Ehe.

Mit dem Sprung aus dem Fenster der Bibliothek sprang sie mitten hinein in eine neue Familie, die RAF. Und sie riss sich selbst eine Maske vom Gesicht. Meinhof war schon seit einiger Zeit fasziniert von Andreas Baaders Behauptung, dass jeder Verstoß gegen die Gesetze schon ein revolutionärer Akt sei. In seiner Logik ist der Kriminelle das revolutionäre Subjekt, und wenn er später im Gefängnis die beiden Frauen »Zofen« nannte, bezog er sich klar auf Jean Genet. Baader überhöhte damit sein Leben. Er war aus vielen Schulen geflogen, hatte etliche Jugendstrafen hinter sich und durch seine Weigerung, den Führerschein zu machen, obwohl er ständig unter Missachtung der Straßenverkehrsordnung gestohlene, schnelle Autos fuhr, gefährdete er die Gruppe immer wieder. Er provozierte Machtkämpfe, verteilte Prügel und steckte sie ein. Die einen hielten ihn deshalb für einen Feigling, die anderen für einen Draufgänger. Als die linke Bewegung seit 1969 wieder in ihre Bestandteile zerfällt, wächst ihm eine Wichtigkeit zu, weil er als Kraftmensch auftaucht, der keine Scheu vor der Gewalt hat.

Das erfüllte sowohl die Spaßguerillafraktion der Pudding-Attentate wie die politischen Denker mit Unbehagen, wenn nicht Widerwillen. Langhans meinte, die Männer aus der Kommune 1 seien sich neben diesem absoluten Frauentyp mit dem Auftreten eines Zuhälters vorgekommen wie verklemmte Jünglinge. »Er hatte mit Gewalt keine Probleme, jedenfalls tat er so.« Rühmkorf fühlte sich von Baaders Physis und seiner ludenhaften Sprache abgestoßen. Um diese Mischung aus Strichjunge und Zuhälter lag eine Aura von unberechenbarer Erotik, weil er ganz offen die Identität von Körper und Gestus lebte. Er verkörperte eine Sinnlichkeit, die einen schwulen und sadistischen Unterton hatte. Als Ensslin Baader kennen lernte, brach sie mit allem, ließ Verlobten und Sohn zurück, spielte in einem Sexfilm mit, lieferte Baader die nötigen politischen Argumente und wurde zu seiner Gefährtin. Das politische Paar aus Gewalt und Sinnlichkeit im Zentrum der RAF war geboren.

Baader war bereits über bestimmte Dinge hinaus, die noch für Meinhof oder auch für Horst Mahler, die beide älter waren und in der bürgerlichen Gesellschaft schon eine Karriere gemacht hatten, noch wichtig waren. Dass man ohne Schuldgefühl ein Auto knacken konnte, empfand Meinhof als phantastisch. Man hat die Eigenart der frühen Gruppe so beschrieben: Mahler habe die Gruppe juristisch begleitet, Meinhof journalistisch und Baader sei deshalb das Zentrum gewesen, weil er mit ungeheurem Pathos die Überschreitung bürgerlicher Gesetze propagiert habe. Die Frau Ulrike hat diesen antiintellektuellen Impuls als befreiend empfunden. Wird der Druck der Differenziertheit zu groß, lockt das Brutale und Unterkomplexe. Der Preis für Denkende besteht nur darin, dass dann auch bald das Denken unterkomplex wird oder so wenig Wert hat, dass man es ebenso gut einstellen kann.

Meinhofs Denken war nicht differenziert, sondern eher dichotomisch und zuspitzend. Und was sie an der kruden vitalistischen Haltung von Baader lockte, war nicht nur das Unterkomplexe, sondern die Welt ohne Schuldbewusstsein, die sich hier auftat. Und das war nicht nur eine Behauptung, sondern Andreas Baader lebte es kompromisslos vor. Die Entlastung von jedem Schuldgefühl war wohl der tiefste Grund für die Attraktion, die er auf Meinhof ausübte. Es eröffnete ihr nicht nur politische Möglichkeiten, an die sie selbst nie gedacht hätte, sondern half ihr auch, sich von einer inneren Lähmung zu befreien, die bisher nur zu immer stärker zuspitzenden Worten geführt hatte. »Ulrike Meinhof, die stets besonnen und verbindlich auftrat, die selbst in heftigen Auseinandersetzungen oft so wirkt, als täte ihr die Konfrontation weh, die dabei ein hilfloses Lächeln zeigt, als wolle sie sich für den rauen Ton entschuldigen, diese Ulrike Meinhof ist von Andreas Baader, der es liebt, lautstark, aggressiv und einschüchternd daherzukommen, anfänglich irritiert, dann fasziniert. Schließlich entwickelt sich daraus – zur Überraschung vieler, die Ulrike Meinhof nahe stehen – sogar Zuneigung.«[18]

War sie zum zweiten Mal einem Straßenköter verfallen? Ohne die Unterschiede zu verwischen, zeigt sich eine Ähnlichkeit zwischen dem »Kotzbrocken Röhl« und dem »Kotzbrocken Baader«: Beide repräsentieren das ungezügelte Leben und die Freiheit zum Affekt gegenüber dem aktionsschwachen Denken. Um damit Schritt zu halten, braucht es aber die Anstrengung der Selbstfanatisierung. Meinhofs Satz, »Der Typ in Uniform ist ein Schwein, das ist kein Mensch, und natürlich kann geschossen werden«, ist exemplarisch unterkomplex und ein solcher Akt der Selbstfanatisierung. Wer so einen Satz gesagt hat, kann nicht mehr zurück. Nach dem Überfall auf das Haus in Blankenese und dem Sprung aus dem Fenster der Bibliothek ist es der dritte Schritt eines Exorzismus, mit dem Meinhof die Bürgerin in sich tötet.

Der neue Mensch sollte von allen Fesseln der bürgerlichen Moral befreit werden, so forderten es fast ausnahmslos die aus der Revolte hervorgehenden politischen Gruppierungen. Moral wurde als eine antiquierte bürgerliche Kategorie zusammen mit einigem anderen normativen Gerümpel auf den Schutthaufen der Geschichte geworfen. Da landeten dann nicht nur die so genannten Sekundärtugenden wie Pünktlichkeit, Anstand, Höflichkeit, sondern auch deren existentieller Urgrund, wie er im Dekalog formuliert ist. In einer Drogennacht war Gudrun Ensslin so weit gegangen, den gesamten Dekalog auf den Kopf zu stellen. Aus »Du darfst nicht töten« wurde »Du musst töten.« Das kursierte dann als neue revolutionäre Moral und es ist bezeichnend, dass im nachträglichen Zitat die Tatsache weggelassen wurde, dass es sich um eine Drogennacht gehandelt hatte. Das Böse faszinierte.

Für diese Haltung hat sich die RAF immer auf Brechts DIE MASSNAHME berufen. Hier ist ein junger Genosse mit seiner eigenen Tötung einverstanden, weil er die illegal operierende Gruppe sonst gefährdet. Er wird in die Kalkgrube geworfen, es soll nichts von ihm übrig bleiben. Der viel zitierte Satz war der, dass es uns beim augenblicklichen Zustand der Welt »noch nicht vergönnt ist, nicht zu töten.« Brecht konstruiert das Töten nicht als panische Ausnahme, sondern als unausweichliche

Pflicht, als notwendigen Akt, der zur augenblicklichen Verfasstheit der Gesellschaft gehört. Er hat DIE MASSNAHME sehr schnell gesperrt, als er sah, dass sie anders verstanden wurde, als er geplant hatte. Für ihn war dieses Lehrstück eine heikle Denkoperation innerhalb einer Gruppe. Im Wechselgespräch sollte sich die Dialektik der Beteiligten schulen. Es wäre denkbar gewesen, dass einer der beteiligten Sprecher dabei die löchrige Begründung für den notwendigen Mord in Frage gestellt hätte. Aber das hätte eine Freiheit des Denkens vorausgesetzt, die die Kommunisten mit dem Parteibuch abgeben mussten.

Vor einiger Zeit noch wäre der kommunistischen Kolumnistin Ulrike Meinhof wohl Himmlers Rede vor den KZ-Kommandanten eingefallen, in der er seine Untergebenen dafür rühmte, angesichts der Berge von Leichen »hart und trotzdem anständig« geblieben zu sein. Vielleicht. Jetzt unterzieht sie sich demselben inneren Härtetraining, mit dem auch der werdende Kommunist Brecht in sich selbst den anarchischen, chaotischen und deshalb im Parteisinn unzuverlässigen Genossen abschaffen wollte – auf dem Papier. Was Meinhof abschaffen will, ist nicht die Unzuverlässigkeit, den Anarchismus, sondern »die Frau, die für das Leben zuständig« ist. Es soll nur noch der »denkende Mensch« übrig bleiben. In der abendländischen Kulturtradition ist der immer ein Mann. Und was der dachte und zu denken hatte, machte Baader vor.

Rechte und linke Traditionen verwischen sich im Denken derer, die sich für Revolutionäre halten. Den Hass auf das Bürgertum hatten schon die Nazis herausgebrüllt und ebenso den Versuch, einen neuen Menschen mit neuen Gefühlen zu erziehen. »Wir dürfen nicht auf unsere Gefühle hören, denn sie ziehen uns zurück in das Leben, das wir vernichten wollen.« Das gaben die Nationalsozialisten vor wie auch die RAF. Die Gefühle sind das Erste, was auf der Strecke bleibt, wenn im Prozess der Revolutionierung des bürgerlichen Subjektes ein neues revolutionäres Subjekt entstehen soll. Dieses revolutionäre Subjekt ist eine kalte asoziale persona, die kein Schuldgefühl kennt, weil es ihr nur darum gehen darf, zu töten und dabei von nichts daran gehindert zu werden. Heutige Kinohelden sind hier vorgebildet.

Aber was macht man nur mit den Kindern? Da diese Frage nicht so schnell zu lösen war, überließ Ulrike Meinhof sie erst einmal der Gruppe. Sie ließ sich mit dem Kern der RAF in Palästina zu Guerillakämpfern ausbilden, die Gruppe nahm Unterricht im Schießen und Bombenbauen. Meinhof hatte zu Waffen immer ein gebrochenes Verhältnis. Das galt für alle Intellektuellen in der RAF. Sie mussten die Gewalt erst moralisieren, damit sie akzeptabel wurde. War das einmal geleistet, war der Griff zur Waffe das schlechthin Konkrete, aber nicht unbedingt mit Lust besetzt. Generell hatten die Proletarier unter den RAF-Leuten zur Gewalt ein ›gesünderes‹ Verhältnis. Aber auch das ist ein Mann/Frau-Problem. Ulrike war noch während der Zeit ihrer Ehe mit Waffen konfrontiert gewesen. Röhl war ein Waffennarr, er hatte den Krieg als Flakhelfer erlebt und verbrachte mit seinem Bruder und Peter Rühmkorf viel Zeit am Schießstand im Keller. Er berichtet, dass Ulrike Waffen und Uniformen gehasst habe. Das erscheint glaubhaft, denn in der Ausbildung in Palästina hatte sie von einer Granate schon den Sicherungsring gezogen und stand dann da, ratlos fragend: Was soll ich jetzt tun?, bevor sie dann endlich das Ding wegwarf, nachdem die anderen schon in Deckung gegangen waren. Sie hat sich im Laufe der Zeit zu einer geschickten Autoknackerin entwickelt und dabei ein spezielles System erfunden. Hier konnte sie beweisen, dass sie doch nicht zwei linke Hände hatte, wie Baader spöttisch behauptete. Aber das gehörte in den Bereich des Spiels, so wie das Anrennen gegen die Wasserwerfer, wonach sie dann glücklich und bis auf die Haut durchnässt nach Hause kam. Doch gleichgültig, wie Frauen persönlich zu Waffen stehen, der Griff zur Pistole steht im Unbewussten immer für eine Identifikation mit Männlichkeit oder phallischer Weiblichkeit und verändert die Identität.

Im Gefängnis

Für die RAF drehte sich jetzt alles nur noch um Waffen, deren Bau und Beschaffung. Kaum in Deutschland zurück, begann der triviale revolutionäre Alltag mit der notwendigen Geldbeschaffungskriminalität. Am 29. September geschahen in Berlin zeitgleich drei Banküberfälle. Das dabei erbeutete Geld wurde für die Logistik der Gruppe gebraucht und das war, wie die Gruppe glaubte, Rechtfertigung genug. Es sind auch bei diesen Überfällen keine Menschen schwer verletzt oder getötet worden. Und weil sich die völlig überrumpelte Polizei ungeschickt anstellte und nicht wusste, wohin sie zuerst fahren sollte, haben diese Überfälle die in der linken Szene vorhandenen Sympathien für die RAF nicht wesentlich geschmälert. Die Illegalen konnten in der ersten Zeit tatsächlich das Gefühl haben, sie würden sich im Umfeld der Sympathisanten bewegen wie »Fische im Wasser«, wie Maos berühmter Satz über die Partisanen lautete. Dann folgten Anschläge auf das Kasino des 5. US Korps in Frankfurt am Main und einer auf dem Gelände des Europa-Hauptquartiers in Heidelberg. Es gab zusammen vier Tote und zahlreiche Verletzte. Die Gruppe erklärte das zu einer Reaktion auf den

Völkermord in Vietnam. Vietnam wurde zum Passepartout für alles. Es folgten noch kleinere Anschläge, alle fanden in weniger als 14 Tagen statt, und kaum drei Wochen danach sind alle Gründungsmitglieder der RAF verhaftet.

Die Zahl und Schwere der Verbrechen dieser ersten Generation der RAF ist vergleichsweise gering, verglichen mit den Morden, die von der zweiten und dritten Generation begangen wurden. Aber das Auftreten dieser ersten Gruppe, die den rheinischen Kapitalismus und die junge Demokratie gewaltsam herausgefordert hatte, war so einschneidend gewesen, dass neue Sicherheitsgesetze und Sicherheitsvorrichtungen auf allen Ebenen erfunden wurden, um zu verhindern, dass noch einmal jemand befreit würde, wie damals Baader. Isolationshaft war eine dieser Maßnahmen. Und kein Wort hat man von 1972 bis 1977 öfter gehört als dieses, wahlweise auch bezeichnet als »weiße Folter« oder »Isolationsfolter« oder »Vernichtungshaft«. Gleichauf liegt nur noch das Wort »Hungerstreik«. Was die RAF in Freiheit nicht wirklich geschafft hatte: eine breite Solidarisierung und Mobilisierung der Linken, schaffte sie jetzt aus dem Gefängnis heraus mit dem Vorwurf, dass der faschistische Staat alles tue, die Gefangenen zu vernichten.

Anwälte haben die räumliche, soziale und akustische Isolation eines in Einzelhaft sitzenden Gefangenen vom Rest der Anstalt »Isolationsfolter« genannt und damit eine breite Kampagne begonnen. Meinhof, die immer noch als das wichtigste Sprachrohr der RAF galt, saß von ihrer Einlieferung bis Anfang März 1973 in einer Zelle im toten Trakt des Gefängnisses Köln-Ossendorf. Unter Verweis auf die Gefährlichkeit der Häftlinge wurden Kontakte mit Freunden, Angehörigen und Anwälten extrem eingeschränkt. Vernichtend in dem Sinn, in dem die Häftlinge es immer wieder behaupteten, waren die Haftbedingungen allerdings nicht. Aber sie waren schädlich für die Gesundheit. Und für das Empfinden der legalen Linken vermischten sich schnell die Grenzen zwischen der Härte der Einzelhaft und den damit verbundenen Hungerstreiks, mit denen die Gefangenen gegen die Einzelhaft protestierten und ihre Zusammenlegung erreichen wollten.

In einem »Brief einer Gefangenen aus dem Toten Trakt« schildert Meinhof in grellen Farben ihre Symptome. Sie bezeichnete den Brief später als »Dreck«. Aber er führte dazu, dass vom Gericht neutrale Facharzte zu Gutachtern bestellt wurden, die herausfinden sollten, ob bei Baader, Ensslin, Meinhof und Raspe organische oder psychische Schäden vorhanden seien. Der international anerkannte forensische Psychiater Rasch attestierte »Koordinations- und Orientierungsstörungen, Vergesslichkeit und Konzentrationsmangel, Schwindelgefühl und Wahrnehmungseinengung, gesteigerte Müdigkeit und herabgesetzte Leistungsfähigkeit.« Sein Vorschlag war, den Gefangenen vermehrt soziale Interaktion in einer Gruppe politisch motivierter Häftlinge zu gewähren.[19]

Es gibt wohl keine Broschüre der RAF, die nicht Bezug nimmt auf Meinhofs Brief, der eine Welle von Solidarisierung auslöste. Dieser Brief galt als erschütterndes Dokument für die Folter in deutschen Gefängnissen. Er wurde die Grundlage für eine breite Kampagne, die dann von den Anwälten angestoßen und den »Komitees gegen die Folter in der BRD« weiter getragen wurde. Aus diesen Komitees rekrutierte sich ein Großteil der zweiten Generation. Heute, mit dem Wissen, das wir über das Info-System der Häftlinge haben, sehen wir, dass es den Gefangenen in erster Linie um die Fortführung ihres bewaffneten Kampfes aus dem Gefängnis heraus ging. Und deshalb muss man Meinhofs Brief auch als einen taktischen begreifen, was nicht ausschließt, dass Kalkül und Gefühl benachbart waren.

Meinhof hatte noch nie im Gefängnis gesessen und der Schock, aller Entscheidungsgewalt beraubt zu sein, saß tief. Die Isolierung war aber nicht so total wie immer wieder behauptet wurde, die Gefangene erhielt Besuch von ihren Töchtern und ihren Rechtsanwälten. Sie hat in dieser Zeit die Broschüre *Die Aktion des Schwarzen September in München* verfasst und sie auch herausschleusen können. Die Briefe an ihre Kinder, die sie in dieser Zeit schrieb, haben einen salopp-melancholischen Ton. Schon damals hätte man sehen können, wie ausgedacht die Symptome sind, die hier als Folter beschrieben werden. Die Symptome der »weißen« Folter, die ein Angriff auf den Geist sind und durch Reizentzug zur mentalen Verwirrung führen sollen, werden mit denen der klassischen Folter, die einen Angriff auf den Körper darstellen und ihm ein Übermaß an Reizen zufügen, vermischt. Ihr Text behauptet, man füge ihr gleichzeitig zu viele Reize wie zu wenige zu. Baader, der ja in Stammheim immer die Richtung vorgab, antwortete 1977 auf die Frage, ob die Gefangenen in Stammheim gefoltert würden: »Der Vorwurf der Folter, meine Herren, ist nicht wörtlich zu nehmen. Wir sehen das eher sportlich und raufen uns immer wieder zusammen.«[20]

Birgit Hogefeld aus der Zweiten Generation, für die Meinhofs Brief der Anlass gewesen war, sich einer bewaffneten Gruppe anzuschließen, hat später ebenfalls in der Isolationshaft gesessen. Sie berichtete, diese Bedingungen seien für sie tatsächlich eine Art von Folter gewesen, aber auch eine hundertprozentige Bestätigung für das reduzierte Weltbild der Leute aus den politischen Gruppen. Während draußen in der Illegalität noch viel theoretische Anstrengung aufgebracht werden musste, um die »Realität des unmenschlichen Unterdrückungssystems zu entlarven«, war das im Gefängnis einfach: Hier präsentierte sich die Wirklichkeit so, wie man sie sich schon immer gedacht hatte. Im Knast sei das Freund-Feind-Schema eine permanente Erfahrung gewesen.[21]

Meinhof beschrieb in ihrem Brief nicht ihre »Wirklichkeit«, sondern ihre »Wahrheit«. Wer bisher noch nicht geglaubt hatte, dass die BRD ein faschistischer Staat sei, sollte jetzt durch das Zeugnis eines Opfers der Folter beschämt werden. Häftlinge standen mit ihren Körpern und ihrem Leben dafür ein. Freunde von Meinhof haben berichtet, sie sei, wenn sie mit Kritik konfrontiert wurde, immer in einen geistigen Tunnel geflüchtet, in dem sie für Argumente nicht mehr erreichbar war. Ein solches System der Selbstabschottung wehrt Wahrnehmungen ab, die das geistige Gebäude erschüttern können. Aber so etwas ist anstrengend. Mit einer gehörigen Portion Zynismus kann man sagen, dass sie jetzt da angekommen war, wo zwischen ihrer Wahrnehmung, ihren Gefühlen und ihrem Kopf endlich Eintracht herrschte.

Wirklichkeit und Wahrheit fielen zusammen. Ihr Bewegungsraum war auf die paar Quadratmeter der Zelle geschrumpft, aber sie hatte endlich eine kompakte Identität als Kämpferin. Ihre Lebensbedingungen erlaubten ihr die vollkommene Einheit mit sich selbst. Sie schrieb: »Das Ziel ist der Kampf, der Kampf, der Kampf erzeugt.« Kampf wird zur redundanten Schleife. Und nichts ist so identisch wie die Redundanz. Ihr Ausbruch aus dem als Gefängnis empfundenen ›System‹ hatte ins reale Gefängnis geführt. Sie war jetzt da, wo sie immer behauptet hatte, gewesen zu sein. Der hermetische Innenraum ihrer Vorstellungen verdoppelte sich äußerlich im Gefängnis. Es war wie die Sichtbarmachung eines nicht eingestandenen Begehrens.

Aber ihr Brief hatte eine Neudefinition des Kampfes eingeleitet. Der Kampf gegen den Staat verlagerte sich auf den Kampf gegen die Haftbedingungen. Der Kampf der »Menschen« in den Gefängnissen gegen die »Schweine« draußen ließ eine wütende Erpressungsmaschine heißlaufen. Der Befehl lautete im Kern: Ihr habt uns zu befreien, denn sonst werden wir durch Folter vernichtet. Die RAF war zum Ziel des

Kampfes geworden, den sie gleichzeitig aus dem Gefängnis heraus dirigierte. Auch das ist eine redundante Schleife. Die ortlose Guerilla, wie sie genannt worden ist, weil sie keine Massenbasis besaß, hatte im Gefängnis ihren Ort in sich selbst gefunden.

Durch ein ausgeklügeltes Info-System leitete der Kommandostab drinnen die Truppen draußen. Und mit Hilfe der Anwälte konnten Befehlsstrukturen gehalten oder aufgebaut werden. Die RAF war Opfer und sie war omnipotent. Es gibt keine perfektere Selbstinszenierung des politischen Kämpfers als diese Doppelrolle des Gekreuzigten und zugleich Richtenden, des Märtyrers und Rächers in Personalunion.[22] Viele der Zögernden, die bisher den Tätern nicht unbedingt zustimmen wollten, taten es jetzt, da die Täter zu Opfern geworden waren, zu physischen Opfern, denn auch die, die nicht den Hungertod starben, quälten sich oder wurden gequält. Und das Pathos, das mit einem derartig radikalen Verhalten verbunden ist, heiligte die Sache und beförderte die Erpressung.

Neben dem Kampf um die eigene Befreiung lief ein weiterer Kampf, der um die eigene Identität. Von dem Moment der Haft an mutierte die RAF immer stärker von einem politischen Projekt zu einem reinen Identitätsprojekt. Kein Wort taucht in den vielen Zirkularen öfter auf als das Wort Identität. Worum mit brachialen Mitteln gekämpft wurde, war die Verschmelzung der individuellen Identitäten mit der kollektiven. Baader verlangte, dass zwischen dem persönlichen Anliegen und dem Ziel der Gruppe kein Unterschied mehr bestehen dürfe, das Kollektiv müsse in jedem Kopf existieren. Nur so sei der Kampf gegen das »Schweinesystem« zu gewinnen. Die Gefangenen mussten jeden Tag unermüdlich alles ausmerzen, was sie daran hinderte, totalen Widerstand zu leisten. Es ging überhaupt nicht mehr um politische Taktik, die Antwort auf die Frage, auf welchem Weg am besten die Ziele zu erreichen seien. Die lückenlose Verweigerung wurde zum Selbstzweck. Wer das lebte, der empfand die Anforderungen der Gruppe nicht mehr als Zwang, sondern handelte aus »tiefster Freiwilligkeit«, wie Gudrun Ensslin schrieb. In dem Moment, wo Zwang zur tiefsten Freiwilligkeit wird, ist die Umerziehung perfekt gelungen, das wissen alle Führer von religiösen Sekten. »Wer zweifelte, seinen persönlichen Vorteil suchte oder es einfach nicht brachte, der verriet nicht nur das Kollektiv, der verriet sich selber.« Diese revolutionäre Moral schuf den eindimensionalen Menschen, der ein kollektives Subjekt ist.[23] Es bleiben ihm Bewusstsein und Kollektiv und beides fällt zusammen.

»Jene Verschmelzung in der Gruppe, von der auch Sartre immer geträumt hatte, bringt immer nur Opfer hervor.«[24] Die Tragödie des kollektiven Subjekts besteht darin, dass es immer einen »großen Bruder« gibt. Das haben alle Revolutionen des 20. Jahrhunderts gezeigt. Der große Bruder der RAF war Andreas Baader. Er hatte mit Hilfe der Zellenzirkulare die Kontrolle über die einzelnen, und seine Sekretärin Gudrun Ensslin sorgte dafür, dass alles so lief, wie er es wollte. Bei einer Durchsuchung von Baaders Zelle kamen 9 000 Zellenzirkulare zum Vorschein. Um die Auslöschung des individuellen Willens immer wieder von neuem zu betreiben und zu überwachen, gab es Rituale von Selbstkritik. Die waren ähnlich bizarr, wie die der Moskauer Prozesse von 1936, in denen sich eine ganze Riege der alten Kommunisten der Oktoberrevolution beschuldigte, Spione gewesen zu sein. Auch die chinesische Kulturrevolution hat bis zur Perfektion Systeme der Umerziehung und Selbstberichtigung entwickelt. Es funktionierte wie eine Art zerstörerischer Gruppentherapie ohne Therapeuten, aber mit einer Instanz: Baader. Er war der einzige, von dem keine Selbstkritik erwartet wurde, denn er war »die Guerilla in Person«, wie Gudrun Ensslin schrieb und somit der Maßstab für alle. Alle anderen beschuldigten sich gegenseitig, und noch ausführlicher klagten sie sich selbst an, die existentielle Entschlossenheit, mit dem alten Leben zu brechen, noch nicht oder nicht genügend aufgebracht zu haben. Der Zustand, den alle erreichen wollten, hieß: RAF sein. Die RAF war keine politische Gruppe mehr, sondern eine Seinsweise.

Auch Meinhof entzog sich dieser Selbstkritik nicht. In einem langen Brief demütigte und geißelte sie sich als eine »scheinheilige Sau der herrschenden Klasse, das Schoßhündchen des Establishments.« Dabei bezieht sie sich auf ihre Vergangenheit als kommunistische Kolumnistin mit bürgerlicher Familie. Die Verachtung seiner selbst und der anderen war der tägliche Umgangston in den Zirkularen. Ende 1975 kommt es zu einer großen Auseinandersetzung zwischen Meinhof und Ensslin. In ihrer wüsten Kleinlichkeit bekam diese Züge eines Ehestreits: Missverständnisse, Beschimpfungen, Quälereien, Psychoterror. Bei der Diskussion um Prozessstrategien und Stellungnahmen wird schon ein Lachen als »hysterisch und nekrophil« interpretiert. Die Strategie ist nur noch Auge um Auge, Zahn um Zahn. Die Eskalation geht so weit, dass Ensslin schreibt: »Das Messer im Rücken der RAF, das bist Du, weil Du nicht lernst.« Es geht um einen Wettstreit in der ideologischen Positionierung. Meinhof war beauftragt, ein neues Revolutionskonzept der Gruppe zu schreiben, doch Ensslin wollte dessen Kern bestimmen.

Ensslin verlangte eine politische Strategie, Meinhof eine militärische. Ensslin wollte die Volksfront mit der DKP als Bündnispartner und der RAF als deren Avantgarde, Meinhof terroristische Einzelaktionen, die zum Ausnahmezustand führten, in dem sich Stadtguerilla und Staatsorgane bewaffnet gegenüberstanden. Es ging um die Deutungshoheit.[25]

Ulrike Meinhof war in moralischer Hinsicht das symbolische Kapital der RAF und hat mit ihrer Person dafür gesorgt, dass der RAF seitens vieler Linker ein Glaubwürdigkeitsvorschuss eingeräumt worden war. Innerhalb des Quartetts der führenden Gründerfiguren war sie die einzige, die für eine zwingend erscheinende Verbindung zwischen Gewalt-Politik und Moralität stand. Das Pathos, das sie ein Jahrzehnt lang in ihren *konkret*-Kolumnen verbreitet hatte, war in den ersten Jahren so etwas wie das legitimatorische Reservoir gewesen, aus dem die Gruppe bei ihren Aktionen schöpfen konnte. Jetzt soll sie, so will es Ensslin, schreiben,»was Andreas gesagt hat.« Offensichtlich hatte sich Ulrikes Wert für die Gruppe aufgezehrt. Sie muss nun ihre Ausarbeitungen von Ensslin kontrollieren und von Baader zerreißen lassen. Das war die Nachtseite des kollektiven Subjekts. Und Ensslin hatte den unschätzbaren Vorteil, nah beim Großen Bruder zu sein.

Meinhof hatte die meisten Schriften der RAF verfasst, so kann man das, was sie geschrieben hat, als Meinung der RAF ansehen. Eine eigene Zelle enthielt angesammelte, archivierte und von Meinhof katalogisierte Schulungsliteratur, die zu dem revolutionären Basistext führen sollte, der es mit den bekannten Texten von Marx bis Fanon aufnehmen konnte. Aus den verschiedenen Papieren lässt sich das Weltbild der RAF erkennen, wie Meinhof es beschrieben hat. Der Hauptfeind »faschistische BRD« ist deckungsgleich mit den USA und Israel. Immer stärker wird der US-Kapitalismus zum Verursacher allen Übels. Aber nicht nur in der Gegenwart, sondern auch in der Vergangenheit. Das geht bis zu der Behauptung, dass der US-amerikanische Imperialismus das Dritte Reich in den Kampf gegen die Sowjetunion geschickt habe. Meinhof wundert sich, dass die USA vom Nachkriegsdeutschland nicht angeklagt worden sind.

Langsam aber sicher wird das deutsche Volk selbst zum Opfer. In einem Flugblatt wird das »amerikanische Bombardement« von Dresden mit Auschwitz verglichen.[26] Die Konzentrationslager Treblinka, Majdanek und Sobibor sind jetzt Knäste, in denen die deutsche Arbeiterklasse terrorisiert und vernichtet worden sei, um den Widerstand der großen

Mehrheit des Volkes gegen die Ausbeutung zu brechen. Das deutsche Volk wird zum Opfer des Systems Faschismus in Vergangenheit und Gegenwart. Früher hatte Meinhof das gesamte deutsche Volk für das Dritte Reich kollektiv schuldig gesprochen, jetzt spricht sie es ebenso kollektiv frei. Und die Gefangenen als Opfer in den Knästen und das Volk als Opfer außerhalb der Knäste sind in ihrer Unschuld vereint. Alle zusammen sind Opfer der USA, für die die herrschenden Eliten im Dritten Reich und der Bundesrepublik nur die Handlanger gewesen seien. Alles sei System, in seinem Herzen der verbrecherische Kapitalismus.

Die RAF war Stück für Stück zu einem Projekt geworden, in dem die deutsche Niederlage umgeschrieben wurde. Derselbe Prozess lässt sich auch bei den Terrorgruppen in Japan beobachten. Nicht umsonst waren in Japan und in Deutschland, den Achsenmächten, terroristische Bewegungen stärker und gewaltsamer als in anderen Ländern, in denen nur ein überfälliger gesellschaftlicher Reformprozess angemahnt, aber nicht die gesellschaftliche Grundlage in Frage gestellt wurde. Japan und Deutschland hatten beide bedingungslos kapituliert. Und anders als in Italien hatte es in beiden Ländern keinen bedeutenden Beitrag zur eigenen Befreiung gegeben. Deutsche und japanische terroristische Bewegungen agierten ein Schuldbewusstsein und ein Trauma aus.[27]

Ulrike Meinhof wurde in der Nacht vom 8. auf den 9. Mai erhängt in ihrer Zelle aufgefunden. Es war der Jahrestag dessen, was ein ganzes Volk noch nicht wirklich verkraftet hatte: das Zusammenfallen von Befreiung und Niederlage im Zweiten Weltkrieg. Denn selbst für die, die die deutsche Niederlage begrüßten, begann eine Zeit der schweren seelischen Erschütterungen, als sie das ganze Ausmaß der Verbrechen erfuhren, eine Zeit der schweren materiellen Entbehrungen und eine lange Zeit der Schande.

Meinhofs Tod in Stammheim war von Verschwörungstheorien begleitet. Lange wurde darum gestritten, ob es Selbstmord war oder nicht doch eine Aktion des BND, des Mossad, der CIA oder irgend eines anderen Geheimdienstes. Es kam zu wütenden Protesten vor deutschen Konsulaten im Ausland und einer internationalen Untersuchung, die ebenfalls zum Ergebnis Selbstmord kam. Aber die Legende lebte weiter bis in die neunziger Jahre.

Jillian Becker, die noch in den achtziger Jahren sehr ausgedehnte Recherchen betrieben hat, als die meisten Linken in Deutschland noch an eine staatliche Konspiration glaubten, kommt zu dem Schluss, es sei der Wunsch nach Märtyrertum gewesen, nicht Einsicht in eigene Schuld.[28] Andere haben ihren Dissens mit der Gruppe benannt. Während der Gerichtsverhandlung in Stammheim hatte Gudrun Ensslin die politische Verantwortung der Gruppe für alle Anschläge bekannt gegeben, mit Ausnahme des Anschlags auf das Springerhaus. Das wurde von allen Beobachtern als klarer Entzug der Gruppenloyalität gegenüber Meinhof bewertet, denn sie hatte diesen Anschlag geplant und durchgeführt. Wenn einem Häftling nichts mehr blieb als »Gewissen und Kollektiv«, dann konnte die Abwendung des Kollektivs sehr wohl in die Verzweiflung führen.

Ihre Tochter Bettina Röhl, die sich sehr lange mit dem Schicksal ihrer Mutter beschäftigt hat, nimmt an, dass Ulrike Meinhof an der Furcht vor dem Verrat gescheitert ist. Sie habe nicht mehr die Kraft gehabt, sich selbst zuzugestehen, dass der Weg in die Gewalt ein Fehler gewesen war, und sich dann entsprechend zu verhalten. Doch ebenso wenig konnte sie verantworten, den Weg in die Gewalt weiterhin zu befürworten. Wenn Bettina Röhl Recht hat – und einiges spricht dafür –, dann hätte Ulrike Meinhof in einer ähnlichen Handlungsfalle gesessen, wie die, in die auch Magda Goebbels geraten war.

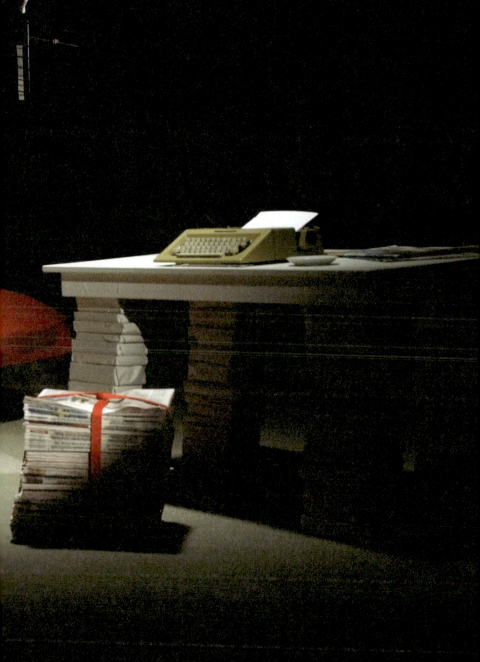

III. KAPITEL

DAS REVOLUTIONÄRE
WEIBLICHE SUBJEKT

»Wenn wirklich die Befehls- und Herrschergewalten
weiblich werden, dann wandeln sich diese Gewalten,
wandelt das Weltalter, wandelt das Weibliche selber
sich. Wandelt sich nichts ans Vage, Menschliche,
sondern es schickt sich an, ein neues, ein rätselhaftes
Antlitz erstehen zu lassen: ein politisches Rätsel,
wenn man so will, ein Sphinxgesicht, mit dem verglichen alle Boudoirmysterien verbrauchten Scherz-
fragen ähnlich sehen.«[1]
Walter Benjamin

»Etwas hat aufgehört/was anfängt ist noch blind.«[2]
Heiner Müller

»Der Terrorismus ist ein Präludium und Signal
für nachfolgende gesellschaftliche Umwälzungen.«[3]
Horst Herold

WEIBLICHER FANATISMUS

Die weibliche Zerrissenheit

Der weibliche politische Fanatismus hat viele konträre Gesichter, öffentliche Ohnmachten vor Hitler sind nur eines davon. Magda Goebbels hatte gesagt: »Es gibt nichts, was ich für Herrn Hitler nicht täte.« Ulrike Meinhof handelte vierzig Jahre später nach der Devise: »Es gibt nichts, was ich nicht täte, um einen zweiten Hitler zu verhindern.«

Mit Fanatismus verbinden wir nicht nur die Vorstellung von etwas Maßlosem, sondern auch von etwas Irrationalem. Aber in der europäischen Moderne hat Fanatismus sich mit der Idee der Freiheit selbst verbündet. Hegel definiert ihn als Begeisterung für eine abstrakte Idee, welche die Wirklichkeit zerstören wird. Für ihn ist Fanatismus nicht Wahnsinn oder Verblendung, keine Erkrankung der Vernunft, von der die Menschheit durch Aufklärung nach und nach geheilt werden kann. Fanatismus ist eine Möglichkeit der Freiheit selbst, einer abstrakten Freiheit und eines maßlosen Willens, der sich in der Zerstörung des Staates und der Sittlichkeit verwirklicht. Allen Fanatismen gemeinsam ist das Misstrauen gegen das Leben.

Weiblicher politischer Fanatismus verstört besonders, denn Frauen sind auf andere und engere Weise mit dem Leben verbunden als Männer. Der eigentliche Skandal liegt nicht in Magda Goebbels' Selbstmord, der sie als moralisches Subjekt eher aufwertet, das sich die eigene Schuld eingesteht. Das Unerträgliche liegt im Mord an ihren Kindern. Kein Leben soll in der Zukunft möglich sein, wenn es nicht genau der Idee entspricht, an die Magda ihre Existenz gekettet hatte. Der Untergang der Idee ist nicht nur der Untergang von Sinn, sondern auch von Leben.

In Hegels Verbindung einer abstrakten Idee mit einem maßlosen Willen liegt die Verbindung zweier Logiken: der des Bewussten und der des Unbewussten. Politische Ziele, die die Wirklichkeit vernichten sollen, werden gesucht, um der Logik eines Unbewussten Genüge zu tun, das auf Zerstörung drängt. Wenn beides zusammenfällt, ergibt sich eine besondere Form psychischer Intensität, eine Verdichtung von seelischen Prozessen. Der Fanatiker wütet wie ein Rammbock gegen etwas, was scheinbar anders nicht zu bezwingen ist, aber sowohl ›innen‹ wie ›außen‹ gesucht werden muss. Deshalb ist dieser Gegner auch austauschbar, ein Sündenbock, wie im Nationalsozialismus die Juden und bei der RAF ein Kapitalismus, dessen Definition gleichzeitig schwammig und allumfassend war. Nach ›innen‹ hat der Fanatismus die Aufgabe, Unsicherheit und Zerrissenheit zu verbergen und die eigene Schwäche zu besiegen.

Dass Magda Goebbels hinter ihrer selbstsicheren Maske unsicher war, sich leer fühlte, nicht wusste, was ihre eigenen Wünsche waren, und das drängende Bedürfnis hatte, gehalten und bestätigt zu werden, hatte dazu geführt, dass sie sich einem Heilsversprechen, das Unbedingtheit versprach, mit ebensolcher Unbedingtheit in die Arme geworfen hatte. Magdas Bekehrung zum Nationalsozialismus war eine religiöse, sie folgte einer Erleuchtung und bestand darin, dass psychische Energien ausgetauscht wurden zwischen dem Außen und Innen. Die Einzelne löste sich im allgemeinen Fanatismus auf, der ihr Heilung ihres narzisstischen Defizits versprach. Das entsprach der Mischung aus Kalkül und religiösem Sendungsbewusstsein der Nazis. Magda ist das leere Gefäß, das sich anfüllt mit einer fremden Energie. Und darüber kann sie ihre eigene Leere, ihre Unsicherheit und ihre Zerrissenheit vergessen. Es geht in diesem Fanatismus um eine abstrakte Erotik, in der libidinöse Energien aufgefangen wurden, die sonst im Privaten versickerten.

Solche Unsicherheit kennt immer biografische Gründe. Aber nicht nur. Die Unsicherheit vieler Frauen zu Beginn des 20. Jahrhunderts war kein Charakterfehler. Sie war Wegbegleiter auf deren Weg hinaus aus der nur privaten Existenz in das Terrain, das sie nicht kannten: die bürgerliche Öffentlichkeit. Im Urteil der Zeit galt Magda als eine Intellektuelle. Heute würde man ihr diesen Status nicht einräumen, sie hat kein Studium absolviert und sich auch nicht intellektuell betätigt. Aber das Maß an Intellektualität, das Frauen im deutschen Kulturraum zugestanden wurde, war ohnehin immer gering. Die deutschen Frauenbilder reichten von der romantischen Naiven, die als »Unverbildete« über eine natürliche Intelligenz verfügte, bis zur starken Heroine, in der sich ein Mutterbild verbarg. Nur einige Frauen der Romantik konnten als kulturelle Vorbilder gelten für eine Frau, die Lust an der Erkenntnis und die Ausübung von Wissen und Neugier leben wollte. Und es gab kein einziges positives Vorbild für weiblichen Ehrgeiz.

Weibliche Macht konnte in Deutschland nur über ein übergroßes Maß an Entschlossenheit errungen werden gegen die feste Auffassung, dass die Frau in der Öffentlichkeit nichts zu suchen habe. Der Wunsch der Frau, öffentlich bemerkt zu werden, wurde fast immer mit einem großen Opfer bezahlt. Die Emanzipation, die in der Weimarer Republik gerade erst begonnen hatte, war durch die Nationalsozialisten so abrupt beendet worden, dass Frauen zwar begonnen hatten zu studieren, aber die Frage, was danach mit ihnen geschehen sollte, sich noch nicht wirklich gestellt hatte. Und die wenigen, die es geschafft hatten und nicht nur »die Frau an seiner Seite« waren, mussten auf diesem Weg in eine neue Welt Regeln auf sich anwenden, die für sie nicht gemacht waren.

Eine emblematische Szene mit Magda Goebbels: Bei einer ihrer kultivierten Einladungen, auf denen regelmäßig auch Hitler anwesend war, sprach man über einen Menschen, der eine beleidigende Bemerkung über Hitler gemacht hatte. Hitler blieb relativ ruhig und sagte, man solle ihn einsperren. Doch Magda, »die blonden Haare in der Mitte gescheitelt, die blauen Augen weit geöffnet, die Hände über den Knien gefaltet, ganz das Bild einer Madonna, sagt: ›Ich meine, ihm müsste der Kopf abgeschlagen werden‹.«[4] Ein pervertiertes Madonnenbild. In diesem grausamen Satz verbirgt sich die Unsicherheit einer Musterschülerin, wie viel Fanatismus in der politischen Teegesellschaft der Nazis als normal erwartet wird. Er resultiert aus dem Wunsch, nicht nur als Ehefrau von Goebbels bemerkt zu werden. Das entschuldigt in keiner Weise seine mörderische Kälte. Aber es erklärt einen Mechanismus, der auch bei Frauen der RAF gegriffen hat, wenn ohne jedwede Emotion die Erklärung abgegeben wurde, man habe Schleyers korrupte und klägliche Existenz gerade (durch Genickschuss) beendet. Erst Jahre später setzte bei einzelnen aus der Haft entlassenen Mitgliedern der RAF die Bestürzung darüber ein, dass sie nicht nur das Leben anderer, sondern auch ein Leben in sich selbst vernichtet hatten, aus Angst vor dem Urteil der Gruppe.

Die Unsicherheit, die sich durch Fanatismus unkenntlich machen wollte, kam aus einer masochistischen Zerrissenheit. Der Schritt in die neue Welt führte zu einem Hin und Her zwischen Verachtung und Idealisierung, die zugleich Selbstverachtung und Selbstidealisierung waren. Weibliche Vorstellungen von Leben und Glück auch außerhalb von Haus und Familie stießen mit einer Ordnung zusammen, deren Funktionieren Frauen nicht kannten, weder in der Politik, noch in der Kultur, denn beide sind immer noch sehr stark – und waren es im 20. Jahrhundert vollkommen – Spiegel männlicher Identität. Das männliche Subjekt hat einen harten, zielgerichteten Kern, der es funktional macht zu der öffentlichen Welt, in die es ohne Bruch hineinwachsen kann. Die abendländische Geschichte hat seit jeher das Weibliche assoziert mit dem Ungestalten, Uneindeutigen und Ungeschiedenen. Deshalb ist die

Entscheidung von Frauen für den Fanatismus oft überdeterminiert. In der Fülle der widerstreitenden Affekte soll er die Einheit schaffen, die das Subjekt handlungsfähig macht.

Selbstfanatisierung

Das galt in gewissem Sinn auch noch für Ulrike Meinhof, trotz ihrer hervorgehobenen Stellung als bekannte Kolumnistin. Auch sie kannte Verunsicherung, was aber nur gute Freunde bemerkten. Renate Riemeck hat geschrieben, Ulrikes Selbstvertrauen sei nicht so groß gewesen, wie diese vermuten ließ. Sie sei zwar intelligent gewesen und habe einen guten Charakter gehabt, habe aber immer die Unterstützung einer stärkeren Persönlichkeit gebraucht und nach Zuneigung und Bestätigung verlangt. Aber sie hatte auch das starke Bedürfnis, Mittelpunkt zu sein, zu wirken und gehört zu werden. Das grenzte für Riemeck schon an Unbescheidenheit, und es klingt darin noch etwas nach von der Überzeugung, dass die Frau in der Öffentlichkeit nicht mit ihrer Intelligenz glänzen solle. Dass sie es mit ihrer Schönheit tun durfte, gilt seit der Antike.

Dass Meinhof sich dennoch eine solche Autorität verschaffen konnte, lag daran, dass sie ein intellektuelles Pathos beherrschte, nach dem die Zeit hungerte. Ihre Kolumnen klangen eher moralisch als politisch und hatten fast alle ein einziges Ziel: die Schuld des Dritten Reichs und die Angst vor seinem Weiterleben. Es geht bei ihren Texten nicht um Analyse, sondern um Politpredigt. Sie besänftigt mit ihren apodiktischen Urteilen die große Angst, falsch zu fühlen und zu denken. Diese Moralpredigten waren von der Öffentlichkeit eher von einer Frau zu ertragen als von einem Mann, gegen den man sich anders hätte profilieren müssen. Meinhof war keine politische Theoretikerin, eher ein empfindsames Medium, das sensibel auf Stimmungen reagierte und mit einer bestimmten Fähigkeit der Gefühlsverdichtung und der Beherrschung von Sprache arbeitete. Sie war eine seltene Synthese dessen, was damals noch in männliche und weibliche Positionen auseinander fiel. Das war möglich in einer Zeit, in der sich im Lebensgefühl der Jugend eine überbordende Selbstbezüglichkeit mit spätpubertärer Kraftmeierei und tiefer Verängstigung mischte. Dieser seltene Moment ging zu Ende, als die Studentenbewegung zerfiel.

Auf der psychologischen Ebene versuchten Magda Goebbels und Ulrike Meinhof durch Fanatisierung handelnde Subjekte zu werden. Für Magda war dies ein polit-erotischer Begattungsakt, der sie mit Bedeutung anfüllte und ihr eine Identität verlieh. Henriette von Schirach hat über

Magda Goebbels gesagt, sie sei konsequent fanatisch gewesen. Magda war nicht so naiv oder scheinheilig wie Emmy Göring, die, nach ihrer Mitschuld gefragt, geantwortet hatte:»Ich habe meinen Mann geliebt, ich wusste nicht, dass das ein Verbrechen ist.«Andererseits hatte Emmy Juden gerettet, hatte Einfluss auf ihren Ehemann und konnte über ihn etwas erreichen. Andererseits hatte die ehemalige Schauspielerin Emmy Sonnemann sich ihre Moral nicht nehmen lassen und durch ihren Einfluss auf ihren Ehemann Juden gerettet. Von Magda, die auf ihrer Unabhängigkeit bestand, wusste man, dass sie in dieser Angelegenheit bei Goebbels nichts ausrichten konnte, aber man kann annehmen, dass sie es auch nicht wollte.

Für Meinhof, die mehr Handlungsmöglichkeiten besaß, war ihr Gang in den Fanatismus ein Versuch, dem Zwang zum Identitäts-Patchwork zu entkommen. Diese moderne condition féminine besteht darin, verschiedene Funktionen zu leben, die sich mit den Lebensjahren ändern. Denkerische Intensität, politischen Aktivismus, erotische Lust, emotionale Wärme, souveräne Toleranz, mütterliche Sorge und gesellschaftliche Repräsentation auszugleichen, ist harte Arbeit am Ich, denn es bedeutet, die abendländische Trennung von Leben und Denken aufzuheben. Das ist mühsam, trotz Kindermädchen und Haushaltshilfe. Eine Zerreißprobe, weil im Akt des Denkens die narzisstische Besetzung des Körpers abgezogen werden muss. Gegen Ende ihrer Ehe mit Röhl hatte Meinhof wahrgenommen, dass sie an der Grenze ihrer psychischen Leistungsfähigkeit angelangt war und ihre unterschiedlichen Lebensformen nicht mehr zusammenbringen konnte. Ihr in Maßen elegantes Leben in einem schönen Haus hat ihr viel ironische Häme eingetragen von einer Linken, die einer strengen, intellektuellen Kritikerin Freude an Möbeln oder Kleidern nicht zugestehen wollte. Von einer Denkerin wurde sinnliche Askese verlangt. Und die Verbindung von Geist und Glamour, wie Susan Sonntag sie zur gleichen Zeit in New York verkörperte, war dem deutschen, vorwiegend protestantischen Milieu verdächtig.

Der Kern des traditionellen weiblichen Lebens war Empathie, die Fähigkeit, den anderen zu spiegeln. Das bedeutet aber, keine festen psychischen Grenzen zu haben. Horst Mahler hat erzählt, wie Ulrike im Angesicht des Fernsehbildes der aufgereihten Toten in Vietnam vor Wut heulend aufsprang und schrie:»Das können sie mir nicht antun.« Diese Überidentifikation galt als Musterbeispiel für politische Empfindsamkeit, und niemand sagte ihr, dass man es gar nicht ihr angetan hatte, sondern den Toten. Riemeck attestierte Meinhof keinen kalten Intellekt, sondern sie habe ihre Umgebung immer gespiegelt, sich nicht streiten wollen, eher zu eindringlichen Argumenten geneigt. So wie die Frauen der Ersten Generation sich der RAF aus Empörung über das Leid in Vietnam anschlossen, bewegte viele Frauen der Zweiten Generation der Hungertod von Holger Meins. Ihr Fanatismus entstand eher aus zu viel denn zu wenig Empathie. Es war eine Überempfindlichkeit für das Leiden anderer, der dringende Wunsch, Abhilfe zu schaffen.

Wer dafür zuständig ist, Leiden zu lindern, es aber nicht vermag, verfällt in eine unerträgliche Ohnmacht und Selbstentwertung. Wer nicht leiden will, muss hassen und wer nicht ohnmächtig bleiben will, greift zur Knarre. Fanatismus war ein Prozess der Selbstverhärtung, in dem mühsam jede Empathie abtrainiert wurde. Das betraf vor allem die Frauen, während bei vielen Männern Ursache eher eine Mischung aus politischem Gangstertum und narzisstischem Größenwahn war. Die Zirkulare der Gefangenen legen davon Zeugnis ab. Das »innere Schwein« der Frauen war das »empathische Schwein«, das Mitleid mit denen zeigte, die man nun ohne Regung erschießen sollte. Jede leninistische Gruppe hält so die Disziplin aufrecht. Ensslin forderte, den 24-Stunden-Tag auf den Begriff Hass zu bringen. Das war eine Anstrengung, die gnadenlos durchgeführt werden musste und nicht die spielerische Qualität hatte, mit der Baader einfach seinen Affekten nachgab.

Für Frauen lagen die Gründe für ihre Fanatisierung oft in Kränkungen des Selbstwertgefühls und einem meist unbewussten Bedürfnis, sich für seelische Verletzungen zu rächen. Die französische Psychoanalytikerin Julia Kristeva, die sich, wie wenige sonst, immer wieder mit der Frau und ihrem Platz in der symbolischen Ordnung beschäftigt hat, beschreibt, wie sehr eine Frau den Verlust des erotischen Objekts, seine Untreue und ihr Verlassenwerden, als einen Angriff auf ihre Genitalität, der einer Kastration gleichkommt, empfindet. »In einer solchen Kastration schwingt sofort auch die Drohung einer Zerstörung sowohl der Unversehrtheit des Körpers und des Körperbildes als auch des gesamten psychischen Apparates mit. Als wäre ihr Phallus ihre Psyche, so zerstückelt der Verlust des erotischen Objekts ihr Seelenleben und droht es als ganzes zu entleeren. Der äußere Verlust wird unmittelbar und in depressiver Weise als innere Leere erlebt.«[5]

Je eingeschränkter das Leben der Frauen war, desto größer aber auch der Schutz, auf den sie rechnen konnten. Doch die Revolte der Studenten fiel in die Zeit der sexuellen Emanzipation, rief nach neuen Lebensmodellen und befreite sich von solcher Moral. Seit der Pille waren Frauen Genussmittel und Dekor, je nach Geschmack und Bedarf hübsche Mädchen oder stramme Weiber. Bevor die Frauen erst richtig begriffen hatten, was es für sie bedeutete, dem Mann ohne die ständige Angst vor der Schwangerschaft zu begegnen, hatten die Männer schon begriffen, dass sie sich jetzt nicht nur vor jeder Verantwortung drücken konnten, sondern auch vor jeder Gefühlsinvestition. Die Frau war von einer ›Immobilie‹, in die man investieren musste, weil sie verbunden war mit Heim, Herd und Kindern, zu einer seriellen Puppe geworden, mit der man spielen konnte. Die linke Welt der 68er-Männer war auf andere Weise ebenso frauenfeindlich wie die Herrenwelt der Nazis es trotz der Heiligsprechung der Mütter gewesen war. »Er wechselt die Frauen wie das Hemd«, hieß es über mehr als einen linken Häuptling.

Politischer Verrat und Liebesverrat

Unter dem Titel DIE GENOSSIN hat Röhl über Meinhof einen freien biografischen Roman geschrieben. Darin schildert er eine Szene, in der Michael Luft, hinter dem er sich selbst verbirgt, Katharina Holt, hinter der sich Ulrike Meinhof verbirgt, eines Tages ein fast durchsichtiges Hemdchen und Höschen, Marke Baby Doll, schenkt, in dem sie kindlich und zugleich verworfen aussehen soll. Katharina kann sich darüber nicht freuen und das kränkt ihn, weil er aus ihr doch nur etwas »Hübsches« und »Reizendes« machen wollte. Katharina, als Denkende implizit männlich konnotiert, soll im Bett zu einem koketten Kind werden, weil für Michael offensichtlich eine gewisse Infantilisierung der Frau Bedingung ihrer Attraktion ist.

Diese Episode des Romans kann stellvertretend für viele Probleme in jener Zeit stehen. Weibliche Intelligenz galt als lusttötend, solche Frauen als asexuelle Blaustrümpfe. Das erotische Ideal der Zeit war kindlich-unschuldig, naiv-verdorben und kalkuliert aufreizend. Dem konnte eine Intellektuelle wie Meinhof nur um den Preis totaler Selbstverleugnung genügen. Denn intellektuelle Frauen, auf der Suche nach einem Lebensmodell, in dem sie als Begehrende und Begehrenswerte auftauchten, hatten nichts, woran sie sich orientieren konnten. Rosa Luxemburg, sonst hoch geschätzt, taugte hier nicht zum Modell.[6]

Meinhof wusste, dass Röhl ein Womanizer war. Und darin lag für sie wohl ein Teil seiner Attraktion. Röhl trat auf als Experte für eine erotische und sexuelle Norm, die sie in ihrem Schwesternhaushalt mit der älteren lesbischen ›Schwester‹ Renate Riemeck nicht kennen gelernt hatte. Er garantierte, dass sie sich nicht als das unerotische Wesen fühlen musste, für das eine intellektuelle Frau in Deutschland damals gehalten wurde. Zu seinen Verschönerungsversuchen äußerte sie sich entsprechend:»Das ist eine kleine Mühe«. Doch sie irrte sich. Denn es ging nicht nur um ein neues Nachthemd, sondern darum, inwieweit die Frau Subjekt oder Objekt des Begehrens ist. Ist sie nur das Objekt des Begehrens, dann ist ihre Aktivität darauf beschränkt, dieses Begehren immer wieder hervorzukitzeln.

Heute sind ganz andere Bilder, Formen und Entgrenzungen von Sexualität möglich geworden. Die Frau, die ihr Begehren (aggressiv) zeigt, ist keine verworfene Ausnahme mehr und die Frau mit Waffe ist ein mediales Bild, an dem sich männliche wie weibliche Erotik und Angstlust festmacht. Nicht nur in dieser Form ist die Frau auch zu einem erotischen Subjekt geworden, und Sexualität als Spiel gestattet alles Mögliche, ohne mit ihrer jeweiligen Form auch das Wesen der weiblichen Existenz festzuschreiben. Damals war so viel Distanz noch nicht möglich und Frauen als erotische Subjekte noch ganz unerfahren. Die Pille, die es ihnen gestattete, nicht mehr ein ihrem Körper und dem Mann unterworfenes Objekt zu sein, war erst seit wenigen Jahren auf dem Markt, zu kurz, als dass Frauen für sich eine lustvoll besetzte erotische Dominanz hätten entwickeln können. Solche weibliche Dominanz tauchte damals nur verzerrt in Karikaturen auf: als Ehefrau, die den spät aus der Kneipe heimkehrenden Zecher mit der Kuchenrolle hinter der Tür erwartet. Generell wurde über Sexualität nur gesprochen als ›Freiheit‹, die dann eine männliche war:»Wer zweimal mit derselben pennt, gehört schon zum Establishment.«

Damit kein Zweifel entsteht: Die sexuelle Revolution hat den Frauen zu einer neuen Körperlichkeit verholfen, die von allen als unendliche Befreiung erlebt worden ist. Aber dieser Freiheitsgewinn war zuerst einmal Befreiung von der Angst vor Schwangerschaft und sagte noch nichts aus über die Formen des Begehrens, die sich auf den anderen richten. Ulrike hatte dem, was Röhl gern lebte, offensichtlich kein eigenes Modell sexueller Wünsche entgegen zu setzen, das ihn gereizt hätte. Und er hat der Frau, die er als denkendes Subjekt und Star seiner Zeitschrift brauchte, immer wieder ein Gefühl von Demütigung verschafft, weil sie ihm als sexuelles Objekt nicht genügte. Diese Libertinage war im Hamburger Freundeskreis weit verbreitet. Rühmkorf schrieb, er hätte nie vorher und nie nachher so viele Ehen scheitern sehen, weil ständig die Betten gewechselt wurden. Die Lässigkeit, mit der das von

vielen gehandhabt wurde, verbarg aber in vielen Fällen eine nur mühsam unterdrückte Wut oder Trauer. Die Frauen hatten Angst vor dem
starken Wort in eigener Sache, denn damit hätten sie sich als prüde und
zurückgeblieben geoutet.

Für Magda Goebbels und Ulrike Meinhof erwuchs aus dem Scheitern
ihrer bürgerlichen Ehen ein starkes Ressentiment, viel Frustration und
offene oder verdeckte aggressive Wut. Und es blieb nicht privat für diese
Frauen, die alles getan hatten, um nicht nur privat leben zu müssen. Das
Gefühl, betrogen worden zu sein, infizierte auch die Idee, der sie sich
verschrieben hatten. Für Magda Goebbels war es die Idee des Nationalsozialismus, für Ulrike Meinhof das Versprechen einer politischen
Emanzipation, die aber den Frauen nicht gerecht geworden war. Bei
Meinhof ist deutlich zu sehen, wie Gefühle von Verlust oder Betrug sich
zusammen mit ihrer alten Melancholie in eine Verbitterung verkehrten,
die sich Luft machte im Zorn auf die legitimen Objekte des politischen
Hasses: die Koalitionsregierung, die amerikanische Regierung, die Polizei, die staatlichen und universitären Obrigkeiten, die Bourgeoisie, den
Schah von Persien, Israel, die multinationalen Gesellschaften, den Kapitalismus. Und auf Röhl. Aber nicht auf Röhl als den liebesverräteri-
schen Partner, sondern auf Röhl als Verderber von konkret. Utopie ist
maßlose Hoffnung auf Erlösung. Wird sie verraten, kann das als
Abwehr von Melancholie schnell zum gnadenlosen Hass führen.

In der linken Szene herrschte eine Phobie vor dem politischen Verrat.
Viele sind nur deshalb so lange in politischen Organisationen geblieben,
an die sie nicht mehr glaubten, weil sie nichts mehr fürchteten als den
Vorwurf, ein Verräter zu sein.[8] Der politische Verrat diskreditierte den
Revolutionär, aber der Liebesverrat nobilitierte ihn:»Wer zweimal mit
derselben pennt, gehört schon zum Establishment.« In dem Satz steckt
nicht Lust, sondern Verachtung. Die neue Kultur der sexuellen Befrei-
ung war auch eine neue Kultur der Verdrängung. Befreiung von Moral
war jetzt nicht einfach Freiheit von Verantwortung, sondern auch die
Freiheit von Gefühl. Eine unerhörte Härte griff um sich, auch eine
Härte sich selbst gegenüber. Hass wurde frei, weil er nicht mehr im
Gefühlsarrangement gebunden war.

Frauen haben ihre Identität immer in Bildern gesehen.»Dame von
Welt« war das Bild, das die Zeit bereit hielt für Frauen wie Magda, die
den Sinn ihres Lebens nicht nur in der mütterlichen Reproduktion finden wollten. Zu diesem Bild gehörte eine bestimmte modische Eleganz,

Souveränität im Umgang mit Untergebenen, das Gespür dafür, im richtigen Moment zu schweigen, dann, wenn die wichtigen männlichen Gespräche geführt wurden, die Fähigkeit des Ausgleichens und sich Anpassens. Magdas Satz »Ich bin so, wie er mich haben will« verrät ein Selbstmanagement, das die eigenen Wünsche und Fähigkeiten in ein Korsett klemmt, und darauf zielt, Männern das Gefühl von Zufriedenheit zu verschaffen. Solche weibliche Anpassungsfähigkeit war ein unbewusster Prozess, getrieben von dem Wunsch, zu gefallen und Begehren zu erregen. Aber diese klassische Frauenrolle gebiert im Unbewussten eine zerstörerische Energie. Je mehr die Anpassung perfektioniert wird, desto größer wird das Ressentiment, wenn die Belohnung ausbleibt. Hinter der Maske der »Dame von Welt« entwickelte sich bei Magda der Sozialcharakter der launischen und zänkischen Frau. Goebbels schrieb in sein Tagebuch: »Magda maust, zum Kotzen.« Wenn nichts mehr half, wurde sie krank.

Wenn die Frau ein Bild ist, liefert sie das Urteil über sich ab an den Mann, der es nicht nur im Namen seines eigenen Geschmacks fällt, sondern im Namen einer allgemeineren Norm. Die weibliche Selbstdarstellung schielt immer auf den Blick des Mannes. Jane Birkin, englisch-französische Ikone der sexuellen Befreiung, hatte auf ihrem Nachttisch immer einen Kajalstift liegen, aus Angst, dass ihr Geliebter wach würde und sehen könnte, dass ihre Augen nicht so groß waren, wie es die erotische Norm damals vorschrieb: »Wir Mädchen mussten alle Augen wie Margeriten haben und lange Haare mit Pony.« Ihre eigene Befreiung erlebt sie heute im Alter von sechzig Jahren, weil sie keinem Bild mehr genügen muss, das ein anderer von ihr entwirft. Dabei geht es ihr besser als vielen jungen Frauen heute, die in der Falle von Sex/Beauty/Design sitzen, so wie die von 68 in einer politischen Falle saßen. Damals konnte man noch nicht ahnen, wie allbeherrschend und alles terrorisierend die Gier nach Bildern der Verführung werden würde.

Mit der Emanzipation der Frau im 20. Jahrhundert ist die Frage verbunden, ein Bild zu sein oder ein Bild zu machen.[7] Die Bilder, denen die Frau nacheifern soll, ändern sich mit der schnelllebigen Mode. Und jede Frau muss immer wieder von neuem entscheiden, wo die Grenze ihrer Anpassungsfähigkeit auf Kosten ihrer eigenen Identität verläuft. Nur: Worin besteht ihre eigene Identität? Es sind männliche Werte, die die Erziehung und den allgemeinen Konsens bestimmen. Frauen müssen den Mustern, die ihnen anerzogen wurden, nachträglich einen Sinn geben. Nicht mehr gemocht zu werden, kann als große Erleichterung empfunden werden, aber die Frau, die sich das leistet, braucht dann ein anderes Standbein für ihre Identität.

Als Ulrike Meinhof in den Untergrund ging, bot sie ein neues Bild: Nach der Intellektuellen im Schlabberpulli und der eleganten Bürgerin im Modellkleid, die beide nur einen verbalen Knüppel geschwungen hatten, schwingt sie jetzt den realen Knüppel und etwas später die Pistole. Als sie zur Untergrundkämpferin wurde, musste sie sich äußerlich wieder zurückverwandeln, um nicht aufzufallen, und wurde wieder zur Frau im bürgerlichen Kostüm. Ein Berliner Prominentenfriseur verpasste ihr, ohne zu wissen, mit wem er es zu tun hatte, die neue Frisur und Haarfarbe, mit der er sie dann auf den Fahndungsplakaten sehen konnte. Wenn Magda und Ulrike sich in dieser Zeit auf der Straße begegnet wären, hätte der Unterschied zwischen beiden Frauen nur im Grad der Eleganz gelegen, mit der sie ihre Kostüme trugen. Und darin, dass die eine die Waffe in der Handtasche trug. Ein schönes Bild dafür, welche Wut bis hin zur Tötungsbereitschaft unter diesen damenhaften Kostümen und eleganten Frisuren gelauert hatte.

Die Erfindung der Pubertät

Von heute aus gesehen kann man die Zeit von 68 auch begreifen als die Erfindung der modernen Pubertät. Seit 68 ist dies nicht mehr eine relativ kurze Phase vor dem Erwachsenwerden, sondern eine immer länger währende Suche nach eigener Identität und deren Übereinstimmung mit der Gesellschaft. Es ist immer wieder gefragt worden, warum gerade Jugendliche aus jenen liberalen bürgerlichen Familien, die keinesfalls latent faschistisch waren, sich vom Terrorismus angezogen fühlten. Aber gerade gegenüber verständnisvollen Eltern ist eine Abgrenzung schwierig. Diese geschieht über den Hass, realen oder medialen. Hass ist ein ebenso starkes Gefühl wie die Liebe, aber im Unterschied zu ihr macht er autonom. Doch wenn das Private politisch ist, gibt es zum Schluss keinen Unterschied mehr zwischen den Eltern und dem System. Beiden kann der Identitätssucher nur mit Hass begegnen. Weil die Pole Abwertung und Hass – Abwertung seiner selbst und des anderen, Hass auf sich selbst und den anderen – umkehrbar sind, ist das ein Weg, der auch in die Selbstzerstörung führen kann.

Und wenn der Staat mehr oder weniger deckungsgleich wird mit der Familie, dann werden Affekte aus dem Familienstreit wie Pöbeleien, Hungerstreik und alltäglicher Terror zu politischen Waffen. Viele suchten in der Studenten- und Frauenbewegung die gesellschaftliche Erlösung aus einem unlösbaren individuellen Familienkonflikt. Sie trugen den familiären double-bind in den Hungerstreik hinein: Wir essen nicht, wir lehnen auch die Zwangsernährung ab, aber wir beschuldigen den Staat, uns verhungern zu lassen. Die Vollzugsbeamten treten und schlagen, Nahrung verweigern, Essen an die Wand schütten, Sprechstreik und Durststreik sind die Kampfmittel von kleinen Kindern. Im körperlichen Heroismus der Hungerstreikenden verbargen sich Trotz und Wehleidigkeit aus dem kindlichen Machtkampf gegen die Erwachsenen. Auch der Sturz in den skatologischen Jargon – Schweine, Arschlöcher, Fotzen, Bullen – zeigt in seiner Verschiebung der Sexualität ins Anale etwas Kindliches.[9] Nie, so wird erzählt, war Ulrike so glücklich und befreit, wie in den Augenblicken, wenn sie bei einer Demo von den Wasserwerfern völlig durchnässt war.

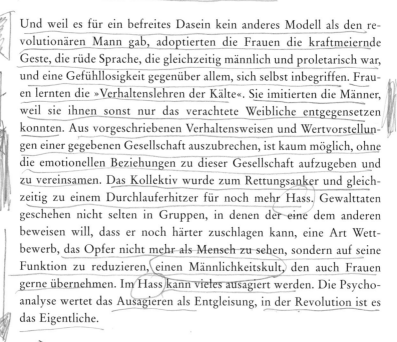

Und weil es für ein befreites Dasein kein anderes Modell als den revolutionären Mann gab, adoptierten die Frauen die kraftmeiernde Geste, die rüde Sprache, die gleichzeitig männlich und proletarisch war, und eine Gefühllosigkeit gegenüber allem, sich selbst inbegriffen. Frauen lernten die »Verhaltenslehren der Kälte«. Sie imitierten die Männer, weil sie ihnen sonst nur das verachtete Weibliche entgegensetzen konnten. Aus vorgeschriebenen Verhaltensweisen und Wertvorstellungen einer gegebenen Gesellschaft auszubrechen, ist kaum möglich, ohne die emotionellen Beziehungen zu dieser Gesellschaft aufzugeben und zu vereinsamen. Das Kollektiv wurde zum Rettungsanker und gleichzeitig zu einem Durchlauferhitzer für noch mehr Hass. Gewalttaten geschehen nicht selten in Gruppen, in denen der eine dem anderen beweisen will, dass er noch härter zuschlagen kann, eine Art Wettbewerb, das Opfer nicht mehr als Mensch zu sehen, sondern auf seine Funktion zu reduzieren, einen Männlichkeitskult, den auch Frauen gerne übernehmen. Im Hass kann vieles ausagiert werden. Die Psychoanalyse wertet das Ausagieren als Entgleisung, in der Revolution ist es das Eigentliche.

Als Ulrike Meinhof nach ihrer Scheidung nach Berlin zog, machte sie damit einen Schritt zurück in ein Lebensalter, das sie eigentlich schon hinter sich gelassen hatte. Ihre biografischen Entscheidungen waren gefallen in einer Zeit, in der es noch keine Ahnung gab von den neuen Freiheiten, die jetzt lockten. Für viele Frauen bedeutete die Kulturrevolution von 68 eine Latenz, viele gaben sich in dieser Zeit neue Vornamen, um deutlich zu machen, dass es sich um eine zweite Geburt handelte. Nicht wenige verließen ihre Ehen und ihre Kinder. Wenn sie radikal wurden, war das auch ein Ressentiment gegen den weiblichen Lebenslauf, der sie erwartete. Die Fähigkeit, Dokumente zu fälschen, Schlösser zu knacken, zu schießen, Autos zu klauen, gehörte zur Domäne einer wilden männlichen Pubertät, die die radikale Verwerfung erlaubt. Sie demonstrierten, dass sie sich nicht beschränken lassen würden auf den traditionellen, weiblichen Einschluss.

Im politischen Fanatismus nivellieren sich die Geschlechterbilder. Aber Meinhof sah sich gezwungen, in dieser Verwerfung zu bleiben, weil es positive Modelle, wie ein befreites Leben für eine Frau aussehen konnte, nicht gab und auch heute noch nicht gibt. Andere versuchten, diesen Elan in den Alltag zu retten. Eine jede arbeitete allein an ihrem Kompromiss. Daran hat sich auch heute noch nichts geändert. Die Emanzipation ist kein Irrtum der letzten Jahrzehnte – eher ein immer noch unabgeschlossenes Kapitel der Menschheit.

Der revolutionäre Körper

Fanatismus zielt auf Zerstörung der Wirklichkeit bis die ›Wahrheit‹ zum Vorschein kommt. Die marxistisch theoretisierenden Strategiepapiere, die sich die einsitzenden Häftlinge gegenseitig zusandten, waren nur eine Hülle für dieses Ziel. Was hinter dem Puzzle der marxistischen Sprachbrocken stand, war der Wunsch, die Ordnung als Ganze in Frage zu stellen. Damit konnte sich die RAF zu Recht als Sachverwalter der radikalen Studentenbewegung fühlen, die den Umsturz des Systems wollte. Beim SDS waren sie stolz darauf, gegen das Ganze zu sein, genau darin sahen sie ihre Radikalität. Aber die RAF im Gefängnis hatte mehr und mehr die Politik dabei aus den Augen verloren. Politische Schlagworte wie »Kampf gegen Imperialismus, Kapitalismus, Faschismus« verbargen einen tief sitzenden Wunsch nach Reinheit, die auf Erden nicht zu haben ist, aber in ständiger Selbstreinigung angestrebt wurde. Diese Terroristen waren Fanatiker auf der Suche nach der Katharsis. Das Projekt war nicht nur nihilistisch nach außen, sondern auch nach innen. Denn wenn man auf sein Ich verzichtet, ist das ein Akt der Zerstörung.

Hier lässt sich ein Blick werfen auf den Krieg zwischen Meinhof und Ensslin auch jenseits eines Kampfes um politische Deutungshoheit. Ensslin lebte einen Erweckungsfanatismus, den ihr Vater, der Pastor Ensslin, schon bei der Kaufhausbrandstiftung »heiliges Menschentum« genannt hatte. Damit meinte er wohl eine durch nichts zu erschütternde Gewissheit von der Richtigkeit und Wichtigkeit der eigenen missionarischen Sendung. In Ensslins antrainierter Unmenschlichkeit sind die aggressiven Ängste, die fast alle RAF-Mitglieder kannten, geläutert im Heiligenschein der Märtyrerin. Mit ihren einpeitschenden Kassibern hält Ensslin die Moral der Truppe aufrecht. Sie will auch »das Unbewusste politisieren« und es damit abschaffen. Der neue Mensch soll bewusst und unbewusst nur noch eines sein: Kampf. Alle Reaktionen (hemmungslos, unkontrolliert, unbestimmt, unbewusst) und alle Gefühle (Schrecken, Fürsorge) müssen ausgemerzt werden. Sie verraten die Politik der Befreiung. Es gibt nur den Kampf! Sie definiert sich noch im Tod als »Sniper«. Ihr Heckenschütze ist jemand, der nicht manipulierbar ist, sondern blind wird für alles, was ihn daran hindern will, Sniper zu sein. Auch hier gähnt die Leere der Redundanz oder mit dem klassischen Wort: das Nichts.

Der neue revolutionäre Körper, so wie Andreas Baader ihn beschrieben hat, bewegt sich wie ein Projektil langsam auf seinen eigenen Tod zu. Dass Baader dieser Körper war, war unbestritten. Er wird von Ensslin in ihrer beider Liebesgeschichte privatisiert. Baader verstand es offensichtlich hervorragend, Menschen psychisch unter Druck zu setzen und Ensslin lieferte ihm die Argumente nach. Im klassischen Schema war, wie bei dem Paar Meinhof/Röhl, Baader der Körper und Ensslin der Geist. Aber weil jeder diese Fähigkeit des anderen akzeptierte, ergänzten sie sich zu etwas anderem, Drittem, das mehr war als der jeweils einzelne. Das Paar Baader/Ensslin lebte eine Gemeinschaft, von der man nur wenig weiß. Aber hier, wenn überhaupt irgendwo, konnte sich das Verlangen nach »Gefühl und Härte« konkretisieren. Im politischen Paar, zu dem sie wurden, ging die subjektive Lebensmacht mit der kollektiven Mission eine Verbindung ein.

Weil Ensslin im revolutionären Paar geborgen ist, muss sie nicht mehr über die Situation der Frau nachdenken und schon gar nicht über die der Mutter. Sie hatte ihren Sohn Felix dem Vater überlassen: »Die Mutterschaft hatte sich wie eine Falle angefühlt.« Und sie litt nicht darunter, weil sie in Andreas Baader ein Ersatz-»Baby« gefunden hatte, dies war der Name, mit dem sie ihn rief. Darin lag ihre Stärke als revolutionäres Subjekt. So geht es ihr nicht um die Befreiung der Frau, sondern um die Befreiung des Menschen. Sie hat zwar die Frauen als prädestiniert für die Guerilla angesehen, weil sie sich nur gegen die herrschenden Vorstellungen verwirklichen konnten, aber in und für die Befreiung akzeptierte sie keine geschlechtsbedingten Unterschiede.

Meinhofs Schwäche war, dass sie das symbiotische Miteinander von Ensslin und Baader nicht hatte. Sie musste den Kampf immer wieder mit sich selbst austragen. Sie war einmal Kopf dieser Revolution gewesen. Als sie im Laufe der Haft den Status als Vordenkerin verliert, gerät ihre revolutionäre Identität ins Wanken. Die Position des revolutionären Körpers war von Baader besetzt. Sie war nur der minderwertige Körper, der der Mutter, daran wurde sie immer wieder durch die Existenz ihrer Kinder erinnert, zu denen sie das Band nie völlig durchschnitten hatte. Wie bei vielen bürgerlichen Scheidungen waren die Kinder zum Erpressungs- und Drohpotential des einen Elternteils gegen den anderen geworden. Als Meinhof in die Illegalität ging, wollte sie auf keinen Fall, dass Röhl die Kinder bekam. Alles, was sie unternahm, zielte darauf ab, Röhl zu beschämen dafür, dass sie ihn einmal geliebt und gebraucht hatte. Es beginnt ein quälender Versuch, die Kinder gleichzeitig zu halten und sie wegzugeben. Als die Gruppe in einem palästinensischen Camp Stadtguerilla-Aktionen übte, waren die Kinder in Sizilien verborgen. Aber irgendetwas musste mit ihnen geschehen. Es war möglich, die Zwillinge in einem palästinensischen Lager für Waisenkinder unterzubringen, aber ganz klar ausgesprochen war damit die Auflage, dass Ulrike sie nie wieder sehen würde.

Meinhof hat Freunden gegenüber dieses Heim in den rosigsten Farben beschrieben, in dem »Kinder Kinder erziehen würden, ein neues Modell der Erziehung!« Es steckte nicht nur Selbstbetrug in diesen Worten. Ihre Jugend im Schwesternhaushalt und ihre Entscheidung für das Kollektiv als Brüder- und Schwesternhorde beweisen das. Die Auffassung, dass der alte, bürgerliche Mensch am gründlichsten abgeschafft würde, wenn Kinder sich selbst erziehen, war in den sozialpädagogischen Versuchen um die Kommune 1 herum verbreitet. Doch bevor es dazu kam, holte Stefan Aust die Kinder aus Sizilien heraus und lieferte sie beim Vater ab. Die Kinder, die nun beim Vater aufwuchsen, besuchten später ihre Mutter im Gefängnis. Sie tauschten Briefe aus und Geschenke, bis dann ohne ein Wort der Erklärung Meinhof sich weigerte, sie noch einmal zu sehen und auch ihre Geschenke nicht mehr annahm. Nach längerer Zeit nahm sie dann den Kontakt wieder auf, ein neues Wiedersehen wurde vereinbart. Bevor es zustande kam, starb sie.

Sie blieb mit ihren Kindern erpressbar und löste so selbst ein, was sie in einem Interview gesagt hatte, dass es das Menschliche an den Frauen sei, durch ihre Kinder erpressbar zu sein. Aber die Kinder banden sie an das Leben außerhalb der Idee. Nie schaffte sie es, dieses Band ganz abzuschneiden, sich vollkommen zu befreien von der weiblichen Liebesohnmacht und Lebenszugehörigkeit. Natürlich bleiben Überlegungen über die Motive von Selbstmördern immer Spekulation. Aber hätte nicht jeder Besuch ihrer Kinder sie wieder zurückgezogen in die Ambivalenz, die Unmöglichkeit, beides zu leben: die zärtliche Kohorte und die leninistische Kaderorganisation? Wie sollte sie ihren 24-Stunden-Tag auf den Begriff Hass bringen, wie Ensslin es gefordert hatte, wenn der Besuch ihrer Kinder ins Haus stand? Hier stieß der Fanatismus an eine Grenze und die Selbstverhärtung hätte wieder unter großen Mühen aufgebaut werden müssen. Vielleicht merkte sie, dass ihre Kraft dafür nicht mehr ausreichte. Meinhof kam nicht aus der Falle heraus, dass jeder revolutionäre Diskurs, der sich nicht einfach in einen terroristischen verwandelt hat, nicht nur am Diskurs der Macht partizipiert, sondern auch am Diskurs der Liebe. Nie schaffte sie es, den Körper der Mutter umzuwandeln in den revolutionären Körper, der eine Junggesellenmaschine ist. Der ›Mensch‹ in ihr wollte etwas, was die ›Frau‹ ihm verweigerte. Es ist denkbar, dass auch das für sie ein Grund war, sich zu erhängen.

Hier beginnt der große Unterschied zwischen Ulrike Meinhof und Magda Goebbels, der nicht nur ein Unterschied der Charaktere ist, sondern auch einer der Zeitläufte. Es ist schwer vorstellbar, dass Meinhof, in Freiheit, wenn sie sich zu einer Selbsttötung aus welchen Gründen auch immer entschlossen hätte, die Kinder mit in den Tod genommen hätte. Nur für die Frau, deren ganze Identität im Mutter-Sein liegt, werden die Kinder zu einer Verlängerung ihrer selbst. Sie verfügt über sie genau so, wie sie auch über sich selbst verfügt. Magda hatte zusammen mit ihren Kindern in den Tod gehen wollen, um deren realen Vater, Joseph Goebbels, für seine Untreue zu bestrafen, sie tötete die Kinder, um deren virtuellen Vater, Hitler, zu treffen. Die neue Mutter, die ›neu‹ ist, weil sie als Frau im Aufbruch durch die Emanzipation hindurch gegangen ist, hat eine eigene, wenn auch eine schwierige, zerbrochene und halbierte Identität außerhalb ihrer Funktion als Mutter. Und sie muss die Kinder nicht als ihr Werk betrachten, über das sie verfügen darf – bis in den Tod.

MELANCHOLIE, MASOCHISMUS UND REVOLUTION

Macht und Masochismus

Der Begriff des Patriarchats begegnet uns heute vorwiegend bei der Beschreibung von islamischen Familien. Wir erschrecken vor der brutalen Machtausübung autoritärer Väter, unter die sich Frauen und Kinder ducken, und die umso brutaler ist, je weniger die Gesetze der Familie und die des Staates übereinstimmen. Wir sind überzeugt, in einer zivilisierten, ›verweiblichten‹ Gesellschaft zu leben. Das lässt uns vergessen, dass auch in den westlichen Demokratien die politische Macht ganz selbstverständlich weiter phallisch ist. Elfriede Jelinek sieht schon in der Zusammenbringung der beiden Worte Frau und Macht eine Überschreitung, wenn Weiblichkeit in der Herrschaft überhaupt thematisiert wird. Die Bilder, die wir von Frauen haben, kreisen auch heute noch vorwiegend um Verführung, Mutterschaft und Opfer, auch wenn die jüngste Debatte nur noch von der Frage nach dem reibungslosen Funktionieren und Organisieren bestimmt wird.

Inzwischen gibt es Frauen, die politische Macht besitzen. Es sind wenige, aber immerhin. Und bei denen wird sehr genau hingesehen, ob sie auch die immanenten Gesetze der Macht beherrschen und nicht durch Zögerlichkeit oder Unentschlossenheit versäumen, das Machtwort zu sprechen, das den unguten Eindruck erweckt, dass die Macht herrenlos geworden sei. Machtchancen sind Sinnchancen. In jedem Bereich, besonders dem politischen und kulturellen, in denen mit Gefühlslagen gearbeitet wird, verteidigt das Patriarchat seine Bastionen, indem es die Maßstäbe ändert. Frauen werden strenger und ungerechter abgeurteilt. Passen sie sich den männlichen Normen zu sehr an, führt das zu genau so viel Ablehnung wie es zu Verachtung führt, wenn sie andere Normen für sich in Anspruch nehmen, sich auf ihre Weiblichkeit berufen.

Wenn junge Männer nach der Macht greifen, stürzen sie ihre realen und symbolischen Väter. Damit gerät die Macht in andere Hände, aber sie selbst ändert sich nicht. Politische Macht wird geschlechtslos gedacht, wie das Recht. Die Mütter, die im Patriarchat unentbehrlich, aber nicht öffentlich sind, gehen in ihrem Wesen unverändert in die neue Machtkonstellation und zu den neuen Machthabern über, denn jedes politische Machtsystem ist angewiesen auf die physische Reproduktion, für die allein die Frau in ihrer Funktion als Mutter steht. Sie ist der verschwiegene Untergrund, ohne den kein Machtsystem zu denken ist. In die unentbehrliche Mutter, die gleichzeitig die beherrschte Frau ist, ist der Verzicht eingeschrieben.

Aber auch Mütter besitzen Macht. Die Mutter gibt Leben und die Mutter kann Leben nehmen. Jede neue Nachricht von einer Mutter, die ihre Kinder getötet, misshandelt, ausgesetzt hat, erschreckt zutiefst. Es ist schwer zu ertragen, dass es überhaupt denkbar ist und dass es geschieht, dass Mütter ihre Kinder umbringen. Wir müssen darauf vertrauen, dass die mächtige Mutter gut ist. Das ist eine anthropologische Notwendigkeit. Deshalb wird gern ausgeblendet, dass die postfreudianische Psychoanalyse herausgearbeitet hat, wie stark das kleine Kind in seiner präödipalen Phase sowohl gute wie auch böse Mutterbilder entwickelt. Im Deutschen gibt das Gegensatzpaar Rabenmutter und Muttertier etwas davon wieder. Die gute Mutter und die böse Mutter, die spendende Mutter und die versagende Mutter existieren ineinander und nebeneinander. Und unser späteres Schicksal als Individuum hängt daran, wie wir diese Ambivalenz erleben und verarbeiten und wie wir unser biologisches Geschlecht in Auseinandersetzung damit zu einer sozialen Geschlechtsidentität entwickeln. So mächtig, wie die Frau als Mutter ist in dieser sehr frühen Zeit, so ohnmächtig ist sie, wenn diese Zeit vorüber ist. Alle gesellschaftlichen Ordnungen haben sie von der Macht fern gehalten, denn als Inhaberin der archaischen und der politischen Macht wäre sie nur noch Furcht einflößend.

Diese symbolische Ordnung, in der die Geschlechter ihre Identität und ihren Platz haben, liegt als menschliche allen politischen Ordnungen zugrunde. Aber sie wird nicht sichtbar, weil sich ihre Spuren in den Biografien der Menschen verlieren. Die Erinnerung an die mütterliche Macht der ersten Lebensmonate geht ein in die libidinösen Entscheidungen, die allen politischen zugrunde liegen. Die Macht der symbolischen Ordnung ist nicht für Politiker und Juristen, sondern nur für Psychoanalytiker sichtbar. Und auch nur, wenn die Störfälle repariert werden müssen, die unglücklichen und ›unangepassten‹ Individuen auf der Couch des Analytikers oder in den Händen des Psychiaters landen, wird erkennbar, welche persönlichen Entwicklungen sich nicht nahtlos in die Gesellschaft einfügen. Nur wenn es zu einer psychischen Großwetterlage kommt, in der, aus sozialen oder anderen Gründen, massenhaft Entwicklungen schief laufen, dann zeigen sich deren Effekte auch im Raum der Politik.

Die Jugendrevolte von 68 war eine solche psychische Großwetterlage. Sie war kein deutsches Phänomen, sondern ein weltweites. Der Reformstau, der sich nach dem Krieg in allen westlichen Demokratien gebildet hatte, führte überall zur Revolte gegen überkommene Formen von Autorität, und mit der Erfindung der Pubertät als lange und wichtige Lebensphase veränderten sich die Arten und Weisen, wie gegen Politik revoltiert wurde. Die besonderen terroristischen Formen, die die Revolte in Deutschland angenommen hat, waren aber geprägt von einer sehr deutschen Ausgangslage. Es sind Ähnlichkeiten zwischen den Terrorismen in den ehemaligen Achsenmächten festgestellt worden. Aber nur in Deutschland sind die Fundamente des Staates mit solcher Vehemenz angegriffen worden, weil kein anderes Land ein vergleichbares Verbrechen wie die Shoah begangen hatte.

In allen marxistisch inspirierten Theorieanstrengungen der 68er gab es eine Ahnung davon, dass in der Empörung etwas lag, was sich nicht in den Begrifflichkeiten der Ökonomie und des dialektischen Materialismus fassen ließ. Umso wütender – und vergeblicher – war die heiß laufende Theoretisierung. Man bekam ein hinreichendes Erklärungsmodell allenfalls bei Frantz Fanon aufgrund seiner psychoanalytischen Bildung und als Revolutionstheoretiker der Ethnien der Dritten Welt. Besonders in den Exorzismen, wie sie in den Zirkularen der RAF betrieben wurden, geht es um Prozesse, von denen sich ein traditioneller, marxistisch gebildeter Linker nur schaudernd abwenden kann. Wenn dort davon die Rede ist, den »Kapitalismus auszukotzen«, den »Faschisten in sich zu töten« und Holger Meins schreibt, dass unter seiner Haut das »befreite Gebiet« beginne, dann klingt das nach einer religiösen Geißelung und der Eroberung eines nachkolonialen Paradieses. Aber in seinen rohen Formen vermittelt es eine Ahnung davon, was die Schweizer Psychoanalytikerin Judith LeSoldat so beschreibt: »Zusätzlich zur Kumulation der anderen Produktionsmittel erweist sich die Ausbeutung der psychischen Ressource als wichtigster Beitrag zur gesellschaftlichen Existenz und ist die Grundlage des gesellschaftlichen Einflusses.«[10]

In diesem Sinne schafft sich eine Gemeinschaft ein politisches Regelwerk im gleichen Moment, in dem sie sich die dafür passenden Individuen schafft. Der Bürger in den modernen Demokratien ist nicht mehr Untertan, aber er ist auch nicht ausschließlich Souverän. Er ist eine psychische Ressource. Wie sehr er das ist, ist zum ersten Mal in der perversen Massendynamik des Nationalsozialismus deutlich geworden. Und es wurde ebenfalls deutlich, dass Frauen in anderer Weise psychische Ressourcen sind als Männer. Freud hat vom »weiblichen Masochismus« gesprochen und die Frauenbewegung von 68 hat sich in ihrer Majorität dagegen empört. Aber nichts erlöst uns von der Notwendigkeit, genauer zu bestimmen, was das eigentlich ist, was die Frauen auch in unseren westlichen Ordnungen, in denen ihnen gleiche und volle Rechte zugestanden werden, behindert. Der zähe Kampf gegen die männliche Ordnung flackert auf und sinkt wieder in sich zusammen. Die weibliche Revolution bewegt sich fort wie in einem Sumpf, Fortschritte werden schnell vergessen und müssen immer wieder neu erkämpft werden. Es sind allenfalls viele kleine trotzige Akte erkennbar und nicht der eine große der Umwälzung der Machtverhältnisse, mit dem die Vorstellung von Revolution für uns verbunden ist. Ist die Frau nicht wirklich die Masochistin, die Freud beschrieben hat, die auf eine fatale Weise an den Mann und seine Ordnung gebunden ist? Was ist der Grund für diese vielfältigen Formen von lustvoll besetzter, freiwilliger Knechtschaft, auf die wir immer wieder stoßen?

Magda Goebbels und Ulrike Meinhof besaßen beide stark masochistische Züge und unterschieden sich darin nicht von der überwältigenden Mehrheit der Frauen. Beide endeten in einer Regression und einem Rückzug auf typisch weibliche Unterwerfungs- und Aufopferungsgesten gegenüber zynisch auftretenden Männern. Dass Magda Goebbels immer wieder zu ihrem sie demütigenden Mann zurückkehrte, auch nach den Siegen, die sie über ihn errungen hatte, hatte schon ihre Freundin Ello, ihre Mutter und dann ihre Biografen erstaunt. Ulrike Meinhofs Masochismus ist vom Gefängnispersonal in Stammheim und Köln-Ossendorf sowie von Freunden bezeugt worden. Einige, die sie sehr gut kannten, meinten, sie sei masochistisch gewesen im klinischen Sinn.[11] Als die Kommunistin in den frühen sechziger Jahren einen ihrer illegalen Besuche in Ostberlin abstattete, schenkte ihr Ernst Busch seine Aufnahme von Brechts BALLADE VON DER HANNAH CASH. Die kursierte dann wie ein kostbarer Besitz in der linken Szene. Dem Zauber der Hannah Cash, die ihrem Mann folgt, weil sie ihn liebt, obwohl er hinkt und sie schlägt, konnte sich damals keine Frau und kein Mann so leicht entziehen. Es ist das masochistische Muster par excellence. Nicht nur, weil sie sich schlagen lässt, sondern auch, weil sie »die Gentlemen einseift«, sich also zu wehren weiß und Rache nimmt.

Denn es ist falsch anzunehmen, dass die Masochistin nur ein unterwürfiges Wesen ist. In ihrer Tiefe lauern Trotz und Auflehnung, eine Vermengung von Gier und Wunsch nach Größe. Hinter der Kulisse der Erniedrigung herrscht der Stolz. Die Masochistin ist nicht schwach, unselbständig, leicht beeinflussbar, hilflos. Alle diese Züge sind da, um eine äußerste Entschlossenheit zu verbergen. Die Masochistin verträgt Abhängigkeit nicht im Geringsten. Sie entfaltet unbewusst einen starken Willen und sucht mit äußerster Energie und unter großen Opfern ihr Ziel auf ihrem eigenen Weg, der oft ein Umweg ist, zu erreichen. Dieses Leiden führt zu einem Triumph, der auch im Tod gefunden werden kann. Das Triebziel im sozialen Masochismus ist die aggressive oder gewalttätige Befriedigung und die brutale Geltendmachung des eigenen Willens.

Von diesem Trotz ist auf den ersten Blick im Leben von Magda Goebbels nichts zu finden. Sie lebte ihre Ehe in der ständigen Hinnahme der zynischen Verletzungen, die Goebbels ihr zufügte. Goebbels selbst war ein Hysteriker, der auch im Privaten mit der Gewalt liebäugelte. Seine Tagebücher sind voll von Selbstbeschreibungen, die das deutlich machen. Es gibt Andeutungen, die offen lassen, ob zwischen seinen Freundinnen und ihm nicht auch physische Gewalt eine Rolle spielte. Mit sadistischem Einfallsreichtum dachte er sich Maßnahmen aus, die den Juden die Existenz immer stärker einschränkten. Von Hitler, seinem Liebesobjekt – und das ist wörtlich zu nehmen, denn es gibt eine Eintragung: »Adolf Hitler, ich liebe dich« – spricht er als »Christus mit der Peitsche«.

Magda geriet immer wieder in den Radius dieses religiös aufgeladenen Sadismus. Sie somatisierte ihre Probleme gegen Ende ihres Lebens so massiv, dass sie Monate nur im Bett oder im Sanatorium verbrachte. Ihre Depressionen nahmen im Lauf des Krieges zu, auch ihre Krankheiten: Migräne, Speicheldrüsensteine, Trigeminus-Neuralgie. Nach einer Operation blieb ihr Gesicht leicht entstellt. Der seelische Zusammenbruch zeigte sich schon Mitte des Jahres 1944, wie die Mutter von Hans-Otto Meissner schrieb. Magdas Masochismus blieb bis zum Ende in den Grenzen der weiblichen Norm. Die Melancholie mit einer starken Bindung an den Nihilismus hatte sie in die Arme einer politischen Ideologie getrieben, die auf Todesverklärung und einer Metaphysik des Opfers basierte. Aber gerade deshalb muss man sich fragen, ob ihre letzte Tat, der Mord an ihren Kindern, nicht auch ein Akt des masochistischen Triumphes gewesen ist.

Die Ablösung vom mütterlichen Objekt

Julia Kristeva behandelt in einer Studie über Depression und Melancholie die psychischen Hintergründe, die aus Frauen Mörderinnen oder Selbstmörderinnen machen. In ihrem Bild von der weiblichen Gefühlswelt beschreibt sie als zentrale Schwierigkeit den Versuch der Tochter, sich von der Mutter zu lösen. Denn jedes kleine Mädchen muss sich spektakulär und unmittelbar mit ihrer Mutter identifizieren – dieser Vorgang wird in der Psychoanalyse auch Introjektion des mütterlichen Körpers und Ichs genannt –, um zu ihrer eigenen Geschlechtsidentität zu kommen. Dann muss es das entscheidende mütterliche Objekt der frühen Kindheit verlassen, weil dies die Bedingung für die Autonomisierung des weiblichen Subjektes ist und nur gelingt, wenn der Verlust der Mutter auf optimale Weise geschieht und wenn er erotisiert werden kann. Dann wird das verlorene Objekt Mutter als erotisiertes wiedergefunden. Bei heterosexuellen Frauen geschieht das im Mann ihrer Liebeswahl.

Diese männliche Liebeswahl der Frau widerspricht den ursprünglichen phallischen Triebzielen und ist eine Anpassungsleistung an historisch-gesellschaftliche Bedingungen. Wenn dieser Prozess gelingt, wird das sichtbar an der früher einsetzenden und beständig bleibenden Reife der jungen Mädchen und an ihren im Schulalter häufig weitaus besseren intellektuellen Leistungen. Und es führt zu einem einigermaßen zufrieden stellenden Leben mit dem mütterlichen Ersatzobjekt, in dem die reale Mutter auf Abstand gehalten werden kann. Paare, in denen der Mann eine Frau aussucht, die seiner Mutter ähnelt, sind uns bekannt, sehr oft ist schon die physische Ähnlichkeit zwischen Mutter und Ehefrau verblüffend. Paare, in denen die Frau einen Mann aussucht, der ihrer Mutter ähnelt, sind nicht so leicht zu identifizieren, weil Ähnlichkeiten nicht am Augenschein festzumachen sind. Sie sind aber die Regel und sie fallen gerade deshalb auch nicht auf. Es ist das weibliche Schicksal, dass die Töchter sich in ihren Ehemännern immer das Abbild ihrer Mütter suchen. Soziale Normen noch zu Beginn des 20. Jahrhunderts wie »Ein Mädchen hat so lange bei der Mutter zu bleiben, wie es nur irgend möglich ist«, verstärkten den Druck und etablierten die Kette, in der die mütterliche Materie sich in der töchterlichen spiegelte und die wiederum in ihrer.

Misslingt dieser Prozess, dann entsteht aus einem symbiotischen Wunsch heraus Liebeshysterie, die sich offen auf den Mann richtet, deren Kern aber die Mutter ist. Liebe wird von der Frau ersehnt als das einzige, was sie, die sich zu entleeren droht, wieder auffüllt. Und dieser Prozess misslingt oft, denn er ist eine ungeheure symbolische Anstrengung für das weibliche Subjekt. Im Übergang zur symbolischen Ordnung und gleichzeitig einem sexuellen Objekt eines anderen Geschlechts muss die Frau ein viel höheres psychisches Potential einsetzen als das, was dem Mann abverlangt wird. Und wenn die Kultur ihr keine Möglichkeit an die

Hand gibt, diese Entwicklung in dem Rhythmus zu vollziehen, in dem sie in die Gesellschaft hineinwachsen will, dann bleibt die Frau allein mit dieser immensen intellektuellen und affektiven Anstrengung, das andere Objekt als erotisches Objekt zu finden, und trägt ein Leben lang unbewältigte Reste dieses Versuchs mit sich.

Auch vor einer breiteren Kenntnis der Psychoanalyse haben Frauen immer eine Ahnung von diesen komplizierten Prozessen gehabt, wenn sie über eine zu enge Bindung zwischen Mutter und Tochter sagten, die Nabelschnur sei nie durchtrennt worden. Das Problem, aus dem so etwas entsteht, kann eine unbefriedigende Vaterschaft sein. Der unwürdige oder abwesende oder tote Vater drängt die Frau hin zur Mutter, von der sie sich nicht ohne die Gefahr, dass ihr seelisches Gleichgewicht zusammenbricht, lösen kann. Ein Vater, der Erfolg hat, kann der Tochter einige, wenn auch zwiespältige Waffen in die Hand geben, mit der sie die ›innere Kolonisierung‹ durch die Mutter beenden und den Weg nach außen antreten kann. In vielen Fällen erotisiert die Frau dann an der Stelle des Mannes als Liebesobjekt ein ›sublimiertes‹ erotisches Objekt: soziale, intellektuelle oder ästhetische Schöpfung, oder eine »Revolution«, mit der sie diese unerträgliche ›innere Kolonisierung‹ ein für alle Mal beenden kann.

Denn in diesem Prozess, in dem die Tochter ihre Ablösung versucht, kommt es an einem bestimmten Punkt auch zu einem frühkindlichen Hass auf die Mutter, die die Schranke gegen die verschmelzende Liebe darstellt. Daraus entsteht ein muttermörderischer Impuls, der, wenn er gehemmt wird, zur Inversion auf das Ich führt.[12] An die Stelle des Muttermordes tritt der depressive oder melancholische Mord am eigenen Ich. Der Hass verschließt sich in der Tochter selbst und dringt nicht nach außen. Scheinbar gibt es so gar keinen Hass, sondern nur eine implosive Stimmung, die wie eine Mauer abschließt und im Verborgenen tötet, langsam bei ständiger Verbitterung, Anfällen zu Trauer, im Griff zu tödlichen Schlafmitteln oder in ständigen Krankheiten. Heute würde jeder Arzt bei einem Fall wie Magda Goebbels sofort nach den seelischen Ursachen ihrer Leiden forschen.

Die melancholische Frau wird zur Depressiven. In ihr herrscht eine psychische Leere, die als Traurigkeit und Masochismus in Erscheinung tritt. Manische Euphorie und Affektion können mit Traurigkeit abwechseln, auch Hyperaktivität, mit der man sich Hals über Kopf in eine ebenso erfolgreiche wie unbefriedigende Beschäftigung stürzt. Aber die Traurigkeit holt die Depressive früher oder später immer wieder ein. Die Melancholie als narzisstische Neurose bedeutet immer eine Spaltung des Ich. Für Kristeva ist die gelebte Melancholie das düstere Double der Liebesleidenschaft. Aber ohne diese Disposition zur Melancholie, die das Zeichen für einen psychischen Prozess ist, würde es nicht das geben, was im abendländischen Verständnis als Psyche auftaucht. »Ohne Disposition zur Melancholie gibt es nur passage à l'acte, aggressive Impulshandlung oder Spielen.«[13] Und beides, sowohl aggressive Impulshandlung wie auch Spielen fällt Männern traditionell leichter als Frauen.

Man muss diese komplizierten Prozesse so ausführlich schildern, weil sie so weitgehend unbekannt sind, und doch das sind, was ein radikaler Teil der kulturrevolutionären Bewegung abschaffen wollte. Es ging nie nur um die Vernichtung des Kapitalismus. Als die Studentenbewegung zerfiel, blieben zwei Fraktionen übrig, die mit der Abschaffung Ernst machten: die Spaßguerilla spielte, die RAF wählte die aggressive Impulshandlung und schoss. Beide Fraktionen nahmen für sich in Anspruch, damit den neuen Menschen zu schaffen, der befreit sein sollte von Schuldgefühl, von Masochismus und Melancholie, Versagensängsten und Depressionen. Das Wunschbild der Kommune 1 war die »zärtliche Kohorte« Gleichberechtigter, eine friedlich spielende Schar Erwachsener. Radikalster aggressiver Entwurf war der umgekehrte Dekalog von Ensslin. Aus »Du sollst nicht töten« war »Du sollst töten« geworden.[14]

Sklavenmutter und Sklavenkind

Die misslungene Ablösung von der Mutter mit allen Begleiterscheinungen prägte das Leben von Magda Goebbels. Zwischen Magda und Auguste ist, nach allem, was man weiß, die Nabelschnur nie durchtrennt worden. Magda hatte zwar zwei Väter, von denen aber möglicherweise keiner der wirkliche war. Sie wusste das. Auguste, das ehemalige Dienstmädchen mit dem unehelichen Kind, hatte sich zweimal scheiden lassen und lebte dann nur noch mit Magda zusammen. Der Ehrgeiz der auf Versorgung fixierten Mutter galt ihrer Tochter, die für sie Garant des gesellschaftlichen Aufstiegs war. In einem symbolischen Verständnis des Familiengefüges nahm Magda damit gleichzeitig den Platz von Augustes Mann und Augustes Tochter ein. Sie sollte im Auftrag der Mutter Karriere machen und damit der Mutter den Platz verschaffen, den diese beanspruchte. Als Quandt Mutter und Tochter zum ersten Mal in seine Villa einlud, war Auguste überwältigt. Ihr Kalkül muss überdeutlich gewesen sein, denn Magda sagte: »Bilde dir nicht ein, Mutter, dass ich ihn heirate, wenn ich ihn nicht liebe.« In diesem Satz war auch für Magda die Hochzeit schon beschlossen. Gehorsam und Trotz, beides masochistische Affekte, hatten sich Luft gemacht.

Als Magda mit Quandt verheiratet war, brachte Auguste immer wieder Nachrichten aus der Außenwelt in die Villa, meistens in Form von Klatsch, mit dem Frauen Nachrichten über das Leben in ungeschiedener Einheit von allem, was interessant sein könnte, von Frau zu Frau weiterreichen. Denn im Gegensatz zu Magda stand Auguste als geschiedene Frau, die keine Apanage hatte und ihren Lebensunterhalt in einer Drogerie erarbeitete, die Quandt ihr gekauft hatte, mitten im Leben. Nach der Baarova-Affäre zog sie ganz in das Haus ihrer Tochter. Ihr Biograf schreibt, es sei Teil des neuen Vertrags gewesen, dass Goebbels »seine hysterische Schwiegermutter« dort zu dulden hatte und zu ihr freundlich sein musste. Der hysterische Ehemann war zum Problemfaktor geworden, gegen den sich die Frau mit ihrer hysterischen Mutter verbündete.

In diesem Schachzug lag eine doppelte Kapitulation. Was Goebbels anging, so änderte sich nichts an Magdas Verfallenheit an ihn. In einer heftigen Verdrängung von Leid und Begehren blieb sie auf dramatische und schmerzhafte Weise masochistisch an ihren erotomanen Mann gebunden. Das war das deutlichste Zeichen für die misslungene Ablösung von der Mutter.[15] Als der Untergang des Reiches nicht mehr zu verheimlichen war und die sowjetische Armee auf Berlin vorrückte und Goebbels nur noch selten zu Hause war, stand Auguste immer öfter mitten in der Nacht im Zimmer ihrer Tochter und forderte sie ultimativ auf, etwas an der Lage zu ändern, weil sie sich sonst im See ertränken werde. Die Drohung, sich umzubringen, weil die Tochter nicht das tut, was die Mutter will, ist die klassische Erpressung vieler deutscher Mütter gewesen.

Der Nationalsozialismus hat nicht nur der Verehrung der Mutter einen zentralen Platz in seiner Ideologie eingeräumt, seine Denk- und Redefiguren sind auch voll von Hinweisen auf gleichzeitig verschlingende wie auch schützende Mütterlichkeit. Immer wieder haben die Nazis auf Muttervorstellungen aufgebaut. Bei Begräbnissen wurde der Tote in den »mütterlichen Schoß der Erde« gebettet, und das deutsche Volk fühlte sich, laut Goebbels, in den Armen des Führers »sicher wie ein Kind in den Armen der Mutter«. Hitlers Anziehungskraft auf viele Frauen beruhte auch darauf, dass er das Bild der Mutter, in dem die meisten Frauen damals noch ihren Lebenssinn sahen, öffentlich spiegelte und die Soldaten vor Trägerinnen des Mutterkreuzes salutieren mussten. Endlich wurden sie für alle Leiden und Opfer belohnt! Solche Erhöhung dankten sie ihm mit unbedingter Gefolgschaft.

Man hat die perverse Massendynamik des Nationalsozialismus auf Deutschlands Sonderweg zurückgeführt, der diese Nation erst sehr spät zu einer Nation hat werden lassen. Dieser Sonderweg hat nicht nur die politischen Geschicke, sondern auch viele Formen seiner sozialen Ordnung bestimmt. Es war immer schon auffällig, dass ein hoher Prozentsatz der Terroristen aus protestantischen Elternhäusern kam.[16] Gudrun Ensslin war Pfarrerstochter, Ulrike Meinhof ein »evangelisches Blockflötenmädchen«, das jahrelang im protestantisch-kirchlichen Umkreis tätig war, Holger Meins hat Bibelstunden abgehalten. Die Affinität zwischen Protestantismus und Terrorismus ist mit der Staatsgläubigkeit der evangelischen Kirche und ihrem nachgetragenen Schuldbewusstsein wegen ihres Verhaltens im Nationalsozialismus erklärt worden. Ein großer Teil der evangelischen Christen hatte keinen Widerstand geleistet und die ›Deutschen Christen‹ haben Hitler sogar aktiv unterstützt.

Für die Verbindung von Protestantismus und weiblichem Terrorismus gibt es aber noch einen anderen Grund. Luthers Reformation hatte die Frau in die Familie gezwungen und den Vater als alleinigen Vertreter der Ordnung etabliert. Deutschland wurde zum Land der autoritären Väter. Die Mütter waren der Fluchtpunkt einer gleichzeitig ohnmächtigen und überwältigenden Liebe. In den protestantischen Landesteilen entwickelte sich die Vorstellung von einer allgütigen, aber machtlosen Mutter, die sich und die Kinder gegen einen manchmal grausamen Patriarchen verteidigen sollte. Mütter schufen für sich und die Kinder eine warme, heile Welt gegen die Kälte, die oft schon im Konflikt mit den strengen Vätern begann, spätestens aber draußen vor der Tür. Das, was bei allen Nazis immer aufgefallen ist, das unmittelbare Nebeneinander von Sentimentalität und Brutalität, ist eine deutsche Familienerfahrung. Keine andere protestantische Nation hat ihre Frauen derart auf die Aufgabe zugerichtet, in einer erstickenden Liebe zu den Kindern die männliche Ordnung erträglich zu machen.

In protestantischen Ländern ist die Depressionsrate besonders hoch. Es sind die Kinder, denen die Ablösung von der geliebten Mutter, die ihr Schutz gewesen war, nicht gelungen ist. Je machtloser die weibliche Welt wurde, desto gefühliger wurde sie. Die deutsche Trivialliteratur des 19. Jahrhunderts ist voll von einer idealisierten, sentimentalen Mutterliebe, in der die Vorstellung vom Paradies weiterlebt. Dieser Mutterkult hat auch etwas damit zu tun, dass die Säuglingssterblichkeit zurückging und die Mütter eine ganz andere Bindung zu ihren Kindern aufbauen konnten. Jetzt wuchert der mütterliche Wunsch nach liebevoller Verschmelzung mit den Kindern, die ewig Kinder bleiben sollen und nie den Schritt zur erwachsenen, unabhängigen Existenz tun dürfen, denn nur dadurch wird die machtlose Mutter zur Mächtigen. Aber diese heile Welt schützt und stranguliert gleichzeitig. Aus dem Muttertrennungswunsch entstehen Zerstörungswille und Schuldbewusstsein. Die ungelöste Bindung macht anfällig für Destruktion als ziellose Gewalt. Denn diese muss sich gegen alles richten, um sich nicht gegen das einzige Objekt zu wenden, das man zerstören will: die, die einem das Leben gegeben hat. Die Gewalt wird universell und pervers. Sentimentale Idealisierung auf der einen Seite und zerstörerischer Hass auf der anderen sind die beiden Seiten der Perversion.

Ulrike Meinhof wuchs vaterlos und wenig später auch mutterlos auf. Der Haushalt war ein Schwesternhaushalt mit einer ältesten Schwester. Aber damit wurde das Drama der Ablösung von der Mutter permanent. Es gab kein positives Männerbild, denn die lesbische Renate Riemeck vermittelte keines. Mit großer Wahrscheinlichkeit liegt in Ulrikes Kindheits- und Jugendgeschichte auch die Wurzel dafür, dass die Trennung von Röhl für sie zu einem solchen Hass geführt hat. Ihr Ablösungsdrama war nie wirklich beendet worden. Und das Verlassen-Werden durch Röhl hatte ein anderes Verlassen-Worden-Sein aktiviert. Weil der Mann eine alte Wunde hatte heilen sollen, war die Enttäuschung über seinen Liebesverrat umso heftiger. Nach der fehlgeschlagenen Ehe wird dann das Kollektiv zum Schutz gegen Meinhofs Melancholie, die aus Wünschen nach Symbiose kommt. Es heißt, sie sei melancholisch geworden, wenn sie nicht in einer Gruppe arbeiten konnte. Dass sie stark zu Depressionen neigte, haben nicht nur Freunde, sondern auch der Psychiater Rasch bestätigt. Aber das ungelöste Problem der Ablösung wuchs sich im Kollektiv erst recht zum Drama aus, spätestens von dem Augenblick an, als die sadomasochistische Struktur der RAF-Gruppe im Gefängnis deutlich wurde.

Meinhof hat in ihrer Jugend eine längere intensive Freundschaft mit einer Frau gehabt, bis sie sich männlichen Liebesobjekten zuwandte. Kristeva beschreibt die leidenschaftliche Beziehung zwischen zwei Frauen als eine der intensivsten Figuren der Verdopplung und als Echo auf die todbringende Symbiose mit der Mutter.[17] Von hier fällt noch ein anderer Blick auf die Beziehung von Meinhof zu Riemeck. Meinhof hatte Riemeck viel zu verdanken. Ihre vollkommene Ablehnung der Ziehmutter/Schwester in den letzten Jahren, ihre Weigerung, mit ihr zu kommunizieren und sie zu sehen, hat sie in einem Brief begründet, der eine Antwort sein sollte auf Riemecks öffentlichen Brief, in dem diese Meinhof, die im Untergrund lebte, zur Rückkehr in die Legalität aufgefordert hatte. Riemeck hatte in einem öffentlichen Brief Meinhof, die im Untergrund lebte, zur Rückkehr in die Legalität aufgefordert. Ulrikes Entwurf einer Antwort, nie abgeschickt, fand man zufällig in einer Mülltonne. Sie hat dem Brief den Titel gegeben »Eine Sklavenmutter beschwört ihr Kind«.

Der gesamte Text orientiert sich am Wort Sklave, das sich in jedem dritten Satz findet. Ulrike benutzt die Gedanken und Worte von Frantz Fanon, um sich von ihrer Pflegemutter, die sie ihren »Ersatz-Papa« genannt hatte, loszusagen. Fanon, ein Psychoanalytiker, hatte während des algerischen Unabhängigkeitskriegs gegen die Franzosen viele Fälle von Kriegstraumata psychiatrisch behandelt und in seinem Buch DIE VERDAMMTEN DER ERDE beschrieben. Dieser Krieg war von den Franzosen mit schmutzigsten Methoden und ausgedehnten Folterungen geführt worden. Fanons Buch theoretisiert die koloniale Gegengewalt in einer Verbindung von Marxismus und moderner Psychiatrie. So eröffnete er denen, die sich als Marxisten verstanden, den Weg, psychologische Kategorien zu akzeptieren, die sonst verpönt waren, weil sie die »radikale Entschlossenheit« lähmten und sich mit dem Ich beschäftigten, das sich ja im Kollektiv auflösen sollte.

Sartre hat in einem glänzenden Vorwort, in dem er die Tendenz dieses Buches zusammengefasst und noch einmal zugespitzt hatte, geschrieben, dass durch eine blutige Operation nicht nur der politische Kolonialherr, sondern auch der, der in jedem von uns stecke, ausgerottet werden müsse. Kolonialismus war für Fanon wie Sartre nicht nur politadministrative Fremdbestimmung, sondern der Prozess der inneren Verwüstung, der Knechtung nicht nur des äußeren, sondern der Beschädigung auch des inneren Menschen. Fanon rechtfertigt die Gewalt, weil sie eine befreiende Wirkung auf das Nervensystem habe: »Auf der individuellen Ebene wirkt Gewalt entgiftend, sie befreit den Kolonisierten von seinem Minderwertigkeitskomplex, von seinen kontemplativen, verzweifelten Haltungen.« Mit der Entscheidung zur Waffe wird man ein neuer Mensch, der Kampf wird zum Akt der Selbstbefreiung, denn in ihm verliert der Untertan seine Untertanenmentalität. Sartre drückt es im Vorwort ganz explizit aus: »Der Unterdrückte schöpft seine Würde aus der Gewalt. Die Gewalt ist nichts anderes als der sich neu schaffende Mensch.«

In Frantz Fanons Schilderung des Befreiungsvorgangs aus der kolonialen Welt, in der die Gewalt mit der Waffe als Mittel gepriesen wurde, mit dem die Unterdrückten ihre Menschlichkeit entdecken sollten, geht es um die radikale Verwandlung des alten Menschen in den neuen. Die erlittene Gewalt muss nach außen gekehrt werden, damit der sich befreiende Mensch zu seiner Identität findet und zum Träger der neuen Ordnung wird. Hier wird der Gedanke von Engels, dass die Gewalt Geburtshelfer der Geschichte sei, weiterentwickelt zur Gewalt als Geburtshelfer des Ich. Der Kampf um das neue Ich wird zum Exorzismus. Fanons Buch wirkte besonders durch diese masochistische Zuspitzung, die Sartre ihm gegeben hatte. Die Waffe, die zum Kern der neuen revolutionären Existenz wurde, und in der sich das Sinnangebot des Untergrunds konkretisierte, war auch immer auf den Kämpfenden selbst gerichtet.

Das diente den politradikalen Gruppen, die nicht nur den Staat, sondern auch ihre Eltern, den tristen Provinzalltag und eine lähmende Erziehung bekämpften, als revolutionärer Grundlagentext. Ulrike gibt es die erste Möglichkeit, das auszusprechen, was sie in einem anderen Satz einmal benannt hat als das Verbot zu hassen. Alle zu hassen, weil man ja die einzige, die man wirklich hasst, nicht hassen darf, die Mutter, die in ihrem Fall als Tote nicht mehr zur Verfügung stand oder die Ersatzmutter, von der die Ablösung nicht gelungen war. Denn wie sehr das Beispiel von Riemeck sie geprägt hatte, wird deutlich, wenn man noch einmal an den Satz aus ihrem Interview denkt, dass der Mann eine Frau habe, die für die Dinge des Lebens zuständig sei, und wenn die Frau eine solche Frau nicht habe, sei es sehr schwer. Renate Riemeck lebte eine Partnerschaft mit einer Frau, Holde Bischoff, die »für die Dinge des Lebens zuständig war«. Und es war immer wieder Holde Bischoff, die einsprang, wenn die Meinhof-Zwillinge versorgt werden mussten.

Die Sklavenmutter, die Meinhof in ihrem Brief anklagt, ist die, die den Aufstand nicht will und damit ihre Kolonisierung akzeptiert. Das war bei Meinhof natürlich nur politisch gemeint und deshalb tut sie Riemeck offensichtlich Unrecht, denn diese war in den fünfziger Jahren ein Flaggschiff der Linken. Vielleicht landete aus diesem Grund der Brief in der Mülltonne und nicht im Briefkasten, denn Meinhof hatte gemerkt, dass das nicht der eigentliche Grund für ihren Hass sein konnte. Erinnern ist eine emotionale Angelegenheit und dient der Bewältigung der Gegenwart. Die Ablösung von der Mutter oder ihrem Ersatz und die Hinwendung zum anderen Geschlecht ist für die heterosexuelle Frau, die Ulrike sein wollte, etwas, das so tief im Unbewussten vergraben ist, dass es nur als Störung auftauchen kann, als Hass, der ungerecht ist. Der Feminismus, der mit oder auch gegen, wie einige sagen, die 68er-Bewegung entstanden ist, war nicht nur stark männlich, sondern auch stark lesbisch geprägt, weil in seinem Zentrum neben der Revolte gegen den Vater auch die Ablösung von der Mutter stand und zwar jenseits von individuellen Triebkonstellationen, die auch immer als individuelle gesehen werden müssen. Die Frauen lebten, ohne es wirklich zu thematisieren, die Momente eines weiblichen Daseins, in denen sie noch nicht Mutter und nicht mehr Tochter sind. Die symbolische Position ist die der Braut, der Versprochenen. Versprochen der Ideologie, dem neuen Leben, einer Zukunft, die nicht klar war, aber auf jeden Fall als Versprechen auftrat: die große leere Freiheit. Die zu füllen war. Mit der gleichzeitig die Probleme begannen. Die Frauenbewegung hat versucht, Lebensmodelle zu entwickeln, in die der Verzicht nicht eingebaut war. Es war ihr vollkommen klar, dass das nur durch eine grundsätzliche gesellschaftliche Umgestaltung funktionieren konnte.

Melancholie, Affekt, Revolution

Es ist verbürgt, dass Meinhof in den ersten Jahren ihrer Ehe glücklich war. Sie hatte sich in Röhl verliebt und sich sehr um ihn bemüht. Doch als das dieser Leidenschaft zugrunde liegende sexuelle Begehren verdrängt werden musste, trat der Mord im Unbewussten an die Stelle der Umarmung, und die Deprimierte verwandelte sich in eine Terroristin. Denn in der depressiven Hysterie wohnt der Terrorismus. »Die passage à l'acte einer Frau ist gehemmter als die des Mannes, weniger elaboriert und folglich, wenn sie stattfindet, auch gewaltsamer.« Und: »Die Mordtat löst den Depressiven aus seiner Passivität und Niedergeschlagenheit, indem sie ihn mit dem einzig begehrenswerten Objekt konfrontiert, dem von Gesetz und Herrscher verkörperten Verbot.«[18] Es geht nur noch um den Akt der Überschreitung, so schnell wie möglich.

Gesetz und Legalität werden je länger desto mehr Dinge, die zu bekämpfen sind. Meinhof hatte sich sehr kritisch über die Kaufhausbrandstiftung durch Baader und Ensslin geäußert, weil die Vernichtung von Waren für sie nichts Revolutionäres hatte und die Aktion ihr kindisch und unpolitisch erschien. Aber es lag darin ein revolutionäres Moment, das sie sofort faszinierte: den reinen Gesetzesbruch. Es ist die nackte Form des Aufstands gegen die väterliche Ordnung. »Ich habe nicht einen Menschen ermordet, ich habe ein Prinzip ermordet. [...] ich wollte in Erfahrung bringen, ob ich imstande bin, eine Grenze zu überschreiten oder nicht,« wie Raskolnikow sagt.[19]

Wenn immer wieder davon die Rede ist, die Revolte von 68 habe die autoritären Väter bekämpft, dann ist das nur die halbe Wahrheit. Gegen welchen Vater rebellierte man denn? Die Nachkriegsgeneration war eine vaterlose, das haben Soziologen schon in den fünfziger Jahren beschrieben. Der Befund ist dagegen komplizierter. Ein großer Teil der Nachkriegskinder wuchs ohne Vater auf oder mit einem gedemütigten und geschlagenen Vater, der die autoritäre Rolle gar nicht mehr ausfüllen konnte und zu Hause eine eher unheroische Existenz führte. Daneben gab es aber immer noch die kaum gebrochene Kontinuität der autoritären Väter, die in ihre alten Stellungen zurückkehrten, was die Politik ihnen großzügig gestattete, denn, wie Adenauer sagte: »Man schüttet kein schmutziges Wasser weg, solange man kein sauberes hat.« Und mit ihnen reetablierten sich auch die autoritären Haltungen, die in Deutschland eine ungute Tradition hatten. Ein Teil der revoltierenden Jugendlichen ging gegen ihre realen Väter auf die Straße, ein anderer Teil gegen die, die ihre Vaterrolle nicht mehr richtig ausfüllten und ein dritter gegen die symbolischen Väter, die immer noch Träger der politischen Macht und Garanten ihrer Struktur waren. Man revoltiert anders gegen etwas Reales und anders gegen etwas Symbolisches, anders gegen Stärke und anders gegen Schwäche.[20]

Wenn Väter im Krieg geblieben waren und Mütter die Kinder versorgen mussten oder wenn sie zu Hause die Rollen, die man von ihnen erwartete, nicht mehr ausfüllen konnten, dann ist die Wahrscheinlichkeit hoch, dass es zu Ablöseproblemen von der Mutter kommt. Die sehen für Mädchen anders aus als für Jungen, eben weil ihre Schwierigkeit, sich von der Mutter zu lösen, ihnen ganz anderes abverlangt. In den terroristischen Memoiren stößt man immer wieder auf Beschreibungen der Leere, die durch den Übergang in die revolutionäre Aktion wie fortgeblasen war. In dem Moment, als Baader verhaftet wurde, machte sich Euphorie breit, denn jetzt war klar, was zu tun war: Handeln! Sprung in die Aktion, Entschluss zur revolutionären Tat.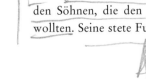

Baader war ein Muttersohn. Schon physiognomisch entsprach er nicht den Söhnen, die den Väterfiguren die Macht aus der Hand nehmen wollten. Seine stete Furcht vor Beschämung und Erniedrigung, die aus

einem überbordenden Narzissmus kam, imprägnierte seine Männlichkeit weiblich. Er liebte Sado-Maso-Zeitschriften. Daher kam auch seine Fähigkeit, Menschen unter Druck zu setzen, sie mit Schuldgefühl aufzuladen. Die Frauen in der RAF bekämpften ihre Weiblichkeit und imprägnierten sich männlich. Das machte die RAF auch zu einem Labor zur Verschleifung von Genderrollen. Wenn gerade Baader, der androgyne Narziss ohne Vater, zum Führer dieser Revolte besonders geeignet war, dann musste es sich um eine neue Art von Revolte handeln, eine, die sich unterschied von den bisherigen. Eine Revolte nach außen, in den gesellschaftlichen Raum hinein, und nach innen, ins Individuum, bis auch dort die Macht vernichtet war, die archaische Macht, die wir nie sehen, aber unter deren Gesetz wir stehen.

Diese Revolte war wahnhaft und unberechenbar. Ein Mensch ohne Vaterbild war deshalb so geeignet, eine Gesellschaft in ihren Vätern herauszufordern, weil er »vom anderen Stern« kam.[21] Freud hatte erkannt, dass es im Unbewussten kein Realitätszeichen gibt, so dass die Wahrheit und die mit Affekt besetzte Fiktion nicht zu unterscheiden sind. Den Revoltierenden ging es nicht nur um die politische Macht im Gemeinwesen, sondern auch um das eigene triebhafte Ich. Ein Triebgestörter ist hellhörig für die Sprache der Triebe. Das hatte auch schon für Hitler gegolten. Man kann Baader und Hitler nicht miteinander gleichsetzen, so wenig man Magda Goebbels und Ulrike Meinhof gleichsetzen kann. Aber es hat in der RAF wie in der NSDAP den gleichen triebhaften Untergrund gegeben. Die ambivalente Fixierung der RAF auf den Faschismus und auf das Dritte Reich drückt nicht nur Ablehnung aus, sondern auch eine unbegriffene Ähnlichkeit.

Der RAF ging es von Anfang an um Grenzziehung. Meinhof hat es im Konzept der Stadtguerilla so beschrieben: zwischen uns und dem Feind einen klaren Trennungsstrich ziehen. Das verortet den Feind ›draußen‹. Wenn aber »der Todfeind in mir selbst« sitzt und ausgemerzt werden soll, dann ist das ein Eingeständnis, dass diese Grenzziehung misslungen ist. Der Kampf tobt jetzt in den Kämpfern selbst. Die Gruppe ist in jeder nur denkbaren Weise gewalttätig: gegenüber den »Schweinen« außerhalb der Gefängnismauern, den »Schweinen« innerhalb der Gruppe und jeder kämpft gegen das »Schwein« in sich selbst. Im ständigen Krieg gegen das eigene Ich soll etwas »ausgekotzt werden«, etwas »ausgemerzt« werden, »Verratsgeschichten werden ködelweise ausgeschissen«. Der Vorgang ist ein intensiv körperlicher, ein Exorzismus. Ensslin schrieb in einem Kassiber: »Du suchst jemand wie Andreas, suchst was dich befreit von was du nicht wolltest, nicht willst. Also wovon? Doch von dir?« Wo Ich ist, soll Über-Ich werden, das gleichzeitig ein Gruppen-Es ist.

Das Stück Fremdheit im eigenen Innern wird genannt »der Faschist in mir« oder »die Klasse in mir«. Das befreite Gebiet beginnt unter der Haut, unter der Voraussetzung, dass man alles losgeworden ist, was sich im Innern als Fremdkörper eingenistet hatte. So wie sich die Zirkulare lesen, bekommt man den Eindruck, dass die verhasste gesellschaftliche Ordnung quasi verschluckt worden ist. Aber, wie Kristeva schreibt, ist da nichts verschluckt worden, sondern etwas liegen geblieben. Nach Kristeva bleiben bei mangelhafter Ablösung von der Mutter im Ich Reste, die sie die »tote Mutter« nennt. Die kann im wahrsten Sinne des Wortes im Magen liegen.

Es gibt in der frühen Kindheit von Ulrike Meinhof ein Ereignis, das auf sie einen großen Einfluss gehabt haben kann. Als sie drei Jahre alt war, begann ihre Mutter Ingeborg eine leidenschaftliche Affäre mit dem Dichter Friedrich Griese, in den sie sich schon früher verliebt hatte.[22] Der informierte nach einer Weile den Ehemann und es kam zu schrecklichen Auseinandersetzungen, denn Ingeborg wollte ihren Mann mit den Kindern zusammen verlassen, was der strikt ablehnte. Griese beendete diese Beziehung nach neun Monaten mit einem hässlichen Brief und Ingeborg Meinhof brach zusammen und wollte sterben. Doch dann tat sie, was sie für ihre Pflicht hielt, versorgte Ehemann und Kinder. Und man kann ziemlich sicher sein, dass ihre Stimmung dabei teilnahmslos und depressiv war, denn noch nach mehr als zwei Jahren, als sie Grieses jüngstes Buch las und feststellen musste, dass er ihre Liebesgeschichte darin verarbeitet hatte, brach sie wiederum fast zusammen. Diese depressive mentale Abwesenheit erfüllt so genau die Diagnose der »toten Mutter«, dass hier der Grund für Ulrikes immer wieder beschworene Depression liegen kann.

Meinhof hat in einem Brief an Ensslin und Baader radikale Selbstkritik geübt: »bezogen auf das, was hier bei mir sache ist: meine sozialisation zum faschist, durch sadismus und religion, die mich eingeholt hat, weil ich mein verhältnis dazu, d. h. zur herrschenden klasse, mal ihr schoßkind gewesen zu sein, nie vollständig aufgelöst, restlos in mir abgetötet habe [...]« Zentral sind ihre Worte »Sozialisation durch Sadismus und Religion zum Faschist«. Wenn Ulrike Meinhof den Faschisten in sich abtöten will und ihre Sozialisation sadistisch nennt, dann will sie

Riemeck in sich abtöten. Meinhof hat vom Moment ihrer Haft an Riemeck nie mehr sehen wollen, keinen Brief von ihr beantwortet und keinen an sie geschrieben. Riemeck wird totgeschwiegen. Zusammen mit dem Bild der (Zieh-)Mutter hat sie damit das des »Ersatz-Papas« zerstört. Psychoanalytikerinnen wissen, dass für eine Frau, für die das Bild das Vaters zerstört ist, das der Mutter oder ihres Ersatzes unfähig erscheint, vor der Gefahr der Psychose zu schützen. »Der Todeswunsch als ein Wunsch, das Ich auszulöschen, ist viel häufiger.«[23] Psychose bedeutet hier nicht die manifeste Ver-rücktheit, sondern die latente Gefahr, keine Grenzen mehr zu kennen und sich im Rausch des Imaginären zu verlieren. »Passer à l'acte«, sich in die Tat werfen, bedeutet dann: auf terroristische Weise das Reich des Vaters zu betreten, um so die bauchrednerische Mutter zu töten.

Liest man die Zellenzirkulare, ist man nach einer Weile betäubt von der verstümmelten Sprache und den sprunghaften Wendungen des Denkens. Das gilt auch für Ulrike Meinhof, deren Kolumnen doch sprachlich brillant gewesen waren, auch dann, wenn man über ihren Wirklichkeitsgehalt streiten konnte. Jetzt schreibt sie in einer Kunstsprache aus eigenwilligen Abkürzungen, rüdem Argot, Schimpfwörtern und Brocken von theoretischen Begriffen und Ableitungen. Sie hatte immer das subtile Spiel beherrscht, mit semantischen Verschiebungen zwischen Moral und Politik zu arbeiten: Auf Politisches antwortete sie moralisch, auf Moralisches politisch. Noch das Konzept der Stadtguerilla, das sie im Auftrag der Gruppe geschrieben hatte, bot im sehr theorielastigen Jargon der Linken ausführliche politische Überlegungen.

Doch je löchriger die politischen Begründungen wurden, desto wüster wurden die Beleidigungen. Der »Brief einer politischen Gefangenen aus dem Toten Trakt« entwickelte schon eine körpersprachliche Semantik, eine Art automatisches Schreiben, wie es die Surrealisten forderten. Jetzt presst Meinhof knochentrockene Hass-Vokabeln heraus, vermischt mit Beschimpfungen, und in den abgehackten und verstümmelten Zusammenhängen liest sich das, als hätten die Worte mit Mühe Zensurinstanzen überwunden. Politische Logik geht hervor aus der Verbindung von Mitteln und Zweck. Die libidinöse ist komplizierter, man muss sie entziffern. Für diese Phase trifft Kristevas Analyse zu, dass die Sprache der Depressiven oft eloquent und rasch sei, aber eine kalte, abstrakte Erregung zeige und zu einer eigenen Logik neige, die affektlos ist.[24] Es ist der gleiche Vorgang wie bei Meinhofs tätlichen Angriffen auf das Wachpersonal. Nicht mehr der Kopf denkt, sondern der Körper. Das Symbolische wird langsam zum Semiotischen. Die Zerstörung der Rede ging der Zerstörung des Körpers voran.

Meinhof war die Aggressivste unter den Stammheimer Häftlingen. Sie schlug und trat die Vollzugsbeamten und beschimpfte Richter, Journalisten und Ärzte unflätig. So wie die unvermittelten Tritte und Schläge, zeigte auch die Sprache der Kassiber den unmittelbaren Einbruch des Affekts in Sprache und Handlung. Als sie einmal einer Vollzugsbeamtin die Klobürste über den Kopf haute, sagte sie zuerst: »Mir war so«. Dann: »Ich habe Hitler geschlagen«. Der Depressive ist ein vom Affekt Gezeichneter, ein vom Affekt Verletzter und auch Gefesselter. Im Affekt stellt sich die Einheit des Ich wieder her, um die der Depressive ständig kämpft. Nur in solchen Momenten ist der Mensch ganz bei sich. Aber das Ganze kann jederzeit kippen, dann verwandelt sich die Aggression in Autoaggression. Besonders im letzten Jahr nahmen ihre autoaggressiven Aussagen und Handlungen zu.[25] Zum Schluss schnippelte sie unablässig an ihren Haaren, wie der Vollzugsbeamte Bubek berichtet. Ein so unbewusster motorischer Affekt der Selbstverstümmelung, selbst wenn es nur die Haare sind, zeigt einen tiefen, unbewussten Konflikt.

Man muss den Brief, in dem Meinhof von ihrer Sozialisation zum Faschisten spricht, und der wohl Ende 1975 geschrieben worden ist, noch ein zweites Mal lesen. In ihm hat sie auf den Vorwurf reagiert, dass ihr gestörtes Verhältnis zu Baader und Ensslin daran liege, dass sie nicht von der revolutionären Gewalt durchdrungen sei. Dieser Brief ist mit seiner maßlosen Selbstbezichtigung ein masochistisches Glanzstück. Er führt durch Übertreibung das Realitätsprinzip ad absurdum. Er liest sich wie eine Kapitulation vor dem Duo Ensslin/Baader, aber er bleibt in der Opposition, besonders da, wo er anhänglich wird bis zur Servilität. Seine Unterwerfung ist so demonstrativ, dass der masochistische Trotz hier die Hand geführt hat nach dem Motto: If I have the name, I shall have the game.

»das wesentliche, mein gestörtes verhältnis zu euch und besonders zu a. käme daher, daß ich nicht von der revolutionären gewalt durchdrungen sei, war einfach ne schamlose phrase, bezogen auf das, was hier bei mir sache ist: meine sozialisation zum faschist, durch sadismus und religion, die mich eingeholt hat, weil ich mein verhältnis dazu, d. h. zur herrschenden klasse, mal ihr schoßkind gewesen zu sein, nie vollständig aufgelöst, restlos in mir abgetötet habe [...]

131

ausweichen vor der tatsache, daß ich [...] schon immer, auf euch meinen wahn projiziere, mir [...] als Überbau eingeimpft – der pigblick: doppelt sehen, doppelt hören [...] – alles mögliche, bloß eins nicht: real, wirklich. also da. dann schon sowas wie der ›liebe gott‹ – auf dem sternfoto im vorigen jahr. die scheiße in meinem wahn. [...] sich zur raf verhalten, wie ich mich zur herrschenden klasse verhalten habe: arschkriecher; d. h. euch behandeln wie bullen, das heißt einfach: selbst längst n bulle sein, in den psychischen mechanismen von herrschaft und unterwerfung, angst und klammern an die vorschrift. eine scheinheilige sau aus der herrschenden klasse, das ist einfach die selbsterkenntnis. alles nur ›als ob‹[...]«

»scheinheilig ist das richtige wort. weil das ebenschon immer [...], soweit ich überhaupt nur zurückdenkenkann – familie, sozialisation, religion, kp, mein jobbei konkret – genau das wollte ich nat. nicht bleiben, ein schwätzer, als ich zur raf ging [...]«

»ich dachte dann, ihr müßtet mich doch kritisieren. im trakt hatte ich auch ne zeitlang gedacht, daß das eigentlich klar sein müßte, daß die Niederlage 72 hauptsächlich durch meine Scheiße kam. aber das war nat. – so – auch nur der umgedrehte größenwahn. aber in der erwartung, kritisiert zu werden, steckte die kapitulation vor der schwäche, es nicht, selbst zu bringen – wollte geführt werden. eine nonne, weil da drin immer, bei mir: religiöser wahn [...]

na ja – es war immer etwas faul. meine scheinheiligkeit psychorucksack, die falsche klasse, die psychischestruktur einer kleinbürgerin und wenn ich mir einbildete, daß ich nicht so ne sau sei, wie ich nach allem, biografie, sein mußte – dann wegen idealismus im kopf, statt materialismus.«

Das wurde sogar Baader zu viel, der sonst keiner Konfrontation und keinem Exorzismus auswich. Er schrieb:»Hör endlich auf, Dich zu quälen und zu kriechen. Du sollst Dich nicht zu einem kriechenden Köter regredieren.«[26] Vielleicht hat er auch begriffen, was Meinhof hier spielte, denn»If I have the name, I shall have the game« bedeutet: Wenn ich mich selbst bezichtige, brauche ich keinen Herrn mehr, der das tut, ich verfüge über mich selbst. Je stärker die Gruppe auf sich selbst zurückgeworfen war, desto mehr etablierte sich die sadomasochistische Ordnung der Herren und Knechte und der Herr war Andreas Baader. Hinter (oder neben) ihm stand, wie in einer klassischen Ehe, Gudrun Ensslin. Sie war Smutje, der Küchenjunge, aber auch die Sekretärin, in deren Händen die Fäden zusammenliefen. Baader war der Kapitän Ahab, alle Namen stammten aus Moby Dick. Meinhof hatte als einzige aus dem inneren Kreis keinen Namen, der diesem Roman entliehen war. Das verlieh ihr eine problematische Sonderstellung, die sie in ihrem Brief selbst benennt: Nonne.

Diese asexuelle Position kann man als eine Anspielung auf den phantasmatischen Hof der Sexualität lesen, die um das politische Paar Ensslin/Baader herum lag. Aber eine Nonne ist ja nicht nur asexuell, sie ist auch gebunden an ein höheres körperloses Liebesobjekt. In demselben Brief klagt sie sich an, dass Baader ihr vorgekommen sei wie der liebe Gott: »also da. dann schon sowas wie der ›liebe gott‹ – auf dem sternfoto im vorigen jahr.« Damit schafft sie ein Band zwischen sich und Baader. In diesem scheinbar so servilen Brief steckt die Behauptung, dass sie und Andreas Baader durch eine Beziehung miteinander verbunden sind, die der zwischen Ensslin und Baader vielleicht irdisch keine Konkurrenz macht, aber ihr sogar überlegen ist. Die Nonne ist die Braut des Herrn, seinem Willen völlig untertan und in Liebe an ihn gebunden. Es war Andreas Baaders freie, blanke Aktivität, die die abendländische Psyche hinter sich gelassen hatte und unterschiedslos einen tödlichen Verlauf nehmen konnte oder einen harmlosen, worin seine Attraktion für Meinhof lag. Baader verkörperte wie niemand sonst die reine, unbegründete Tat in der Verbindung von Spiel und Tod.

Nichts hat die deutsche Öffentlichkeit neben den Vorwürfen der Folter so aufgewühlt wie der Hungerstreik, denn Hunger war das deutsche Kriegs- und Nachkriegstrauma. Baader hatte das mit lakonischem Sadismus angekündigt: »Es werden Typen dabei kaputtgehen.« Nach außen war das klar ein Druckmittel auf die Sympathisanten, die Demonstration tödlicher Entschlossenheit von Gefangenen, die keine Waffen mehr besitzen außer ihren Körpern. Die Schmerzen dienten der Herstellung von Märtyrern und sollten als politische Waffe eine breite Solidarisierung entfachen. Aber der Hungerstreik hatte auch eine Funktion nach innen, gegen die Mitglieder der Gruppe. Man sollte ihn begreifen als Ritual der Unterwerfung unter den Willen des »Generaldirektors« Baader. Und die Hungerstreiks waren eine Art Selbstfolter. In ihnen sollte die Wahrheit aus den Körpern herausgerissen werden: ist man ein Revolutionär oder ist man keiner. Das entschied sich am Heroismus, die physischen Schmerzen zu ertragen, wenn der Schlauch durch die Nase geschoben wurde. In der Standhaftigkeit vor den Qualen werden die Weihen der heroischen Männlichkeit erreicht. Der politische Märtyrer ist immer, gezwungenermaßen oder selbst gewählt, Masochist.

Hungerstreik als politische Waffe in der innenpolitischen Auseinandersetzung entstand nicht durch Zufall zeitgleich mit dem modernen Wohlfahrtsstaat.[27] Getroffen werden soll damit der Staat in der Rolle einer ›phantasmatischen Mutter‹, die, weil sie omnipotent ist, nie gelernt hat, den Mangel oder die Trennung zu ertragen. Durch den Hungerstreik wird der kollektiven Mutter eben jenes Fürsorgerecht verweigert, dessen sie zu ihrer Beleibung bedarf. Diese Haltung ist die Ausweitung des alltäglichen Kampfes gegen die Nahrung, die vielen Frauen heute in ihren Diätbemühungen zur zweiten Natur geworden ist. Gegen diese Form von Ablösung ihrer Untertanenkinder ist die phantasmatische Mutter ebenso machtlos wie die reale. »Vater Staat« hatte sich in Deutschland schon sehr früh, seit dem 17. Jahrhundert und als Reaktion auf den verheerenden 30-jährigen Krieg, mit den Eigenschaften der versorgenden Mutter aufgeladen. Seine »gute Policey« wurde zum Modell des modernen wohlfahrtsstaatlichen Denkens. Wenn es noch eines Beweises bedarf, dass es sich bei dem Krieg der RAF gegen die rheinische Demokratie um eine Auseinandersetzung handelte, in der sich die Kategorien der politischen ›väterlichen‹ Macht mit denen der archaischen ›mütterlichen‹ vermischten, dann ist es die Funktion, die der Hungerstreik in dieser Auseinandersetzung hatte.

Ulrike Meinhofs Tod im Gefängnis von Stammheim kann man wie den Tod von Magda Goebbels im Bunker vom melancholischen Masochismus beider Frauen her noch einmal auf andere Weise betrachten. Für Magda Goebbels ist der Mord an den Kindern eine masochistische Explosion eines Ichs, dem es an narzisstischer Erfüllung fehlt. Ihr eigener Freitod ist das Ende eines deutschen Sado-Masochismus der Pflicht. Diese Haltung ist heute, nach dem Bruch, den die Kulturrevolution von 68 bedeutet, anachronistisch. Aber die Melancholie, die darin tobte, ist es nicht. »Die leicht hypnoide, überbordende Aktivität der Melancholie besetzt heimlich die Perversion in dem, was das Gesetz an Unerbittlichstem aufweist; Zwang, Pflicht, Schicksal, bis hin zur Unumgänglichkeit des Todes.«[28] Diese Perversion sucht sich heute andere Wege.

Ulrike Meinhof war im Gefängnis nichts mehr geblieben als Bewusstsein und Kollektiv. Aber das Kollektiv hatte sich von ihr abgewandt. Kurz vor ihrem Tod gibt es ein emblematisches Bild für ihre Existenz: Der Vollzugsbeamte Bubek erzählt, dass die Gruppe im Flur saß, als Meinhof in ungewöhnlicher Aufmachung vor ihr erschien. Für ihre leuchtend rote Bluse erntet sie Hohngelächter. Nach einer Weile bittet sie ihn, wieder in ihrer Zelle eingeschlossen zu werden.[29]

Es ist oft gesagt worden, dass ihr Selbstmord unwahrscheinlich sei, weil sie keinen Abschiedsbrief hinterlassen habe. Aber das ist nicht wahr. Wittgensteins PHILOSOPHISCHE GRAMMATIK lag aufgeschlagen auf dem Tisch mit dem Satz: »Die Wortsprache ist nur eine unter vielen möglichen Arten der Sprache und es gibt Übergänge – einer zu anderen.« Diese Sätze beschreiben auf Wittgensteins Weise, was Julia Kristeva als »passage a l'acte« beschreibt.

TRAUMA UND RETRAUMATISIERUNG

Pathologie

Das Dritte Reich lebt weiter als eine Ansammlung von Untoten, die im deutschen Unbewussten halb vergraben sind. Es agiert periodisch als das deutsche Trauma. Heute ist es Teil einer popkulturellen Aufarbeitungsmaschine, die in ihm vor allem den Thrill aufspürt und es enthistorisiert. 1968 musste der Zugang zu ihm durch verschwiegene Schichten unter Erschrecken erarbeitet werden. Der Begriff Trauma hat seit einiger Zeit Inflation und droht an die Stelle dessen zu treten, was in den fünfziger Jahren im Hinblick auf das Dritte Reich Verstrickung genannt wurde. Damit wurde die Schuldfrage ausgeblendet. Alle waren irgendwie verstrickt gewesen, aber niemand verantwortlich, weder für das Verbrechen noch für sich selbst. Seit 68 ist Deutschland auch im eigenen Bewusstsein legiert mit Völkervernichtung, Gestapo- und KZ-Gewalt, von der man immer gewusst, sich aber weggeduckt hatte. Doch was die deutsche Nachkriegsgeneration auch getan, gedacht und geträumt hatte, das Dritte Reich war als nicht begriffener Untergrund immer präsent gewesen.

Betrachtet man die RAF in ihrer Beziehung zum Staat, war sie eine Verbindung von Paranoia und Politik. Betrachtet man sie als Gruppe, war sie eine Verbindung von Kinderzimmer und Sado-Masochismus, und betrachtet man sie in der Geschichte, war sie die Bearbeitung eines Traumas und eine Retraumatisierung im selben Moment. Sie ist wahrscheinlich auch noch mehr. Das Paket RAF ist noch lange nicht aufgeschnürt. Aber sie war nicht einfach ein Haufen von durchgeknallten Irren, von denen man sich achselzuckend abwenden könnte, allenfalls am Grusel interessiert. Eine solche Entsorgungsstrategie verfährt nach dem vertrauten Muster: Ich war es nicht, Adolf Hitler (die Nazis, die SS, die Gestapo) ist es gewesen.

Viele, die früher der radikalen linken Szene sehr nahe standen, verstehen sich heute selbst nicht mehr. Der Historiker Götz Aly, selbst lange Jahre in einer maoistischen Gruppe, erschrak beim Wiederlesen des Buchs DIE REBELLION DER STUDENTEN über einen Satz von Dutschke, in dem es sinngemäß heißt: Wenn wir nach dem Tod von Benno Ohnesorg den Widerstand nicht fortsetzen, machen wir uns zum Juden. Es gibt für ein solches Erschrecken auch ein Beispiel aus einer anderen Zeit. Der Romanist Hans Robert Jauss sah sich vor elf Jahren gezwungen, an die Öffentlichkeit zu treten, nachdem seine Mitgliedschaft in der Waffen-

SS bekannt geworden war. Jauss war Mitbegründer der Reform-Universität Konstanz und prominenter Vertreter jener Rezeptionsästhetik, die in den siebziger Jahren den »Tod des Subjekts« verkündete. Allerdings hatte er sich, im Gegensatz zu Aly, nicht mit seiner Vergangenheit beschäftigt, sondern erklärt, er habe niemals eine Notwendigkeit darin erblickt, sich zu seiner Mitgliedschaft bei der Waffen-SS zu äußern, weil er diese selbst nicht mehr verstehe! Ihm sei der junge Mann, der er einst gewesen war, »fremd geworden«. Einigen Mitgliedern der RAF geht es inzwischen genau so. Silke Maier-Witt ist heute fassungslos darüber, sich nicht empört zu haben, als Rolf Heißler bei Brigitte Mohnhaupt, der Chefin der Zweiten Generation, die Erlaubnis einholte, mit ihr, Silke, eine Beziehung einzugehen. Und dass die Zustimmung Mohnhaupts für sie eine Art Kompliment war.

Die Revolte der 68er war eine Jugendrevolte, aber was dort brodelnd auftauchte, waren nicht einfach nur jugendliche Verirrungen und Exzesse, so wie jede Generation die ihren hat. Man unterschätzt heute leicht die Angst vor der Wiederkehr der mörderischen NS-Gewalt, die große Teile der damaligen Generation erfasst hatte. »Das Phantasma, Opfer einer nicht enden wollenden, sich immer wieder erneuernden, gewalttätigen Geschichte zu sein, war in der Generation *nach* Auschwitz eine zentrale, untergründige Kollektivphantasie.«[30] Ulrike Meinhof hat es in das Gegensatzpaar von Wirklichkeit und Wahrheit gefasst. Wahrheit war für sie der ungebrochene Schuldzusammenhang zwischen der westlichen Bundesrepublik und dem Dritten Reich. Da das nicht selbstevident war, musste man der westdeutschen Demokratie die Maske vom Gesicht reißen und eine Situation schaffen, auf die der Staat reagieren musste mit »faschistischer Repression«. So erschuf die RAF selbst die Wirklichkeit und mit ihr die Zeitgenossenschaft, die ihr qua Geburt nicht möglich war.

Jillian Becker hat das beschrieben als den nachgeholten Widerstand. In der komplexen Gemengelage dieser Kulturrevolution stellte das auf jeden Fall ein starkes Motiv dar und den Grund für viele Radikalismen. Denn am Beispiel des Dritten Reichs hatte man gelernt, dass alles mit allem zusammenhängt, die Vernichtung der Juden mit den Fahrplänen der Reichsbahn, die Eintopfsonntage mit der Aufrüstung, die Autobahnen mit dem Krieg im Osten. Man hatte gelernt, dass auch derjenige, der im Alltag untätig bleibt, schuldig wird. Und dass die größten Übeltäter keine Sadisten sind. Aber in diesem Widerstand ging es um sehr unterschiedliche Ziele. Nicht nur um den Kampf gegen einen Staat, den man mit einem anderen überblendete, und damit auch um die eigene

Entschuldung, sondern es ging auch um die Anklage der Eltern ebenso wie letztes Endes dann auch um deren Entschuldung. Und um ein vollkommen vages Ziel: die Schaffung des »neuen Menschen«, der nicht mehr für irgendeinen Faschismus anfällig sein sollte.

Mit dem zentralen Topos Auschwitz war kein anderes der Mitglieder der RAF in solch einem Maße verbunden wie Ulrike Meinhof.[31] »Das gesamte Denken und Handeln Ulrike Meinhofs ist ohne Auschwitz, ohne die Judenvernichtung der Nazis, kaum vorstellbar. In ihren Phantasien wird die Auschwitz-Imagination bis in ihren Kernbereich, den der Vernichtung von Häftlingen durch Gas in den Krematorien, hinein produziert.« Diese Anknüpfung signalisiert zweierlei: Zum einen, dass die Haftbedingungen in der Bundesrepublik mit denen der NS-Vernichtungspraxis nicht nur zu vergleichen, sondern letztlich identisch seien, zum anderen, dass es sich bei den Gefangenen der RAF um Häftlinge handle, die mit denen eines nationalsozialistischen Vernichtungslagers auf ein- und dieselbe Stufe gestellt werden könnten. In dieser Viktimologie phantasiert sie sich in das eliminatorische Zentrum der Judenvernichtung hinein. Ihr in der Strafanstalt Köln-Ossendorf formulierter Satz, dass ihre »Auschwitzphantasien [...] real« seien, ist vermutlich die am häufigsten von ihr zitierte Äußerung.[32] In den siebziger Jahren sind nicht wenige auch außerhalb der RAF Meinhof darin gefolgt. Der Blick auf Auschwitz war mit einem solchen Schrecken verbunden, solchem Abscheu und Ekel, den man sich heute nicht mehr vorstellen kann. Die Bilder der Gaskammern und Verbrennungsöfen sind heute abgenutzter als sie damals waren und werden mit weniger Abwehr, aber auch kürzerer Erschütterung wahrgenommen.

Eine hysterische Opfer-Identifikation dient der Schuldabwehr. Für einen Teil der Kriegs- und Nachkriegskinder, zu denen Ulrike gehörte, ragte die Traumatisierung des Kriegs und der Judenvernichtung in ihr Leben hinein als gefühlte Schuld, die zu einer existentiellen, knechtenden Scham führte bis ins Körperliche. Dies Verschwiegene und Verdrängte wirkte wie ein Giftstau. Es lähmte wie ein Familiengeheimnis, das man erbt, ohne doch dessen Kern zu kennen. Es war ein Geburtsmakel, den man nicht loswurde, zu dem man aber keine Beziehung herstellen konnte. Erich Kästner hat in seiner Berichterstattung über die Nürnberger Prozesse geschrieben: »Worüber man nicht schweigen darf und nicht sprechen kann.« Die gesamte Nachkriegsgeneration saß in dieser Falle. Und weil die Sensibilität so groß war, diese Wunde so frisch, war auch die Abwehr groß.

Für das Übermaß der Schuld, die man nicht auf sich geladen hatte, der man aber nicht ausweichen konnte, für die man verantwortlich war und die man zu tragen hatte, gab es keine normale Reaktion. In der Empörung über die Eltern hat Manfred Rommel, der ehemalige Stuttgarter Oberbürgermeister, der gegen Widerstände die Beerdigung von Ensslin, Baader und Raspe auf dem Stuttgarter Dornhaldenfriedhof gestattete, den »Anspruch auf fehlerfreie Vorfahren« gesehen. Es war aber eher so, als hätte man den Masochismus als Geburtsaustattung mitbekommen. Der masochistische Trotz sagt: Wenn ich eh für schuldig gehalten werde, dann will ich es auch sein. In dieser Logik war die terroristische Tat der nachgelieferte Grund für die Schuld und gleichzeitig deren Wiedergutmachung, denn man griff ja Bonn an, das mit dem Dritten Reich identisch war. Es ist, als würde die Schuld, die unbegriffen und auch abstrakt in der Luft hing, durch die eigene Tat konkretisiert. Das war eine große psychische Erleichterung, weil sich so das drückende Schuldgefühl, das zur Explosion neigte, Luft gemacht hatte.

Wir befinden uns hier an jener Synapse zwischen Politischem und Psychischem, von der Judith LeSoldat spricht. Das Problem bestand darin, dass man zwei seelische Dinge gleichzeitig tun musste: sich von der Tat und denen, die es getan hatten, distanzieren, sich aber mit der Schuld identifizieren. »So notwendig es war, sich die Verbrechensgeschichte des Dritten Reichs ›zu eigen‹ zu machen – statt sie, wie es in vielen Presseberichten zum Frankfurter Auschwitz-Prozess hieß, auf die angeklagten ›Bestien in Menschengestalt‹ abzuschieben, mit denen anständige Deutsche nichts zu tun hatten – so unmöglich war es letzten Endes, sich gleichzeitig zu identifizieren und zu distanzieren. Wer sich für diese Geschichte mitverantwortlich fühlte, gehörte zwangsläufig auch dem nationalen Kollektiv an, und zwar über die Geschehnisse, die jedes menschliche Maß überstiegen und nur ein Gefühl von Taubheit, Horror und Scham hinterließen.«[33] Dieses Empfinden war allgemein. Wenn auf die Empörung die terroristische Tat folgte, dann lag das an einer speziellen Verbindung von Politischem und Biografischem, die für einen jeden anders aussah, aber oft einen gemeinsamen Hof von Verzweiflung hatte. Gewaltanwendung war Ohnmachtsabwehr. Es waren eben nicht die Unempfindlichen, die sich radikalisierten.

Da war dieser Berg von Schuld, aber wo waren die Täter? Das Wissen über die konkrete Schuld der konkreten Täter außerhalb der in Nürnberg Verurteilten hatte damals gerade erst begonnen. Mit seiner eigenen belasteten Vergangenheit hatte sich dieses Nachkriegsdeutschland nie ernsthaft und rückhaltlos auseinandergesetzt, weder im Westen noch im Osten. Der Osten bestand per Definition aus Widerstandskämpfern, im Westen stellte sich die Entnazifizierung, wie sie die West-Alliierten der künftigen Bundesrepublik verordnet hatten, bald nach Abschluss der letzten Nürnberger Prozesse als ein fauler Kompromiss zwischen der Suche nach Gerechtigkeit und Staatsraison heraus. Das Entnazifizierungsschlussgesetz vom 1. Juli 1951 zieht einen Schlussstrich und holt – bis auf die verschwindend kleine Gruppe der Hauptschuldigen und Schuldigen – alle früheren Beamten heim in den öffentlichen Dienst, mitsamt ihren Versorgungsansprüchen und Entschädigungszahlungen für zwischenzeitliche Entfernung aus dem Amt. Eine Welle von Begnadigungen der Adenauer-Regierung lässt ab 1951 sogar viele der in Nürnberger Militärprozessen verurteilen Täter wieder frei kommen. Während die Zahl der NS-Verfahren in den kommenden Jahren immer weiter zurückging, stiegen die Ermittlungsverfahren gegen die neuen, alten Feinde, die Kommunisten, enorm an.[34]

Götz Aly hat darauf hingewiesen, dass 1968 das Jahr mit den meisten NS-Prozessen in der Geschichte der Bundesrepublik und den meisten lebenslänglichen Verurteilungen war und die Studenten sich dafür nicht im Geringsten interessiert hätten. Aber wenn ein konfuses und nur vage bekanntes Grauen klare Konturen bekommt, dann steigt erst einmal das Entsetzen weiter an. Und die Wut. Und angesichts der genauen Schilderung der Gräueltaten auch der Wunsch, nicht allzu genau hinzusehen. Der feste Vorsatz, dass so etwas nie noch einmal passieren dürfe, führte zum selbstquälerischen Vorhaben, den faschistischen deutschen Charakter auszumerzen. Meinhof schrieb schon 1961: »Denn in unserer Demokratie wirkt schon die schuldig-unschuldige Teilnahme an den Verbrechen des Nationalsozialismus wie Gift.« Der Schweigepakt hatte zur Folge, dass Kinder nicht nur die Traumata der Eltern in sich aufnahmen, sondern auch die pathologische Verarbeitungsweise ihrer Eltern.

Hier lag die Wurzel für Meinhofs Radikalität. Man hat ihr vorgeworfen, dass sie einen ursprünglichen moralischen Impuls instrumentalisiert habe. Ihre wirkliche Kenntnis der Jahre zwischen 1933 und 1945 sei relativ gering gewesen, aber der gefühlsmäßige Abscheu, der aus jener Zeit zu ziehen war, habe ihrer Polemik gegen das Aktuelle genutzt.[35] Das trifft zu für die Meinhof der RAF und ihren Satz von 1972: »Ohne daß wir das deutsche Volk vom Faschismus freisprechen – denn die Leute haben ja wirklich nicht gewusst, was in den Konzentrationslagern vorging –, können wir es nicht für unseren revolutionären Kampf mobi-

lisieren.« Diese späte Wendung, die dem ursprünglichen Impuls der jungen Kolumnistin für *konkret* nicht entspricht, kam aus dem Versuch, die von ihr als existentiell empfundene Last der Schuld nicht nur für sich selbst zu tilgen, sondern mit dem Volk wieder einig zu sein, um der »ortlosen Guerilla« einen Ort zu verschaffen. Als politische Taktik war das unsinnig. Die Leute, die es nicht gewusst haben sollen und die sie mobilisieren will, waren im Rentenalter.

Es gibt für ein politisches Kollektiv die Stunde Null, nicht aber für eine Gesellschaft, und schon gar nicht für eine, die dermaßen innig mit einem totalitären Regime verbandelt war wie die deutsche. Die Verbindungen zwischen dem Dritten Reich und 68 waren vielfältig, bewusst und unbewusst, psychisch roh und biografisch komplex verarbeitet. Hitler, der am meisten mediatisierte Staatsmann, hat einmal gesagt, er sei die »Kristallisation der Wünsche der Deutschen«. Damit bezog er sich weniger auf seine Person als auf das Bild, das er von sich geschaffen hatte. Dieses Bild war ein Geflecht aus gegenseitigen Wünschen des Volkes und seines Führers. In ihm vereinigten sich die individuelle Pathologie des Menschen Adolf Hitler und die kollektive Pathologie einer Nation. Die »innere Kolonisierung«, die die RAF sich in ihren Selbstreinigungsritualen aus dem Leib reißen wollte, hatte mehrere Namen, aber »Faschist« war der wichtigste. Und es ist auch in Sätzen, die für uns heute das Lächerliche streifen, etwas davon zu ahnen, wenn man liest:»tauch mal unter, ›in die tiefe‹, such und find die subtilen, terrorisierenden, blutsaugenden mechanismen des weltmarkts, gesamtkapitals in dir.« Es ging um eine politische Revolution, die gleichzeitig eine Therapie eines ganzen Volkes sein sollte. Bloß: Wie therapiert man ein solches Volk?

Meinhofs Entschuldungsstrategie arbeitete mit mehreren Verkehrungen. Zunächst wurde das innere Schuldgefühl nach außen gekehrt und rückwärts bis zu seinem Grund verfolgt, bis zum mörderischen Staat des Nationalsozialismus: Wir fühlen uns vergiftet, deshalb muss uns jemand vergiftet haben, das ist der Staat. Über die Position des Opfers nimmt die RAF dann die Position der Juden ein. Es hat eine Perversion stattgefunden, nicht im Sinne von sexueller Abartigkeit, sondern im fundamentaleren Sinn der Verkehrung.[36] Die Täter haben sich in Opfer verwandelt. Und in dem selbstmörderischen Versuch, den neuen endgültig schuldlosen Menschen zu schaffen, der Mensch sein wird und nicht Schwein, taucht das präödipale, narzisstische Paradies auf, das diese ›Menschen‹ schaffen wollen, frei von Kapitalismus und frei von

Schuld. »Die Träumerei vom goldenen Zeitalter ist in Wirklichkeit die Verneinung der Schuld.«[37]   J. Kristeva

Der nächste Schritt ist dann die Entschuldung des Volkes. Schuld an allem ist der Kapitalismus. Nicht die Deutschen hatten den Nationalsozialismus an die Macht gebracht, sondern allein die Kapitalisten, so lautete auch die offizielle Position der DDR. Nicht Deutsche hatten die Juden vergast, sondern die SS. In den Konzentrationslagern saß jetzt die deutsche Arbeiterklasse und der US-amerikanische Kapitalismus hatte die Deutschen angestiftet, die Sowjetunion anzugreifen. Israel wurde zum faschistischen Staat zusammen mit den USA und der BRD. Deshalb war jeder Kampf, der sich gegen einen von ihnen richtete, legitim. Und so wurden die, die bei Springer die Scheiben einwarfen, vergleichbar den Aufständigen im Warschauer Ghetto. Genau so hatte übrigens die politische Gegenseite dasselbe Ereignis mit der Reichspogromnacht verglichen, hier war jetzt Springer der Jude. Schmidt und Brandt sahen in der RAF die Wiederkehr des Faschismus.[38] Die Inanspruchnahme des Dritten Reichs war nicht auf die RAF beschränkt.

Das Dritte Reich sank ab zur Empörungsmetapher und wurde universell einsetzbar, daran hat sich bis heute nichts geändert. Worte aus dem KZ-Universum waren geläufig. Gudrun Ensslin schrieb, man könne sich nur wundern, dass »wir nicht schon vernichtet oder abgespritzt sind.« Meinhofs Rechtfertigung der Terroraktion des palästinensischen Kommandos Schwarzer September anlässlich der Olympischen Spiele 1972 in München glorifiziert diese auf eine, auch damals schon als zynisch empfundene Weise, als »gleichzeitig antiimperialistisch, antifaschistisch und internationalistisch« und hat den Attentätern eine »Sensibilität für historische und politische Zusammenhänge« zugeschrieben. Unmissverständlich fallen die Worte von »Israels Nazifaschismus«, Verteidigungsminister Mosche Dajan wird zum »Himmler Israels«. Der Text gipfelt in der These, die israelische Regierung habe ihre Sportler »verheizt wie die Nazis die Juden«.

Auf diese Weise hat sie auch Dresden und Auschwitz auf eine Stufe gestellt.[39] Und da Auschwitz nicht zu leugnen war und auch nicht, dass es ein Konzentrationslager war, in dem Juden umgebracht wurden, wo doch nach der Argumentation von Meinhof in den KZs vor allem die deutsche Arbeiterklasse gesessen hatte, geht die Beweiskette jetzt so: Die Juden sind umgebracht worden als »Geldjuden«. »In diesem Antisemitismus, der ins Volk reinmanipuliert worden ist, war die Sehnsucht nach dem Kommunismus, die dumpfe Sehnsucht nach der Freiheit von Geld und Banken.«[40] Damit wurde aus der Judenvernichtung ein wesentlich antikapitalistischer Akt. Die Deutschen wurden zu einem wesentlich unschuldigen Volk, weil sie als reine Thoren verführt und Opfer einer Manipulation geworden waren. Das ist kein linker Antisemitismus mehr, sondern der nationalsozialistische pur, dem »die jüdische Geldgier« ein rassisches Merkmal war. Meinhofs Weg hatte sie vom Kommentar zum 6-Tage-Krieg mit dem Satz, die Vernichtungswut der arabischen Länder gegenüber Israel sei unerträglich, zur Auffassung geführt, Israel sei der Aggressor, und zusammen mit der Bundesrepublik ein faschistischer Staat, beide Nachfahren des Dritten Reichs. Was der Historiker Gerd Koenen für den linken Antisemitismus schreibt, dass er nicht die Wiederkehr eines Verdrängten gewesen sei, sondern der brachiale Versuch der Befreiung von etwas allzu Präsentem, Bedrängendem, Hemmendem, gilt auch für sie. In der Sehnsucht nach der schützenden Gruppe steht die Volksgemeinschaft wieder auf. »Der Macht der Ursprünge ist nicht zu entgehen«, schreibt Klaus Heinrich. Heiner Müller sah es eher so, dass die verdrängte Geschichte unter der Maske des Terrorismus zurückgekehrt sei.

Wenn man die Geschichte der RAF als gesellschaftliches Psychodrama begreift, dann war ihre Kernaussage die der Vernichtungshaft. Würde es sich um einen Traum handeln, würde man zwei Begriffe isolieren: Vernichtung und Haft. Man wird in Haft genommen (haftbar gemacht) für eine Vernichtung (die der Juden). Weil das nicht zu ertragen ist, begibt man sich in die Position des Gefährdeten. Durch eine Umschreibung der Geschichte wird ein Volk entschuldet, aber auch die einzelnen Individuen. Die Juden, das war jetzt die RAF selbst. Damit eigneten sie sich einen Slogan der Linken an, die, als sie sich verfolgt sahen, riefen: »Wir sind alle deutsche Juden.« Die Sympathisanten waren gehalten, mit dreißig Jahren Verspätung das zu tun, was die meisten Eltern nicht getan hatten: mit Geld, Wohnungen und Aktionen den Juden (RAF-Kader) zu helfen, und sie aus dem KZ (Stammheim) zu befreien.

Alle diese Perversionen kopieren die Perversion des Dritten Reichs. Hitler hatte gesagt, wenn das »Internationale Judentum« glaube, Deutschland in einen Krieg treiben zu können, dann werde das die endgültige Vernichtung der jüdischen Rasse sein. Als er das aussprach, hatte er den Krieg längst beschlossen. Die Verkehrung eines aggressiven Wunsches in die Behauptung, man reagiere nur auf die Aggressionen anderer, ist ein gemeinsamer Mechanismus des Nationalsozialismus und

der RAF. In ihrer Verlautbarung nach dem Mord an Schleyer hatte die RAF behauptet, der Staat sei für dessen Tod verantwortlich. Und auch die Exorzismen, mit denen die RAF sich den Faschisten austreiben wollte, haben ihr Urbild im Dritten Reich. Auch die SS sah den Todfeind nicht nur außen, sondern auch in sich selbst und bekämpfte den »inneren Juden«. Die RAF war nicht einfach der nachgeholte Widerstand gegen den Nationalsozialismus, sondern ebenso sehr die Kopie von beidem. Habermas hatte schon früh die Bezeichnung »linker Faschismus« gewählt. Das ist ihm seinerzeit übel genommen worden. Aber ausgerechnet der zum Rechtsradikalismus konvertierte Horst Mahler hat dem zugestimmt. In einem Gespräch aus dem Jahr 2007 antwortete Silke Maier-Witt auf die Frage, was die RAF mit ihr als Mensch gemacht habe, dass es die gleichen Mechanismen seien, die bei KZ-Wärtern funktionierten. »Auch sie konnten sich einreden, für ein höheres Ziel zu morden.«

Eine Kopie auch, was die psychologischen Momente angeht. Man hat vom Nationalsozialismus als kollektiver Psychose gesprochen. Man hat auch von der RAF als Gruppen-Psychose gesprochen. Der Nationalsozialismus hat die Deutschen brutalisiert weit über sein Ende hinaus. Die im Dritten Reich losgetretene Gewalt verschwand nicht einfach, weil ein Volk besiegt worden war. Wenn die Judenvernichtung ein Zivilisationsbruch war, dann ist es selbstverständlich, dass die Auswirkungen auch heute noch spürbar sind. Kalkulierte Brutalität im Dienst einer Sache hat eine lange Tradition in Deutschland. Im Zeitalter der Vorherrschaft adliger Militärs wurde diese noch gebändigt durch den Ehrenkodex der oberen Klasse, mit Hitler begann sie sich zu proletarisieren und griff auch von der Politik auf andere Bereiche über und durchdrang den Alltag. Zwischen den Jugendlichen herrschte nach 1945 ein enorm gewalttätiges Klima. Bandenkriege und Schulhofsadismus waren Normalität. Im Pöbelhaften der Rituale der Gruppe 47 in den fünfziger Jahren kann man Vorläufer der zügellosen Aggressionen in den politischen und künstlerischen Kollektiven der siebziger Jahre sehen. Man muss nur die Zadek-Memoiren lesen und die Fassbinder-Biografien, in ihnen findet sich diese sehr deutsche Verwechslung von Wahrheit und Rohheit. Unter den Studenten machte sich eine arrogante Gehässigkeit breit und mit einer andressierten Gnadenlosigkeit immunisierte man sich gegen eigene Zweifel. Man muss nur die Zadek-Memoiren lesen und die Fassbinder-Biografien, in ihnen findet sich diese sehr deutsche Verwechslung von Wahrheit und Rohheit. Nicht nur die RAF lebte vom Hass, auch die vielen anonymen Briefschreiber der schweigenden Mehrheit, die »Kopf ab« und Schlimmeres forderten, taten es. Und auch die »klammheimliche Freude« der Sympathisanten hatte daran Teil.

Jan Philipp Reemtsma hat der RAF die politische Ernsthaftigkeit vollkommen abgesprochen. Seine These lautet, dass der Terrorismus eine attraktive Lebensform bedeutet habe, die Machterfahrungen mit sich brachte wie keine andere. Von Anfang bis Ende habe sich bei der RAF alles um sie selbst und ihre revolutionäre Identität gedreht, die die Bereitschaft zum Tod als letztem Ausweis von Authentizität mit einschloss.[41] Damit trifft er die RAF mitten ins Herz, deren Mitglieder immer darauf bestanden hatten, dass sie nur aus politischen Gründen handelten, nie aus persönlichen. Wenn man aber davon ausgeht, dass die unbewusste Grundlage für jede politische Entscheidung eine libidinöse ist, dann löst sich dieser Widerspruch auf. Unterschiedliche psychologische Motive werden sichtbar und auch der Grund, warum direkt neben dem Machtrausch die Frustration lauerte. Die narzisstische Amoral von Andreas Baader, die den Italo-Western-Helden jener Zeit eigen war, basiert nicht mehr auf der abendländischen ›Psyche‹, sondern auf dem befreiten Affekt. Gudrun Ensslin überführte eine radikale protestantische Ethik in eine terroristische Selbstheiligung, die wohl auf eine Weise, über die man nichts aussagen kann, mit Erotik verbunden war. Und Ulrike Meinhof, die zehn Jahre älter war, kämpfte ihren einsamen Kampf darum, durch extreme politische Positionen ihre Zerrissenheit zwischen ›Mensch‹ und ›Weib‹ zu besiegen und wiederholte gebetsmühlenhaft: »Es ist die Pflicht eines Revolutionärs, immer zu kämpfen, trotzdem zu kämpfen, bis in den Tod zu kämpfen.« In diesem leeren Kampf hausten dann Selbstermächtigung und Hybris direkt neben der Ohnmacht.

Utopie

Der damalige Präsident des Bundeskriminalamtes, Horst Herold, hat sich schon in einer Zeit mit den Ursprüngen des Terrorismus beschäftigt, als andere die Terroristen nur jagen wollten. Ihm zufolge entstehe Terrorismus immer, wenn etwas Neues, noch Unbegriffenes sich ankündige. Damit steht er in der Linie von Norbert Elias, der den Terrorismus nicht mit herkömmlichen politischen Schemata begreifen will, denn die Probleme, die in ihm angesprochen sind, können je nach Generationslage der betreffenden Gruppe zu den beiden Seiten des politischen Spektrums führen. Elias betrachtet ihn in seiner Reflexion ÜBER DIE DEUTSCHEN als Generationenkonflikt, aber nicht als ein individuelles Versagen bestimmter Elternhäuser, sondern als einen Konflikt auf der sozialen Ebene. Kriege und Revolutionen, selbst wenn ihre Ziele gänzlich andere sind, bringen in der Regel eine Beschleunigung des Generationswechsels mit sich. Das alles habe mehr den Charakter einer Tragödie alten Stils als den eines Verbrechens.

Was dieses Neue sein kann, ist seit den siebziger Jahren langsam deutlicher geworden und steht heute mit klaren Konturen vor uns. Es ist ein fundamentaler Bruch mit dem Verständnis dessen, was der Mensch ist. Geschichte ereignet sich heute im Umbau des Menschen selbst, nicht nur seiner gesellschaftlichen Bedingungen. Dazu gehört alles, was mit der Verbreitung des Computers zu tun hat und mit der Schaffung von immer neuen Schnittstellen zwischen Mensch und Maschine. Aber mit ebensolcher Wucht gehört dazu die wachsende Macht der Biopolitik, die die menschliche Reproduktion und Filiation neu definiert. Gemeinsame Basis für beide ist der menschliche Körper, der für vielfältige Eingriffe an Leib und Hirn zur Verfügung steht.

Frauen stehen im Zentrum dieser Entwicklung, mit der die symbolische Ordnung, wie wir sie von unseren kulturellen Wurzeln in Christentum und Hellenismus kennen, aus den Angeln gehoben wird. In der Gen- und Reproduktionstechnologie findet die technische Ersetzung der Frau als Mutter statt. Frauen waren Natur, weil sie die Herrinnen der Mutterschaft waren. Natur wird jetzt umdefiniert.[42] Der rein körperliche Zeugungsakt tendiert dazu, zum Anachronismus zu werden, weil die Kinder in vielen Fällen nicht mehr durch den geschlechtlichen Akt entstehen können oder optimiert werden müssen oder sollen. Durch die Befruchtung in der Retorte zerfällt jetzt die Mutter ebenso in Funktionen, wie die Frau es im 20. Jahrhundert schon erlebt hatte.

So wie diese auseinander gefallen war in häusliche Dienstleistung, Erotik, Beruf und Mutterschaft, wird die Mutter jetzt potentiell aufgespalten in die drei Möglichkeiten biologische Mutter, reproduktive Mutter und soziale Mutter. Und inzwischen ist die Wissenschaft so weit, dass ein Kind sogar zwei biologische Mütter haben kann. Die Mutter wird ganz funktionslos werden, wenn die künstliche Gebärmutter, an der schon seit langem gearbeitet wird, erlaubt, den gesamten Vorgang der Reproduktion aus der Frau heraus zu verlagern und ihn der industriellen Verwertung und Manipulation zugänglich zu machen. Die In-vitro-Fertilisation des Menschen liefert die überzähligen Embryonen, an denen die Genkartierung des Menschen erforscht werden kann. Ungelöste Probleme der Geschlechterordnung waren immer an den weiblichen Körper verwiesen worden, aber mit diesen Techniken beginnt etwas fundamental Neues.

Potentiell sind damit zwei Entwicklungen angelegt: eine neuheidnische Selbstvergöttlichung des Menschen und seine Transformation zur Biomasse. Das eine findet auf dem kulturellen Feld im Scheinwerferlicht der Öffentlichkeit statt, das andere eher versteckt in den Laboren der Wissenschaft. Doch beides zusammen wirkt so massiv, dass Kristeva fürchtet: »Nie zuvor ist die Macht der destruktiven Kräfte außerhalb wie innerhalb des Individuums derart unverhüllt in Erscheinung getreten wie heutzutage. Mit der Zerstörung der Natur, des Lebens und des Besitzes geht die Zunahme oder einfach der klarer erkennbare Ausbruch jener psychischen Störungen einher, in deren Diagnostik die Psychiatrie immer tiefer eindringt: Psychose, Depression, Manie, Borderline, falsches Selbst usw. Den militärischen und politischen Katastrophen entspricht das Auseinanderbrechen der psychischen Identität. Der Zweite Weltkrieg hat das Bewusstsein aller verroht. Unsere symbolischen Mittel reichen nicht mehr aus. Keine Katastrophe erreichte je derart apokalyptische Dimensionen und nie waren die symbolischen Mittel zur ihrer Repräsentation kläglicher.«[43]

Ein solcher Mangel an Symbolisierungsfähigkeit lag der RAF zugrunde. Man kann die Revolte von 68 und darin insbesondere die RAF begreifen als eine Art Triebdurchbruch, der mit dem Umbau dessen, was der Mensch künftig sein wird, verbunden war. Es ist, als hätten sich die tektonischen Platten »Politik« und »symbolische Ordnung« gegeneinander verschoben. Die RAF als Identitätsprojekt hatte ihre psychische und politische Identität in der Selbstermächtigung gefunden, über Leben und Tod zu entscheiden. In unserer westlichen Exzesskultur ist die Flut von Kulturprodukten heute, in denen der Tod längst zum seriellen Abschlachten geworden ist und dem Entertainment dient, vielleicht nicht einfach nur eine Verrohung der Moral, sondern ein Zeichen für eine Krise, in der es im wahrsten Sinne des Wortes um »Leben und Tod« geht, um »Individuum« oder »Biomasse« und wo die abendländische ›Psyche‹ zur Disposition steht.

Kristeva behauptet, dass die Politik, zumal in ihren mörderischen Krisen, eben nicht, wie noch für Hannah Arendt, das Feld ist, auf dem sich die menschliche Freiheit entfaltet, was heute als Begründung für jeden Demokratisierungsfeldzug dient. Sie sieht im Gegenteil eine Gefahr: »Der öffentliche Schmerz absorbiert den privaten, damit werden aber auch die politischen Sachverhalte ins Licht der Psychose gezogen. Die Domäne der modernen Politik ist in einer massiven, totalitären Weise sozial nivellierend, todbringend. Von daher ist der Wahnsinn ein Bereich antisozialer, apolitischer und in einem paradoxen Sinn freier Individuierung.«[44] Gudrun Ensslins Satz, man wolle nicht nur ein Blatt in der Kulturgeschichte der Menschheit sein, zeugt von diesem maßlosen Ehrgeiz. Wenn jede Gesellschaftsform ihre eigene Barbarei hervorbringt, ist diese Verschmelzung von privaten und öffentlichen Pathologien die Barbarei der modernen Massendemokratie.

In seiner Dankesrede für den Kleistpreis hat der Schriftsteller Wilhelm Genazino gesagt: »Jeder, der lebt, wird zum Teilhaber des Entsetzens seiner Zeit, und niemand durchlebt die Durchfilterung seines Ichs, ohne einen Teil der objektiven Gewalt als subjektive Gewalt privatisieren zu müssen. Die Gesellschaft wartet immer gerne darauf, dass bei dieser intimen Operation einer verrückt wird, weil ihre eigene immanente Gestörtheit dabei unzensiert öffentlich werden und dabei gleichzeitig besichtigt, toleriert und verurteilt werden darf. Bis heute gilt die Verletzlichkeit des Subjektes als ein privates Geschehen und ist deswegen kaum kommunizierbar. Bei Kafka finden wir die Ausformulierung der Melancholie, die Kleist unter dem herrschenden Tapferkeitsdruck ausgeblendet hat.«

Genazino wirft uns zurück auf die deutsche Geschichte. Vom deutschen Tapferkeitsdruck haben sowohl Ulrike Meinhof wie Magda Goebbels einiges erfahren. Heiner Müller hat Meinhof die Braut Kleists genannt. Er, der sich von den Modernen am tiefsten mit deutscher Geschichte auseinandergesetzt hat, hat als Dichter die Chance ergriffen, den historischen Abschnitt des Nationalsozialismus in seiner Verbindung zum Gesamtgang der abendländischen Geschichte zu sehen. Er beschreibt die Geschichte in der männlichen Linie des Blutvergießens als einen Gewaltzusammenhang bis in die Antike zurück. Als einzige Rettung, die Gewaltanwendung zu beenden, erscheint ihm der Ausstieg aus der vertikalen Generationenfolge von Vater und Sohn. Stattdessen greift er zurück auf das Bild der horizontalen Querverbindung der Geschwisterhorde, dem ja auch die Kommune 1 in ihrer Suche nach der »zärtlichen Kohorte« angehangen hatte. »In dem Jahrhundert des Orest und der Elektra, das heraufkommt, wird Ödipus eine Komödie sein.«[45] Den vergangenheitslüsternen Helden Hamlet und Ödipus – immer mit der väterlichen Leiche und dem eigenen Spiegelbild befasst – stehen *die Muttermörder* und Geschwister des Terrors gegenüber, die den Tod planen und ausführen, ihn aus dem Reich des Unbewussten befreien.[46]

Heiner Müller hat sich immer wieder mit dem Zusammenhang von Frau und Revolution beschäftigt. Seine Revolutionärin Dascha aus ZEMENT wird in den Wirren des Bürgerkriegs für ihren Mann gefoltert und erwirbt in der Konfrontation mit Tod und Todesqualen die Weihen der Männlichkeit. Die Todesnähe setzt eine (auch erotische) Destruktivität der Frau in Gang, die sich als eigene »mythologische« Kraft im historischen Fortschritt entfaltet. Die Liebe zu Mann und Kindern, zur Familie als Stätte der Reproduktion fällt dem Bann der Vergangenheit anheim. Und in der Nähe zum Tod manifestiert sich ein selbstbestimmtes Begehren der Frau, eine Lust, die nicht mehr ideologisch korrekt begehrt, sie will den Junker und will ihn auch nicht. Auf eine Frau, die einmal durch die Revolution hindurchgegangen ist, ist kein Verlass mehr.

Dass Frauen nicht ausschließlich gut und friedlich sind, war als unterdrückte Ahnung bekannt aus den Vorzeiten des individuellen und historischen Gedächtnisses. Immer wenn in den Schlagzeilen mit Schauder berichtet wird, dass eine Frau ihre Kinder umgebracht hat, breitet sich Erschrecken und Unverständnis aus, weil es doch viele Hilfsmöglichkeiten gibt, die sie hätte in Anspruch nehmen können. Ist es Hilflosigkeit oder Dummheit, dass sie es nicht getan hat? Nur das Auffinden oder Konstruieren von sozialen Gründen beruhigt uns und führt zur Erschütterung. Die Herrschaft der Männer über die Frauen ist in fortschrittlichsten Nationen zwar zu Ende, nicht aber das Patriarchat, und die weibliche Potenz ist nach dem Ende seiner langen Geschichte noch immer Terra incognita. Und sie hat ihre schwarzen Seiten. Die Mutter ist in allen Kulturen und auch im Bewusstsein eines jeden Menschen von frühester Kindheit an Trägerin der Vernichtung ebenso wie sie Trägerin des Lebens und des Heils ist. Wenn sie wirklich als Vernichterin auftritt, dann ist es, als würde der Schleier von etwas Erschreckendem weggezogen, über das man sonst in der Kultur nur schweigt. Das kulturell Verdrängte tritt nur im individuellen Fall ans Tageslicht.

Immer wenn eine mörderische Frau auftaucht, ist es wie die Erinnerung an den alten Kampf, in dem die Frauen dem Patriarchat unterlegen sind.[47] Die Amazonenfürstin Penthesilea, die am Ende Küsse und Bisse verwechselt und ihren Geliebten verzehrt, taucht ebenso auf wie Medea, die ihre Kinder umbringt. Und man kann darüber rätseln, warum Goethe, dem die Kleistsche Penthesilea zutiefst widerwärtig war, die BACCHEN von Euripides einmal »mein liebstes Stück« nannte und später daraus ausgerechnet jene Szene übersetzte, in der Orpheus zerfleischt wird.

Der Medea-Stoff des Euripides hat nie geruht. Aber es hat Zeiten gegeben, in denen auch er ›retraumatisierte‹. In allen Medea-Variationen geht es um die Zerrissenheit: halb Tier, halb Göttin; halb Christin, halb Mänade; halb Weib, halb aus Eisen; halb Furie, halb Grazie; immer steht die Frau jenseits der menschlichen Ordnung. Nach Hebbels und Grillparzers Versionen der Medea hat Heiner Müller in seinem MEDEA-MATERIAL zu zeigen versucht, wie die antiken Tragödien das letzte Aufbegehren der Verliererinnen, der Frauen, in ihrem Untergang darlegen: »Aber im Umsturz, zwischen den Ordnungen, erscheint das Gesicht der archaischen Frau. Das Grauen, das es auslöst, ist ein Effekt des Vergessens ihrer Vorgeschichte, ihrer Entmachtung, ihrer zur zweiten Natur gewordenen Unterdrückung.«[48] Jede einzelne Frau muss seitdem in ihrer Objektwahl die Unterwerfung wiederholen und das Recht der Sieger bestätigen. Der objektivierte männlich-ödipale Triebanspruch hatte sich die Herrschaftsform des Patriarchats geschaffen, das nunmehr von den Frauen einen kulturellen Tribut fordert.[49]

Aber die triebökonomische Verschiebung kam nicht dem Mann, sondern dem Recht des Patriarchats zugute. In seinen verschiedenen Frauengestalten hat Heiner Müller immer wieder gezeigt, wie diese Emanzipation der Frau mit der Erfahrung des männlichen Verrats verbunden ist. »Aber im Umsturz, zwischen den Ordnungen, erscheint das Gesicht der archaischen Frau. Das Grauen, das es auslöst, ist ein Effekt des Vergessens ihrer Vorgeschichte, ihrer Entmachtung, ihrer zur zweiten Natur gewordenen Unterdrückung.«[50] Die antiken Tragödien zeigen das letzte Aufbegehren der Verliererinnen in ihrem Untergang. Das Weibliche, will es sich selbst behaupten, (re-)konstruieren, muss als Verwerfung der sozialen Ordnung auftreten, als Provokation, die noch nicht weiß, wohin sie will. Man kann das auch so sagen: Wenn die Frauen aus ihren vorbestimmten Rollen hinaustreten, wankt die gesellschaftliche Ordnung, weil ihr das symbolische Fundament verloren geht.

In einem Jahrhundert, an dessen Beginn die Frau im Aufbruch war und an dessen Ende die Mutter ersetzt wird durch Technologie, kommen ihre Bedingungen noch einmal ans Tageslicht. »Emanzipation, Gleichberechtigung und die Umkehrung der Verhältnisse in Einzelfällen ändern nichts an der Tatsache, dass zwischen Frauen und der männerrechtlich organisierten Gesellschaft eine Beziehung besteht wie zwischen Untertanen und Tyrann. Die Gewalt ist längst durch eine Kulturideologie ersetzt worden, die unverdächtig erscheint und nicht mehr als Herrschaftsvorschrift erkannt wird.«[51] Die Frauenbewegung und der Feminismus haben darauf reagiert in einer Weise, die von vielen wahrgenommen wurde als Verwerfung des Weiblichen. Denn – so hat es Freud ja beschrieben – wie kann man sich als Frau erleben, wenn man der Repräsentanz eines Teils des eigenen Körpers (des Geschlechts) beraubt und darauf reduziert ist, das Geschlecht zu beneiden, das man nicht hat?[52]

Die Emanzipation der Frau im 20. Jahrhundert war so fast notwendig eine von der Mutterschaft. Das wird heute als sozialpolitischer Skandal angesehen. Für andere mündet es in einer Klage über einen lebensgeschichtlichen Verlust, weil der Feminismus nichts ausgesagt habe über die Liebe der Frauen zu den Kindern und den Männern. Das stimmt. Aber Glück ist immer eine individuelle Lösung. Man kann jede Emanzipationsgeschichte auch als Verlustgeschichte erzählen. Der Mann hat einen Doppelstatus: Liebesobjekt und Autorität. Damit muss die Frau, die sich befreien und dabei glücklich sein will, fertig werden. Man kann das als historische Ungerechtigkeit ansehen. Aber genau das sollte uns heute von den Anfängen des Feminismus 1968 unterscheiden: das Wissen, dass es in der Geschichte die Kategorie Gerechtigkeit nicht gibt.

Freuds Motiv der Kästchenwahl schließt mit den drei Gesichtern der Frau: der Geliebten, der Erzeugerin und der Erde, in der die Körper ruhen, aus denen das Leben gewichen ist. Im sozialen Verständnis war die Frau Tochter, Braut, Mutter. Als Tochter gehörte sie ihrem Vater, als Mutter dem Mann der Kinder. Nur die Braut ist eine weibliche Grenzfigur zwischen den Ordnungen, nicht mehr Tochter, noch nicht Frau, eine Figur an einer Schwelle, die Kindheit ist abgeschlossen, die Reproduktion hat noch nicht begonnen. Sie ist die Figur der Versprochenen. Nur für sie ist alles offen, nur auf sie kann niemand einen Besitzanspruch anmelden. Weibliche Lebensläufe im 20. Jahrhundert pendeln um diese Figur herum. Im 20. Jahrhundert wird aus der Braut die Figur der Revolutionärin, versprochen der Idee. Magda Goebbels und Ulrike Meinhof waren je in ihrer Generation solche Bräute. Sie haben sich aus den Ordnungen heraus begeben und in das gestellt, was Heiner Müller im MEDEAMATERIAL so beschrieben hat: »[...] und wohnen in der leeren Mitte Ich, kein Weib kein Mann«.

ANMERKUNGEN

I. Kapitel
Führerbunker und Hochsicherheitstrakt

1   LeSoldat, Judith: *Freiwillige Knechtschaft*, o.O. 1989, S. 135.
2   Schneider, Manfred: *Die kranke schöne Seele der Revolution*, Frankfurt/Main1980.
3   Christina von Braun hat in ihrem Buch *Stille Post*, Berlin 2007, diese weibliche Seite von Geschichte beschrieben.

II. Kapitel
Bräute des Nichts

1   Ebermayer, Erich/Roos, Hans: *Gefährtin des Teufels. Leben und Tod der Magda Goebbels*, Hamburg 1952.
2   Behrend, Auguste: »Meine Tochter Magda«, in: *Schwäbische Illustrierte*, 1952.
3   Klabunde, Anja: *Magda Goebbels. Annäherung an ein Leben*, München 1999, S. 91. Dort auch weiterführende Literatur.
4   Avineri, Shlomo: *Arlosorof – A Political Biography*, London 1989.
5   Fromm, Bella: *Als Hitler mir die Hand küßte*, Berlin 1993, S. 80.
6   Einzelheiten bei Klabunde, Anja: *Magda Goebbels*, S. 185.
7   Bärsch, Claus-Ekkehard: *Der junge Goebbels. Erlösung und Vernichtung*, München 2004, S. 85.
8   Klabunde, Anja: *Magda Goebbels*, S. 118.
9   Die Aufzeichnungen Wageners, die er nach 1945 in Kriegsgefangenschaft machte, sind ausführlich zitiert und ausgewertet bei Anja Klabunde.
10 Dafür ist immer noch sehr aufschlussreich das frühe Buch von Hermann Rauschning: *Gespräche mit Hitler*, Zürich, wiederaufgelegt 2005.
11 Viele aus den höheren Rängen der Nazis hatten zwei Familien wie Bormann und Himmler. Die offizielle Begründung hieß: so viele Kinder »guten Blutes« wie möglich. Und einige der Frauen waren damit einverstanden. Frau Bormann machte ihrem Mann den Vorschlag, die Schwangerschaften so einzurichten, dass er immer eine freie Frau zu seiner Verfügung hatte.
12 Siehe dazu Green, André: *Die tote Mutter*, Gießen 2004, S. 288.
13 Rauschning, Hermann: *Gespräche mit Hitler*, S. 212ff. Bella Fromm berichtet von einer jungen Frau, die in der Zeit ihres Arbeitsdienstes schwanger wurde und sagte: »Ich bin stolz darauf, dem Führer ein Kind zu schenken. Ich hoffe, daß es ein Junge wird, der für ihn sterben kann. Ich bin eine Braut des Führers.« Fromm, Bella: *Als Hitler mir die Hand küßte*, S. 237.
14 Für den gesamten Komplex Meinhof/Röhl und *konkret* siehe Röhl, Bettina: *So macht Kommunismus Spaß*, Hamburg 2006.
15 Krebs, Mario: *Ulrike Meinhof*, Hamburg 1988, S. 126.
16 Prinz, Alois: *Lieber wütend als traurig*, Weinheim 2005, S. 144.
17 Becker, Jillian: *Hitlers Kinder?*, Frankfurt/Main 1978, S. 133. Becker hat sehr früh Zeitzeugen befragt, als die Erinnerungen noch frisch waren.
18 Krebs, Mario: *Ulrike Meinhof*, S. 198.
19 Siehe dazu Jander, Martin: »Isolation«, in: Kraushaar, Wolfgang (Hg.): *Die RAF und der linke Terrorismus*, Hamburg 2006.
20 Ebd., S. 984.
21 Prinz, Alois: *Lieber wütend als traurig*, S. 245.
22 Reemtsma, Jan Philipp: »Was heißt ›Die Geschichte der RAF verstehen‹?«, in: Kraushaar, Wolfgang (Hg.): *Die RAF und der linke Terrorismus*, S. 1364.
23 Ebd., S. 1363.
24 Girard, René: *Der Sündenbock*, Zürich 1998.
25 Wesemann, Kristin: *Ulrike Meinhof*, Baden-Baden 2007, liefert eine genaue Analyse der politischen Positionen von Meinhof.
26 Das entsprach der Terminologie der DDR, die immer vom »anglo-amerikanischen Terrorangriff« sprach. Aber wie Ulrike einmal in einer Diskussion um eines ihrer Radiofeatures bemerkt hatte, sie sei nicht an kleinlichen statistischen Wahrheiten interessiert, sie suche die Grundwahrheit; siehe dazu Krebs: *Ulrike Meinhof*, S.121.
27 Hauser, Dorothea: »Deutschland, Italien, Japan«, in: Kraushaar, Wolfgang (Hg.): *Die RAF und der linke Terrorismus*, S. 1284.
28 Becker, Jillian: *Hitlers Kinder?*, S. 235ff.

III. Kapitel
Das revolutionäre weibliche Subjekt

1 Benjamin, Walter: *Gesammelte Schriften III*, Frankfurt/Main 1972, S. 62.

2 Müller, Heiner: *Zement*, in: ders.: *Geschichten aus der Produktion 2*, Berlin 1974, S. 74.

3 Aus einem Gespräch zwischen Horst Herold, Wolfgang Kraushaar und Jan-Philipp Reemtsma, in: Kraushaar, Wolfgang (Hg.): *Die RAF und der linke Terrorismus*, Bd. 2, 1388.

4 Klabunde, Anja: *Magda Goebbels*, S. 191.

5 Kristeva, Julia: *Schwarze Sonne. Depression und Melancholie*, Frankfurt/Main 2007, S. 90.

6 Peter von Matt hat in seinem Buch *Liebesverrat*, München 1991, gezeigt, wie selten es in der deutschen Literatur kluge Frauen gibt, die auch liebende sind, S. 37 ff.

7 Die Malerin Frida Kahlo, Frauen-Ikone der Kunst, lernte von ihrem Geliebten Trotzki alles über die Revolution, imitierte seine Rhetorik, sprach über die Armut, die Arbeiterklasse. Aber sie sah, dass ihre Malerei ganz andere Wege ging und ihre Worte Lügen strafte. Die Bilder, die sie malte, und das Bild, das sie, über Ideologie redend, ihrem Geliebten bot, kamen nicht zusammen.

8 Daniel Cohn-Bendit erzählte, wie sogar Sartre nach dem Besuch in Baaders Zelle bemerkte: »Ein Arschloch, dieser Baader!« Baader hatte ihm wohl in einem kleinen philosophischen Grundkurs nahe bringen wollen, dass Attentate, Morde und Geiselnahmen im Kampf um die Befreiung von Kapitalismus und Imperialismus gerechtfertigt seien und dass man an der Seite der Sowjetunion kämpfen und sich mit den östlichen Geheimdiensten verbinden müsse. Aber Sartre blieb solidarisch und kritisierte in der anschließenden Pressekonferenz scharf die Isolationshaft, in der Baader und seine Gefährten gehalten wurden. Erschöpft stieg er am Ende ins Flugzeug und schwor, sich nie wieder auf etwas Derartiges einzulassen. Interessantes und Weiterführendes dazu bei Wolfgang Kraushaar: »Sartre in Stammheim«, in: *Lettre International*, Nr. 80.

9 Gerburg Treusch-Dieter macht darauf aufmerksam, dass im Nationalsozialismus der Jude im Zeichen der Sexualabwehr zum ›Schwein‹ wurde. »Zeitlose Maternitas«, in: dies.: *Von der sexuellen Rebellion zur Gen- und Reproduktionstechnologie*, Tübingen 1990, S. 106.

10 LeSoldat, Judith: *Freiwillige Knechtschaft*, S. 135.

11 Becker, Jillian: *Hitlers Kinder?*, S. 129.

12 Melanie Klein hat gezeigt, wie sehr die Idealisierung des Mutterbildes eine Verleugnung der Verfolgungsängste ist, die mit diesem Bild zusammenhängen.

13 Kristeva, Julia: *Schwarze Sonne. Depression und Melancholie*, S. 12.

14 Es gibt eine beunruhigende Aussage der Mutter von Gudrun Ensslin. Ensslin ist noch in Freiheit, Baader ist schon verhaftet, da sagt Frau Ensslin: Es ist besser, sie wird erschossen als dass sie jemanden erschießt. Ihr Leben ist eh kaputt. Gudrun Ensslin lebte möglicherweise in einer mütterlichen Delegation, die erklären kann, warum sie als die radikalste galt, die niemals Selbstzweifel hatte, Hier ist man im Bereich der Spekulation.

15 Kristeva, Julia: *Schwarze Sonne. Depression und Melancholie*, S. 93.

16 Jäger, Herbert/Schmidtchen, Gerhardt/Süllwold, Lieselotte: *Lebenslaufanalysen*, Opladen 1981.

17 Kristeva: *Schwarze Sonne*, S. 256.

18 Ebd., S. 93 und 205.

19 Dostojewski, Fjodor: *Verbrechen und Strafe*, Frankfurt/Main 2005, S. 370f.

20 Auch für die Mehrheit der 33er-Studenten hatte gegolten, dass ihre Väter geschlagen, demoralisiert oder verkrüppelt aus dem Ersten Weltkrieg zurückgekehrt waren. Der schwache materielle und ideelle Familienhintergrund ließ sie empfänglich werden für die falschen Verlockungen des Kollektivs. Sie feierten den Abschied vom bürgerlichen Individualismus und sahen sich im »Übergang von der Ich-Zeit zur Wir-Zeit«. Die Ähnlichkeit der antibürgerlichen Momente geht bis ins Vokabular.

21 Thorwald Proll gab seinen Memoiren diesen Titel.

22 Das hat Jutta Ditfurth in ihrer Meinhof-Biografie, deren Tendenz ich nicht teile, recherchiert. *Ulrike Meinhof*, Berlin 2007, S. 29ff. Für Kindheit und Jugend von Ulrike Meinhof ist Dithfurts Buch ergiebig.

23 Kristeva: *Schwarze Sonne*, S. 37.

24 Ebd., S. 63.

25 Oesterle, Kurt: *Stammheim. Die Geschichte des Vollzugsbeamten Horst Bubeck*, Tübingen 2003, S. 56.

26 Krebs, Mario: *Ulrike Meinhof*, S. 254.

27 Vgl. von Braun, Christina: *Die Angst der Satten. Über Hungerstreik, Hungersnot und*

28 *Überfluß*, Filmessay, Köln 1991.
    Kristeva: *Schwarze Sonne*, S. 91.
29 Oesterle, Kurt: *Stammheim*, S. 131.
30 Schneider, Christian: »Zwischen den Toden«, in: Biesenbach, Klaus (Hg.): *Zur Vorstellung des Terrors: die RAF-Ausstellung*, Bd. 2, Göttingen 2005, S. 216.
31 Noch heute betont Marcel Reich-Ranicki, dass Ulrike Meinhof die erste Person in der Bundesrepublik gewesen sei, die ihn genauer nach seinen Erfahrungen im Warschauer Ghetto befragt und darauf gefühlsmäßig reagiert habe.
32 Kraushaar, Wolfgang: »Zivilisationsbruch und Gesellschaftskontinuität«, Vortrag anlässlich der Dresden Konferenz Oktober 2006.
33 Koenen, Gerd: »Bewaffnete Unschuld«, in: *Zur Vorstellung des Terrors*, Bd. 2, S. 165.
34 Von 1951 bis 1958 geraten 138 000 mutmaßliche Kommunisten ins Fadenkreuz von Polizei und Justiz, und es kommt zu 7 000 Verurteilungen. Zum Vergleich: 1958 gründen die Justizminister der Länder die Ludwigsburger Zentralstelle zur Ermittlung von NS-Verbrechen. Die Staatsanwälte machen 100 000 Tatverdächtige aus, doch es kommt zu ganzen 6 500 Verurteilungen.
35 Wesemann urteilt, dass das Gedenken an die Juden Meinhof vor allem als Folie für den falschen Umgang der BRD mit den Kommunisten gedient habe.
36 Mit dieser Bedeutung des Begriffes arbeitet die französische Psychoanalytikerin Janine Chasseguet-Smirgel sehr fruchtbar in ihrer *Anatomie der menschlichen Perversion*, Stuttgart 2002.
37 Kristeva: *Schwarze Sonne*, S. 210.
38 Theweleit, Klaus: *Ghosts*, Frankfurt/Main 1998, S. 37.
39 Siehe dazu im Einzelnen den Aufsatz von Wolfgang Kraushaar.
40 Dazu Hauser, Dorothea: »Rechte Leute von links«, in: *Zur Vorstellung des Terrors*, Bd. 2, S. 135.
41 Reemtsma, Jan-Philipp: »Was heißt, die Geschichte der RAF verstehen‹?«
42 Treusch-Dieter, Gerburg: »Reagenzglas Frau«, in: *Von der sexuellen Rebellion*, S. 191.
43 Kristeva: *Schwarze Sonne*, S. 210.
44 Ebd.
45 Müller, Heiner: *Die Umsiedlerin oder das Leben auf dem Lande*, Berlin 1975, S. 117.
46 Siehe dazu den Aufsatz von Genia Schulz: »Medea«, in: Berger, Renate/Stephan, Inge: *Weiblichkeit und Tod in der Literatur*, Köln 1987.
47 Gerburg Treusch-Dieter hat in ihrer Dekonstruktion des Mythos gezeigt, dass es nicht der Kampf zwischen dem Matriarchat und dem Patriarchat war, sondern die Ersetzung der Heiligen Hochzeit durch den Mythos, wodurch der Frau die Fähigkeit des Zeugung genommen wurde. Dies in den hier behandelten Kontext zu setzen, würde aber eine eigene Abhandlung erfordern.
48 Schulz, Genia: »Medea«, S. 245.
49 LeSoldat: *Freiwillige Knechtschaft*, S. 218.
50 Heiner Müller, nach Schulz, Genia: »Medea«, S. 245.
51 LeSoldat: *Freiwillige Knechtschaft*, S. 221.
52 Green: *Die tote Mutter*, S. 284.

Jutta Brückner, geboren 1941 in Düsseldorf, studierte Politik, Geschichte und Philosophie und promovierte 1973. Seit 1970 arbeitet sie als Drehbuchautorin, Regisseurin und Produzentin ihrer eigenen Filme. Sie schreibt Drehbücher, u. a. für Volker Schlöndorff *(Der Fangschuss,* 1976), Hörspiele, Essays und Theatertexte, führt Regie für Funk und Fernsehen. Seit 1984 ist sie Professorin an der Universität der Künste in Berlin, seit 2003 stellvertretende Direktorin der Akademie der Künste Berlin im Bereich Film- und Medienkunst. Ihre Filme haben zahlreiche Preise auf Internationalen Filmfestivals gewonnen. Auswahl: Preis der Internationalen Filmkritik (Fipresci-Preis) in Berlin für *Hungerjahre* (1980), Preis der Deutschen Filmkritik für den besten Spielfilm des Jahres für *Hungerjahre* (1981), Preis der Deutschen Filmkritik für den besten Kurzfilm des Jahres für *Luftwurzeln* (1983), Preis der Deutschen Filmkritik für den besten Spielfilm des Jahres für *Ein Blick – und die Liebe bricht aus* (1986), Großer Dokumentarfilmpreis von Figueira da Foz und Preis der Presse für *Bertolt Brecht – Liebe, Revolution und andere gefährliche Sachen* (1998). Auf dem Filmfestival in Denver erhielt sie den »Tribute of outstanding Achievements in the Art of Film«.

RECHERCHEN

Theater der Zeit
www.theaterderzeit.de

RECHERCHEN

121 H/Frauen   45 H/Frauen
38

16 Deckung von "Trieb" u. Macht
17
20 [Zus. hang von Geschl. Frage u. Politik]

115/6/18 — Psych. Forschung

48! 49! 50!. | 16! 17! 18! 20!.

149
148 Oßentlich dominierte Geschichte 149 H
                                      38 H → Frau
143 Hitler , 144 Mord

128 Hitler
12 Hitler / F
13
39   H ff   45H, 46H, 47H, 49